Motorräder aus der DDR

Herausgegeben von Halwart Schrader

Eine Haftung des Autors oder des Verlages und seiner Beauftragten für Personen-, Sach- und Vermögensschäden ist ausgeschlossen.

ISBN 3-613-87176-9

Copyright © by Schrader Verlag, Postfach 103743, 70032 Stuttgart
Ein Unternehmen der
Paul Pietsch Verlage GmbH + Co

2. Auflage 1999

Nachdruck, auch einzelner Teile, ist verboten. Das Urheberrecht und sämtliche weiteren Rechte sind dem Verlag vorbehalten. Übersetzung, Speicherung, Vervielfältigung und Verbreitung einschließlich Übernahme auf elektronische Datenträger wie CD-Rom, Bildplatte usw. sowie Einspeicherung in elektronische Medien wie Bildschirmtext, Internet usw. ist ohne vorherige schriftliche Genehmigung des Verlages unzulässig und strafbar.

Repro, Druck und Bindung:
Fotolito LONGO, I-39100 Bozen
Printed in Italy

Inhalt

6 Vorwort

7 Teil I
MZ – VEB Motorradwerk Zschopau

83 Teil II
Simson – VEB Fahrzeug- und Gerätewerk

147 Teil III
Motorradsport in der DDR

182 Teil IV
Motorradfahren in der DDR

Vorwort

Wenngleich sich die Motorpresse in der ehemaligen DDR mit der Medienvielfalt des Westens nicht messen konnte, so gab es »drüben« doch eine qualitativ ausgezeichnete Publikation, an die sich internationale Maßstäbe legen ließen. Sie erschien im transpress-Verlag, Berlin, unter dem Titel MOTOR JAHR. Die Jahresbände sind inzwischen zu Sammlerobjekten geworden, sie haben Seltenheitswert bekommen – insbesondere die älteren Jahrgänge.

Die Themen in MOTOR JAHR umfaßten Berichte über Serienautomobile, Prototypen, Experimentalfahrzeuge, Lastwagen, Omnibusse, Motorräder, landwirtschaftliche Fahrzeuge: einfach alles, was sich motorisiert auf Rädern – nicht schienengebunden – fortbewegte. Auch Beiträge über den Motorsport und Historisches wurden veröffentlicht. Für den Leser war vor allem interessant, daß die Redaktion von MOTOR JAHR über den Tellerrand blickte und – was in anderen Bereichen selten genug vorkam – über das Geschehen in westlichen Ländern berichtete, wenn die Produkte aus den Ländern des sozialistischen Lagers auch vorrangig behandelt wurden, verständlicherweise.

Für diesen Band unserer Reprint-Reihe wurden einige der interessantesten im MOTOR JAHR erschienenen Beiträge über Motorräder aus der DDR ausgewählt. Sie sind zeitgeschichtlich ebenso aufschlußreich wie in Bezug auf die Zweiradtechnik, die in der DDR einen hohen Standard erreicht hatte, was auch westdeutsche Motorrad-Kenner längst vor der Wende anerkennen mußten.

Halwart Schrader
Herausgeber

Teil I

VEB Motorradwerk Zschopau

MZ 125/3

Von den Motorrädern des VEB Motorradwerk Zschopau kann man mit Recht behaupten, daß sie das Weltniveau nicht nur erreicht haben, sondern mitbestimmen. Die Baureihe der ES-Modelle vereint sowohl motorisch als auch fahrwerktechnisch die neuesten Erkenntnisse im Motorradbau, und die kleine „MZ 125" wurde inzwischen erheblich verbessert.

Bei der „MZ 125/3" wurde das Fahrzeug in seinen hauptsächlichsten Bauelementen beibehalten. Allerdings hat der Lenker eine formschöne Verkleidung erhalten, die die Bowdenzüge abdeckt. Die Batterie (Nickel-Kadmium) fand einen neuen Platz in einem geräumigen Werkzeugkasten. Völlig neu konstruiert wurde der Motor. Der Zylinder und Zylinderkopf bekamen größere Kühlrippen, die Steuerzeiten wurden geändert und die Verdichtung von 7,25 auf 8 erhöht. Der Ansaugweg wurde im Interesse beruhigter Luft verlängert und der Vergaserdurchlaß von 20 auf 22 mm vergrößert. Aus diesen Maßnahmen resultiert eine Leistungssteigerung des Motors von 6 auf 6,5 PS. Das maximale Drehmoment stieg bei gleicher Drehzahl von 0,85 auf 0,95 kpm. Zu dieser Erhöhung der Motorleistung, die das Temperament der kleinen Maschine erheblich verbessert, kommt noch das neue Vierganggetriebe, mit dem die Motorleistung erst richtig ausgenutzt werden kann. Außer der beachtlichen Anzugsfreudigkeit sind noch die Leichtigkeit (Eigenmasse nur 109 kg), die Handlichkeit, die durch den kurzen Radstand bedingte Wendigkeit und die sichere Straßenlage und Rutschfestigkeit auch bei nasser Fahrbahn charakteristisch.

Technische Daten

Zweitaktmotor, Umkehrspülung
125 cm³ Hubraum
6,5 PS bei 5200 U/min
Maxim. Drehmoment 0,95 kpm bei 3600 U/min
Ölbadkupplung, Vierganggetriebe
Rohrrahmen mit Unterzug
Teleskopgabel, 140 mm Federweg
Geradwegfederung hinten, 50 mm Federweg
Vollnabenbremsen
Bereifung vorn 2,75–19, hinten 3,00–19
Länge 1980 mm, Breite 710 mm mit Spiegel, Höhe 920 mm, Radstand 1310 mm
Eigenmasse 109 kg, zulässige Gesamtmasse 250 kg
Höchstgeschwindigkeit 85 km/h

MZ ES 175/250

Bei der Baureihe der ES-Typen wurde das Baukastenprinzip bis zur letzten Konsequenz verwirklicht. Beide Maschinen besitzen den gleichen geschlossenen Rohrrahmen mit Unterzug, gleiche Federungsteile, Räder, Bremsen usw. Äußerlich unterscheidet sich die 250er von der 175er lediglich durch die umfassendere Verkleidung der Heckpartie und durch die zusätzlichen Packtaschen. Auch die Motoren und Getriebe sind in ihren Maßen gleich. Unterschiede bestehen bei Zylinder, Kolben, Kurbelwelle, Vergaser und bei den Zähnezahlen der Sekundärübersetzung.

In ihrer Bauart gehören die ES-Modelle zu den Spitzenerzeugnissen im Weltmaßstab. Das verdanken sie nicht zuletzt ihrer ständigen Weiterentwicklung und Verbesserung. Bei den Alfer-Zylindern wurden zum Beispiel früher die Spülkanäle an die Graugußlaufbüchsen angegossen. Inzwischen wurde das Verbundgußverfahren so weit entwickelt, daß glatte Laufbüchsen verwendet werden können. Damit bleibt der Zylinder praktisch verzugsfrei, und das Kolbeneinbauspiel konnte auf 0,03 mm verringert werden. Ein geringeres Einbauspiel bringt eine höhere Motorleistung, bei der 175er stieg sie um 1 PS.

Die Ansaugluft wird bei den ES-Modellen in einem Maße beruhigt, wie es bisher im Motorradbau einmalig ist. Der Luftfilter befindet sich unter dem Fahrersattel, so daß die Ansaugluft einer weitgehend staubfreien Zone entnommen wird. Zwischen Luftfilter und Vergaser liegt noch ein großvolumiger Behälter. Der 60-Watt-Lichtmaschine wird durch ein Labyrinthsystem ständig frische Kühlluft zugeführt, die durch den Unterdruck im Ansaugsystem abgesaugt wird. Der Regler ist getrennt von der Lichtmaschine angeordnet.

Auch die Federbeine der Vollschwingenfederung wurden in der Zwischenzeit erheblich verbessert. Die Stoßdämpfer haben ein größeres Volumen und neue nachstellbare Boden- und Kolbenventile erhalten. Außerdem wird neuerdings der Dämpfungszylinder von einem drucklosen Vorratsbehälter umschlossen, so daß die eventuell an der Kolbenstange austretende Dämpferflüssigkeit nicht verlorengeht, sondern durch den Kolben wieder angesaugt wird. Die Federung ist dadurch noch elastischer geworden. Von noch größerer Bedeutung ist jedoch, daß bei den neuen Dämpfern Temperaturschwankungen keinen Einfluß mehr auf die Funktion ausüben.

Neben den breiten Schaumgummisitzen, die in ihrer Form anatomisch gestaltet sind, bietet das Motorradwerk Zschopau nun auch wahlweise eine Sitzbank an, die auf Grund ihrer Breite sehr bequem ist und trotzdem elegant wirkt. Die Sitzbank benutzt die Fahrersitzwanne als vordere Auflage und wird nach hinten hochgeklappt. Das Werkzeug befindet sich auch hier verschließbar in der Fahrersitzwanne. Unter dem Hinterteil der Sitzbank läßt sich, gehalten von Gummigurten, ein Regenmantel oder ähnliches unterbringen.

Technische Daten

Motor MZ ES 175	Motor MZ ES 250
172 cm³ Hubraum	247 cm³ Hubraum
Leistung 11 PS bei 5000 U/min	14,25 PS bei 5100 U/min
Maxim. Drehmoment 1,6 kpm bei 3600 U/min	2,16 kpm bei 3700 U/min

Ölbadkupplung, Vierganggetriebe
Rohrrahmen mit Unterzug
Vollschwingenfederung, Federweg vorn 142 mm, hinten 115 mm
Federhärte verstellbar
Länge 2000 mm, Breite 790 mm, Höhe 1020 mm, Radstand 1325 mm
Eigenmasse rund 160 kg, zulässige Gesamtmasse 320 kg
Höchstgeschwindigkeit ES 175 95 km/h, ES 250 110 km/h

Ing. H. FRIEDRICH

Mit dem ES-Gepann auf du und du

Der nachfolgende Aufsatz bedarf eines Vorwortes. Der Verfasser dieser Zeilen gehört zur Garde der „Benzin-Getauften" und ist seit langen Jahren als erfolgreicher Entwicklungsleiter des VEB Motorradwerk MZ in Zschopau bekannt. Aus diesem Grund ist es auch nicht verwunderlich, wenn hier Angaben über ein Motorradgespann erscheinen, das in der Öffentlichkeit noch nicht bekannt ist. Die Tätigkeit des Verfassers als leitender Entwicklungsingenieur bei MZ macht es auch verständlich, wenn hier immer wieder von ES-Gespannen gesprochen wird. Im Prinzip treffen die nachfolgenden Überlegungen jedoch für jedes einigermaßen leistungsfähige Gespann zu.

Und dann noch etwas im voraus. Es wird hier viel für das Gespann und nichts gegen den Kleinwagen gesagt. Verstehen wir also diese Ausführungen über das Gespannfahren so, daß Begeisterung und eine Portion jugendlicher Schwung vorauszusetzen sind.

Um von vornherein klare Verhältnisse zu schaffen, muß ich feststellen, daß ich früher ein ausgesprochener Solofahrer war und grundsätzlich das Motorradgespann als völlig unsymmetrisches und unmögliches Gefährt in Acht und Bann versetzte.

Mußte die Solomaschine zu Hause bleiben, weil außer der Sozia noch weiterer „Anhang" zu befördern war, so wurde der PKW aus der Garage gezogen, und der Fall hatte sich erledigt. Genauer gesagt, man schwamm dann in dem üblichen Wochenendstrom mit und mußte, weil ja unter der Haube nicht gerade 40, 50 oder mehr PS auf ihren Einsatz warteten, bei Überholmanövern manchmal Blut schwitzen, um die mehr links als rechts dahintrudelnden Sonntagsfahrer endlich hinter sich zu lassen. Ich habe dann die Solomaschine herbeigesehnt und betrübt den Motorrädern nachgeschaut, die ohne großes Risiko überholten und bald wieder freie Fahrt hatten. Aber auch die Gespanne zeigten, selbst mit 3 Mann besetzt, bessere Beschleunigung und Wendigkeit im dichten Verkehr. Nach einer langen Ruhepause durch Krieg und Krankheit kam ich beruflich wieder in engste „Tuchfühlung" mit Motorrädern und – wie sollte es auch anders sein – mit Motorradgespannen. Die „Tuchfühlung" sah so aus, daß in einem Zeitraum von 6 Jahren etwa 130 000 km mit Solomaschinen und etwa 125 000 km mit Gespannen, davon annähernd 110 000 km mit ES-250/300-Gespannen, absolviert wurden. Deshalb möchte ich mir ein fachmännisches Urteil zum Thema Motorradgespann erlauben.

Die Anschaffung eines Gespannes erfolgt meistens in zwei Stufen, wobei die zweite nicht immer schon bei der ersten Stufe mit eingeplant wird. In der Mehrzahl der Fälle wird eine „ES 250" oder später eine „ES 300" als Solomaschine gekauft und ein oder mehrere Jahre gefahren, entweder ganz solo und eines Tages mit Sozia oder auch gleich mit Sozia. Das geht einige 10 000 oder 15 000 km gut, bis etwas „Kleines" größere Sorgen macht und die Frage Gespann oder Kleinwagen kategorisch an die „Tür klopft".

Im vorliegenden Falle, wenn die Solomaschine bereits vorhanden ist, wird die Beantwortung verhältnismäßig leicht gemacht, da für nur rund 1100 DM zusätzlich dann ein komplettes Gespann zur Verfügung steht. Sie erhalten beim Kauf des Seitenwagens einen Berechtigungsschein, auf welchen Sie den Anbausatz (Vorderschwinge, Tacho, Hinterradübersetzung und Reibscheibe aus Gummi) erhalten. Wenn Sie die handwerklichen Voraussetzungen mitbringen, können Sie den Um- und Anbau selbst durchführen. Dabei gehen Sie wie folgt vor:

1. Austausch der vorderen Schwinggabel (die neue Schwinggabel hat 2 Achsbohrungen. Bei Gespannbetrieb wird die Achse in die vordere Achsbohrung und bei Solobetrieb in die hintere gesteckt. Das müssen sie unbedingt beachten!).
2. Austausch des Kettenritzels mit 20 gegen ein solches mit 18 Zähnen und des Kettenrades mit 45 gegen ein solches mit 48 Zähnen.
3. Austausch des Tachoantriebes für Solo- gegen einen für Gespannbetrieb.
4. Austausch des Schwingenbolzens der Hinterradschwinge gegen einen sogenannten Kugelbolzen (an diesen Kugelbolzen wird der Seitenwagen mit angeschlossen).
5. Auswechseln der Federn der Federbeine; Einbau der hinteren Federn vorn und der verstärkten Federn hinten.

6. Anbau eines Steckkontaktes an die Seitenwagenseite des Fahrersitzes vorn (an Klemme 58 des Zündschlosses anschließen) für die Seitenwagenbeleuchtung (diesen Steckkontakt können Sie gleichzeitig für eine Reparaturlampe benutzen, da Sie im Stand, ähnlich der Parkschaltung beim PKW, nicht die Beleuchtung des Seitenwagens einzuschalten brauchen).

7. Austausch der Reibscheibe im Lenkungsdämpfer gegen die entsprechende Gummischeibe (dadurch können Sie auch mit nur leicht angezogenem Lenkungsdämpfer fahren).

8. Anbau des Seitenwagens:

    Die Kugelklemme am Steuerkopf unten wird angeschraubt und dann der vordere Schnellanschluß des Seitenwagens hier aufgesteckt und leicht angezogen. Der hintere Schnellanschluß wird auf den Kugelbolzen aufgesteckt und ebenfalls leicht angezogen. Nun befestigt man den Schraubbolzen in der Bohrung unter dem Fahrersitz und schließt den oberen Seitenwagenanschluß an. Zuletzt wird die Seitenwagenschwinge mit der Hinterradschwinge verbunden, wobei natürlich vorher der entsprechende Schraubbolzen in die Hinterradschwinge eingeschraubt wird.

    Mit zwei einwandfreien Holzlatten oder Eisenschienen, die an das Seitenwagen- und das Vorder- und Hinterrad angelegt werden, kontrollieren Sie die Vorspur, das heißt, die Latten müssen am Vorderrad 25 bis 30 mm enger liegen als hinten. Stimmt dieses Maß nicht, so muß der untere Anschluß der Vorderstrebe entsprechend verstellt werden.

    Einen Sturz der Maschine zum Seitenwagen gibt es bei ES-Gespannen nicht. Die Maschine steht also immer senkrecht. Zeigt die Maschine eine seitliche Neigung, dann wird diese an der Mittelspindel korrigiert. Zum Schluß ziehen Sie alle Anschlüsse fest an und sichern diese durch Gummibänder. Nach 200–300 km Fahrt ziehen Sie die Anschlüsse nochmals richtig nach, dann lockern sich diese nicht mehr.

    Wollen Sie den Seitenwagen nicht selbst anbauen bzw. fehlen Ihnen die Voraussetzungen dazu, so lassen Sie das in einer Vertragswerkstatt durchführen. Das spätere An- und Abbauen können Sie jedoch dann selbst erledigen, da dann an der Grundeinstellung nichts verändert wird.

Sind Sie noch nicht im Besitz einer Solomaschine und wünschen Sie ein höheres Platzangebot, so stehen sie vor der Wahl, entweder ein komplettes ES-Gespann oder einen „Trabant" zu kaufen. Die augenblicklichen Preise sind ja bekannt:

„ES-250"-Gespann   4460 DM
„Trabant" (Normalausführung)   7483 DM

Das sind die Anschaffungskosten, während die umstehende Tabelle die Betriebskosten dieser beiden Fahrzeuge und zur Orientierung der „ES 250" als Solomaschine wiedergibt.

Bei den jährlichen Festkosten liegt der „Trabant", bedingt durch Kfz.-Steuer und Haftpflicht, Garagenmiete usw., um etwa 35% und einschließlich Wertminderung um etwa 40% höher.

Die laufenden Betriebskosten (in Pf/km) zeigen einen Unterschied von 24%, wobei allerdings noch unberücksichtigt blieb, daß kleinere Reparaturen am ES-Gespann auch vom Nichtfachmann viel leichter ausgeführt werden können, da man hierfür keine Hebebühne usw. braucht. Dadurch werden die tatsächlichen Reparatur- und Pflegekosten für das Gespann noch günstiger, als hier gerechnet wurde. Legt man eine Jahresleistung von 10000 km zugrunde, so ergeben sich für den „Trabant" etwa 25% höhere Gesamtkosten je Jahr bzw. je Kilometer; einschließlich Wertminderung liegen diese Kosten sogar 28,5% höher. Auch wenn man von den Kilometerkosten und den möglichen Sitzplätzen ausgeht, daß heißt beim Gespann drei und beim „Trabant" vier, so liegt das Gespann immer noch darunter.

Etwas ist hier noch zu ergänzen. Für das Gespann brauchen Sie eine zweckentsprechende Überkleidung, für Langreisen also unbedingt einen langen, wasserdichten Fahrermantel, Stulpenhandschuhe, Brille und Lederkappe oder Sturzhelm. Leider muß festgestellt werden, daß unsere Bekleidungsindustrie den Bedarf der Motorradfahrer vollkommen falsch einschätzt. Überall sieht man kurze, vollkommen unpraktische Angeberjäckchen aus Leder oder Kunstleder in den Geschäften, aber etwas elegante, wind- und wasserdichte Mäntel ohne Rückenlüftung fehlen vielfach.

Das gleiche gilt für einwandfreie Brillen, die starken Regen vertragen und doch dicht bleiben und nicht anlaufen.

Insbesondere warten die bebrillten Motorradfahrer immer noch vergeblich auf Motorradbrillen für Brillenträger.

Ich hoffe, daß diese Hinweise an die einschlägige Industrie auf fruchtbaren Boden fallen, wobei ich gern meine Erfahrungen in dieser Hinsicht zur Verfügung stelle.

Eine komplette Ausrüstung kostet 160 bis 180 DM.

Für den Seitenwagenpassagier erhalten Sie ein zwar einfaches, aber sehr praktisches Verdeck für 30,80 DM als Zubehör.

Der Verfasser des vorliegenden Berichtes Ing. H. Friedrich am „Steuer"

Unter diesem Verdeck sitzt er vollkommen geschützt. Gummistiefel oder Überhosen brauchen Sie in Zukunft nicht mehr anzuschaffen. MZ hat für seine Motorräder einen Beinschutz entwickelt, der Ihnen in Verbindung mit einem guten Mantel garantiert, daß Sie bei jedem Wetter mit Ihrem besten Anzug und guten Schuhen fahren und trotzdem nach Ablegen des Mantels sauber in jede Gaststätte gehen können. Der Beinschutz für die „ES 250" kostet 76 DM.

Das war die finanzielle Seite zu der aufgeworfenen Frage „ES-Gespann" oder „Trabant", die eindeutig zugunsten des Gespannes ausfällt. Ein jüngerer Fahrzeugkäufer stellt andere Ansprüche als ein älterer, und die Mentalität des einzelnen ist verschieden. Ich habe schon manchem vom Kauf eines Gespannes abgeraten, der wohl noch nicht an Jahren zu alt, aber im Herzen wesentlich älter und schon recht bequem war. Hier ist der Wunsch nach dem „Dach über dem Kopf" nicht zu übersehen, und hier hilft auch nur der „Trabant". Dieser Mann fährt auch nur auf guten Straßen und wird jeden Feld- oder Waldweg meiden. Auch wer im fortgeschrittenen Alter an einen Fahrzeugkauf denkt und noch nie Motorrad gefahren ist, sollte dem PKW den Vorzug geben. Wer mehr als vier Köpfe in der Familie hat, das heißt mehr als zwei Kinder über 8–10 Jahre, den zwingt dieser Anhang ebenfalls, zum PKW zu greifen, es sei denn, die Sozia und der Nachwuchs haben eigene Fahrzeuge, wie es zum Beispiel bei mir der Fall ist.

Bei der Auswahl des Fahrzeuges übt die Frau, wenn auch meistens nur auf der nichttechnischen Seite, einen entscheidenden Einfluß aus, und der wird oft dadurch diktiert, daß Müllers oder Krauses von nebenan einen PKW besitzen und man sich deshalb doch auf keinen Fall „nur" ein Gespann zulegen könne.

Der Hinweis, daß der PKW von Müllers oder Krauses dafür auch die ganze Woche in der Garage steht und nur sonnabendnachmittags zum Einkauf in die Stadt und sonntags für höchstens 50–60 km aus der Garage gezogen wird, weil der Finanzetat mehr nicht zuläßt, wird nur selten anerkannt. Die eigenen Erfahrungen in dieser Richtung sind dann aber desto durchschlagender.

Menschen, die die ganze Woche über im Freien arbeiten, setzen sich sonntags gern ins Zimmer. Mir und vielen anderen geht es umgekehrt. Wir sind luft- und naturhungrig, und da hilft nur das Motorrad, als Solomaschine oder Gespann. Suchen Sie für das Wochenende von Sachsen aus den Thüringer Wald, die Dübener Heide oder die Berliner Seen auf oder umgekehrt, so sind Sie mit dem ES-Gespann ein Hecht im trägen Fluß des Hauptverkehrsstromes auf dem langen Anmarschweg und erreichen ohne Risiko für sich und den übrigen Verkehr sehr hohe Reisedurchschnitte. Die Diagramme (Beschleunigungs- und Normalfahrzustandsdiagramm) bestätigen Ihnen dieses. Aus dem Normalfahrzustandsdiagramm erkennen Sie die Leistungsreserven des „ES-300"- als auch des „ES-250"-Gespannes gegenüber dem „Trabant", immer mit 2-Personen-Belastung.

Noch deutlicher zeigen die Beschleunigungskurven den Unterschied. Von 0–80 km/h benötigt das „ES-300"-Gespann nur 44% und das „ES-250"-Gespann nur 59% der Zeit des „Trabant". Trotz gleicher bzw. etwas niedrigerer Endgeschwindigkeit ergeben beide Gespanntypen auf Grund der außerordentlich hohen Beschleunigungswerte und der Wendigkeit wesentlich höhere Durchschnitts- bzw. Reisegeschwindigkeiten.

Und wie es mit dem Straßenverbrauch aussieht, veranschaulicht eindeutig das Straßenverbrauchsdiagramm.

Das schönste an der ganzen Gespannfahrerei erleben Sie aber erst, wenn Sie dann von den Hauptverkehrsstraßen weg auf schmalen, einsamen Wald- oder Holzabfuhrwegen in den Thüringer Wald, ins Erzgebirge oder in die Dübener Heide usw. eindringen und sich die schönsten und ruhigsten Fleckchen aussuchen und dort ungestört vom Alltag ausruhen können.

Die einzigartige Schönheit des tiefverschneiten Mittelgebirges zeigt sich Ihnen am besten, wenn Sie – trotz Eis- und Schneeglätte – mit dem ES-Gespann absolut sicher in die Winterlandschaft fahren. Natürlich müssen Sie sich warm anziehen, Filzstiefel, lammfellgefütterte Fausthandschuhe und Wollzeug darunter, aber bis −10 °C macht das wirklich viel Spaß. So munter und frisch kommen Sie von Ihrer Fahrt zurück, daß Sie am nächsten Tag gleich wieder fahren möchten. Ich weiß, viele lächeln ungläubig darüber, aber probieren Sie es nur einmal, dann denken Sie anders.

Die außergewöhnlichen Fahreigenschaften des ES-Gespannes, bedingt durch die Koppelung der Seitenwagenrad- mit der Maschinen-Hinterradschwinge (Patent), der vom bisher üblichen, vollkommen abweichende Seitenwagenanschluß (ebenfalls Patent) und die außerordentliche Drehmomentencharakteristik der Motoren vermitteln ein Fahrerlebnis, welches in Verbindung mit dem direkten Naturkontakt ein PKW niemals bieten kann.

Eine weitere Steigerung der Fahreigenschaften und Leistungen erfährt das ES-Gespann durch die weiterentwickelte und in der Leistung erheblich gesteigerte „ES 250/1", welche jetzt in Serie geht. In etwa einem Jahr wird sie durch die neue „ES 300" ergänzt, welche durch Weiterentwicklung der ES-Typenreihe entstanden ist und einerseits als sehr schnelle Solomaschine, besonders aber als leistungsstarke und moderne Gespannmaschine zur Verfügung steht.

Parallel hierzu bringt auch die zur Zeit laufende Weiterentwicklung des Elastik-Seitenwagens in bezug auf Formgebung, Einstieg, Bremsen usw. eine weitere wesentliche Verbesserung des ES-Gespannes.

Es hat sich wohl schon herumgesprochen, daß Motorradfahren bei zweckentsprechender Kleidung ebenso gesund ist wie Radfahren (Luftmassage, Abhärtung usw.).

Ich kann das nur voll und ganz bestätigen. Das überzeugendste Argument ist immer das eigene Erlebnis.

Vor 10 Jahren lag ich mit einer so schweren Lungenkrankheit am Boden, daß außer meiner Frau niemand mehr Hoffnung auf Heilung hatte. Die ärztliche Kunst stellte mich wohl wieder auf ein Bein, auf das zweite kam ich aber erst durch die bereits erwähnten 255 000 Motorrad-Kilometer bei Wind und Wetter, im Sommer wie im Winter. Verstehen Sie jetzt, weshalb ich aus technischen und auch aus persönlichen Gründen immer wieder für das Gespann eine Lanze breche? Noch nicht ganz? Fahren Sie selbst, dann wird es Ihnen endgültig klar.

Betriebskosten pro Jahr

	Trabant	Gespann ES 250	Solo ES 250
Kaufpreis in DM	7483	4460	3350
Hubraum in ccm	500	250	250
Leistung in PS	18	14,25	14,5
Straßenverbrauch in l/100 km	7,8	6,0	4,0

Jährliche Festkosten in DM

	Trabant	Gespann ES 250	Solo ES 250
Kraftfahrzeugsteuern	90,—	36,—	36,—
Kraftfahrzeug-Haftpflicht	63,—	42,—	42,—
Garagenmiete	240,—	180,—	120,—
Sonstige Ausgaben	40,—	25,—	20,—
Gesamtkosten	433,—	283,—	218,—
Minderung des Verkaufswertes in DM	561,23	334,50	251,25
Gesamtkosten	994,23	617,50	469,25

Lfd. Betriebskosten in Pf/km

	Trabant	Gespann ES 250	Solo ES 250
Kraftstoff (Mittelwert 1,45 DM/l)	10,89	8,57	5,58
Motorenöl (Hyzet 3,— DM/l)	0,90	0,69	0,46
Reifen	1,89	0,97	0,65
Reparatur und Wartung	4,00	3,50	3,—
Sonstige Ausgaben	0,40	0,30	0,20
Gesamtkosten in DM	18,08	13,83	9.89

	Trabant	Gespann ES 250	Solo ES 250
Gesamtkosten in DM			
bei 2500 km pro Jahr	885,00	628,75	465,25
5000	1.337,00	974,50	712,50
10000	2.241,00	1.666,00	1.207,00
15000	3.145,00	2.357,50	1.691,50
20000	4.049,00	3.049,00	2.186,00
30000	5.857,00	4.432,00	3.185,00
Gesamtkosten in DM mit Minderung des Verkaufswertes			
bei 2500 km pro Jahr	1.446,23	963,25	716,40
5000	1.898,23	1.309,00	963,75
10000	2.802,82	2.000,50	1.458,25
15000	3.706,23	2.692,00	1.952,75
20000	4.610,23	3.383,50	2.447,25
30000	6.418,23	4.766,50	3.436,25
Gesamtkosten pro km in Pf			
bei 2500 km pro Jahr	34,40	25,15	18,61
5000	26,74	19,49	14,25
10000	22,41	16,66	12,07
15000	20,97	15,71	11,28
20000	20,28	15,24	10,93
30000	19,52	14,77	10,62
Gesamtkosten pro km in Pf mit Minderung des Verkaufswertes			
bei 2500 km pro Jahr	57,85	38,53	28,66
5000	37,96	26,18	19,28
10000	28,02	20,01	14,58
15000	24,71	17,95	13,02
20000	23,05	16,92	12,24
30000	21,39	15,89	11,25

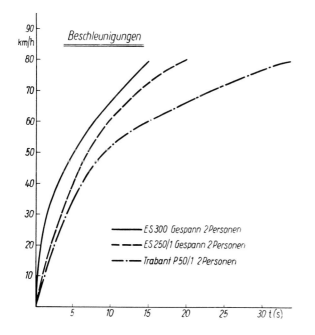

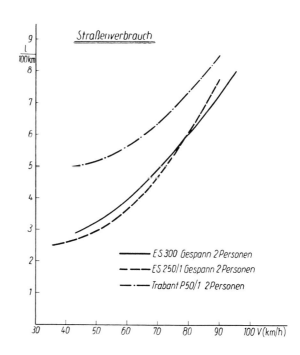

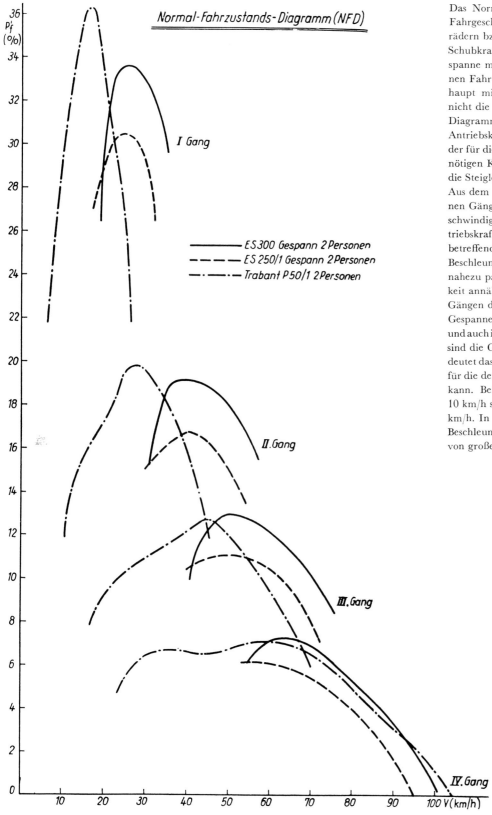

Das Normal-Fahrzustands-Diagramm (NFD) stellt die Fahrgeschwindigkeit (waagerecht) der an den Antriebsrädern bzw. dem Antriebsrad zur Verfügung stehenden Schubkraft (senkrecht aufgetragen) gegenüber. Um die Gespanne mit ihren gegenüber dem „Trabant" verschiedenen Fahrwiderständen (Roll- und Luftwiderstand) überhaupt mit dem Wagen vergleichen zu können, wurde nicht die effektive Antriebskraft auf der Senkrechten im Diagramm aufgetragen, sondern die prozentuale freie Antriebskraft. Gemeint ist damit die Kraft, die neben der für die Überwindung des Roll- und Luftwiderstandes nötigen Kraft zusätzlich für die Beschleunigung oder für die Steigleistung am Berg zur Verfügung steht.

Aus dem Diagramm ist zu ersehen, wie weit die einzelnen Gänge ausgefahren werden können, bei welcher Geschwindigkeit in den einzelnen Gängen die größte Antriebskraft liegt (höchster Kurvenpunkt) und wie sich das betreffende Fahrzeug zum Beispiel am Berg oder beim Beschleunigen verhält. Während die Kurven im 4. Gang nahezu parallel verlaufen und auch die Endgeschwindigkeit annähernd die gleiche ist, zeigen sich in den unteren Gängen deutliche Unterschiede. Die Kurven der beiden Gespanne enden hier erst bei höheren Geschwindigkeiten, und auch im Drehzahlbereich der maximalen Antriebskraft sind die Gespanne merklich schneller. In der Praxis bedeutet das, daß man mit dem „Trabant" an einer Steigung, für die der 2. Gang erforderlich ist, 30 bis 40 km/h fahren kann. Beide Gespanne sind an der gleichen Steigung 10 km/h schneller und vertragen ohne weiteres 40 bis 50 km/h. In der Ebene drückt sich das in einer schnelleren Beschleunigung aus, die besonders bei Überholvorgängen von großem Nutzen ist.

Ing. H. FRIEDRICH

Das Leichtgewicht aus Zschopau

1938/39 entstand in Zschopau, der Wiege des Zweitaktmotors, eine der geglücktesten Motorradkonstruktionen – die RT 125. Ihre gesunde Grundkonzeption war Anlaß, sie nach 1945 in vielen motorradbauenden Ländern nachzuahmen und weiterzuentwickeln, wodurch der Motorradbau insgesamt stark befruchtet wurde. Auch als 1950 in Zschopau wieder Motorräder gebaut wurden, ging die RT 125 erneut in Serie. Allerdings war es nicht mehr die RT 125 von 1939. Der bewährte Motor blieb zwar konstruktiv unverändert, das Fahrgestell aber wurde durch eine Teleskopvordergabel und eine Geradweg-Hinterradfederung auf den neuesten Stand der Motorradtechnik gebracht.

In den folgenden Jahren beschäftigte man sich konsequent mit der schrittweisen Weiterentwicklung dieses Baumusters. 1954 erschien die RT 125/1 erstmalig mit dem inzwischen tausendfach bewährten und anerkannt besten Kettenschutz für Motorräder. Die RT 125/2, 1956 herausgekommen, erhielt bessere Federung und eine sehr wirksame Ansaug- und Auslaßgeräuschdämpfung. War die Motorleistung bis dahin nur allmählich gesteigert worden, so kam 1959 die MZ 125/3 außer mit verbessertem Rahmen, Lenkerverkleidung und eingebauter Batterie auch mit einem wesentlich verbesserten Motor mit Viergang- statt Dreiganggetriebe, neuem Zylinder, verstärkter Lichtmaschine usw. heraus (s. Diagramm I).

Parallel zur konstruktiven Weiterentwicklung lief die Verbesserung der Fertigungseinrichtungen und damit die Steigerung der Arbeitsproduktivität. Trotz größeren technischen Aufwandes konnte so die Fertigungszeit kontinuierlich gesenkt werden, was natürlich auch in einem gewissen Verhältnis zu den steigenden Fertigungsstückzahlen gesehen werden muß (s. Diagramm II).

So konsequent wie man in Zschopau an einer erprobten Konstruktion festhält und diese immer und immer wieder verbessert, so klar ist man sich aber auch über neue Wege. Einer dieser neuen Wege begann für die kleinste MZ-Type fast zum gleichen Zeitpunkt, als die MZ 125/3 gerade erst in Serie gegangen war.

Die Grundkonzeption der Nachfolgetype der MZ 125/3 ergab sich einerseits aus den Forderungen des immer dichter und stärker werdenden Straßenverkehrs – bessere Beschleunigung, mehr Fahrsicherheit, weitere Verringerung der Abgasfahne und des Geräuschpegels – und andererseits aus den Zielstellungen des Werkes nach höherem Fahrkomfort, Erhöhung der Laufzeit bis zur Generalreparatur und Senkung der Betriebs- und Unterhaltungskosten. Außerdem sollte die bei MZ schon sehr weit fortgeschrittene Standardisierung, die sowohl eine Steigerung der Arbeitsproduktivität als auch ein breites Verkaufssortiment garantiert und ihren besonderen Ausdruck in der Reihe großer ES-Typen mit den Typvarianten ES 175/1, ES 250/1 und ES 300 fand, durch eine Reihe kleiner ES-Typen mit den Typvarianten ES 125 und ES 150 weitergeführt werden.

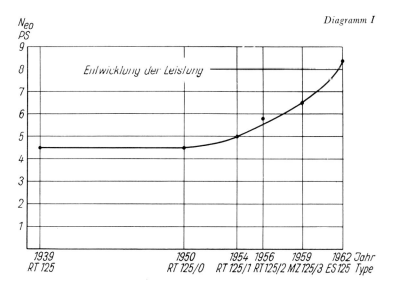

Diagramm I

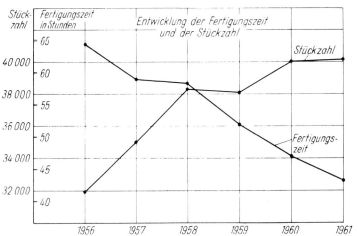

Diagramm II

1

2

Die ES 125/150 hat eine sehr, sehr harte Entwicklung und Erprobung hinter sich, vielleicht die härteste, die bisher bei MZ durchgeführt wurde. Da viele neue Wege beschritten wurden, waren neue Erprobungsmethoden erforderlich, welche die Schwachstellen klar und eindeutig erkennen ließen. Es wurde dann auch so lange umkonstruiert und geändert, bis selbst der hartnäckigste Versuchsingenieur und der kritischste Versuchsfahrer einigermaßen zufrieden waren. (Ganz werden sie bei MZ ja nie zufrieden sein. Die Herausgeber.) Die Versuchsfahrzeuge wurden Tag und Nacht über die Versuchsstrecken im Erzgebirge gejagt. Zwei Winter lief dieses Programm. Dadurch haben die meisten Versuchsmaschinen weit über 100 000 schwere Kilometer hinter sich.

Außerdem wurden parallel zur Versuchserprobung seit 1960 laufend mehrere Geländesportausführungen der ES 125 bei nationalen und internationalen Geländesportveranstaltungen eingesetzt. Außer dem Gewinn der Deutschen Meisterschaften und vielen Klassensiegen bei ausländischen Veranstaltungen ergaben sich für das Werk aus diesem Einsatz weitere wichtige Erkenntnisse.

Es wird manchmal behauptet, daß die Vollschwingenfahrwerke eine Modeerscheinung wären. Man denkt dabei an einige ausländische Firmen, die solche Fahrwerke schnell aus dem Handgelenk entwickelten und, weil diese nicht ausgereift waren, keinen Erfolg damit hatten. Bei MZ erkannte man rechtzeitig den Vorteil, den das Vollschwingenfahrwerk durch Trennung von Radführung und Federung mit Dämpfung bietet, sorgte aber durch exakte Untersuchungen auch dafür, daß die Lenkprobleme beherrscht wurden. Der Erfolg mit den großen ES-Typen hat MZ eindeutig recht gegeben, so daß das Fahrwerk der neuen ES 125/150 ebenfalls als Vollschwingenfahrwerk ausgelegt und nach neuesten Erkenntnissen gebaut wurde.

Bei den hohen Produktionsstückzahlen von 35 000 bis 40 000 pro Jahr erwies sich ein Preßstahlrahmen gegenüber einem Rohrrahmen fertigungszeitmäßig als wesentlich günstiger. Außerdem ist der Preßstahlrahmen bei gleicher Formensteifigkeit etwa 8 Prozent leichter als ein Rohrrahmen. Erstmalig waren die beiden Rahmenhälften nicht durch Vielpunktschweißung, sondern durch Falzung verbunden. Dadurch konnte die Verwindungsfestigkeit um ca. 20 % gesteigert werden.

Um Fertigungskosten einzusparen und das Fahrzeug zu erleichtern, sind der Sattelträger mit der Federbeinanlenkung oben sowie der Vorderträger mit der Schwingen- und Federbeinanlenkung und der Kippständer aus Elektronkokillenguß (GK-Mg A1 9 Zn 1) hergestellt. Das Kotflügelendstück mit der großen Bremslichtkennzeichenleuchte ist an den Sattelträger direkt angeschraubt.

Das Vorderrad wird durch die beiden vorderen Federbeine der großen ES-Typenreihe abgefedert und doppeltwirkend hydraulisch gedämpft (Federweg 150 mm). Für das Hinterrad mit einem Federweg von 100 mm werden die beiden hinteren Federbeine der großen ES-Maschinen mit Solo- und Soziuseinstellung verwendet, jedoch in gekürzter Ausführung. Die Maschine wird mit 3,00–18″ Reifen gefahren.

Vorder- und Hinterradbremse weisen vollgekapselte Betätigungselemente auf, so daß die Bowdenzüge und Bremshebel nicht mehr verschmutzen und einfrieren können. Außerdem ist in die Hinterradnabe der bekannte MZ-Bremsleuchtenschalter eingebaut.

Der Kettenkasten aus Kunststoff ist einteilig ausgeführt und geht bei Kettenriß zu Bruch, um ein Blockieren des Hinterrades in jedem Fall zu verhindern. Selbstverständlich werden wieder die bewährten MZ-Kettenführungsschläuche verwendet. Unter der hinteren Verkleidung ist, sehr gut zugänglich, das „E-Werk" mit Zündspule, Regler, Sicherung und Langbaubatterie (Bleibatterie) mit einer Kapazität von 12 Ah zusammengefaßt. Außerdem kann dort der Ersatzschlauch in einem Plastikbeutel untergebracht werden.

Die rechte Verkleidung birgt den Werkzeugbehälter und ist gleichzeitig als Ansauggeräuschdämpfer ausgebildet. Die Frischluft wird von oben angesaugt und über eine auswechselbare Filterpatrone, wahlweise Naß- oder Trockenluftfilter, geleitet.

Die Verbindung zwischen Ansauggeräuschdämpfer und Vergaser stellt ein Gummikrümmer her, in welchen auch der Lichtmaschinenbelüftungsschlauch mündet.

Der Kraftstofftank, in Gummi gelagert, stellt mit dem Scheinwerfer formenmäßig eine Einheit dar, wobei beide Teile in der Ebene des Steuerkopfes zusammentreffen. Die gestreckte Linie Scheinwerfer–Tank wird durch die wahlweise verwendete Sitzbank bzw. die beiden

Einzelsitze nach hinten fortgesetzt und ergibt mit den Verkleidungen und Kotflügeln zusammen die neue ES-Linie. Als Zubehör ist ein rollerähnlicher Schmutzschutz vorgesehen, welcher saubere Hosenbeine und Schuhe auch bei schlechten Witterungsverhältnissen garantiert.

Erstmalig erhält mit der ES 125/150 auch ein Motorrad asymmetrisches Abblendlicht. Mit 40/45 W Bestückung bietet der 136 mm ⌀ große Scheinwerfer hervorragende Lichtverhältnisse und erhöht damit ganz wesentlich die Fahrsicherheit. Lichthupe und am Lenkerende angebrachte neuartige Blinkleuchten tragen gleichfalls dazu bei. Durch gleichartige Schalter, welche links und rechts direkt auf den Hebelarmaturen befestigt sind, werden Licht und Blinker betätigt.

1 ES 125/150 - Auspuffseite

2 Die gleiche Maschine von der Kickstarterseite

3 Vorderpartie mit vollgekapselter Bremsbetätigung, Lenkschloßanordnung und Viereckscheinwerfer mit asymmetrischem Abblendlicht

4 Hinterpartie mit vollgekapselter Bremsbetätigung und Bremsleuchtenschalter

5 Die linke Verkleidung umschließt die gesamte Elektrik mit Regler, Zündspule, Sicherung und Langbaubatterie. Auch für den Ersatzschlauch ist Platz und Befestigung vorgesehen

Der Rückblickspiegel ist außen auf den Lenker geklemmt und sitzt an einem sehr steifen kurzen Arm. Im eckigen Scheinwerfergehäuse ist ein großer beleuchteter Tachometer im Anschluß an eine neue elegante Zündschloßabdeckung angeordnet. Der Lenker selbst ist als Blechprägelenker ausgeführt und verdeckt sämtliche Kabel, Bowdenzüge und auch die an den Handhebeln angebrachten Verstellungen für Kupplung und Vorderradbremse. Er trägt außerdem die Betätigung für die jetzt verwendeten Vergaser mit Luftschieber.

Unterschiede zwischen den beiden Typvarianten ES 125 und ES 150 ergeben sich nur beim Motor. Die Motorreihe besteht aus den beiden Motorradmotoren MM 125/1 und MM 150 mit 8,5 bzw. 10,0 PS und dem Rollermotor RM 150/1 für den neuen Tourenroller TR 150 mit 9,5 PS Leistung. Dabei unterscheiden sich die beiden Motorradmotoren nur durch Zylinder, Kolben, Zylinderkopf, Vergaser und Getrieberitzel, während der Rollermotor sich vom gleichgroßen Motorradmotor nur durch das zusätzliche Kühlgebläse und den Zylinderkopf unterscheidet.

8 Lenkeranordnung mit Schaltern, Blinkleuchten, Luftschieberbetätigung, großem beleuchtetem Tachometer und neuer Zündschloßabdeckung

Dieser Einheitsmotor hat gegenüber dem Motor der MZ 125/3 (MM 125) eine grundsätzliche Wandlung und Weiterentwicklung erfahren. Sinn und Zweck dieser Arbeit war, für den Motor höheres Drehmoment, höhere Leistung, geringeren Verschleiß, geringeren Kraftstoff- und Ölverbrauch sowie verringertes Ansaug- und Auslaßgeräusch zu erreichen.

Dieses Ziel wurde durch die nachfolgenden Maßnahmen erreicht: Die Kurbelwelle erhielt als Pleuellager ein käfiggeführtes Nadellager, welches zwar besondere Schwierigkeiten bei der Entwicklung bereitete, dafür aber jetzt Laufzeiten von 50 000 km garantiert. Die gleichen Laufzeiten erreichen nun auch die Hauptlager, da sie jetzt vom Getriebeöl aus dem Kupplungsraum fremdgeschmiert werden. Die Kurbelwellendichtungen sitzen dabei direkt an den Hubscheiben. Die Hubscheiben sind als volle Scheiben ausgebildet, und die Ausgleichsbohrungen werden zur Erhöhung des Vorverdichtungsverhältnisses durch Kunststoffstopfen verschlossen. Um die einwandfreie Übertragung der größeren Drehmomente und Leistungen zu sichern, wurde die Primärübersetzung geändert und die Standfestigkeit der Hülsenkette wesentlich erhöht.

Da man mit den großen ES-Motoren ausgezeichnete Erfahrungen machte, werden nun auch die kleinen ES-Motoren mit Verbundgußzylindern ausgerüstet, d. h. die Grauguß-Zylinderlaufbüchsen erhalten einen Zylinderkörper aus Aluminium. Beide Teile gehen bei dem besonderen Fertigungsverfahren eine metallische Verbindung ein, wo-

6 Werkzeugbehälter in der rechten Verkleidung, die gleichzeitig als Ansauggeräuschdämpfer ausgebildet ist

7 Abgenommene rechte Verkleidung. Die nach oben gerichtete Ansaugöffnung und der Vergaserkrümmer sind leicht erkennbar

Schnitt durch den Motorblock des Motors MM 150

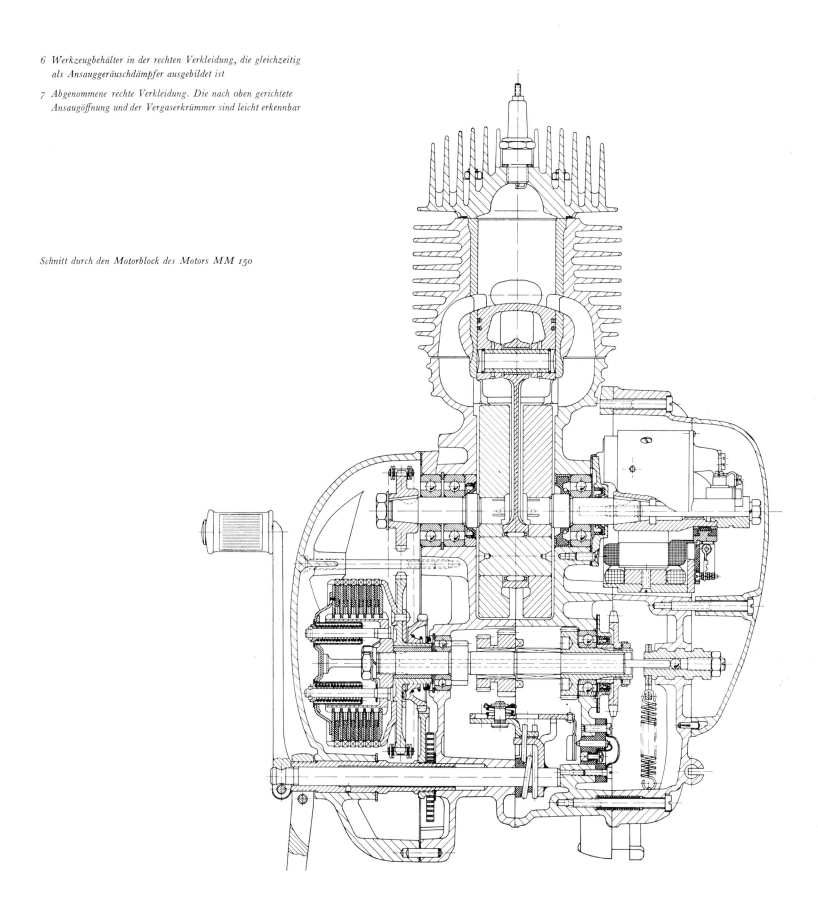

durch eine sehr gute Wärmeabführung gewährleistet und Kolbenspiele von nur 0,02 bzw. 0,03 mm ermöglicht werden.

Bei Verwendung von VK „Extra" (OZ 78) konnte das Verdichtungsverhältnis auf 9 : 1 erhöht werden, ohne daß sich die Klopfneigung vergrößerte.

Die sehr hohen Leistungen und das Drehmoment der ES 125 mit 8,5 PS bei 5500 U/min und 1,10 kpm bei 4000 U/min gegenüber 6,5 PS und 0,95 kpm der MZ 125/3 (s. Diagramm III) und 10,0 PS bei 5500 U/min und 1,35 kpm bei 4000 U/min der ES 150 (s. Diagramm IV) wurden außerdem durch eine sehr exakte Abstimmung der Ansaug- und Auslaßseite erreicht. Dabei wurde beim kleineren Motor der Vergaser mit 22 mm Durchlaß beibehalten, während der größere Motor einen Vergaser von 24 mm Durchlaß erhielt.

Vergaser und Ansaugstutzen sind durch eine zweiteilige Kappe abgedeckt. Neu mußte der Auslaßschalldämpfer mit sehr langem Eingangskonus für beide Motoren entwickelt werden. Er steigerte nicht nur die Leistung, sondern senkt auch den Geräuschpegel auf etwa 78 DIN-Phon.

Die Zugängigkeit zur 60-W-Lichtmaschine und zum Unterbrecher wurde gegenüber der MZ 125/3 durch Verwendung eines zusätzlichen Deckels, der gleichzeitig die Kupplungsbetätigung voll kapselt, wesentlich verbessert.

Die Fahrleistungen, die mit der ES 125/150 erreicht werden, gehen eindeutig aus dem Normal-Fahrzustands-Diagramm (NFD) und dem Beschleunigungs-Diagramm (s. Diagramme V und VI) hervor. Gegenüber der MZ 125/3 wurde die Steigfähigkeit der ES 125 um 30 Prozent und die der ES 150 um 37 Prozent verbessert. Von 0 bis 80 km/h beschleunigen die ES 125 in 15,5 und die ES 150 in nur 14 s! Die Höchstgeschwindigkeiten betragen 90 bzw. 95 km/h. Damit stößt die ES 125/150 schon stark in die Hubraumklasse bis 175 cm³ vor.

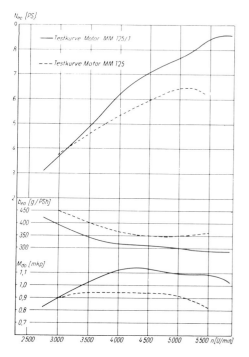

Diagramm III

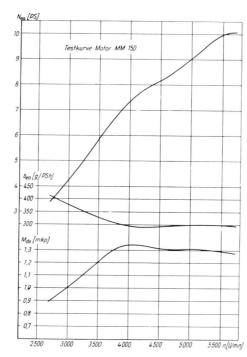

Diagramm IV

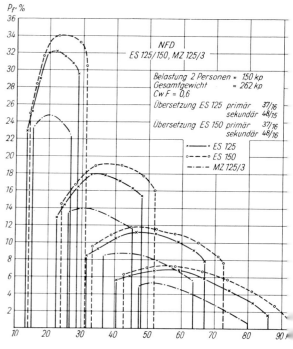

Diagramm V

9 Blick auf die gut zugängliche Lichtmaschine und die gekapselte Kupplungsbetätigung

Es wurden aber nicht nur optimale Fahrleistungswerte, sondern auch sehr günstige Straßenverbrauchswerte erzielt. Auch hier sind die Werte gegenüber der MZ 125/3 im Hauptfahrbereich verbessert (s. Diagramm VII).

Zusammenfassend kann gesagt werden, daß die ES 125/150 durch ihre neue elegante Linie, ihren hohen Fahrkomfort und ihre hervorragenden Fahreigenschaften und Fahrleistungen ein Spitzenerzeugnis auf dem Weltmarkt darstellt und das Markenzeichen „MZ" und damit den Qualitätsbegriff, der mit der Produktion der volkseigenen Industrie verbunden ist. weiter verbreiten und festigen wird.

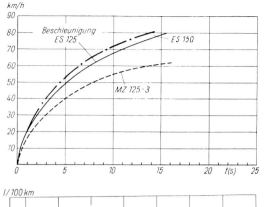

Diagramm VI

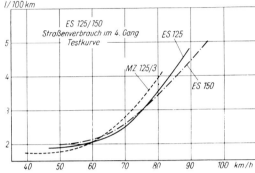

Diagramm VII

Technische Daten (Klammerwerte gelten für die ES 150)

Motor:

Arbeitsverfahren	Zweitakt
Bohrung	52 (56) mm
Hub	58 mm
Hubraum	123 (143) cm³
Verdichtung	9:1
Leistung	8,5 (10,0) PS bei 5500 U/min
max. Drehmoment	1,10 (1,35) kpm bei 4000 U/min
Vergaser	Zweihebel-Rundschieber-Nadeldüsenvergaser
Typ	BVF 22 KNB 1–3 (24 KN 1–2)
	Durchlaß 22 (24) mm ⌀
Luftfilter	Naßluft- oder Trockenluftfilter mit Ansauggeräuschdämpfer
Zündkerze	Isolator M 14/240
Vorzündung	4,5 (4,0) mm v. o. T.

Getriebe und Kraftübertragung:

Kupplung	Mehrscheibenkupplung im Ölbad
Getriebe	4 Gänge
Übersetzung	
Motor/Getriebe	2,313:1
im Getriebe	3,05:1, 1,805:1, 1,285:1, 1:1
Getriebe/Hinterrad	3,20:1 (3,0:1)
Kraftübertragung	
Motor/Getriebe	Hülsenkette 9,5 × 7,5 mm DIN 73232
Getriebe/Hinterrad	Rollenkette 12,7 × 6,4 × 8,5 mm DIN 8187

Bremsen:

Fußbremse	Betätigung durch Seilzug
Handbremse	Betätigung durch Seilzug
Art der Bremsen	Vollnabenbremsen 150 mm ⌀

Räder:

Achsen		Steckachsen vorn und hinten
Bereifung		3,00–18″
Luftdruck	vorn	1,4 atü
	hinten	1,8 atü Solo
	hinten	2,0 atü mit Sozius

Federung:

vorn	Langschwinge mit Federbein mit doppelt wirkender hydraulischer Dämpfung, Federweg 150 mm
hinten	Langschwinge mit Federbein verstellbar mit doppelt wirkender hydraulischer Dämpfung, Federweg 100 mm

Elektrische Anlage:

Lichtmaschine	Gleichstrom spannungsregelnd
Typ	LMZR 6/60 (Kurzleistung bis 90 W)
Batterie	Langbau-Bleibatterie 6 V, 12 Ah

Rahmen:

Preßstahlrahmen	gefalzt

Allgemeine Daten:

Länge	1990 mm
Breite	750 mm mit Blinkleuchten
Höhe	1150 mm unbelastet mit Rückblickspiegel
Leergewicht	112 kp
zulässige Belastung	158 kp
zulässiges Gesamtgewicht	270 kp
Kraftstoffverbrauch	2,3–3,8 (2,4–4,0) l/100 km
Höchstgeschwindigkeit	90 (95) km/h

Kraft- und Schmierstoffe:

Kraftstoff	VK „Extra"
Schmierstoff	Zweitakt-Motorenöl „Hyzet"
Mischungsverhältnis	33:1

Noch eine kleine Nachschrift

Wenn man als Herausgeber, Lektor oder Redakteur solche Beschreibungen und Darstellungen eines bestimmten Produktes durch Angehörige des erzeugenden Werkes liest, so hat man die Pflicht, ein gesundes Mißtrauen an den Tag zu legen. Man möchte letztlich nicht irgendwelcher Schönfärberei den Weg bahnen.

Dieses Mißtrauen, im positiven Sinne wohlverstanden, wird ja auch von der volkseigenen Industrie im allgemeinen und, wir kennen es nicht anders, vom Motorradwerk Zschopau besonders gefördert. Mit dem vorstehenden Aufsatz kam, wenn auch nur für wenige Tage, eine Versuchsmaschine vom Typ MZ ES 150 bei uns an. Die war nun zwar nicht mehr ganz so hübsch, wie die vorstehenden Bilder diesen Typ zeigen – sie hatte schon einige Stürme in der Dauererprobung erlebt –, aber gerade deshalb freundeten wir uns mit ihr besonders rasch an. Es wäre unsinnig, jetzt nochmals über technische Dinge oder Qualitätsfragen zu berichten. Dieses Nachwort wurde nur geschrieben, um erläutern zu können, weshalb wir nach eigenen Fahrversuchen so restlos und ohne Einschränkung hinter den Ausführungen von Herrn Ing. Friedrich, dem Forschungs- und Entwicklungsleiter des VEB Motorradwerk Zschopau, stehen.

Mit den neuen Leichtgewichten aus Zschopau hat unsere volkseigene Kraftfahrzeugindustrie das oft zitierte Weltniveau nicht nur gehalten, sondern unseres Erachtens eine Spitzenposition bei leichten Zweitaktmotorrädern eingenommen.

Die Herausgeber

Für Gespannfahrer geschaffen:

Das Schwergewicht aus Zschopau

1 Von vorn gesehen, unverkennbar aus der ES-Familie

Mit dem Nachwort zu den „Leichtgewichten" wurde gewissermaßen gleichzeitig ein Vorwort zur Einschätzung der schwersten MZ-Maschinen geschrieben. Auch hier gilt ohne jede Einschränkung: „MZ ES 300, vor allem als Gespann, Spitzenposition im Weltmaßstab!"
Als Ende 1961 die Produktion von Viertakt-Motorrädern aus Gründen der Vereinheitlichung in der DDR eingestellt wurde, war bei MZ vorausschauenderweise bereits die Version einer 300-cm³-Maschine auf der Basis der ES 250 fertig.
Der Anlauf einer Serienproduktion eines neuen Kraftfahrzeugtyps geht wohl in keinem Land der Welt ganz ohne Schwierigkeiten vonstatten. Zu dem Zeitpunkt aber, da dieses Buch erscheint, dürften die ersten 3000 Stück MZ ES 300 bereits in unserer Republik rollen.
Eingangs war von „schwerster MZ-Maschine" geschrieben worden. Nun, im eigentlichen Sinne des Wortes ist ein 300-cm³-Motorrad noch kein schweres Motorrad. In Westdeutschland baut man noch immer 600-cm³-Modelle, in der UdSSR liegt die Grenze bei 750 cm³, in den USA werden – wenn auch in geringen Stückzahlen – Motorräder bis zu 1200 cm³ Hubraum erzeugt, und das klassische Land des Motorradbaues, Großbritannien, geht ebenfalls noch immer bis an die Einlitergrenze heran.
Diese im eigentlichen Sinne schweren Motorräder werden aber zumeist für Spezialzwecke eingesetzt oder sind ausgesprochene Liebhaberstücke. Für den Allgemeingebrauch ist bei den heute von MZ bei Zweitaktern erreichten Literleistungen von rund 60 bis 75 PS/l die 300-cm³-Maschine auch für den Gespannbetrieb durchaus stark genug.
Wir erinnern in diesem Zusammenhang an eine Vorschau auf die MZ ES 300, die im Motor-Jahr 1960 erschien und mit der der Verfasser des Leichtgewichtaufsatzes die Kenndaten des 300er Typs zum ersten Mal der interessierten Motorradöffentlichkeit übergab.
Das damals veröffentlichte NFD (Motor-Jahr 1961, Seite 85) hat auch heute, nachdem die ES 300 in Serie gebaut wird, noch volle Gültigkeit. Nun ist es leider so, daß der normale Motorradkäufer mit einem Normalfahrdiagramm kaum etwas anzufangen weiß. Andererseits kann mit einfachen PS-Vergleichen nicht allzuviel erkannt werden. Die

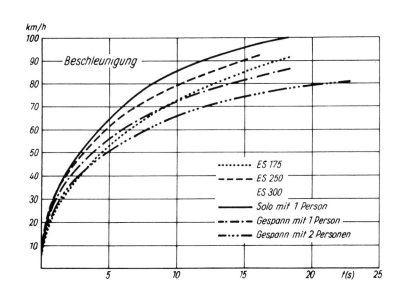

PS-Leistung allein macht „den Kohl nicht fett". Rückschlüsse auf Fahrleistungen lassen sich da schon eher aus Beschleunigungskurven ziehen. Aus der Kurve des ES-300-Gespanns ist zu ersehen, welche guten Fahrleistungen von der großen MZ zu erwarten sind. Werden diese Fahrleistungen noch mit einem günstigen Kraftstoffverbrauch erreicht, so muß man zu der Schlußfolgerung kommen, die auch wir nach einigen tausend Kilometern mit dem ES-300-Gespann trafen: Hier wurde von begeisterten Motorradfahrern, vor allem aber auch von Könnern, ein Motorrad geschaffen, welches in der ganzen Motorradwelt seine Freunde finden wird.

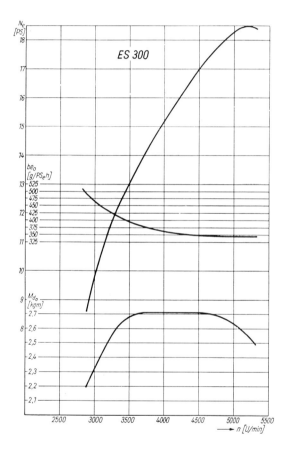

Einige Sätze zu unseren Erfahrungen:
PS bedeutet bei der ES 300 wie auch bei den anderen ES-Typen nicht „Ponny-Stärken". Bei MZ wird mit richtigen ausgewachsenen „Pferden" gearbeitet. Setzt man die verfügbare Kraft des Motors voll ein, geht man also auf maximale Fahrleistungen aus, so kann man es überall dort, wo es auf Beschleunigung und Bergsteigevermögen ankommt, mit normalen Gebrauchswagen durchaus aufnehmen.
Dazu kommt, daß Gespannfahren (wenn man es kann) eine sichere und elegante Fahrmöglichkeit ist. Zum Teil sind die guten Fahrleistungen des ES-300-Gespanns auch auf das gebremste Seitenwagenrad (Öldruck) zurückzuführen. Man hat dieses Fahrzeug stets und unter allen Umständen sicher in der Hand. Die erreichbare Bremsverzögerung liegt bei besetztem Seitenwagen unter günstigen Bedingungen (trockene, griffige Straßenoberfläche, gute Reifen) so um 7,5 m/s². Diese Bremsverzögerung ständig zum zügigen Fahren auszunutzen, ist allerdings nicht jedermanns Sache.

Die wirklich guten Reisedurchschnitte, die wir mit dem 300er Gespann erreichten, fordern natürlich mehr Kraftstoff als Solobetrieb. Erstaunlich bleibt der von uns erreichte Wert trotz harter „Knüppelei" doch: Wir benötigten für 1000 km Fahrstrecke, etwa halb Autobahn und halb Mittelgebirgsstraßen verschiedener Güte, bei einer Gesamtbelastung von reichlich 200 kp nur 64 Liter Zweitaktgemisch. Selbstverständlich fuhren wir wie vom Werk vorgeschrieben VK extra 33:1 mit Hyzet-Zweitaktöl gemischt.

Die Versuchsmaschine, die uns der Leiter der Versuchsabteilung bei MZ freundlicherweise zur Verfügung gestellt hatte, war schon in zwei Wintern erprobt und hatte dabei etliche 10000 km unter die Reifen bekommen. Wir hatten Kleinigkeiten zu beanstanden, die, das sahen wir im Werk, bei der endgültigen Version bereits beseitigt waren.

Zu einer ausgesprochen angenehmen Überraschung wurde der Moment, da wir zum ersten Mal das Licht einschalteten. Die ES 300 ist mit asymmetrischem Scheinwerfer ausgerüstet und demzufolge bei Nacht hinsichtlich der Fahrbahnbeleuchtung jedem Wagen ebenbürtig. Auch bei „dunkelster" Dunkelheit hebt der strahlende, nicht blendende Lichtfinger des Scheinwerfers wie auch des Abblendlichtes alle Gegenstände, besonders die auf der rechten Fahrbahnhälfte und am Straßenrand, aus ihrer Umgebung heraus. Auch das sehr gute Licht hilft natürlich mit, bei Dunkelheit gute Reiseschnitte zu erreichen.

Für die Sicherheit des Fahrers, an die bei MZ immer gedacht wird, sorgen sehr auffällige Blinker, an deren Bedienung man sich trotz günstiger Schalterstellung erst gewöhnen muß. Das Schluß- und Stopplicht hat die Größe eines mittleren Mopedscheinwerfers, blendet aber den folgenden Verkehrsteilnehmer nicht.

Ein besonderer „Knüller" ist die seit langem geforderte Lichthupe, die überall an den neuen MZ-Modellen realisiert wurde. Besonders als

2 Auch in der Seitenansicht paßt sich der „Super-Elastik"-Seitenwagen der ES-Linie gekonnt an.

Überholsignal ist sie sehr wirkungsvoll. Wer, selbst am hellen Tag, als Vordermann diese Lichtblitze übersieht, tut das mit Absicht.

Zuletzt noch etwas zum Super-Elastik-Seitenwagen. Als die ES 250 zum ersten Mal als Gespann mit dem Elastikseitenwagen erschien, glaubte man, das Optimum des Fahrkomforts für Seitenwagenpassagiere sei nun erreicht.

Durch den „Super-Elastik"-Seitenwagen wird man schnell eines Besseren belehrt. Der Fahrkomfort für den Passagier „im Boot" und die Fahreigenschaften des Gespanns selbst waren bei der 250er sehr gut. Bei der 300er ist trotz dieses Prädikates für die 250er noch eine Steigerung hinzugekommen. Fahrkomfort und Fahreigenschaften also „sehr gut mit Stern".

Besonderes Interesse fand der aufklappbare Seitenwagen bei Frauen. Auch Körperbehinderte können ohne sonderliche Schwierigkeiten in diesen Seitenwagen einsteigen.

Die Kofferklappe ist verschließbar, in die Seitenwände des „Bootes" sind Ablegetaschen eingearbeitet. Für den Seitenwagen gilt, wie für die Maschine selbst: „Von Könnern für Kenner gebaut."

Mit diesem Satz wollen wir uns von dem ES-300-Gespann verabschieden. „Von Könnern für Kenner", das soll unsere Begeisterung für ein Motorrad ausdrücken, dem wir einen guten Weg in die Welt der Motorräder wünschen.

—aus

3 Tatsächlich kann der Seitenwagen so weit geöffnet werden. Die gerade noch erkennbare Kofferbrücke ist serienmäßig. Die Beinschutzbleche sind es nicht.

4 Fahrkomfort und Fahreigenschaften auch des voll belasteten Gespanns sind ausgezeichnet.

5 So sieht die ES 300 als Solomaschine aus.

Technische Daten:

Motor:
Arbeitsweise	Zweitakt-Umkehrspülung
Bohrung	72 mm
Hub	72 mm
Hubraum	293 cm³
Verdichtung	8,8:1
Leistung	18,5 PS bei 5200 U/min
max. Drehmoment	2,7 mkp bei 4000 U/min
Vergaser	Zweihebel-Rundschieber-Düsennadel-Vergaser
Typ	BVF 30 KN 1 – 1, Durchlaß 30 mm
Luftfilter	Naßluftfilter mit Ansauggeräuschdämpfer
Zündkerze	Isolator M 14 – 240
Vorzündung	3,5 mm v.o.T.

Getriebe und Kraftübertragung:
Kupplung	Mehrscheibenkupplung im Ölbad (auf Kurbelwelle)
Getriebe	4 Gänge
Übersetzung Motor/Getriebe	2,43:1
Getriebe/Hinterrad	2,14:1
Kraftübertragung Motor/Getriebe	schrägverzahnte Zahnräder, 28:68 Zähne
Getriebe/Hinterrad	Rollenkette 12,7 × 7,75 × 8,51 mm 21:45 Zähne (Gespann 18:45 Zähne)

Bremsen:
Fußbremse	durch Gestänge auf Hinterrad
Handbremse	durch Bowdenzug auf Vorderrad
Art der Bremsen	Vollnabenbremsen, 160 mm Ø und 30 mm Backenbreite

Räder:
Achsen	Steckachsen, hinten und vorn
Bereifung	vorn 3,25 – 16 hinten 3,50 – 16
Luftdruck	vorn 1,4 at hinten 1,9 at für Solofahrt hinten 2,1 at mit Soziusfahrer hinten 2,7 at bei Seitenwagenbetrieb

Federung:
Vorn	Federbeine mit Ölstoßdämpfer, Vollschwinge, 142 mm Federweg
Hinten	Federbeine mit Ölstoßdämpfer, Federhärte verstellbar, 115 mm Federweg, Vollschwinge

Elektrische Anlagen:
Lichtmaschine	Gleichstrom, spannungsregelnd
Typ	LMZFR 6 60 (Kurzleistung bis 90 Watt)
Hersteller	FEK (Fahrzeug-Elektrik Karl-Marx-Stadt)
Batterie	6 V, 8 Ah

Rahmen:
Einrohrrahmen	Steuerkopf gelötet und Schweißverbindungen
Zahl der Sitze	2

Allgemeine Daten:
Länge	2000 mm
Breite	790 mm
Höhe	1020 mm
Bauchfreiheit	175 mm
Leermasse	158 kg
zul. Belastung	162 kp
zul. Gesamtmasse	320 kg
Kraftstoffverbrauch	Solo 3,2–5,2 Liter/100 km (je nach Fahrweise) Gespann 4,2–6,0 Liter/100 km (je nach Fahrweise)
Höchstgeschwindigkeit	Solo ca. 120 km/h Gespann ca 95 km/h
Kraftstoff	VK „Extra" OZ 78
Schmierstoff	Zweitakt-Motorenöl „Hyzet"
Mischungsverhältnis	33:1

Unterwegs mit Simson-Sport

Simson-Sport – die unvergessene Viertaktmaschine

Moderne Zschopauer Erfolgs-Schlager

Die große MZ-ES-Typenreihe —
außen und innen neu

Die große Gilde der Motorradfahrer in unserer Republik sieht von Zeit zu Zeit immer wieder mit Interesse nach Zschopau, ob sich wieder etwas und was sich bei MZ tut. Aber auch die ausländischen Motorradfans – ein Drittel der MZ-Fertigung wird exportiert – erwarten in gewissen Zeitabständen Verbesserungen und Neuentwicklungen. Sie alle wurden in der Vergangenheit auch kaum enttäuscht. Es sei in diesem Zusammenhang nur an das „MZ-Jahr" 1962 erinnert, als zuerst die verbesserte und erweiterte große ES-Typenreihe mit der ES 175–250/1 und der ES 300 anlief, gefolgt von der neuen kleinen ES-Typenreihe ES 125/150 und dem Superelastik-Seitenwagen.

1965 wurde die Typenreihe ES 125/150 mit Breitrippenzylinder und Startvergaser ausgerüstet und erreichte damit Verbrauchswerte flüssigkeitsgekühlter Zweitaktmotore. Bei der großen Typenreihe ES 175–250/1 war 1962 im wesentlichen der Motor auf höhere Leistung, niedrigeren Verbrauch und verringertes Geräuschniveau gebracht worden, während das Fahrwerk nur kleine Änderungen erfuhr. Das veränderte Schwingenfahrwerk der ES 125/150 wies nun jedoch in der Konzeption wesentliche Fortschritte gegenüber der ES 175–250/1 auf, so daß im Zuge der für die große Typenreihe vorgesehenen Weiterentwicklung als erstes das Fahrwerk auf dem Programm stand, bevor an weiteren Leistungssteigerungen gearbeitet werden konnte.

Da mit dem In- und Auslandabsatz auch die Fertigungsstückzahlen der großen Typenreihe steigende Tendenz zeigten, wurden 1962 die Arbeiten am Fahrwerk und eine durchgreifende konstruktive Überarbeitung des kompletten Motors mit aller Energie in Angriff genommen. Dabei legte das Zschopauer Entwicklungskollektiv folgende Ziele fest:
– Steigerung der Fahrsicherheit, der Fahreigenschaften und des Fahrkomforts
– Erhöhung der Leistung und der Standfestigkeit des Motors
– Verringerung der Handkraft für die Kupplungsbetätigung
– Senkung des Geräuschniveaus.

Für die Verbesserung der Fahrsicherheit, der Fahreigenschaften und des Fahrkomforts sowie z. T. auch für die Senkung des Geräuschniveaus entscheidend war die Auslegung des Kernstücks vom **Fahrwerk**, des *Rahmens*. Das galt besonders für den Fahrkomfort, da dieser sehr stark davon bestimmt wurde, wie ein Übertragen der Schwingungen des verhältnismäßig großen Einzylinder-Motors auf das Fahrwerk durch eine elastische Motoraufhängung verhindert werden konnte. Außerdem erforderte die Ansauggeräuschdämpfung, an die sehr hohe Anforderungen zu stellen waren, einen langen, querschnittsgleichen Resonatorhals in Form eines Rahmenrohres mit relativ großem Durchmesser, um ein an einem Motorrad nicht unterzubringendes Dämpfervolumen auszugleichen, das der in seiner Schwingungsgrundfrequenz sehr niedrig liegende Einzylinder-Motor verlangte.

Da sich einerseits Fahrsicherheit und Fahreigenschaften hauptsächlich durch einen verwindungssteiferen Rahmen verbessern, andererseits der Motorblock als bisher den Rahmen versteifendes Element durch die geplante elastische Motoraufhängung ausfiel, wurde die endgültige Rahmenkonzeption erst nach intensiven Untersuchungen verschiedener Bauarten auf dem Prüfstand und im Fahrversuch festgelegt. Als sowohl funktions- als auch fertigungstechnisch günstigste Lösung erwies sich auch in diesem Fall der Einrohrrahmen, der trotz des nicht mehr mittragenden Motorblocks wesentlich verwindungssteifer als der der ES 175–250/1 gestaltet werden konnte. Der Rahmen ist an den Verbindungsstellen durch CO_2-Schweißverfahren verbunden, und nur der aus 2 Hälften verschweißte Steuerkopf ist mit den geschweißten Präzisions-Stahlrohren vermufft und hart gelötet.

Der Sattel- bzw. Sitzbankträger – bei den bisherigen Typen als Blechprägeteil ausgeführt und am Rahmen angeschraubt – wird jetzt ebenfalls als Rohrkonstruktion ausgeführt und mit dem Rahmen verschweißt. Die vom Hinterrad über die Federbeine eingeleiteten Kräfte nimmt das bis zu den Federbeinaufnahmen durchgeführte Sattelrohr auf.

Wie bereits erwähnt, wird zur Dämpfung des Ansauggeräuschs ein Rahmenrohr benutzt. Die Verbrennungsluft wird über zwei große seitliche Bohrungen am Steuerkopf, die durch Scheinwerfer und Tank abgedeckt sind, aus sehr staubarmer Zone angesaugt und über das obere Rahmenrohr und ein Anschlußstück in den an der rechten Rahmenseite angeschraubten Ansauggeräuschdämpfer aus Duroplast geführt. Bei Eintritt in den Dämpfer muß sie noch die Trockenluftfilterpatrone passieren. Durch diese Lösung konnte nicht nur das Ansauggeräusch wie

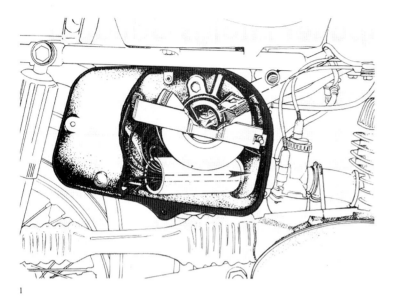

vorgesehen gedämpft, sondern auch der Verschleiß von Kolben, Kolbenringen und Zylinderlaufbahn um etwa 30 Prozent verringert werden.
Um die Fußrasten nach Sturzschäden besser austauschen zu können, sind sie an eine Fußrastenbrücke und diese an den Rahmen angeschraubt. Die Tatsache, daß es bisher noch keine elastische *Motoraufhängung* für kettengetriebene Motorräder gab, erklärt sich aus den besonderen Schwierigkeiten, die sich in diesem Fall durch die einseitigen Kettenzugkräfte ergeben. Es bedurfte deshalb einer Vielzahl von Untersuchungen und Erprobungen auf dem Prüfstand und im Fahrbetrieb, bis die jetzige Ausführung gefunden wurde. Dabei ist der Motor hinten auf dem Schwingenlagerrohr in Flanschgummibüchsen drehelastisch aufgehängt und die erhöhten Kettenzugkräfte beim Beschleunigen werden von Thermoplastbüchsen mit größerem Innendurchmesser aufgenommen. Vorn hängt der Motor auf zwei auf Schub beanspruchten Gummielementen, die zwischen einer Brücke am Motorgehäuse und einer Traverse am Rahmen befestigt sind. Durch diese Aufhängung und eine geänderte Auswuchtung der Kurbelwelle schwingt der Motor um das Schwingenlagerrohr und kann auf dieses nur noch bei sehr starkem Beschleunigen kaum wahrnehmbar horizontale Schwingungen übertragen. Da die komplette Auspuffanlage zusammen mit dem Motor eine Bewegung gegenüber dem Rahmen ausführt, wird das Auslaßrohr am Zylinder und durch eine Klemmverbindung zusammen mit dem Vorderteil des Auslaßschalldämpfers an der Brücke am Motorgehäuse befestigt. Als hintere elastische Aufhängung des Schalldämpfers dient eine Strebe mit in Gummi gelagerten Büchsen. Der Auslaßschalldämpfer besitzt zur Verringerung des Körperschalls einen Doppelmantel und ist, wie die Ansauganlage, sowohl leistungs- als auch geräuschmäßig sorgfältig auf den Motor abgestimmt. Damit liegt der Geräuschpegel unter dem in Zukunft geforderten Wert von 85 dBA (AF) – eine wichtige Voraussetzung für den Export in alle Länder.
Der Vorderträger aus Magnesium-Kokillenguß, in den das Steuerrohr warm eingeschrumpft ist, garantiert einerseits einen verwindungssteifen Rahmen und bringt zum anderen eine wesentliche Verbesserung der Fahreigenschaften. Im Vergleich zur geschweißten Blechkonstruktion bei der ES 175–250/1 ergibt sich eine geringere Masse um die Lenkachse und eine um 30 Prozent höhere Verwindungssteifigkeit. Durch eine stärkere positive Anstellung der Vorderschwinge wird außerdem eine geringere Beanspruchung des Vorderträgers und eine günstigere Raderhebung erreicht.
Die Räder und die Naben mit den Bremsen, vorn vollgekapselt und hinten mit eingebautem Stopplichtschalter, sind von der ES 175–250/1 übernommen. Die Kettenschutzschläuche – auch heute noch als bester Kettenschutz allgemein anerkannt – und das Kettenradgehäuse aus Plaste – es dient als Sollbruchstelle bei eventuellem Kettenriß dazu, ein Blockieren des Hinterrades zu vermeiden – wurden ebenfalls beibehalten. Die bis auf die Federn nun mit denen der ES 125–150 identischen Federbeine bieten Federwege von 142 mm vorn und 105 mm hinten. Um der hervorragenden Straßen- und Kurvenlage gerecht zu werden, sind die Reifen – vorn 3,25–16″ und hinten 3,50–16″ – mit dem neuen Profil K 27 ausgerüstet, das bei trockener und nasser Fahrbahn Kurvenschräglagen erlaubt, die auch von schnelleren ausländischen Sportmaschinen nicht übertroffen werden. Da der bisherige Fußbremshebel in Rechtskurven bei extremer Schräglage auf die Fahrbahn aufkam, wird er nun über die Auspuffanlage geführt.
In Anlehnung an die Formgebung der Typenreihe ES 125/150 erhielt auch die ES 175–250/2 die neue ES-Linie: Tank und Scheinwerfer formenmäßig als Einheit ausgebildet. Beide Teile treffen in der Mitte des Steuerkopfes zusammen, und der Stoß wird durch ein Gummiformstück abgedeckt. Der Kraftstoffbehälter mit einem Fassungsvermögen von 16,0 l ist vorn auf horizontal am Steuerkopf angeordnete Gummipuffer aufgesteckt und hinten durch zwei in Gummizwischenstücken geführte Schrauben mit einer Rahmentraverse verbunden. Er kann in gefülltem Zustand abgebaut werden, da keine Verbindungsleitung zwischen den beiden Tankseiten erforderlich ist.
Der Scheinwerfer ist am Steuerkopf oben und unten angeschraubt und hier grob verstellbar. Der Scheinwerfereinsatz mit 170 mm Lichtaustrittsdurchmesser (Standardisierter Pkw-Einsatz) weist asymmetrisches Abblendlicht und 40/45-W-Biluxlampe auf.

1 Prinzip der Ansaugluftführung

2 Blick von unten auf die elastische Motoraufhängung (links), die abschraubbare Fußrastenbrücke und die Kippständeraufhängung

3 Ausführung mit Sitzbank. Der Auslaßschalldämpfer ist axial verschiebbar aufgehängt

4 Lenker mit Startvergaserhebel auf der Verkleidung und Scheinwerfer mit Segmenttachometer

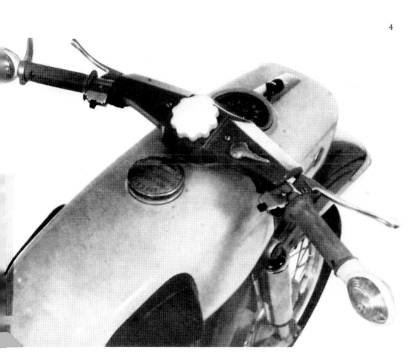

Durch eine Dreipunkt-Lagerung ist der Scheinwerfereinsatz in zwei Ebenen fein verstellbar. Die unterschiedlichen Belastungen bei Solo- und Soziusbetrieb werden durch Verstellen der hinteren Federbeine mit Hilfe der fest angebrachten Handgriffe einwandfrei ausgeglichen. Der Scheinwerfer sichert bei Fern- wie bei Abblendlicht eine bei einem Motorrad bisher nicht erreichte Fahrbahnausleuchtung, so daß die Fahrzeuge, solo wie im Gespannbetrieb, auch bei Dunkelheit voll ausgefahren werden können. Das Scheinwerfergehäuse nimmt außer dem Scheinwerfereinsatz noch das neue Segmenttachometer, das Zündschloß und den Blinkgeber auf. Das Segmenttachometer garantiert neben einer exakten Anzeige auch eine wesentlich bessere Erkennbarkeit der Lade- und Leerlaufkontrolleuchte.

Die gesamte elektrische Anlage, außer Zündspule und Batterie, ist mit Flachsteckverbindungen ausgerüstet, wodurch ein schnelles Auswechseln der Bauteile möglich ist. Lichtmaschinen- und Ladestromkreis sind mit je einer 15-A-Sicherung abgesichert.

Unter der linken Verkleidung sind die 12-Ah-Flachbaubatterie, die Zündspule, der Regler und das Klemmbrett für die Sicherungen zusammengefaßt. Diese Geräte – außer der Batterie – sind auf einen gemeinsamen Halter aus Duroplast montiert, der gleichzeitig als Gegenhalterung für den unter der rechten Verkleidung sitzenden Ansauggeräuschdämpfer dient. Die linke Verkleidung enthält außerdem Befestigungshaken und Gummiringe, um einen Ersatzschlauch in einem Plastebeutel sicher und beschädigungsfrei mitführen zu können.

Der Hinterradkotflügel wird ungeteilt ausgeführt, da es zu dem bei der ES 175–250/1 verwendeten Kotflügel mit aufklappbarem Endstück Beanstandungen über das Scharnier gab. Durch entsprechende Formgebung ist ein ungehinderter Ausbau des Hinterrades gewährleistet.

Entsprechend den Kundenwünschen wird sowohl eine Sitzbank- als auch eine Einzelsitz-Ausführung geliefert. Beide Sitz-Varianten haben einheitliche Befestigungen. Die durch ein Einsteckschloß gesicherte Sitzbank ist aufklappbar und gibt dann den unter ihr liegenden Werkzeugbehälter mit Platz für Ersatzglühlampen frei. Bei Einzelsitzen ist die Wanne des Soziussitzes entsprechend ausgebildet; das abnehmbare Sitzoberteil ist ebenfalls durch ein Einsteckschloß gesichert.

Der Lenker trägt an den Enden die Blinkleuchten und weiter die erforderlichen Armaturen einschließlich der Betätigung für die Licht- und Tonhupe. Auf der Lenkerabdeckung sitzt der Hebel für die Startvergaserbetätigung. Die ES 175–250/2 wird als Solomaschine ohne und die ES 250/2 als Seitenwagenmaschine mit Lenkungsdämpfer gebaut. Als Zubehör werden wieder organisch eingepaßte Schmutzschutzbleche geliefert, die oben zwischen Scheinwerfer und Kraftstofftank und unten am Rahmen befestigt sind und einen ausgezeichneten Schmutzschutz

5 *Unter der linken Verkleidung liegen Batterie, Zündspule, Regler und Sicherungen*

6 *Blick unter die aufgeklappte Sitzbank*

7 *Der abnehmbare Soziussitz läßt sich gleichfalls durch ein Steckschloß sichern*

8 *Der Breitrippenzylinder weist Dämpfungsgummiteile in Zylinderkörper und -kopf auf. Der hochgezogene Fußbremshebel liegt jetzt über dem Auspuffrohr*

9 *Motor-Getriebe-Röntgenbild*

10 *Motorenkennlinien für ES 175/2 und ES 250/2*

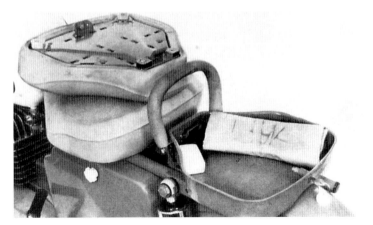

gewährleisten. Ein Gepäckträger, der in die Holme des Sitzbankträgers eingesteckt und verschraubt wird, steht ebenso zur Verfügung wie Seitengepäckträger.

Um die Motorleistung weiter steigern und gleichzeitig beträchtlich verlängerte Standzeiten erreichen zu können, wurde der gesamte **Motor** mit den beiden Hubraumvarianten grundsätzlich konstruktiv überarbeitet. Dadurch ergaben sich Änderungen an Gehäuse, Kurbelwelle, Kolben und Kolbenringen, Zylinder, Zylinderkopf, Kupplung, Vergaser und – wie bereits geschildert – an der Ansaug- und Auspuffanlage.

Der weiteren Mitteldruckerhöhung auf fast 7,0 kp/cm² mußte insbesondere die Kurbelwelle, speziell die Kolbenbolzenlagerung, angepaßt werden. Eine einfache Umstellung dieser Lagerung von Gleit- auf Nadellagerung brachte nicht den vollen Erfolg, da sich unter Beibehaltung der seitlichen Pleuelführung am großen Pleuelauge, also an den Hubscheiben, trotz großen axialen Spiels teilweise tickende Geräusche durch seitliches Anlaufen an einer der Hubscheiben ergaben. Um diese Geräusche zu vermeiden, die Temperatur des Pleuellagers (großes Pleuelauge) weiter abzusenken und damit die Standfestigkeit des Nadelkäfigs weiter zu erhöhen, wird das Pleuel jetzt oben im Kolben zwischen den bearbeiteten Kolbenbolzennaben mit einem Axialspiel von 0,12 bis 0,42 mm geführt, während das große Pleuelauge ein Axialspiel von 2,45 bis 2,75 mm aufweist. Als Kolbenbolzenlager wird ein zweireihiger Nadelkäfig verwendet.

Die höhere Leistung und die dadurch größere abzuführende Wärmemenge verlangten eine größere Kühlrippenfläche der Zylinder, sogenannte Breitrippenzylinder und -zylinderköpfe, wie sie ähnlich schon bei der ES 125/150 verwendet werden. Die günstigsten Rippenabstände bzw. Anordnungen und Rippenformen wurden im Windkanal mit dem kompletten Fahrzeug ermittelt, wobei der Motor über einen Generator abgebremst und die Zylinderwandtemperaturen mit Thermoelementen

8

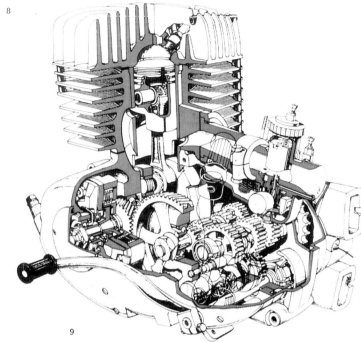
9

gemessen wurden. Gleichzeitig wurden die durch die geänderten Rippenabstände veränderten Schrumpfspannungen, die bei dem von MZ schon lange verwendeten Verbundgußzylinder sehr ausschlaggebend sind, untersucht und im Zusammenhang damit das Verhältnis der Umguß- zur Laufbüchsen-Wanddicke neu festgelegt.

Besondere Schwierigkeiten bereitete das Schwirren der großen Kühlrippen an Zylinder und Zylinderkopf. Da die nur teilweise mögliche Abstützung der Kühlrippen gegeneinander durch Gußstege nicht den gewünschten Erfolg brachte, wurden keine Gußstege verwendet und Dämpfungsgummis eingesetzt, die – in Bohrungen bzw. gefräste Nuten der Rippen eingepreßt – die Geräusche restlos beseitigen.

Die Zündkerze Isolator M 14/260 ist jetzt rechts seitlich angeordnet, um eine einwandfreie Zugänglichkeit zu erreichen. Die Zylinderbohrung wurde von 70 auf 69 mm reduziert, um auch bei mehrmaligem Ausschleifen noch unter 250 cm³ zu bleiben. Der Einlaßschlitz des Zylinders besitzt zur besseren Kolbenführung eine Führungsnase.

Die Kolbenringe sind nicht mehr mit Kerbstiften fixiert, sondern mit Stahlnadeln, da nur so die hohen Beanspruchungen beherrscht werden können. Ebenso war die Entwicklung von Spezial-Zweitakt-Kolbenringen mit verringerten Maulweiten erforderlich, um die leistungsmäßig bedingten Schlitzbreiten ausführen zu können. Der Kolben der ES 175/2 trägt 2 Kolbenringe, wovon der obere zur Verringerung des Zylinderverschleißes hart verchromt ist (Kolbenspiel 0,03 mm). Bei der ES 250/2 weist der Kolben 3 Kolbenringe auf, deren oberster ebenfalls hart verchromt ist (Kolbenspiel 0,04 mm).

Alle angeführten Änderungsmaßnahmen waren Voraussetzung für eine weitere Steigerung der Mitteldrücke und damit der Drehmomente und Leistungen bei beiden Motoren. Diese Leistungserhöhungen wurden durch Veränderung des Steuerdiagramms und sorgfältige Abstimmung und Auslegung der Ansaug- und Auslaßanlage erreicht und betragen

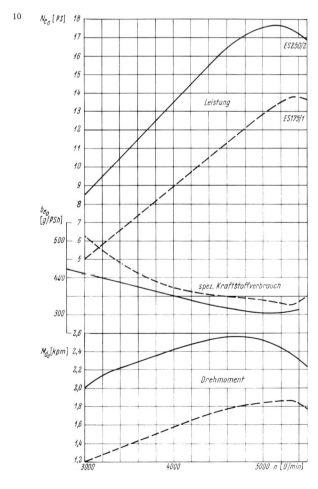
10

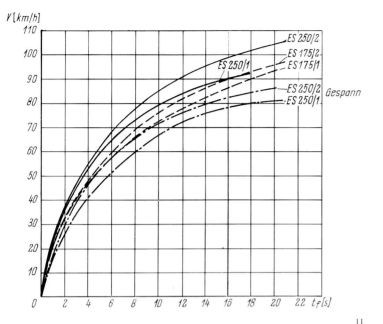

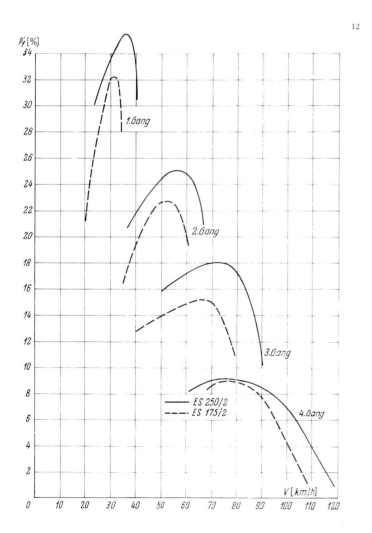

bei der ES 175/2: Ne_o = 13,5 PS bei 5200–5400 U/min
Md_o = 1,85 kpm bei 5000–5100 U/min
ES 250/2: Ne_o = 17,5 PS bei 5000–5300 U/min
Md_o = 2,5 kpm bei 4500–4700 U/min

Zur Verbesserung der Kaltstartfähigkeit und zur Bedienungsvereinfachung ist der Motor ES 175/2 mit dem Vergaser BVF 26 N 1–1 und der Motor ES 250/2 mit dem Vergaser BVF 28 N 1–1 ausgerüstet. Diese nur im Ansaugquerschnitt unterschiedlichen Nadeldüsenvergaser mit Startvergasereinrichtung entsprechen in der Bauart den bereits bei der ES 125/150 verwendeten, sind allerdings der genaueren Fertigung wegen mit Stufennadeln versehen. Die Lageunempfindlichkeit der mit Zentralschwimmer ausgerüsteten Vergaser zeigt sich besonders deutlich im Seitenwagenbetrieb bei Kurvenfahrt. Durch den Startvergaser, der vom Lenker aus betätigt wird, ist ein sicherer Kaltstart bis −15 °C gewährleistet.

Durch Entwicklung eines Kupplungsreibbelags mit Korkmehlanteil konnte der Reibwert um 100 Prozent erhöht, die Handkraft für die Kupplung um 40 Prozent reduziert und trotzdem das übertragbare Drehmoment angehoben werden. Ein wesentlich weicheres Einkuppeln wird außerdem erreicht. Die stark verringerte Beanspruchung der Stahlteile durch den neuen Reibbelag hebt die Grenznutzungsdauer der Kupplung auf über 50 000 km an.

Durch Verwendung des legierten Getriebeöles GL 60 – statt bisher unlegiertem Motorenöl M95 – verlängern sich die Ölwechselfristen von 10 000 auf 20 000 km bei gleichzeitiger Verbesserung der Kaltstartfähigkeit.

Der Formgestaltung des gesamten Motorrades sind neben Zylinder und Zylinderkopf auch der Lichtmaschinen- und der Kupplungsdeckel angepaßt worden.

Die erreichte Standfähigkeit bewiesen 2 Nullserienmotoren ES 250/2, die beide je einen 700-h-Dauerlauf (TGL) absolvierten und danach an den Kurbelwellen nur Verschleißwerte zeigten, die zum großen Teil noch in der Fertigungstoleranz lagen. Auch Kolben, Kolbenringe und Zylinder ergaben so niedrige Verschleißwerte, daß beide Motoren nach den Dauerläufen noch die Nennleistung abgaben.

Nach einer sehr umfangreichen Funktionsmustererprobung wurde, wie bei MZ üblich, auch eine sehr harte Nullserienerprobung mit 25 Fahrzeugen über insgesamt 650 000 km durchgeführt, wobei über 20 Prozent der Fahrzeuge im Solo- und Seitenwagenbetrieb Laufzeiten zwischen 50 000 und 90 000 km erreichten. Dabei wurde erneut bei allen Witterungsverhältnissen bestätigt, daß das neue Fahrwerk sowohl im Solo- als auch im Gespannbetrieb mit dem Superelastik-Seitenwagen die angestrebte Steigerung der Fahrsicherheit und der Fahreigenschaften einwandfrei erzielt. Dadurch können auch auf schlechten und kurvenreichen Straßen bei Tage wie bei Nacht die gesteigerten Motorleistungen voll eingesetzt und sehr hohe Durchschnittsgeschwindigkeiten gefahrlos erzielt werden.

Für einen im Motorradbau beispielhaften Fahrkomfort sorgen die elastische Motoraufhängung, der niedrige Geräuschpegel von unter 85 dBA und die verringerte Betätigungskraft für die Kupplung in Verbindung mit der ausgeglichenen Federung und Dämpfung.

Die vorliegenden Beschleunigungswerte und die Höchstgeschwindigkeiten mit 110 bzw. 120 km/h zeigen außerdem, daß es sich bei der neuen Typenreihe ES 175–250/2 um sportliche Allround-Fahrzeuge handelt, die gleichzeitig mit einer Standfestigkeit für Fahrwerk und Motoren von mindestens 50 000 km in Pkw-Laufzeiten vorstoßen.

TECHNISCHE DATEN

Motor

	MZ ES 175/2	MZ ES 250/2
Bohrung	58 mm	69 mm
Hub	65 mm	65 mm
Hubraum	172 cm³	243 cm³
Verdichtung	9,0	8,5
Leistung	13,5 PS bei 5200–5400 U/min	17,5 PS bei 5000–5300 U/min
max. Drehmoment	1,85 kpm bei 5000–5100 U/min	2,5 kpm bei 4500–4700 U/min
Vergaser	BVF Nadeldüsenvergaser mit Startvergaser 26 N 1-1	28 N 1-1
Zündkerze	Isolator M 14/260	
Vorzündung	3,5 mm v. OT	3,0 mm v. OT
Lichtmaschine	6 V, 60 W (Kurzleistung 90 W) spannungsregelnd	
Batterie	6 V, 12 Ah, Langbau-Bleibatterie	

Kraftübertragung

Kupplung	Mehrscheiben im Ölbad	
Getriebe	vier Gänge	
Primärantrieb	schrägverzahnte Zahnräder 28:68	
Getriebeübersetzungen	1. Gang 2,77	
	2. Gang 1,63	
	3. Gang 1,23	
	4. Gang 0,92	
Sekundärantrieb	12,7 + 7,75 × 8,50 mm	
Rollenkette	17:45	21:45
		Gespann 17:45

Fahrwerk

Rahmen	Einrohrrahmen, geschweißt und am Steuerkopf vermufft und hart gelötet
Radführung	Langschwingen vorn und hinten, Federbeine mit doppelt wirkender hydraulischer Dämpfung, Federweg vorn 142 mm, hinten 105 mm, Federhärte hinten mit Hebel verstellbar
Bremsen	Vollnabenbremsen 160 mm Durchmesser mit 30 mm Bremsbelagbreite
Bereifung	vorn 3,25–16″, hinten 3,50–16″
Scheinwerfer	170 mm Lichtaustrittsdurchmesser, 45/40 W asymmetrisch

Abmessungen

Länge	2090 mm	
Breite	862 mm (mit Blinkleuchten und Spiegel)	
Sitzhöhe (unbelastet)	780 mm Sitzbank/740 mm Einzelsitze	
Leermasse (fahrfertig)	155 kg	156 kg
Leermasse (trocken)	142 kg	143 kg
Tragfähigkeit (Nutzmasse)	165 kg	164 kg
Höchstgeschwindigkeit rund	110 km/h	120 km/h
		Gespann rund 95 km/h
Kraftstoff	VK 79 (79 ROZ)	
Schmiermittel	Legiertes Hyzet-Zweitaktmotorenöl MZ 22, Mischungsverhältnis 33:1	
Kraftstoffverbrauch	2,8 bis 4,8 l/100 km	3,4 bis 5,2 l/100 km
		Gespann 4,2 bis 6,2 l/100 km
	je nach Belastung und Fahrweise	

11 *Beschleunigungswerte für ES 175–250/1 und ES 175–250/2*

12 *Normal-Fahrzustands-Diagramm der ES 175–250/2*

13 *MZ ES 175–250/2, Messe-Magnet für alle Motorrad-Interessenten*

W. RIEDEL

Schneller Sprinter aus Zschopau

Spaß am Fahren mit MZ ETS 250 Trophy-Sport

Das Motorrad lebt! Die vergangenen zwei Jahre haben selbst in ausgesprochenen Autoländern keinen Zweifel daran gelassen, daß das Interesse am Zweirad nicht abnimmt, sondern sogar wächst. Besondere Chancen scheinen dabei die sportlich ausgelegten Versionen zu bekommen, die weniger Transportmittel als vielmehr Objekt zur Freizeitgestaltung sein sollen. Spaß am Fahren soll die Sportmaschine vermitteln. Kein Auto – und sei es der rassigste Spider – könne, so versichern die passionierten Motorradfahrer, zu diesem einzigartigen Erlebnis verhelfen. Die Entwicklung scheint ihnen Recht zu geben ...

Auch MZ ist dem Trend zum sportlichen Motorrad gefolgt und hat den vielen MZ-Freunden im In- und Ausland eine Maschine besonderer Note in die Hand gegeben. Es war klar, daß sich eine MZ-„Sport" im normalen Produktionsprogramm unterbringen lassen mußte und eine für Werk und Käufer gleichermaßen kostspielige Sonderfertigung nicht in Frage kam. Auch einer speziellen Straßensportmaschine sollten all die bewährten Details der Großserientypen zugute kommen.

Im Mai 1969 war es soweit: MZ präsentierte die neue MZ ETS 250 Trophy-Sport und hatte die Begeisterung auf seiner Seite. Die „Sport" aus Zschopau wurde und ist ein Schlager.

Die Zusammenarbeit zwischen MZ und dem Institut für Gestaltung in Berlin hatte eine bildschöne Maschine entstehen lassen. Obwohl zahlreiche Standardbauteile von der MZ ES 250-2 verwendet wurden, gelang es Konstrukteuren und Formgestaltern, der ETS eine eigene Note zu geben. Die Bezeichnung ETS weist auf den markantesten Unterschied im Vergleich zur ES-Typenreihe hin: „ETS" heißt nichts anderes als „Einzylinder-Teleskopgabel-Schwinge" – ein Begriff, der bereits von den Zschopauer Geländesportmotorrädern geprägt wurde. Die Teleskopgabel stellt für die MZ-Liebhaber nun eine zweite Möglichkeit außer der ES mit Vollschwingenfahrwerk zur Auswahl – eine Alternative, die bisher nicht nur im Inland vermißt wurde.

Die Konzeption für die ETS sah vor, eine rassige, spurtfreudige und starke Maschine für solche Interessenten zu entwickeln, die vor allem fahren und erst in zweiter Linie transportieren wollen. Große Strecken in kurzer Zeit überwinden zu können, setzt aber nicht nur einen spritzigen Motor und eine ermüdungsfreie Sitzposition für Fahrer und Sozia voraus, sondern auch einen voluminösen Tank, der Wartezeiten an Zapfsäulen weitgehend einschränkt. Die Aufnahmen auf diesen Seiten beweisen wohl deutlich, daß das Gesamtbild der MZ ETS 250 Trophy Sport diesen speziellen Charakter durchaus zum Ausdruck bringt.

Was bietet sie im Detail? Wie die MZ ES 250-2 besitzt die ETS als stabiles Rückgrat einen geschweißten Einrohrrahmen, der mit dem Rahmen der Vollschwingenmaschine nahezu identisch ist. Auch der gesamte Hinterbau mit Schwinge, verstellbaren Federbeinen, 16er-Rad (3,50 × 16) und Vollnabenbremse wurde von der MZ ES 250-2 übernommen, selbstverständlich auch der Kettentrieb mit dem von MZ patentierten Kettenschutz. Hinterer Kotflügel und seitliche Verkleidungskästen – hinter denen sich der Ansauggeräuschdämpfer bzw. Luftfilter und ein Teil der Elektrik (Zündspule, Regler, Sicherungen, Batterie) verbergen – erhielten eine etwas andere Form. Der Kotflügel ist wesentlich kürzer, die Heckleuchte sitzt dementsprechend höher.

Auffallendstes Merkmal dürfte neben der Telegabel der überdimensionale knallrote Tank sein, ein sogenannter Büffeltank, der viel Knieauflage für den Fahrer bietet, wodurch sich die Maschine mit Schenkeldruck leicht dirigieren

1 Die Sport-MZ ist eine Maschine für alle, die Spaß am Fahren haben

läßt. Mit 22 l Fassungsvermögen, einem außergewöhnlichen Angebot in dieser Hubraumklasse, verfügt die ETS auch bei Vollgasfahrt über einen Aktionsradius von mindestens 300 km. Der Tank läßt sich leicht abnehmen, ohne daß vorher der Kraftstoff abgelassen werden muß. Zwei Schrauben nur sind bei der Tankdemontage zu lösen.

Harmonisch fügen sich der Tankpartie Scheinwerfer und Sportlenker an. Der nur 610 mm breite Lenker entspricht den Wünschen „schneller Männer", ermöglicht eine sportliche, leicht geduckte Fahrerhaltung und sorgt dafür, daß man die ETS immer sicher im Griff hat. Der Rundtachometer, auf das Scheinwerfergehäuse aufgesetzt, liegt bei jeder Fahrerhaltung sehr gut im Blickfeld. Die Skala ist übersichtlich und läßt sich auch bei Dunkelheit und eingeschalteter Beleuchtung einwandfrei ablesen.

Der Scheinwerfer hat eine 160-mm-Streuscheibe. Die normale 35/35-W-Biluxlampe soll jedoch später einer asymmetrischen (45/45 W) weichen. Der von der Teleskopgabel diktierte sportliche Gesamteindruck der ETS wird von der neuen keilförmigen Sitzbank mit weicher Schaumgummieinlage und schwarzem Schaumkunstlederbezug betont. Die Sitzbank „steigt" nach hinten „auf", eine Eigenheit, die der Fahrer auf der beschleunigungsfreudigen MZ bald schätzenlernt, denn diese Keilform wirkt dem Zurückrutschen von Fahrer und Sozia entgegen.

In die Sitzbank eingelassen wurde der Werkzeugbehälter. Die verschließbare Klappe am Sitzbankende, die die werbende Aufschrift „MZ 250" trägt, läßt allerdings kaum vermuten, daß hinter ihr Bordwerkzeug, Flickzeug und anderes Kleinreparaturmaterial Platz finden. Dieses „Geheimfach" ist auch wirklich etwas klein ausgefallen. Ersatzkette und Ersatzschlauch lassen sich jedoch glücklicherweise unter der Sitzbank verstauen. Dazu müssen vier Schrauben gelöst werden.

Ganz offensichtlich profitierte das markanteste ETS-Detail, die Gabel, sehr vom reichen Erfahrungsschatz der Zschopauer Geländesportasse. Seit Jahren werden die MZ-GS-Maschinen mit Telegabeln ausgerüstet – mit Ausnahme der kleinen MZ-GS 125, deren Vollschwingenfahrwerk sich im Gelände recht gut bewährte und deshalb beibehalten wurde. Die ETS-Gabel macht nicht nur einen stabilen Eindruck, das

2 Der gesamte Hinterbau ist bis auf den kürzeren Kotflügel mit dem der MZ ES 250-2 identisch

3 Hinter den abgenommenen seitlichen Verkleidungsblechen befinden sich Batterie, Regler, Zündspule und Sicherungen sowie Luftfilter und Ansauggeräuschdämpfer

4 Knieauflagen im Büffeltank und schmaler Lenker sind sportliche Attribute dieser rassigen Maschine

Werk versichert auch, daß sie mindestens 30000 km wartungsfrei bleibt. Es gibt an ihr keine Schmierstellen, die Verschleißteile bleiben für den Zeitraum dieser wartungsfreien Distanz absolut funktionssicher. Aus nahtlosem Rohr sind die Führungsrohre der Gabel gefertigt, die Laufflächen wurden verchromt.
Mit einem Federweg von 145 mm hat die MZ-Teleskopgabel unter den internationalen Konkurrenz-Fabrikaten einen Spitzenwert erreicht und übertrifft selbst den Federweg der MZ-ES 250 noch geringfügig.
Sicher fiel es MZ nicht leicht, das Prinzip des Vollschwingenfahrwerks zugunsten der sportlichen Note und angesichts jener speziellen Sportfahrerwünsche zu verlassen. Trotz dieser neuen Telegabel verlieren jedoch die Vollschwingenfahrwerke der anderen Zschopauer Typen nicht einen Deut ihrer Daseinsberechtigung. Die Kombination der MZ ES 250-2 mit dem Superelastik-Seitenwagen wäre allein Grund genug, der Vollschwingen-MZ Lob zu spenden, denn sie ergibt das in der Welt zur Zeit wohl bestgefederte Gespann überhaupt.
Der spürbare Trend zu spritzigen Sportmaschinen wird aber sicher auch MZ veranlassen, künftig der Teleskopgabel mehr als nur eine Außenseiterrolle zuzubilligen. Wer schon nähere Bekanntschaft mit der Zschopauer ETS machen durfte, wird auch bestätigen, daß diese Telegabel zwar härter anspricht als die sanfte ES-Schwinge, andererseits aber gerade dadurch nicht unwesentlichen Anteil an der Handlichkeit der ETS hat. Bestimmt täuscht der Eindruck nicht, daß man das von der Gabel geführte große Rad (2,75 × 18 bereift) immer exakt unter Kontrolle behält. An das Tauchen der Gabel selbst bei nur leichtem Abbremsen mit der Handbremse muß sich ein auf die sich versteifende Schwinge eingestellter Fahrer allerdings erst gewöhnen. Als „hart" kann man die ETS-Telegabel jedenfalls nicht bezeichnen.
Herzstück der MZ ETS 250 Trophy-Sport ist der nunmehr 19 DIN-PS Leistung abgebende Einzylinder-Zweitakt-Motor, der schon so viele Bewährungsproben mit Bravour bestand. Nicht zufällig tragen heute alle MZ-Serienmaschinen einschließlich der „Sport" die Bezeichnung „Trophy", denn im Ringen um die wertvollste Trophäe des internationalen Motorradgeländesports, im Kampf um den Sieg bei den internationalen Six days wurde vieles erprobt, was heute an den Zschopauer Serienmotorrädern zu finden ist. Das gilt natürlich in erster Linie für diesen Motor, bei dessen Leistungsangaben in den MZ-Prospekten neuerdings PS-Werte nach SAE-Norm auftauchen. Sie liegen rund 10 Prozent höher als die nach DIN ermittelten PS.
MZ paßt sich damit den Gepflogenheiten auf dem internationalen Motorradmarkt an – ein Schritt, der im Interesse einer echten Vergleichbarkeit zu den PS-Angaben namhafter Motorradmarken des Auslands nur begrüßt werden kann. Manche Käufer, Händler und beispielsweise auch Messebesucher veranlaßte die Bescheidenheit einiger weniger Firmen, die mit DIN-PS operierten, aber das noch nicht einmal besonders auswiesen, sich von solchen

5 Der übersichtliche Rundtachometer auf dem Scheinwerfer liegt gut im Blickfeld

6 Die Sitzbank steigt keilförmig nach hinten an. Beeindruckend auch aus dieser Perspektive ist der voluminöse 22-l-Tank

7 Für die bei den GS-Typen bereits erprobte Telegabel garantiert das Werk 30000 km wartungsfrei

Motorrädern abzuwenden. Die atemberaubenden PS-Leistungsangaben anderer Marken – nach SAE-Normen gemessen, aber auch nur schlicht als PS gekennzeichnet – wurden dafür geradezu angebetet ... MZ hat daraus gelernt. Allerdings brauchen die Zschopauer ihr Marken-Prestige nicht mit Manipulationen aufzubessern. In jedem Prospekt erscheint deshalb auch der korrekte Hinweis auf die Meßmethode, nämlich der Vermerk „DIN-PS" oder „SAE-PS" – nicht eben nur schlechthin „PS"...

Für die „Trophy-Sport" werden 21 SAE-PS angegeben. Sie stehen bei 5200 bis 5500 U/min zur Verfügung. Das mit 2,7 kpm bei 4700 bis 5000 U/min beachtliche Drehmoment des überarbeiteten Motors bekommt der Fahrer sehr schnell zu spüren. Die Maschine ist prädestiniert für Blitzstarts, für sekundenschnelles und damit sicheres Überholen selbst in oberen Geschwindigkeitsbereichen und temporeiche Fahrt auch noch an Steigungen, die anderen Fahrzeugen weit mehr als nur „Respekt" abverlangen. Mit der MZ-Sport kommt man nicht nur auf Landstraßen beträchtlich flotter voran als mit jedem Mittelklassewagen; auch auf der Autobahn ist die rotschwarze MZ-Rakete dank ihrer absoluten Vollgasfestigkeit und ihrer Ausdauer an Steigungen (rund 100 km/h im dritten Gang!) jedem Durchschnittsauto überlegen. Der Motor, dessen Einlaßpartie, Steuerdiagramm und Verdichtung zur weiteren Leistungssteigerung verändert wurden, kennt keine thermischen Probleme. Der Breitrippenzylinder sorgt stets zuverlässig für genügend Wärmeableitung.

Mit dem Leistungszuwachs erscheint die MZ-Argumentation, eine moderne Sportmaschine müsse nicht unbedingt ein Fünfganggetriebe haben, in anderem Lichte. Verglichen mit der MZ ES 250-2 in 17,5-DIN-PS-Version ist die ETS dank ihrer 19 DIN-PS im vierten Gang wirklich spürbar munterer geworden. Wind von vorn macht ihr – sicher auch dank der geringeren Angriffsfläche ihrer schmalen Gabel – weit weniger aus als der MZ ES 250-2 mit dem nur anderthalb PS schwächeren Triebwerk.

Die angegebene Höchstgeschwindigkeit von 130 km/h dürfte real sein, wenn die dafür zugrunde gelegten Voraussetzungen bestehen. Dazu gehören ein exakt funktionierender Tachometer (Vergleich mit Stoppuhr!), ein nicht

8

9

8 Die Leistung des breitverrippten Einzylinder-Zweitakt-Motors von 21 SAE-PS demonstriert sich in beachtlichen Beschleunigungswerten

9 Die kleine Stirnfläche der schmalen Maschine ist sicher keine unwesentliche Voraussetzung für die erreichbare Höchstgeschwindigkeit von 130 km/h

allzu großer Fahrer mit eng anliegender Bekleidung und selbstverständlich nicht in einer Sitzposition, die an Schrittmacher bei Steherrennen erinnert! Kleinmachen ist die Devise für diese Spitze!

Die Höchstgeschwindigkeit der ETS hat jedoch ohnehin nur Wert für die Gegenüberstellung mit anderen Maschinen, anderen Werten. Viel nützlicher für den praktischen Fahrbetrieb ist die enorme Beschleunigungsreserve, die ein ETS-Fahrer entfesselt, wenn er am sportlichen Wickelgriff Gas gibt. Die Maschine schießt dann regelrecht nach vorn und schließt Überholvorgänge so schnell ab, daß man durch nahenden Gegenverkehr eigentlich nie in Bedrängnis kommen dürfte.

Dieses Temperament macht den Umgang mit der ETS zu einer sehr sicheren Angelegenheit. Leider vermuten laienhafte Betrachter dieser MZ Rakete gerade das Gegenteil, nämlich einen kaum zu zügelnden und deshalb gefährlichen Sprinter. Solche Meinung läßt sich wohl nur gelegentlich einer Probefahrt – ratsamerweise zunächst auf dem Sozius – beseitigen. Solo gefahren beschleunigt die Maschine von 0 auf 80 km/h in 8,3 s, und die Geschwindigkeit von 100 km/h legt die MZ Trophy-Sport in nur 13,4 s vor!

Der Motor blieb trotz der erneuten Leistungssteigerung noch bemerkenswert elastisch und muß durchaus nicht immer in höchsten Drehzahlen singen, um ausreichend Kraft abzugeben. Zum Bummel freilich ist diese Maschine

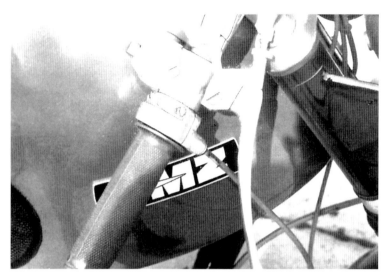

nicht unbedingt geeignet, obwohl sie sich im vierten Gang bei 80 bis 90 km/h nahezu geräuschlos über die Straßen bewegt. Das führt übrigens sehr schnell dazu, die tatsächlich gefahrene Geschwindigkeit zu unterschätzen. Anteil am weiteren Abbau der Geräusche bei der ETS hat der neue Auslaßschalldämpfer, der rein äußerlich so gar keinen leisen Eindruck macht, aber – wie MZ betont – die Wirksamkeit des alten Schalldämpfers in Zigarrenform noch übertrifft. Der neue zylindrische Abgasschalldämpfer schließt mit dem Nummernschild der Maschine ab und ist wie der Motor elastisch aufgehängt. Das schont den Rahmen.

Die elastische Motoraufhängung – ein Musterbeispiel Zschopauer Entwicklungsarbeit – wurde vom Serienmodell ES 175/250-2 übernommen. Der Motor-Getriebe-Block ist an seiner Unterseite auf Gummielementen gelagert. Die exakte Seitenführung des Triebwerks – beispielsweise beim scharfen Beschleunigen und dem dabei auftretenden einseitigen Zug durch die Kette – übernimmt das Schwingenlagerrohr, an dem der Triebwerksblock drehbar befestigt wurde. Motorvibrationen spürt der Fahrer dank dieser bei kettengetriebenen Maschinen bisher einmaligen konstruktiven Lösung der Zschopauer Motorradbauer kaum noch.

Die auch hier deutlich werdende weitgehende Standardisierung Zschopauer Motorräder kommt dem Käufer einer MZ bei der Ersatzteilbeschaffung und beim Service allgemein zugute. Trotz Einhaltung solcher rationeller Konstruktionsprinzipien ist es dem Motorradwerk in Zschopau gelungen, mit der MZ ETS 250 Trophy-Sport eine Maschine zu schaffen, die eine eigene Note hat und gerade deshalb MZ weitere Freunde gewinnen wird.

10 Eine „Slalom"-Maschine ist die Trophy-Sport wegen des durch den kurzen Lenker begrenzten Vorderradausschlages natürlich nicht

11 Der neue Schalldämpfer hat die Maschine wohltuend leise gemacht

12 Der Motorgetriebeblock ist unten in Gummielementen gelagert

Dipl.-Ing. K. BÖTTCHER

Die neuen Kleinen von MZ

Telegabelmaschinen aus Zschopau

1 MZ verwendete bereits an der BK 350 eine Teleskopgabel

In der Motorradwelt gilt MZ als „Schwingenhochburg". Die hier entwickelten Vorderrad-Langschwingen gehören zu den besten Konstruktionen, die es je auf diesem Gebiet gab. An internationaler Anerkennung und fahrdynamischen Vorzügen hat es den ES-Vollschwingenmaschinen niemals gefehlt, wohl aber an durchschlagender formgestalterischer Attraktivität.

Zwischen der gebrauchstüchtigen Alltagsmaschine und dem Motorrad als technischem Hobby-Objekt gilt es einen Kompromiß zu finden, der den sportlichen Kern des Fahrzeugs schon im Äußeren ausdrückt. Das ist ein Grund für den allgemeinen Trend zur Teleskopgabel.

MZ hat sich dieser Entwicklung zwar spät, aber nicht zu spät angeschlossen. Nach der MZ ETS 250 Trophy Sport – die einen selbst in Zschopau kaum erwarteten Erfolg feierte – gingen die ETS 125 und ETS 150 als zusätzliche Modelle in die Produktion. Obwohl nur wenige Teile wirklich neu sind – Tank, Scheinwerfer, Telegabel – gelang eine erstaunliche Harmonie von Technik und Aussehen. Wie im Falle der ETS 250 wird auch mit den kleinen ETS eindrucksvoll nachgewiesen, daß das durchkonstruierte Fahr- und Triebwerk jederzeit auch eine solide Basis für sportliche Modelle darstellt.

Konstruktive Traditionen

Daß die Zschopauer Fahrwerkstechniker durchaus nicht von Anfang an auf das Schwingenprinzip eingeschworen waren, beweist der konstruktive Werdegang der Zschopauer Modelle. Vor der Zeit der Vollschwingenfahrgestelle, die über ein Jahrzehnt bei MZ tonangebend waren, gab es dort schon Telegabelmaschinen. Neben der legendären RT 125 war auch die BK 350 mit ihrem charakteristischem Zweizylinder-Zweitakt-Boxmotor mit einer stabilen Teleskopgabel ausgerüstet.

Die konstruktive Entwicklung der Vorderradführung und -federung verlief zeitlich folgendermaßen:
– starre Aufhängung
– Parallelogrammgabel
– Teleskopgabel
– Vorderradschwinge

Letztere bietet vor allem in ihrer Ausführung als Langschwinge den optimalen Federungskomfort. Bewußt nimmt der heutige Motorradfahrer über eine Komforteinbuße zugunsten des sportlicheren Aussehens in Kauf. Damit ist jedoch nicht gesagt, daß das Schwingenprinzip nicht doch einmal wiederkommt. Das wäre insbesondere dann denkbar, wenn zur funktionellen Perfektion auch formgestalterische Attraktivität käme – vielleicht ein reizvolles Thema für begabte Gestalter.

Die jetzige Generation von MZ-Telegabeln blickt aber auch auf „moderne" Traditionen zurück. Die für den Straßenrenn- und Geländesport entwickelten Zschopauer Spezialmaschinen sind seit Jahren mit Teleskopgabeln ausgerüstet. Die konstruktiv vollendete und präzise Bauweise auf diesem Gebiet hat wesentlichen Anteil an den errungenen Trophy-Siegen, Europameisterschaftstiteln und Rennerfolgen von MZ. Daß die in strapaziösen Geländetests gewonnenen Erfahrungen den heutigen Serienprodukten zugute gekommen sind, bedarf keiner besonderen Erwähnung.

Ein Bauteil der jetzigen Serien-Teleskopgabel ist in seiner Ausführung – eben auch aus Gründen der sportlichen Erfahrung – mit den entsprechenden Teilen der RS- und GS-Modelle identisch: die mit unterschiedlicher Steigung gewickelte Schraubenfeder jedes Telegabelholms. Diese fertigungstechnisch anspruchsvollere Schraubenfeder erlaubt eine progressive Federung, d. h. sie erleichtert weicheres Ansprechen auf kleinere Fahrbahnstöße und setzt höherer Belastung zunehmend größeren Widerstand entgegen. In der Praxis wirkt sich das so aus, daß auf dem Federweg der progressiven Federung so viel Federarbeit verrichtet wird, wie eine normale (mit konstanter Steigung gewickelte) Schraubenfeder nur bei wesentlich längerem Hub aufnehmen könnte. Hinter der Tendenz zu langen Federwegen und weichem Ansprechen der Vorderradfederung auf Bodenunebenheiten versteckt sich kein falsch verstandener Komfortfanatismus, sondern ein ernstes fahrtechnisches Anliegen. Es geht vor allem darum, die Bodenberührung des Vorderrades möglichst ununterbrochen zu erhal-

2 An der Teleskopgabel der Straßenrennmaschine MZ Re 250 erkennt man die mit unterschiedlicher Steigung gewickelte Schraubenfeder. Die Schraubenfederung der jetzigen Serien-Teleskopgabeln von MZ wird nach dem gleichen Prinzip hergestellt

3 Teleskopgabel an der MZ ETS 250, wie sie im Prinzip auch an den kleinen ETS verwendet wird

4 MZ ETS 125 150 in der Ausführung mit rotem Tank und Scheinwerfer sowie niedrigem „Stummellenker". Freiliegende Schraubenfedern an den Hinterradfederbeinen, silbergraue Kotflügel und Glanzemblems brachte die letzte „Finish-Verbesserung"

ten, um Führungskräfte übertragen zu können. Mit einem „springenden" Rad kann man weder bremsen noch die Fahrtrichtung beeinflussen. Es geht also um aktive Fahrsicherheit.

Teleskopgabel und trotzdem weich

Die mit den Vorderrad-Langschwingen erreichten Qualitäten stellten an die Konstruktion der jetzigen MZ-Telegabel besonders hohe Anforderungen. Der Übergang von der „Schwinge" zur Teleskopgabel durfte zu keinem krassen federungstechnischem „Zurück" führen. Beispielsweise konnte keinesfalls ein so „bock-hartes" Verhalten in Kauf genommen werden, wie es die technisch sonst so fortschrittlich konzipierten Motorräder von Honda, Suzuki, Yamaha und Kawasaki aus Japan „auszeichnet". Die Federung der jetzigen MZ-Telskopgabel wurde deshalb nicht nur progressiv, sondern mit 145 mm Federweg dazu auch noch besonders langhubig ausgelegt. Dieser Federweg wird nur von wenigen Vergleichsfahrzeugen in der 250-cm³-Klasse erreicht. Damit dürften die neuen kleinen MZ-ETS-Modelle absolut an der Spitze ihrer Kategorie liegen.

Trotz allem fragt man sich, weshalb die Leichtmetallfelgen der MZ-Telegabelmaschinen viel eher für „Durchschläge" anfällig sind als die Räder der gleichen Maschinen mit Schwingenführung. Das liegt an einer konstruktionsbedingten Gegebenheit der Teleskopgabel. Sie muß nicht nur federn, sondern während ihrer Hubbewegung auch die Führungsfunktion übernehmen. Bei der Schwinge wird die Führung annähernd reibungsfrei größtenteils im Schwingenlager während einer Winkelbewegung aufgefangen. Eine reibungsfreie Gleitbewegung der Teleskopgabel ist aber nicht möglich. Hier entstehen beim schnellen Einfedern jeweils recht erhebliche Kraftspitzen. Auch die beste Teleskopgabel kann deshalb nicht ganz so feinfühlig auf Fahrbahnstöße ansprechen wie eine moderne Langschwinge. Die wissenschaftlich betriebene Fahrwerksentwicklung im Motorradwerk Zschopau hat diese Zusammenhänge wohl erstmalig in dieser klaren Form herausgearbeitet und durch Prüfstandsmessungen reproduzierbar nachgewiesen. Die darauf aufbauende Konstruktion konnte die systemgebundenen Schwierigkeiten zwar nicht völlig eleminieren, dafür aber durch die beschriebene Federweichheit und durch lagerungstechnische Vorkehrungen zielgerichtet mildern. Die Teleskopgabel an den Modellen ETS 125 und ETS 150 entspricht fast vollkommen der der MZ ETS 250. Lediglich veränderte Schraubenfedern wurden verwendet, um die Unterschiede in der Eigenmasse, die zwischen den „großen" und „kleinen" ETS ja doch recht erheblich sind, etwas auszugleichen. Im Fahrbetrieb treten außerordentliche Richtungsstabilität und Handlichkeit als Vorzüge dieser „kleinen Tele-MZ" in Erscheinung. In diesem Zusammenhang kann man von geradezu mustergültigen „Geradeauslaufeigenschaften" sprechen. Auch

der Austrittsdurchmesser des Scheinwerfers. An allen MZ-ETS beträgt er jetzt 170 mm, womit die kleinen ETS in der Lichttechnik sicherlich die Spitzenposition ihrer Klasse innehaben. Der Standardisierungsgrad dieser neuen MZ-Modelle ist kaum zu überbieten. Auch die drei Teile, die nicht von den ES-Maschinen übernommen wurden, haben die ETS 125 und ETS 150 mit Motorrädern unserer Fahrzeugindustrie gemeinsam: Telegabel und Scheinwerfer mit der großen ETS, den Tank mit dem Simson-Sperber. Trotz dieser Übernahme vorhandener Baugruppen entstand ein erstaunlich eigenständiges Fahrzeugäußeres, das die kleinen ETS zu vollkommen neuen Maschinen stempelt.

im Gelände sind diese Maschinen gut beherrschbar.

Standardisierung

Trotz des vollkommen anderen Führungsprinzips am Vorderrad und trotz des im Äußeren durch Tank und Scheinwerfer völlig verschiedenen Erscheinungsbildes haben die kleinen ETS-Telegabelmodelle mit den ES-Schwingmaschinen außerordentlich viele Bauteile gemeinsam.

Bei beiden Modellen besteht der Rahmen aus der gleichen Blechprägekonstruktion, die ihre Standfestigkeit bereits auf vielen Millionen Fahrkilometern nachgewiesen hat. Der gesamte Hinterbau der Schwingenmodelle wurde für die ETS komplett übernommen. Dabei fällt auf, daß die Harmonie mit den übrigen Baugruppen des Motorrades in keiner Weise gestört ist. An den Telegabelmodellen wird deutlich, daß beispielsweise die Blechverkleidungen unter der Sitzbank so vorausschauend gestaltet waren, daß sie auch heute noch als durchaus zeitgerecht anzusehen sind.

Ein weiteres Bauteil kommt an den ETS 125 und ETS 150 erst so richtig zur Geltung: das ist der Tank. Er stammt vom Simson-Sperber. Seine angedeutete Büffelform mit den eingezogenen Knieanlageflächen paßt sich dort in die verkleidungsintensive Gesamtgestaltung ein und tritt weniger hervor. An den kleinen ETS ist der rot lackierte Kraftstoffbehälter so etwas wie eine architektonische Dominante. Schade ist nur, daß sein Fassungsvermögen 10 l nicht ganz erreicht.

Auch bei der Elektrik besteht größtenteils Übereinstimmung zwischen ETS- und ES-Typen. Die zu den internationalen Spitzenwerten zählende Glühlampenbestückung ist mit 40/45 W nicht verändert, wohl aber

Triebwerk: zuverlässig und leistungsstark

Der Einzylinder-Zweitaktmotor mit 125 bzw. 150 cm³ hat keine Rennsportcharakteristik. Gegenüber der japanischen Konkurrenz sind seine Leistungswerte keine Spitzenparameter. Trotzdem liegt gerade hierin die Stärke dieser Motorenauslegung. Das Drehzahlniveau liegt wesentlich niedriger, was der Haltbarkeit nützt, und die Drehmomentenelastizität ist besser, weshalb es keiner rennsportlichen Verrenkungen bedarf, um die Fahrleistungen auch nutzen zu können. Die Geländetauglichkeit, die die internationale Fachwelt den kleinen ETS in Tests bestätigt hat, geht nicht nur auf das Fahrwerk, sondern auch auf diese Eigenschaften des Motors zurück.

Bei den Leistungssteigerungen dieses Motors, der mit einem Breitwandzylinder aus Leichtmetall mit eingegossener Graugußlaufbüchse ausgerüstet ist — einem Verfahren übrigens, das von japanischen Werken erst vor kurzem, begleitet von erheblichem Werbeaufwand, eingeführt wurde — hat MZ eine markante Eigenart dieser auf die RT 125 zurückgehenden Antriebsquelle beibehalten können: die Sparsamkeit. Es gibt viele Fahrer der Schwingen- und Telegabelmaschinen, die mit diesem Motor weniger als 3,5 l/100 km verbrauchen. Selbst bei überwiegender Vollgasbelastung braucht man nur selten mehr.

Kann man von einem Motorrad, das an die 100 km/h schnell ist, eigentlich mehr verlangen? Wohl kaum, wenn man noch berücksichtigt, daß die ETS 150 für die Beschleunigung von 0 auf 80 km/h weniger als 12 s braucht, womit diese kleinen MZ-Motorräder den meisten unserer Mittelklasse-Pkw deutlich überlegen sind.

Stellt man angesichts der ETS 125 und ETS 150 die Frage nach dem optimalen Motorrad, so würde man antworten:
- Der Tank könnte größer sein, müßte aber mindestens ebenso gut aussehen
- Die Federung könnte vielleicht noch weicher werden, längere Federwege erforderten dann aber 16"- oder 17"-Räder statt der jetzt 18zölligen
- Das Getriebe könnte fünf Gänge haben, damit sich bei gleicher Zugkraftelastizität noch mehr Leistung freimachen ließe
- Das Motorrad würde damit noch schneller sein können, dürfte aber von seiner heutigen Sparsamkeit und Zuverlässigkeit nichts einbüßen

Mit dem Hubraum von 150 cm³ und ihren soziusfesten Fahreigenschaften kommt die MZ ETS 150 dem Optimum wohl heute schon ziemlich nahe. Die beiden „kleinen Tele-MZ" setzen das, was RT 125 und ES 125/150 an gutem Ruf überall in der Welt erworben haben, in der zukunftsträchtigen Sportklasse fort.

Tabelle 1: Technische Daten des Fahrgestells MZ ETS 125 und ETS 150

Federung vorn	Teleskopgabel mit Schraubenfedern und ölhydraulischer Dämpfung Federweg 145 mm
Federung hinten	Schwinge mit Federbeinen Federweg 105 mm
Bereifung vorn	2,75 – 18
hinten	3,0 – 18
Länge	2025 mm
Breite	
mit hochgezogenem Lenker	730 mm
mit flachem Lenker	610 mm
Höhe unbelastet	
mit hochgezogenem Lenker	1110 mm
mit flachem Lenker	1030 mm
Radstand	1305 mm
Leermasse trocken	109,5 kg
Leermasse fahrfertig mit Werkzeug und Kraftstoff	117 kg
zulässige Gesamtmasse	270 kg
Kraftstoffbehälter	rd. 9 l
Scheinwerfer	170 mm Lichtaustritt
Fernlicht/Abblendlicht (asymmetrisch)	45 W/40 W

Tabelle 2: Motordaten und Fahrleistungen von MZ ETS 125 und ETS 150

	ETS 125	ETS 150
Bohrung/Hub	52 mm/58 mm	56 mm/58 mm
Hubraum	123 cm³	143 cm³
maximale Leistung bei 6000 bis 6300 U/min	10 DIN-PS 11 SAE-PS	11,5 DIN-PS 12,5 SAE-PS
maximales Drehmoment bei 5000 bis 5500 U/min	1,25 kpm	1,5 kpm
Verdichtung	10	10
Schmierung	Mischungsschmierung Kraftstoff/Öl = 33:1	
Höchstgeschwindigkeit	rd. 100 km/h	rd. 105 km/h
Beschleunigung von 0 bis 80 km/h	12,7 s	11,5 s
Übersetzungsverhältnis Getriebe/Hinterrad	3,2	3,0

Fotos: Gohla (2) Fuhr (3) Werkfoto

8 MZ ETS 125/150 mit gelbem Tank und Scheinwerfer sowie hochgezogenem Lenker

9 Triebwerk der MZ ETS 125/150

CHRISTIAN STEINER

MZ 1973

Die TS-Reihe aus Zschopau

Das Motorrad ist jung wie nie zuvor. Überall in der Welt steigen die Produktionsstückzahlen, werden neue Modelle mit faszinierender Technik vorgestellt, und die Vielzahl an motorradsportlichen Veranstaltungen zeugt vom großen Interesse am Motorrad. In der kapitalistischen Welt ist das zeitweilig als »Armeleutefahrzeug« angesehene Motorrad wieder in den Mittelpunkt des öffentlichen Interesses gerückt und hat sich sogar zum Statussymbol entwickelt.
So erfreulich diese Aufwertung auch allen Freunden des Zweirades erscheinen mag, so sollten wir doch bedenken, daß in der kapitalistischen Wirtschaft nach der Konjunktur die Krise folgt und diese Krise könnte den »Motorradboom« sehr schnell wieder zu Fall bringen.
Die Entwicklung unserer sozialistischen Wirtschaft orientiert sich an den Realitäten, wie sich an der kontinuierlichen MZ-Motorradproduktion der letzten Jahre un schwer nachweisen läßt. Mit dem Produktionsbeginn der neuen TS-Baureihe und den Weiterentwicklungen wird nun in Zschopau eine weitere Etappe planmäßiger Entwicklung eingeleitet.
Der Konstruktion dieser neuen Fahrzeuge gingen umfangreiche Marktuntersuchungen auf den traditionellen MZ-Märkten voraus, wurde eine Vielzahl von Testberichten der internationalen Fachpresse über MZ und die wichtigsten Konkurrenzfabrikate ausgewertet und eine Analyse der MZ-Marktpositionen vorgenommen.

Diese Studien brachten folgende Ergebnisse:
- MZ-Attribute wie Fahrkomfort, Zuverlässigkeit, Anspruchslosigkeit und Leistung bei zivilen Drehzahlen müssen beibehalten werden;
- neue Fahrzeuge müssen wie bisher problemlos, wirtschaftlich, sicher, unter allen Bedingungen einsetzbar und mit einem Minimum an Aufwand für Wartung und Unterhaltung zu betreiben sein;
- eine moderne sportliche Linienführung mit einem anspruchsvollen Finish ist durchzusetzen.

Daß die Motorradbauer aus Zschopau sich ihrer Verpflichtung als Produzent hochwertiger technischer Konsumgüter für die Bevölkerung und für den Export bewußt sind, kann aus der Tatsache abgeleitet werden, daß die neuen Fahrzeuge während der Entwicklung mehr als 1 Mill. Versuchskilometer zurücklegen mußten, ehe das letzte Wort über die Freigabe fiel. All diese Bemühungen dienten letztlich der Erkenntnis, daß auch heute im modernen Zeitalter des Motorrades die Fahrer mehr denn je auf ihrem Motorrad fahren wollen, als an der »Supertechnik« herumzubasteln!

TS 250

Mit dem Serienanlauf der TS 250 im II. Quartal 1973 werden die ES 250/2 Trophy und ETS 250 Trophy-Sport abgelöst.
Schon bei einer ersten oberflächlichen Betrachtung kann man feststellen, daß in der Gestaltung von den bisher bei MZ gewohnten Formen abgegangen wurde. Das Motorrad wirkt leicht, zierlich und sportlich und hat, bedingt durch 16"-Räder, eine günstige Sitzhöhe.
Da man sprichwörtlich Zuverlässigkeit bei MZ voraussetzen kann, muß man bescheinigen, daß mit der TS 250 der Durchbruch zum sportlichen Motorrad mit hohen Gebrauchswerteigenschaften glänzend gelungen ist.
Auf den ersten Blick erkennbar ist die neuartige äußere Form der Teleskopgabel.
Mit dem Vollschwingenfahrwerk der ES/2 wurden in bezug auf Federungseigenschaften Maßstäbe gesetzt, die von der neuen Telegabel unbedingt erreicht werden sollten. Die neue Telegabel mit einem Federweg von 185 mm erreicht diesen Komfort, sie gewährleistet außerdem weiches Ansprechen und ausgezeichnete Radführung. Die offenliegenden Führungsrohre werden gegen Verschleiß mit Gummiabstreifkappen geschützt und geben dem Vorderbau des Fahrzeuges ein leichtes graziles Aussehen. Umfangreiche Entwicklungsarbeiten waren nötig, um die günstigste Form für die Abstreifelemente zu finden. Die gefundene Lösung hat im Fahrversuch ausgezeichnete Ergebnisse gebracht und ist vergleichbaren Erzeugnissen überlegen. Auf besonderen Wunsch steht auch ein Gummifaltenbalg zur Verfügung, der am unteren Klemmkopf geklemmt und unten offen ist.
Die TS 250 kann man als ein Motorrad mit Variationen bezeichnen. So wird es zum Beispiel zwei Kraftstoffbehälter mit 12 bzw. 16 l Fassungsvermögen geben, die wahlweise mit oder ohne verchromten Blenden angeboten werden. Um das lästige Austreten des Kraftstoffs am Verschluß zu vermeiden, wurde speziell für diesen Zweck eine neue Gummidichtung aus einer besonderen Gummimischung entwickelt. Gleiches gilt auch für die Dichtung im Kraftstoffhahn, die in der Vergangenheit, durch Aufquellen des Gummis und dadurch bedingten Kraftstoffmangel im Vergaser, manchen MZ-Motor »auf dem Gewissen« hatte. Die Kraftstoffbehälter haben an den Seiten Knieanlageflächen aus Gummi und außerdem ein geschmackvolles Firmenzeichen aus Piacryl. Die Tanks werden vorn am Rahmen in Gummi aufgehängt und hinten mit einer bzw. zwei Schrauben am Rahmen befestigt. Die Standardausführung erhält den 12-l-Tank ohne Blende und den kurzen Lenker, während die Luxusausführung mit 16-l-Tank, verchromten Blenden, polierten Gehäusedeckeln, Vierleuchten-Blinkanlage und hohem Lenker ausgerüstet wird (beide Lenker sind gegeneinander austauschbar).
Die Lackierung erfolgt in rot, blau und gelb, wobei grundsätzlich die Kotflügel silbergrau und alle tragenden Fahrgestellteile in schwarz gefertigt werden.
Diese Farbaufteilung wird übrigens ab

1973 für alle MZ-Motorräder zum Standard und wird in der Ersatzteilhaltung und -versorgung wesentliche Vorteile bringen. Es wird also grundsätzlich nur noch silbergraue Kotflügel sowie schwarze Rahmen und Schwingen geben.

Wenn wir den Rahmen betrachten, so fällt auf, daß er kein vorderes Rahmenrohr mehr hat. Kenner werden sofort bemerken, daß es sich hier um den Rahmen der MZ-Geländesportmaschine handelt, der sich in den letzten Jahren so hervorragend bewährt hat. Er wurde für die Großserie modifiziert und ist trotz annähernd gleicher Masse 50 % biegesteifer um die Längsachse und 35 % verdrehsteifer. Damit wurde ein eindeutiger Beweis erbracht, wie Erfahrungen aus dem Geländesport für die Serie genutzt werden. Der Parallelrohrrahmen erhielt seinen Namen durch die beiden parallel vom Steuerkopf zum Sitzbankträger verlaufenden Rohre. Das Rohrvolumen ist in das Ansaugsystem zur Dämpfung der Ansauggeräusche einbezogen.

Am U-förmigen Sitzbankträger sind Aufnahmen für die Federbeine, die Auspuffhalterung, Ausleger für die Kotflügel und Aufnahmen für Kofferträger angebracht. Nach eingehenden Versuchen wurden für Vorder- und Hinterradkotflügel neue sportliche Formen entwickelt, die gegenüber älteren Varianten weniger materialintensiv sind und neben ausreichendem Schmutzschutz positiv zur Gestaltung des Fahrzeugs beitragen.

Die speziell für diese Maschine maßgeschneiderte Sitzbank hat ein geschmackvolles Äußeres und ist durch vier Schrauben problemlos zu demontieren. Nach Abnahme sind Batterie und Regler sehr gut zugängig. Für einen Reserveschlauch ist ebenfalls noch Platz unter der Sitzbank. Im hinteren Teil befinden sich Werkzeug und Luftpumpe unter Verschluß.

Der Lenker ist auf dem oberen Klemmkopf befestigt und kann verstellt werden. Als Drehgriff wird ein Außenzuggriff verwendet, der genau wie die Lenkergriffe und die beiden Fußrastengummis ein sehr griffiges grobes Gummiprofil erhalten hat. Im oberen Klemmkopf befindet sich auch die Diebstahlsicherung. Das Schloß verbleibt ständig am Fahrzeug und wird nach Aufschließen in das Gegenstück am Steuerkopf gedrückt und abgeschlossen.

Durch den Einsatz von Radialrillenkugellagern im Steuerkopf wird die Verschleißfestigkeit der bisherigen Axiallager um ein mehrfaches erhöht. Die hinteren Federbeine sind genau wie die Telegabel hydraulisch gedämpft. Der Federweg beträgt 105 mm, die offenen Federn sind verchromt, die Federhärte ist verstellbar. Den Schutz der Kolbenstangen übernimmt eine Flanschhülse aus Plaste.

4 Eine moderne Linienführung zeichnet die TS 250 – ein sportliches Motorrad mit hohen Gebrauchswerteigenschaften – aus. Neu bei MZ ist die Vierleuchten-Blinkanlage

5 Die TS 250 in Luxusausführung ist das MZ-Spitzenmodell für die nächsten Jahre. Alupolierte Gehäuse, Chromblenden am 16-l-Kraftstoffbehälter, hochgezogener Lenker, Vierleuchten-Blinkanlage. Die Faltenbälge werden nur auf Wunsch montiert

6 Die TS 250 in Standardausführung mit 12-l-Kraftstoffbehälter ohne verchromte Tankblenden sieht auf den ersten Blick wie eine Maschine kleineren Hubraums aus

Der Scheinwerfer hat einen Lichtaustritt von 170 mm und natürlich, wie bei MZ gewohnt, asymmetrisches Abblendlicht. An der oberen Seite des Scheinwerfers ist gut im Blickfeld der Tachometer eingelassen. Die Vierleuchten-Blinkanlage ist vorn auf die Scheinwerferbefestigung aufgesetzt und hinten an der Schlußleuchte befestigt. Jede Leuchte hat 21 W, die Bedienung erfolgt wie bisher vom Lenker.

Die Brems-Schluß-Kennzeichenleuchte hat ebenfalls eine Leuchte von 21 W und genügt damit allen internationalen Anforderungen. Sie ist mittels einer Halterung auf dem hinteren Kotflügel befestigt und bietet nach hinten und »neu« nun auch nach der Seite gute Sicht.

Natürlich wurde nicht auf MZ-Details verzichtet, die Maßstäbe im internationalen Motorradbau setzen. Erinnert sei hier nur an den patentierten MZ-Kettenschutz, die zum Radaus- und Einbau gehörenden Details und an die gegen Verschmutzung geschützten innenliegenden Bremsbetätigungsteile.

An vielen dieser Details spürt man die den Zschopauer Motorradwerkern eigene 50jährige Erfahrung im Bau von Motorrädern. Und man merkt auch, daß hier Motorräder von Motorradfahrern für Motorradfahrer gefertigt werden. Bei MZ hat es an den Triebwerken nie die Jagd nach PS-Spitzenwerten und »Supertechnik« gegeben. Vielmehr gelten alle Überlegungen einem günstigen Drehmomentverlauf bei zivilen Drehzahlen und hohen Laufleistungen bei geringem Wartungsaufwand. Die in den Vorgängertypen verwendeten Motoren entsprechen, vieltausendfach bewährt, diesen Anforderungen, und so war es nur ein logischer Schritt, den vorhandenen Motor im Detail noch zu verbessern und für die TS zu verwenden.

Rein äußerlich ist der Motor an dem geänderten Lichtmaschinengehäusedeckel erkennbar; er trägt eingegossen das MZ-Firmenzeichen.

Die bisher mit der elastischen Motoraufhängung gesammelten Erfahrungen wurden genutzt, sie wurde für die TS weiterentwickelt. Während die hintere Aufhängung in der bisherigen Form erhalten bleibt, geschieht die Befestigung vorn mittels eines Gummielements am Rahmenrohr bzw. mit zwei Auslegern am Zylinderdeckel. Versuche erbrachten absolute Schwingungsisolation. Ein Ablösen des Gummis vom Träger, wie es ab und zu an den Vorgängertypen auftrat, ist ausgeschlossen.

Neu ist der Zentralschwimmer-Startervergaser mit 30 mm Durchlaß, der für eine bessere Füllung im oberen Drehzahlbereich sorgt, die unteren Gänge für einen größeren Geschwindigkeitsbereich nutzbar macht und die Zugkraftanschlüsse in den Gängen verbessert.

Der Vergaser erhält die zur Verbrennung benötigte Luft aus dem Ansauggeräuschdämpfer unter der linken Seitenverkleidung. Zur Erhöhung der Steigfähigkeit im 4. Gang wurde die Sekundärübersetzung von 21/45 auf 21/47 geändert. Der Tachometerantrieb wurde vom Motor in die Hinterradnabe verlegt. Bei Veränderung der Sekundärübersetzung, es stehen Kettenräder mit 17 bis 22 Zähnen zur Verfügung, ist nun keine Veränderung der Tachoübersetzung mehr erforderlich.

Eine konstruktiv neue Lösung im Kickstartersystem verhindert ein Zurückschlagen des Motors während des Startvorgangs bei falscher Zündeinstellung. Eine Änderung erfuhren auch Schalt- und Kickstarterhebel.

Die TS 250 wird mit einem Mischungsverhältnis von 50 : 1 gefahren. Damit wird der Ölanteil um ein Drittel abgesenkt und ein beispielhafter Beitrag zum Umweltschutz geleistet.

Selbstverständlich kann die TS 250 als das Zschopauer Spitzenmodell der nächsten Jahre mit Gepäckträgern ausgerüstet werden. Ein leichter Gepäckträger hinter der Sitzbank sollte nur für kleine Gepäckstücke benutzt werden, denn jede Massevergrößerung hinter der Hinterachse vermindert die Fahrsicherheit. Der Transport von Urlaubsgepäck sollte deshalb den stabilen und unempfindlichen Seitengepäckträgern überlassen bleiben.

Erste Fahreindrücke ergaben, daß dieses Motorrad nicht nur leicht und grazil aussieht, sondern auch ausgesprochen handlich und wendig ist. Es hat eine hervorragende Straßenlage, gute Sitzposition, der Federungskomfort der Telegabel ist fantastisch.

Das Motorrad ist wesentlich niedriger als die Vorgängertypen und gestattet somit auch kleineren Fahrern den »Fußkontakt« zur Fahrbahn.

Der Motor hat auch im unteren Drehzahlbereich eine ansprechende Leistung und beschleunigt ausgezeichnet. Das Motorrad läßt sich besonders mit dem hochgezogenen Lenker und aufgrund der Wendigkeit, der tiefen Schwerpunktlage und der geringen Fahrzeugmasse im Stadtverkehr ausgezeichnet bewegen.

Die Versuchsfahrer, nach ihrer Meinung über das neue Modell befragt, erklärten spontan, das ist das Beste, was in Zschopau jemals gebaut wurde. Dieses Urteil entspricht den Erfahrungen, die diese Fahrer während des Entwicklungszeitraumes Tag für Tag, Sommer wie Winter, auf den MZ-Versuchsstrecken sammeln konnten.

Die Verleihung von Messegold zur Leipziger Herbstmesse 1972 kann als erste internationale Bestätigung für dieses Urteil und als weitere Anerkennung für MZ angesehen werden.

TS 125/150

Die Weiterentwicklungen TS 125 und TS 150 werden gleichfalls im II. Quartal 1973 in Produktion gehen und die ETS 125 und ETS 150 Trophy-Sport ablösen.

Die Konzeption für diese Modelle sah vor, die Fahrzeuge im Fahrkomfort und im Äußeren zu verbessern und eine sportlichere Linienführung durchzusetzen. Den wesentlichsten Beitrag zur Verbesserung des Fahrkomforts liefert die neue Telegabel der TS 250, die in nahezu unveränderter Form, es werden nur weichere Federn verwendet, übernommen werden konnte. Mit dieser hydraulisch gedämpften Telegabel, innenliegenden Federn und einem Federweg von 185 mm gelang es, in bezug auf Fahrkomfort die Weltspitze zu erreichen. Der Einsatz von Radialrillenkugellagern im Steuerkopf erhöht die Verschleißfestigkeit. Aber auch die neue Sitzbank mit Vollschaumkern und verbesserter breiter Sitzauflagefläche trägt ihren Teil dazu bei und fügt sich gut in das Äußere ein, außerdem ist unter ihr die Luftpumpe verstaut.

Positiv beeinflußt wird die äußere Form aber vor allem durch den 12-l-Kraftstoffbehälter, der mit und ohne verchromten Seitenblenden angeboten wird. Breite Knieanlageflächen aus Gummi und das neue Piacrylfirmenzeichen sind an den Seitenflächen befestigt.

Von den Motorradfreunden wird sicherlich

7 *Das ist die neue Form der Brems-Schluß-Kennzeichenleuchte, die sowohl nach hinten als auch nach der Seite gut sichtbar ist. Mit der 21-W-Leuchte entspricht sie allen internationalen Anforderungen*

8 *Die TS 250 in Standardausführung mit flachem Lenker im Vordergrund und in Luxusausführung mit hochgezogenem Lenker im Hintergrund*

9 *Am Rahmen der TS 250 gibt es kein vorderes Rahmenrohr mehr. Diese Funktion übernehmen die beiden parallel vom Steuerkopf zum Sitzbankträger führenden Rohre. Sie sind hier gut erkennbar*

10 *Die Weiterentwicklung TS 125/150 stellt sich in sportlich moderner Form vor*

11 *Der neue 12-l-Kraftstoffbehälter der TS 125/150 kann mit und ohne Chromblenden geliefert werden. Auf Wunsch können zum zusätzlichen Schutz der Telegabel-Gleitrohre Faltenbälge montiert werden*

12 *Es stehen zwei Lenkervarianten der TS 125/150 zur Verfügung: die kurze sportliche Form wie hier im Bild und der hochgezogene Lenker für bequeme Fahrhaltung*

Fotos: Baumann (1–3)
Werkfoto

Technische Daten TS 250

Motor	Einzylinder-Zweitaktmotor
Hubraum	243 cm³
Leistung	21 SAE-PS bei 5700–5900 U/min
Max. Drehmoment	2,5 mkp bei 4800–5000 U/min
Vergaser	Zentralschwimmer-Startvergaser
Rahmen	Parallelrohrrahmen
Federweg vorn	185 mm
Federweg hinten	105 mm
Bereifung vorn	3,00 × 16
Bereifung hinten	3,50 × 16
Länge	2050 mm
Breite mit Spiegel (flacher Lenker)	730 mm
Breite mit Spiegel (hoher Lenker)	860 mm
Höhe mit Spiegel (flacher Lenker)	1120 mm
Höhe mit Spiegel (hoher Lenker)	1180 mm
Leermasse (trocken)	130 kg
Mischungsverhältnis	50 : 1
Kraftstoffverbrauch	3,5–5,5 l/100 km
Beschleunigung von 0 auf 80 km/h	7,8 s
Höchstgeschwindigkeit	etwa 130 km/h

Technische Daten TS 125/150

Motor	Einzylinder-Zweitaktmotor
Hubraum	123 (143) cm³
Leistung	11 (12,5) SAE-PS bei 6000–6300 U/min
Max. Drehmoment	1,25 (1,50) mkp bei 5000–5500 U/min
Vergaser	Zentralschwimmer-Startvergaser
Rahmen	Blechprägerahmen
Federweg vorn	185 mm
Federweg hinten	105 mm
Bereifung vorn	2,75 × 18
Bereifung hinten	3,00 × 18
Länge	2025 mm
Breite mit Spiegel (flacher Lenker)	730 mm
Breite mit Spiegel (hoher Lenker)	860 mm
Höhe mit Spiegel (flacher Lenker)	1115 mm
Höhe mit Spiegel (hoher Lenker)	1175 mm
Leermasse (trocken)	109 kg
Mischungsverhältnis	33 : 1
Kraftstoffverbrauch	2,3–3,6 (2,4–3,8) l/100 km
Beschleunigung von 0 auf 80 km/h	12,7 (11,5) s
Höchstgeschwindigkeit	etwa 100 (105) km/h

Werte in Klammern für TS 150

mit Freude festgestellt, daß nunmehr um 3 l größere Kraftstoffbehälter die Aktionsweite um rd. 70 km vergrößert. Wurde schon der Fahrkomfort als Spitzenleistung im internationalen Motorradbau dieser Klasse vorgestellt, so muß unbedingt noch die Lichtanlage erwähnt werden. Die Lichtmaschine mit einer Höchstleistung von 90 W, einer Scheinwerferbestückung 40/45 W, asymmetrischem Abblendlicht und Lichtaustritt von 170 mm bedeuten Spitzenwerte gegenüber der Konkurrenz. Bleibt noch nachzutragen, daß auch bei diesen Modellen zwei Lenkervarianten sowie die beiden Gepäckträger-Ausführungen zur Verfügung stehen. Die Farbgebung erfolgt wie beim großen Modell in den Farben rot, blau und gelb, wobei die Fahrgestellteile schwarz und die Kotflügel silbergrau ausgeführt sind.

WOLFRAM RIEDEL

Sportlicher und spritziger
MZ TS 250/1

Ob ein Motorrad schön ist und allgemein gefällt, das war und bleibt wohl immer Ansichtssache. Über Geschmack und andere ganz individuelle Auffassungen läßt sich bekanntlich streiten. Auch bei der Beurteilung der MZ TS 250, dem Star des Zschopauer Typenprogramms, ist das nicht anders. Während die Maschine, mit der MZ 1973 eine neue, sportlichere Motorradgeneration ins Alltags»rennen« schickte, für zahlreiche Motorradinteressenten genau das Richtige war, wünschten sich andere mehr attraktives, sportliches Finish.

Über eines freilich gab es bei allen ohne Einschränkung Einigkeit: Auch die TS 250 behielt die sprichwörtliche MZ-Zuverlässigkeit! Ihr in dieser wesentlichen Zweiradeigenschaft den Rang abzulaufen, vermochten die in Hubraum und Konzeption vergleichbaren Konkurrenzmodelle nicht.

Seit der Leipziger Herbstmesse 1976 nun kann der MZ-Liebhaber nicht nur Zuverlässigkeit erwerben, sondern zugleich ebenso betonte wie attraktive Sportlichkeit. Das neue MZ-Modell der 250er Klasse mit der Typenbezeichnung TS 250/1 wurde in zahlreichen Details weiterentwickelt, obwohl das äußerlich erst beim genauen Hinsehen deutlich wird. Diese Entwicklungsetappe beweist erneut, daß das Motorradwerk Zschopau nicht nur fahrpraktische Ergebnisse des Alltagseinsatzes seiner Maschinen auswertet und konstruktiv berücksichtigt, sondern auch bestimmten Tendenzen auf dem internationalen Zweiradmarkt Rechnung trägt, damit die MZ-Motorräder auch dort weiter konkurrenzfähig bleiben.

Allerdings macht MZ keinen Hehl daraus, daß es nie ein Ziel seiner Techniker und Konstrukteure war und sein wird, Maschinen vom Schlage jener Supermotorräder zu bauen, deren Maximalleistung imponierend sein mag, die jedoch alles andere sind als Allwetter-Alltagsmotorräder nach MZ-Muster. Eine MZ soll bei geringstem Wartungsaufwand stets einsatzbereit bleiben und überdies nicht nur auf tischebenen Fahrbahnen guten Fahrkomfort und hohe Fahrstabilität bieten, sondern gleichermaßen mit Straßen fertig werden, die diese Bezeichnung kaum noch verdienen.

Sanfte Teleskopgabel

Obwohl die Teleskopgabel der TS in der bisherigen Ausführung angenehm weich ansprach und auch mit ihrem Federweg von 185 mm den Abschied von der ES-Langschwinge leicht machte, ist die Telegabel der TS 250/1 noch besser geworden. Anstelle der bisherigen Konstruktion mit Führungs- und Gleitrohren aus nahtlosem, importiertem Präzisionsstahl, einer unteren und einer oberen Gleitbüchse aus Bronzelegierung verbirgt sich bei der Telegabel der TS 250/1 hinter den geschwärzten Gleitrohren ein Gußteil aus Leichtmetall. Das Führungsstahlrohr mit einem von 32 auf 35 mm vergrößerten Durchmesser (und einer Wanddicke von 3,5 mm) liefert jetzt das Stahlwerk Riesa. Neben dem volkswirtschaftlichen Nutzen, den der Verzicht auf Importstahl bringt, ergaben sich auch Möglichkeiten, die Teleskopgabel konstruktiv zu verbessern. Da das gegossene Leichtmetall direkt auf dem hart verchromten Stahlrohr gleitet, konnten die Bronzebüchsen wegfallen, die bisher den kritischen Verschleißpunkt an der Gabel darstellten. Andererseits werden Biegemomente nun nicht mehr allein an einer oberen und unteren Gleitbüchse, sondern eben auf der gesamten Berührungsfläche von Gleit- und Führungsrohr aufgenommen. Die Gabel kann sich – vor allem im weit ausgefederten Zustand – nicht mehr verspannen und verhärten. Sie spricht bei geringen Bodenunebenheiten leichter an. Das ist schon zu spüren, wenn man versucht, mit dem Druck der Hand im Steuerkopfbereich die Teleskopgabel zum Eintauchen zu bringen. Die bisherige Telegabel erweist sich bei solcher Prüfung als steifer.

Die neue Telegabel bleibt über 30 000 Fahrkilometer verschleißfest. Verschleiß tritt überhaupt nur am stählernen Führungsrohr, d. h. an dessen Hartchromschicht auf und nicht am Gleitrohr. Da sich beide Rohre aber großflächiger überdecken als beim früheren Einsatz von Bronzebüchsen, bleibt der Verschleiß auch am Führungsrohr geringer.

Weshalb ein großes Vorderrad?

Schon bei der ETS 250 erwies sich ein größeres Vorderrad als vorteilhaft, weil es unempfindlicher gegenüber Bodenunebenheiten bleibt. Eingehende Untersuchungen und Fahrerprobungen bei MZ ließen aber auch erkennen, daß ein größeres gelenktes Rad auf Auswucht-Unstimmigkeiten weniger problematisch reagiert als ein kleines 16er Rad, das starkes Lenkerpendeln hervorrufen kann, wenn es nicht ausgewuchtet ist. MZ beseitigte die statische Unwucht an den 16er TS-Vorderrädern, wenn sie größer als 20 g (bezogen auf den Innendurchmesser der Felge) war.

Aber nach Reifenwechsel bzw. nach einer Reifenpanne mit Demontage und Montage des Reifens wäre ein erneutes Auswuchten nötig, das jedoch in den meisten Fällen unterblieb.

Um der Pendelneigung entgegenzuwirken, entschied sich MZ deshalb bei der TS 250 zum serienmäßigen Einbau von Lenkungs-

1 Gesamtansicht von der rechten Seite

2 TS-Zylinder mit Scheibenkopf und durchgehenden Dämpfungskämmen

3 Anschluß der Drehzahlmesser-Welle auf der Kupplungsseite. Der linke Kurbelwellenstumpf wurde etwas verlängert. Die Getriebeübersetzungen der TS 250/1 (TS 250 in Klammer): I. 3,0 (2,77); II. 1,87 (1,80); III. 1,33 (1,23); IV. 1,05 (0,92); V. 0,87 (–)

dämpfern – unter Motorradfahrern auch als »Flatterbremsen« bekannt.

Die Wahl des 18er Vorderrades für die weiterentwickelte TS 250/1 ist gewiß noch nicht das Optimum, weil 2 unterschiedliche Reifengrößen am Motorrad im Hinblick auf Pannen und mitzunehmende Ersatzschläuche (oder gar Reifen!) Langstreckenfahrern zusätzlich Kopfzerbrechen bereiten. Aber – sicher wird es eines Tages auch eine große TS mit gleichen Radgrößen bei Vorder- und Hinterrad geben . . .

Das Bremsmoment am Vorderrad fängt jetzt eine relativ lange Zugstrebe ab, die den Bremsgegenhalter mit dem rechten Gleitrohr verbindet. Diese Kraftableitung auf den oberen Bereich des Rohres ist günstiger als – wie bisher – in der Nähe der Achse. Eine Verkantung des Gleitrohres mit eventueller Beeinträchtigung des Federungsverhaltens der Telegabel bleibt jetzt ausgeschlossen.

Neu an den Bremsen sind die Verrippung der Trommel und der Graugußbremsring. Der bisher eingeschrumpfte Stahlbremsring löste sich manchmal. Wie im MZ-Fahrversuch nachgewiesen, bleiben die Bremsen in der neuen Ausführung über etwa 30000 km so wirksam wie beim ersten Kilometer.

Daß es für MZ auch auf dem Detailgebiet Bremse keinen Stillstand geben darf, daran erinnert die internationale Konkurrenz mit

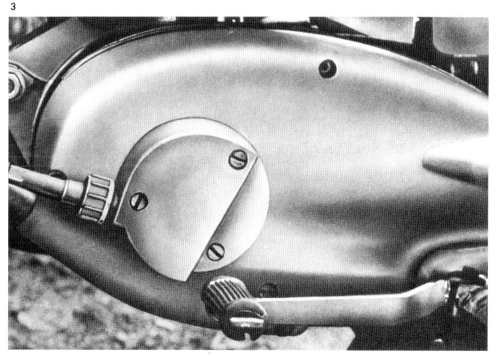

Nachdruck: Doppelnocken-Trommelbremsen und Scheibenbremsen sind längst keine ausgefallenen Besonderheiten mehr, sondern, vor allem an japanischen Motorrädern, serienmäßige Selbstverständlichkeit.

Ein Wort noch zur Bereifung des 18er Vorderrades: Nachdem die Heidenauer Pneumant-Reifen in den Dimensionen 3,00-16 und 3,50-16 endlich mit einem kurvenfreundlicheren Profil (K 31) bei der TS 250 generell eingesetzt wurden, soll die 18er Dimension dieses Profil mit den seitlichen Längsrillen ebenfalls erhalten. Auch die Gummimischung — ausschlaggebend für die Grenznutzungsdauer und Haftfähigkeit der Reifen — wurde verbessert.

4 Gesamtansicht der MZ TS 250/1 von der Kickstarterseite; die Maschine wird in blauer, roter und grüner Lackierung angeboten. Die Kotflügel sind generell silbergrau gespritzt

5 Das 18er Vorderrad wirkt schlanker. Am geschwärzten Leichtmetallgleitrohr ist die neue Teleskopgabel zu erkennen

6 Blick auf den Lenker mit Drehzahlmesser und Tachometer. Beide Armaturen stecken in schwarzen Gummibälgen. Dieser »Aufbau« oberhalb des Scheinwerfers ist Merkmal der »de luxe«-Ausführung. Bei der TS 250/1 in Standardausführung bleibt der Tachometer im Scheinwerfergehäuse. Der Lenkungsdämpfer ist nun wieder weggefallen. Er wird nur noch gebraucht, wenn ein Seitenwagen angeschlossen werden soll. An der TS gibt es nun auch einen großen Rechteck-Rückspiegel wie an unseren Pkw

Fotos: Böttcher (1–3)
Autor

Drehzahlen und 5. Gang

Die MZ TS 250/1 ist die erste Zschopauer Serienmaschine, die – wenn auch nur in der »de luxe«-Ausführung – mit Drehzahlmesser ausgerüstet wird. Denjenigen, der die MZ-Argumentation der Vergangenheit noch im Ohr hat, daß ein MZ-Zweitakter absolut vollgasfest sei, mag das neue Zubehör zunächst ein wenig stutzig machen. Wird der Drehzahlmesser überhaupt gebraucht? Natürlich hat sich an der Vollgasfestigkeit der MZ-Triebwerke nichts geändert, und auch der Motor der TS 250/1 macht da keine Ausnahme. Aber: Die Veränderungen am Getriebe, das nun über einen 5. Gang verfügt, lassen einen Drehzahlmesser durchaus sinnvoll werden. Das nutzbare Drehzahlband, also der Bereich, in dem der Motor maximales Drehmoment und maximale Leistung entfaltet, wird für jeden der 5 Gänge schmaler. Die TS 250/1 will also noch weniger schaltfaul gefahren werden als die TS 250. Und um unterwegs auf dem unterschiedlichen Streckenprofil – in der Ebene, am Berg, vor einem Überholvorgang – immer auf Anhieb (und ohne ein »Gefühl« dafür entwickeln zu müssen) den spritzigsten Gang zu finden, kann der Drehzahlmesser schon von Vorteil sein. Er läßt sofort ablesen, ob eine weitere Leistungssteigerung, ob der gewünschte Geschwindigkeitszuwachs in der konkreten Fahrsituation mit der jeweils gewählten Getriebeübersetzung möglich ist, ob heruntergeschaltet werden muß oder heraufgeschaltet werden kann. Allerdings erfordert der richtige Umgang mit dem Drehzahlmesser – wie überhaupt der optimale Einsatz des Fünfgang-Getriebes – einige Übung. Er setzt voraus, daß der Fahrer weiß, bei welcher Drehzahl der Motor am besten zieht (4 600 bis 5 200 U/min) und bei wieviel Touren er seine größte Leistung von 14 kW (19 PS) zur Verfügung stellt (5 200 bis 5 500 U/min).

TS-Zylinder mit Scheibenkopf

Auffälligste äußere Veränderung am Triebwerk der weiterentwickelten TS 250 ist die neuartige Verrippung des Zylinders und des Zylinderdeckels, der von MZ wegen der fehlenden senkrecht stehenden Rippen um die Zündkerze herum als »Scheibenkopf« bezeichnet wird. Die zwölffache waagerechte Verrippung von Zylinder (7 Rippen) und Zylinderkopf (5 Rippen) verschafft dem Motor ein recht voluminöses Aussehen und läßt

7

kaum einen Hubraum von nur 243 cm³ vermuten. Die waagerechte Verrippung hat thermische Gründe, und die neuen Dämpfungskämme aus Gummi, die alle 12 Rippen vierfach miteinander verbinden, unterdrükken das metallische Schwirren und Klirren der breiten Verrippung sehr wirksam.

8

Veränderungen gibt es an der Kurbelwelle. Zugunsten einer längeren Kurbelwellennutzungsdauer wurden deren Lager weiter nach innen gerückt und vergrößert. Das reduzierte ihre Belastung. Die axiale Pleuelführung übernimmt nun wieder die Kurbelwelle in Verbindung mit Bronzeanlaufscheiben. Selbstverständlich kommt der Motor weiterhin mit umweltfreundlichem Kraftstoff-Ölgemisch im Verhältnis 50:1 aus. Geblieben ist es bei der Leistung von 14 kW (19 PS), obwohl der Motor nach einer Korrektur der Vergasereinstellung und dank der geänderten Vorverdichtung im Kurbelgehäuse nunmehr etwas höhere Maximaldrehzahlen erreicht.

7 Deutlich sind die Rippen der Bremstrommel und die verlängerte Zugstrebe zwischen Bremsgegenhalter und Gleitrohr zu erkennen

8 Links der mechanische Drehzahlmesser mit einem Anzeigebereich bis 8 000 U/min, rechts der Tachometer in gleicher Form und Größe. Die Instrumentenhalterung ist gleichzeitig Lenkerbefestigung. Hoffentlich können die Imbusschrauben mit dem serienmäßigen Bordwerkzeug gelöst werden...

Thermische Schwierigkeiten sind dennoch nicht zu befürchten, weil es gelang, die Zylindertemperatur zu reduzieren: An der für Kolbenklemmer zuerst verantwortlichen Unterkante des Auslaßkanals beispielsweise immerhin um 30 °C!

Der erste Eindruck

Bei Redaktionsschluß für das vorliegende »Motor-Jahr«, einige Monate vor dem Serienanlauf und der Messepremiere der TS 250/1, hatte ich Gelegenheit, erste Fahreindrücke mit der neuesten MZ auf erzgebirgischen Straßen zu sammeln. Ohne Zweifel war es die Erinnerung an die Vorgängerin, die TS 250, die die Erwartungen hochschraubte. »So schnell und dennoch sicher kommt man auf Landstraßen mit anderen Fahrzeugen unseres Angebots nicht voran«, behauptete ich 1973 nach 5000 Kilometern auf der gerade in Produktion gegangenen TS 250 (Testbericht 250 in »Der Deutsche Straßenverkehr«, Heft 9/73). Aber nach den ersten Minuten Fahrt mit der weiterentwickelten TS 250/1 war klar, daß Fahr- und Triebwerk der Neuen einen weiteren Schritt nach vorn bedeuten. Die verbesserte Telegabel sichert dem Vorderrad hervorragenden Fahrbahnkontakt. Das fällt auf Abschnitten mit kurz aufeinanderfolgenden Querrillen, besonders in Kurven, auf.

Das Fünfganggetriebe dürfte das größte Plus der TS 250/1 sein. Gerade in einer Gegend wie dem Erzgebirge, wo es kaum mal ein längeres ebenes Stück Straße gibt, wo es rauf und runter geht, vermutet der Fahrer, der Motor habe einige PS dazugewonnen. Im häufigen Wechsel zwischen 3., 4. und 5. Gang, in der richtigen Ausnutzung der freien Zugkraft im jeweiligen Geschwindigkeitsbereich liegt das Geheimnis des außerordentlich flotten Vorankommens mit der neuen TS. Und ganz nebenbei registriert man mit Freude, daß die Getriebegeräusche nun endlich auch bei der großen MZ dem übrigen Fahrkomfort entsprechen. Das Fünfgang-Getriebe schaltet sich leicht, sehr »treffsicher« und ohne das unschöne klatschende Geräusch.

Wenn dieses Buch in den Händen der Leser ist, gehört die TS 250/1 längst zu unserem Straßenbild. Zahlreiche frischgebackene Besitzer dieser Maschine werden sich ein eigenes Urteil gebildet haben. Ich bin sicher, daß es positiv sein wird.

9 Parade aktueller 250er Zweitakter bei einem »Leistungsvergleich« anläßlich der Vorstellung des neuen TS-Modells: Im Vordergrund die MZ TS 250/1, dahinter die zweizylindrige Yamaha und Benelli und die Zweizylinder-CZ 250. Ganz hinten die TS 250 mit Vierganggetriebe, die in den Vergleich einbezogen war. Ergebnis: In wesentlichen Punkten hatte die TS 250/1 die Nase vorn!

WOLFRAM RIEDEL

Das 3. Bein am Motorrad
Fahren Sie gern Gespann?

Todgesagte leben lange. Sprichwörtlichen Bestand müßte demzufolge das Motorradgespann haben, denn mehr als einmal und mit teilweise begreiflichen Begründungen wurde dessen Ende prophezeit. Auch dem MZ-Gespann legten die Kritiker des Motorrades so die Karten. Aber Tatsachen strafen die Wahrsager Lügen: Das Gespann aus Zschopau erfreut sich größerer Beliebtheit denn je, obgleich — und das kann man nicht oft genug entgegenhalten — die Anziehungskraft der Autos auch in der DDR in den vergangenen Jahren auffallend zugenommen hat und 3 Gespann-Räder immerhin einen Anschaffungspreis repräsentieren, der schon in den Besitz eines durchaus gebrauchstüchtigen Autos versetzt. Die Kosten können es vordergründig also nicht sein, die zur Wahl eines — zumal ladenneuen — Gespannes veranlassen. Was wohl wiegt dann schwerer?

Konkurrenzlos sicher

Wer den Reiz des Motorradfahrens schlechthin entdeckt und Freude am Zweirad gewonnen hat, wird diesen Spaß auch mit der kompletten Familie teilen wollen. Solche Leute landen ganz von selbst beim Gespann. Nebenbei erfahren sie als Umsteiger von 2 auf 3 Räder den nach Meinung zahlreicher Gespannenthusiasten wohl faszinierendsten Fahrspaß, den das Motorrad zu bieten vermag. Der Umgang mit einem Motorradgespann, dessen erstaunliche Kippsicherheit und direkte Lenkung von keinem Pkw erreicht werden, will zwar gelernt sein, doch wer ihn perfekt beherrscht, fährt auf 3 Rädern selbst bei schlechtesten Fahrbahnbedingungen, auch auf spiegelblankem Glatteis, konkurrenzlos sicher.

Verständlicherweise hängen die speziellen Gespanneigenschaften von der Qualität des Seitenwagens ebenso ab wie von der Leistungsfähigkeit und Fahrwerksgüte der Maschine. Davon abgeleitet läßt sich zunächst schlußfolgern, aber im praktischen Fahrbetrieb auch belegen, daß sich das MZ-Gespann von heute kaum mehr mit Gespann-«Geräten» von Anno dazumal vergleichen läßt.

Nicht «super» von Anfang an

Auch das erste Zschopauer Gespann mit der BK 350, die von 1952 bis 1959 gebaut wurde, wäre keine Konkurrenz mehr fürs heutige TS-Gespann. Aber es war der mutige Anfang, ohne den es keinen Weg ins Jahr 1979 gegeben hätte.
Als die Serienfertigung des ersten MZ-Modells mit Vollschwingen-Fahrwerk, der ES 250, begann — es war 1956 —, und die Simson-Sport in Suhl noch gebaut wurde, gab es einen «Stoye»-Seitenwagen aus Leipzig in traditioneller «Schiff»-Form. Das Seitenwagenrad war von einer Schwinge geführt, die sich gegen die Hinterrad-Schwinge der Maschine abstützte. Es gab weder ein zusätzliches Federbein für das 3. Rad noch eine Seitenwagenbremse, und der — hoffentlich gelenkige — Mitfahrer mußte, vorm Seitenwagenrad stehend, von oben in das Boot einsteigen. Auch das Aussteigen ging weder elegant noch ohne Anstrengungen vor sich.
Als auf der Augustusburg am 1. Oktober 1961 das Zweitakt-Motorrad-Museum eingeweiht wurde, deckten die Zschopauer Techniker einige Karten auf, die die künftige Serienfertigung betrafen: 16 PS (anstelle der vorherigen 12,5 PS) für die ES 250 und für August 1962 Produktionsbeginn einer ES 300 mit 18,5 PS. Diese leistungsgesteigerten Zschopauer Maschinen wiesen auch der Gespann-Entwicklung den Weg. Folgerichtig entstand in dieser Zeit bei der Firma Stoye in Leipzig ein völlig neuer Seitenwagen, der die Bezeichnung «Superelastik» bekam. Vom vorherigen bootsähnlichen Modell unterschieden ihn sein leichteres Fahrgestell, eine neue Schwinge mit direkt angelenktem Federbein, hydraulisch gebremstes Seitenwagenrad und eine attraktivere Karosseriekontur mit breitem Bug und einem abschließbaren geräumigen Kofferraum im Heck. Der Clou vom Ganzen war das hochklappbare Vorderteil des Superelastik-Seitenwagens, womit auf ebenso einfache wie gekonnte Art und Weise ein beinahe schon traditioneller Seitenwagen-Nachteil beseitigt war. Nun konnten auch weniger Kletterfreudige in den Seitenwagen einsteigen, ohne ihre Ungeschicklichkeit oder Ängstlichkeit preisgeben zu müssen.
Genial gelöst wurden die Details der Seitenwagenbremse. Um für das 3. Rad die standardisierten Teile der MZ-Bremse verwenden zu können, wählte man eine konstruktive Lösung, bei der der Radbremszylinder nicht direkt auf die Bremsbacken, sondern außen auf den Bremsnockenhebel wirkte. Am Seitenwagen wurde der Fußbremshebel so angebracht, daß die Raste unmittelbar unter der des Fußbremshebels der Maschine liegt, von ihm also beim Bremsen mit nach unten gedrückt wird. Eine Verschraubung beider Bremshebel war dadurch überflüssig.
Seit dem Erscheinen des Superelastik-Seitenwagens vor 17 Jahren hat sich seine

ten TS 250/1 ein Seitenwagen angeschlossen werden könnte, stellt MZ – entsprechend der gelieferten Menge an Seitenwagen – dem Handel gleich für Seitenwagen-Anschluß vorbereitete Maschinen zur Verfügung. Sie haben ein 17er Kettenrad anstelle des 21er Getriebritzels, vorn am Rahmen-Doppelrohr in Steuerkopfnähe eine Klemmschelle mit Kugel, einen zwischen Sitzbank und Tank am Rahmen montierten Bolzen mit Kugel und schließlich einen mit Kugel versehenen Schwingenlager-Bolzen. Für die Befestigung des Torsionsstabes (Querstabilisators) ist an der rechten Schwinge ein sogenanntes Aufnahmeböckchen angeschweißt.

Dank der Befestigung des Seitenwagens mit Klemm-Schnellverschlüssen ist sein An- bzw. Abbau innerhalb weniger Minuten zu bewerkstelligen. Allerdings erfordert

1 Nur mit dem Fahrer besetzt, entwickelt das fünfgängige TS-Gespann das beste Spurtvermögen. Die abgeklappte Windschutzscheibe des Seitenwagens macht spürbar schneller...

prinzipielle konstruktive Auslegung trotz mehrfachen Modellwechsels bei den Zschopauer Gespann-Maschinen immer wieder von neuem bewährt. Sein «superelastisches 3. Bein» bestach sowohl an den weiterentwickelten ES-Typen als auch am 2. Teleskopgabel-Modell (nach der ETS 250 Trophy Sport) zu Beginn der siebziger Jahre, an der MZ TS 250. Heute steht dem Gespann-Liebhaber mit der fünfgängigen TS 250/1 die leistungsstärkste und spurtschnellste 250er zur Verfügung, die es je aus Zschopau gab.

Daß der Superelastik-Seitenwagen auch im Ausland an Maschinen größeren Kalibers Gespann-Interessenten von seinen Qualitäten zu überzeugen vermochte, sei am Rande erwähnt.

Speziell für Lasten

Ausgehend von den guten Erfahrungen mit dem Superelastik-Seitenwagen entwickelte MZ eine spezielle Ausführung für den Lastentransport, also in erster Linie für gewerbliche Zwecke. Der Lastenseitenwagen hat das gleiche Fahrgestell wie der Superelastik-Seitenwagen, dessen Boot ohne weiteres gegen den Aufbau des «LSW» ausgetauscht werden kann. Obwohl grundsätzlich an jeder heute gebau-

2a/b In seinem Element ist das Gespann auf kurvenreichen Landstraßen – wenn man den Umgang mit 3 Rädern beherrscht

3 So bequem wird das Einsteigen für den Seitenwagenpassagier dank des hochklappbaren Oberteils

2b

Fotos: A. Riedel (1, 2a/b)
Autor (3, 4)
Werkfoto (5)

der Umbau der Blinkanlage noch zusätzlichen Aufwand, weil die TS im Solo-Betrieb mit 2 vorderen und 2 hinteren Blinkleuchten ausgestattet sein muß, im Seitenwagen-Betrieb aber allein die linken Blinkleuchten der Maschine angeschlossen sein dürfen.

Beeindruckt vom Fünfgängigen

Seit jeher war MZ konfrontiert mit der Behauptung von Gespann-Liebhabern, daß man mit einer 250er im Seitenwagen-Einsatz den sprichwörtlichen Blumentopf doch wohl nicht gewinnen könne. In der Tat: 250 cm^3 Hubraum und 14 kW (19 PS) als maximale Leistung des Einzylinder-Zweitakters sind nicht eben eine kraftprotzende Visitenkarte. Und so nimmt es nicht wunder, daß man dem TS-Gespann nur ein bescheidenes Spurtvermögen zutraut. Wer großvolumige Viertakt-Gespanne kennt, muß sich für sein Mißtrauen gegenüber dem 250er MZ-Gespann nicht entschuldigen, aber sicher ist, daß die Zschopauer Fünfgangmaschine seine Erwartungen übertreffen wird.

Allerdings muß er vorher lernen, mit 19 PS hauszuhalten. Nicht jeder begreift auf Anhieb, mit kleinem Hubraum und 5 Gängen so umzugehen, daß die Lei-

stungsfähigkeit voll ausgeschöpft wird, wenn es die Fahrsituation erfordert. Praktisch bedeutet das, den Motor stets im Drehzahlbereich zwischen maximalem Drehmoment und maximaler Leistung zu halten.

Da die Fahrgeschwindigkeit des Gespanns immer seltener vom Wollen seines Piloten abhängt, sondern meist von anderen Motorisierten im dichter werdenden Verkehr vorgegeben wird, erwies es sich bislang als ausgesprochen schwierig, mit einer nur viergängigen und voll besetzten MZ-Gespann-Maschine zügig und – wenn es der Augenblick verlangte – kraftvoll mitzuhalten. Oft zwangen den Gespann-Fahrer andere, eine Geschwindigkeit zu wählen, bei der weder 3. noch 4. Gang richtig paßten. Mit der Fünfgang-TS sind solche Sorgen fast gänzlich überholt. Gerade im Gespann-Einsatz wird spürbar, welch großen Schritt nach vorn das Fünfganggetriebe bei der 250er MZ bedeutet.

«Gewußt wie»

Veranlaßten früher beim Viergranggespann häufig schon geringe zusätzliche Fahrwiderstände (leichte Steigungen, Gegenwind usw.) zum Zurückschalten in den 3. Gang (Tempoverlust, aber Verbrauchszuschlag!), so hat der Gespann-Fahrer mit der TS 250/1 nun dank der neuen Getriebeabstufung kaum noch Sorgen, Fahrtempo und Leistungsbedarf auf einen Nenner bringen zu können. Freilich – Angst vorm Schalten darf er nicht haben, denn bei Streckenprofil mit Kurven, Steigungen oder Gefällestrecken in schnellem Wechsel geht's im Getriebe rauf und runter. Ungefähr ab 45 km/h kann man mit dem 3. Gang schon etwas anfangen, ab 65 km/h zieht der Motor im 4. Gang recht ordentlich, und ab etwa 80 km/h ist der 5. Gang im Bereich spürbaren Drehmoments. Wer sich auf zügigen, aber vor allem richtigen Gangwechsel mit optimalem Zugkraftanschluß versteht, kommt auch mit 14 kW erstaunlich flott voran. Ganze 9 s braucht man beispielsweise, um vom 50-km/h-Tempo mit dem 3. und 4. Gang auf 90 km/h zu beschleunigen. Solche Sprints gelingen aber nur bei unbesetztem Sozius und leerem Seitenwagen. Das voll beladene Gespann (mit rd. 500 kg Gesamtmasse) ist relativ schwerfällig. Um immer den passenden Anschluß von einem Gang zum anderen zu erwischen, braucht man Erfahrung, ein gutes Gehör oder – einen Drehzahlmesser, der bei der TS 250/1 in Luxus-Ausführung serienmäßiges Zubehör ist. Wenn man sich in die Leistungsdaten der TS 250/1 vertieft hat, weiß man, daß es sinnlos wäre, Vollgas zu geben, solange der Drehzahlmesser nicht wenigstens 4600 Touren anzeigt. Das maximale Drehmoment des Motors kommt zwischen 4600 und 5200 U/min zustande.

8 l für volle Leistung
Die erreichbare Höchstgeschwindigkeit auch des nur mit dem Fahrer besetzten Gespanns liegt noch innerhalb der zulässigen Autobahnhöchstgeschwindigkeit. Knapp 100 km/h – das ist die Spitze. In diesem Geschwindigkeitsbereich macht sich der Einfluß des Luftwiderstandes eines so zerklüfteten Fahrzeugs, wie es ein Motorrad mit Seitenwagen nun einmal bleibt, erheblich bemerkbar. Das spürt auch das Portemonnaie beim Tanken. Wer immer mit allem verfügbaren Dampf seinem Fahrziel zustrebt und dabei womöglich noch ein voll beladenes Fahrzeug dirigiert, muß schon damit rechnen, daß 7 bis 8 l/100 km verbraucht werden. Unter 5 l/100 km dürften auch Sparsamkeitskünstler den Verbrauch nicht senken können, wenn das Fahren noch Freude machen soll.

Telegabel im Nachteil
Teleskopgabel-Maschinen «stempeln» in scharf durchfahrenen Linkskurven. So lauten landläufige Meinungen, weil es schon die Simson-Sport so tat vor vielen Jahren. Auch die TS 250/1 ist nicht ganz frei davon.
Wer das Zschopauer ES-Gespann kennt, bei dem alle 3 Räder von Schwingen geführt und mit Federbeinen abgestützt wurden, muß sich umgewöhnen, wenn er auf das heutige TS-Gespann steigt. Eine Telegabel bringt beim Seitenwagen-Einsatz der Maschine spezielle, wenn auch nicht sonderlich gewichtige Probleme. Bei der ES-Vorderrad-Schwinge waren Radführung (Schwingenarme) und Abstützung (Federbeine) Aufgaben, die unabhängig voneinander und damit einmalig perfekt gelöst wurden. Eine sich bei extremer

4 Blick unter den Seitenwagen. Deutlich zu erkennen ist der Querstabilisator, der die Bewegung von Hinterrad- und Seitenwagenschwinge (mit separatem Federbein) synchronisiert und die Kurvenneigung des Gespanns unterdrückt

5 MZ-Lastenseitenwagen an der ES 250

Beanspruchung verwindende Schwinge beeinträchtigt das Federungsverhalten der Federbeine nicht. Anders bei der Teleskopgabel der TS, deren Holme Radführung und -abfederung als Einheit bewerkstelligen müssen. Verwindet sich die Telegabel, dann hat das auch Einfluß auf die Federung, d. h., die verspannte Gabel verschafft unter solchen Belastungsbedingungen dem Vorderrad nicht den Bodenkontakt, wie man ihn sich gerade bei schneller Kurvenfahrt wünscht. Das Vorderrad, dessen Lenkeinschlag die Richtungsänderung ja maßgeblich bestimmt, setzt unter Einwirkung der Massekräfte mehr oder weniger stark seitlich weg. Das geschieht bei holpriger Straße und schneller Fahrt eher als auf glattem Kurvenkurs, ist natürlich abhängig vom vorgelegten Tempo in der (Links-) Kurve und vom Kurvenradius.

Geteilt sind die Meinungen zum Gespann-Fahren mit Hoch- oder Flachlenker. Die relative Breite des Hochlenkers gestattet, die Maschine fest im Griff zu behalten, auch wenn die aufrechte Sitzposition des Fahrers dem Fahrtwind viel Angriffsfläche bietet.

Die leicht geduckte Haltung beim Flachlenker ist in dieser Hinsicht günstiger, erfordert aber kräftiges Zupacken. Als vorteilhaft erweist sich bei der TS 250/1 auch im Gespann-Betrieb das 18-Zoll-Vorderrad, das allgemein ruhiger läuft, obwohl bei scharf durchfahrenen engen Linkskurven und welliger Fahrbahn trotzdem ein starkes Pendeln bis in den Lenker übertragen werden kann.

Eine Schwachstelle am TS-Gespann sind seine Bremsen. Nicht daß sie nicht funktionierten, aber mit der Masse eines voll besetzten Gespanns werden die 3 Trommelbremsen einfach nicht so fertig wie die Bremsen moderner Pkw mit deren Fahrzeugmasse. Und das ist eben das Risiko: Mit dem TS-Gespann läuft man auf moderne scheibengebremste «Schnellstopper» leicht auf, wenn der Abstand zu ihnen nicht reichlich genug bemessen war.

Weil knapp dimensionierte Bremsen mehr als ein Schönheitsfehler sind, aber auch zu dem rundum so imponierenden TS-Gespann überhaupt nicht passen, werden bei MZ ganz sicher längst die Weichen in Richtung auf bessere Bremsen gestellt sein...

6 Röntgenbild des Elastik-Seitenwagens, dessen Schwinge sich allein an der Hinterradschwinge der Maschine (hier ES 250) abstützte

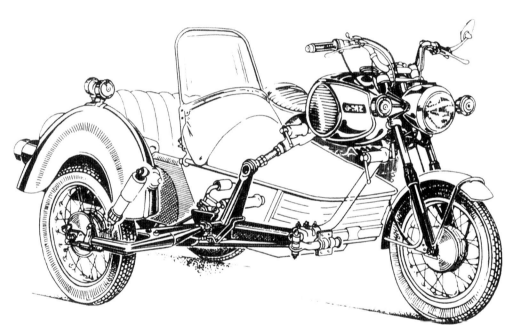

7 Röntgenbild des Superelastik-Seitenwagens an einer TS. Die konstruktiven Fortschritte im Vergleich zum Elastik-Seitenwagen werden sichtbar

MOTOR-JAHR stellt vor:

Die Neue aus Zschopau
MZ ETZ in Serienproduktion

Dieser Beitrag wurde fast ein Jahr vor dem geplanten Serienanlauftermin der MZ ETZ 250 geschrieben. Zu diesem Zeitpunkt galt die Entwicklung des neuen MZ-Motorrades prinzipiell als abgeschlossen. Aber natürlich wurde die Fahrerprobung noch weitergeführt, und die Fertigung der Nullserie war erst für das vierte Quartal 1980 vorgesehen. Die folgende Vorstellung der ETZ 250 basiert also — das sei vorausgeschickt — auf dem technischen Stand von Ende Mai 1980.

Warum Modellwechsel?
Mit den seit 1973 im VEB Motorradwerk Zschopau produzierten Motorrädern der TS-Typenreihe konnten beachtliche Exporterfolge verzeichnet werden. Nach Anlauf des Modells MZ TS 250/1 mit Fünfganggetriebe im Jahre 1976 stieg die Nachfrage nach MZ-Motorrädern der 250-cm³-Kategorie im In- und Ausland noch weiter an, und das IFA-Kombinat für Zweiradfahrzeuge mußte Maßnahmen für Kapazitätserweiterungen in Zschopau einleiten.
Die starke Nachfrage nach Motorrädern der laufenden Serienproduktion hat bei MZ wesentlichen Einfluß auf die Festlegung des Serienanlauftermines für ein neues Modell. Dabei gilt es, die tatsächlichen Bedürfnisse bei den Motorradfreunden in der DDR und bei der Mehrzahl der ausländischen Kunden gewissenhaft zu prüfen. Berücksichtigt werden muß dabei stets auch der Ersatzteilsektor.
Über Jahre hinweg exakt geführte Bedarfsermittlungen haben eindeutig ergeben, daß die Hauptpartner von MZ in den bedeutendsten Exportländern nicht an einem Modellwechsel in relativ kurzen Intervallen interessiert sind. Aus diesem Grund ist es erforderlich, den Zeitpunkt für die Markteinführung eines neuen Motorrades erst nach eingehender Abstimmung mit den wichtigsten Bedarfsträgern zu bestimmen. Für die Neuentwicklung MZ ETZ wurde als generell zweckmäßiger Anlauftermin das Jahr 1981 fixiert. Gemäß der bei MZ schon immer geübten Praxis werden nach Serienanlauf im II. Quartal 1981 die ersten ETZ-Motorräder innerhalb der DDR zur Auslieferung gelangen. Gestaffelt nach Ländern wird anschließend auch der Export aufgenommen.
Maßstab für die Entwicklung eines neuen MZ-Motorrades konnten nur vergleichbare internationale Spitzenerzeugnisse sein. Dabei galt es, MZ-typische Merkmale wie Zuverlässigkeit, technische Unkompliziertheit, einfache Handhabung, Wartungsarmut usw. zu erhalten. Die Zielstellung sah insbesondere vor, folgende Hauptforderungen zu erfüllen:
— verbessertes Finish und neue Formgestaltung
— Einsatz einer 12-Volt-Elektrik mit Drehstromlichtmaschine
— wahlweise Trommel- oder Scheibenbremse für das Vorderrad und Einsatz von 18-Zoll-Rädern
— Leistungssteigerung auf 15,5 kW (21 PS)
— 30 000 km bis zur Generalreperatur.

Auffälliges auf den ersten Blick
Schon die erste Betrachtung läßt erkennen, daß für das neue Fahrzeug in Fortführung bewährter MZ-Traditionen eine eigene MZ-Linie gefunden wurde. Bei der Zusammenarbeit mit Formgestaltern wurde viel Wert auf eine gute, nach modernen Gesichtspunkten entwickelte Formgebung gelegt. Bestimmend für den äußeren Gesamteindruck sind vor allem die markante Linienführung der Tank-Sitzbankpartie und der Seitenverkleidung, der flache Scheinwerfer, die Teleskopgabel, der stattliche Motorgetriebeblock mit horizontal verripptem Zylinder sowie die Heckpartie mit Haltebügel, großer Rückleuchte und sportlich kurzem Kotflügel mit Spritzschutz.
Funktionelle und zweckmäßige Gestaltung ist in zahlreichen weiteren Details erkennbar. Dabei wurde bei der Entwicklungsarbeit zugunsten eines guten Bedienungs- und Fahrkomforts fahrpraktischen Erfordernissen Rechnung getragen. Es gibt für die ETZ nur noch eine Lenkerausführung. Die Form dieses Lenkers ermöglicht eine angenehme Fahrhaltung. Verrippte Lenkergriffgummis unterstützen das sichere Beherrschen des Fahrzeuges. Griffgünstig angeordnet sind die Handhebel für Kupplung, Vorderradbremse und Startvergaserbetätigung sowie die links am Lenker befindliche Schalterkombination für Fahrtrichtungsanzeiger, Fern- und Abblendlicht, Signalhorn und Lichthupe. Die Schaltstufen des getrennt vom Scheinwerfer am Instrumentenhalter angebrachten Zündlichtschalters und der Schalterkombination wurden durch Symbole gekennzeichnet.
Tachometer bzw. Drehzahlmesser sind mit Kontroll-Leuchten für Fernlicht, Fahrtrichtungsanzeiger, Leergangkontrolle und Funktion des Generators ausgestattet.
Es gibt neue großflächige Rückblickspiegel, wobei die Ausrüstung mit zwei Spiegeln möglich ist. Der PUR-Schaumstoffkern der Sitzbank wurde so geformt, daß

1 MZ ETZ 250, Luxusausführung, mit Scheibenbremse

auch über lange Fahrstrecken für Fahrer und Sozia ein bequemes und fahrgerechtes Sitzen ermöglicht wird.
Das umfangreiche Bordwerkzeug ist diebstahlsicher unter der rechten Seitenverkleidung untergebracht.

Künftig Scheibenbremse im MZ-Angebot

Es galt für die Neuentwicklung ETZ 250, den Einsatz einer Vorderrad-Scheibenbremse vorzusehen.
Es handelt sich dabei um eine hydraulisch betätigte Scheibenbremse mit Festsattel, die hohe Bremsverzögerungen bei guter Dosierbarkeit der Bremskraft ermöglicht. Die Bremsscheibe hat einen Durchmesser von 280 mm. Der Bremssattel ist hinter dem rechten Gleitrohr angebracht.
Die Fahrerprobungen haben ergeben, daß kein spürbares Bremsfading auftritt. Mit dieser Scheibenbremse ist die MZ ETZ 250 modernen Personenkraftwagen ebenbürtig. Zum Bremsen gibt das Werk aber noch folgenden Hinweis:
Es sollen stets beide Bremsen, die Vorderradbremse bei glatter Fahrbahn jedoch vorsichtig, benutzt werden. Die Scheibenbremse bringt bei starkem Regen bzw. Schneematsch bis zum Verdampfen der Flüssigkeit auf der Bremsscheibe zunächst nicht die volle Wirkung. Unter derartigen Bedingungen sollte sich der Fahrer durch Probebremsungen daran gewöhnen.

Trommelbremse auch weiterhin aktuell

Auf Wunsch kann die ETZ 250 auch mit Vorderrad-Trommelbremse geliefert werden. Diese Variante wird insbesondere für Einsatzbedingungen angeboten, die für die Scheibenbremse ungünstig sind. Für überwiegendes Fahren auf unbefestigten Straßen, durch großen Schmutz oder bei hoher Feuchtigkeit ist die Trommelbremse geeigneter.

Leistungsstarke elektrische Anlage

Wesentliche Vorteile bietet die neue elektrische Anlage mit 12 V Nennspannung, deren Herz die neue Drehstromlichtmaschine ist. Es werden ein höheres Leistungsangebot (180 W), geringere Spannungsabfälle und höhere Lichtausbeute

2 MZ ETZ 250, Luxusausführung, mit Scheibenbremse

3 Variante mit Trommelbremse

4 Noch glattflächiger, noch «gewaltiger»: das 15,5-kW-Triebwerk

erreicht. Zur Anlage gehört eine 12-V-/9-Ah-Batterie. Die Ladung der Batterie erfolgt bereits bei niedrigen Drehzahlen. Aufgrund geringer Strombelastung hat die Lichtmaschine eine hohe Lebensdauer. Diese leistungsstarke Anlage gestattet den Anbau von elektrischen Zusatzausrüstungen wie z. B. Halogenscheinwerfer und Nebelschlußleuchte.

Das Triebwerk — kraftvoll, elastisch

Der neue Einzylinder-Zweitaktmotor der MZ ETZ 250 wirkt schon äußerlich imponierend auf den Betrachter. Funktionelle Erfordernisse und gestalterische Belange wurden bei der Formgebung von Zylinder und Motorgehäuse gut in Einklang gebracht. Die Motorleistung von 15,5 kW (21 PS) bringt das gewährte MZ-Fünfganggetriebe — verstärkt durch ein größeres Lager am Kettenritzel — zuverlässig auf die Straße.

Die Leistung wird durch eine Reihe von Maßnahmen garantiert. Der neuentwickelte Zylinder erhielt vier Überströmkanäle. Großflächige Kühlrippen am Zylinder und — ebenfalls horizontal angeordnet — am Zylinderkopf sorgen auch unter extremen Bedingungen für gute Kühlung.

Der neuentwickelte Kolben weist geringes Geräusch- und Verschleißverhalten auf. Die mittige Anordnung des Auslaßkanals dient in Verbindung mit dem neuen Schalldämpfer der guten Motorabstimmung. Eine großvolumige Auspuffanlage wird den Anforderungen der neuen Motorcharakteristik gerecht und wirkt geräuschmindernd. Für guten Verbrennungsablauf im Motor und für eine Verlängerung der Zündkerzenlebensdauer sorgt der günstig gestaltete Brennraum im Zylinder.

Im Prinzip beibehalten hat MZ die bewährte elastische Motoraufhängung, die alle Motorschwingungen vom Fahrgestell fernhält. Das Gummielement wurde vereinfacht, wobei trotz nunmehr kleinerer Abmessungen eine erhöhte Grenznutzungsdauer erzielt wurde.

Die Kurbelwelle erhielt ein verstärktes Pleuellager. Aktuelle Forderungen nach Senkung des Kraftstoffverbrauches sind berücksichtigt worden. Der Verbrauch von 3,5 bis 4,0 l/100 km weist ein befriedigendes Ergebnis aus. Die Einhaltung der verbrauchsgünstigen Drehzahlbereiche kann mit dem mechanischen Drehzahlmesser kontrolliert werden.

In 6,6 Sekunden beschleunigt die MZ ETZ 250 von 0 auf 80 km/h und in 10,9 Sekunden von 0 auf 100 km/h. Die Höchstgeschwindigkeit beträgt etwa 130 km/h.

MZ-typisch und bewährt

Es ist nicht nur ein Werbeslogan, wenn die Zschopauer Motorradbauer konstatieren, daß bei MZ «Motorräder von Motorradfahrern für Motorradfahrer» entwickelt werden. Davon zeugen auch bei der ETZ 250 zahlreiche Details, die genaue Kenntnisse der Fahrpraxis verraten. MZ-Fahrer in der DDR wissen sicherlich oftmals nicht, daß sie hinsichtlich der Alltagstauglichkeit ihres Motorrades von MZ ziemlich verwöhnt werden. Bewährte Bauprinzipien bisheriger MZ-Modelle wurden auch für die ETZ 250 übernommen. Neue Werkserfahrungen und Kundenhinweise aus aller Welt fanden dabei Berücksichtigung.

Für gute Federungseigenschaften und einwandfreie Straßenlage sind MZ-Motorräder schon immer bekannt. Das wird auch bei der MZ ETZ 250 so bleiben. Garantie dafür übernehmen die MZ-Teleskopgabel mit 185 mm Federweg und die verwindungssteife, im Drehpunkt wartungsfrei gelagerte Hinterradschwinge mit verstellbaren Federbeinen. Natürlich verfügt die ETZ 250 wiederum über den vieltausendfach bewährten MZ-Kettenschutz und über Steckachsen, die einen leichten Rad- und Radeinbau ermöglichen.

Zu den MZ-typischen Details gehören aber eben auch die Verstärkung des Hinterradantriebes durch ein zweites Lager, die wartungsfreie Lenkungslagerung und nicht zuletzt die bereits erwähnte elastische Aufhängung des Triebwerkes.

Ausführungsvarianten und Zubehör

Die MZ ETZ 250 wird in Luxus- und Standard-Varianten angeboten werden, wobei es zwischen beiden Grundmodellen keine prinzipiellen Unterschiede in der Technik, also bei Triebwerk und Fahrgestell, geben wird. Nach Vorstellungen des Werkes (Stand vom Mai 1980) sollen zur Grund-

5 Standardausführung der ETZ 250 (ohne Drehzahlmesser)

ausstattung des Luxus-Modells gegenüber der Standard-Variante gehören: Drehzahlmesser, Spiegel rechts und links, Radkörper schwarz, Bremsgegenhalter und Radkörperdeckel poliert, Kupplungs- und Lichtmaschinendeckel lackiert.

Weiterhin soll es die Möglichkeit geben, bei beiden Grundmodellen zwischen folgenden Ausstattungsvarianten zu wählen:

— Teleskopgabel mit Schutzbälgen oder mit Schutzkappen (freiliegende Führungsrohre)
— Vorderrad mit Scheibenbremse oder mit Trommelbremse.

Für einige Exportländer wird es eine Ausführung mit Frischöldosierpumpe geben, die das getrennte Tanken von Kraftstoff und Öl ohne Mischsäule oder Mischkanne an jeder Tankstelle ermöglicht. Zu den Farben der Lackierung wurde vorgesehen, daß

Technische Daten

Motor	Einzylinder-Zweitaktmotor elastisch aufgehängt
Bohrung/Hub	69/65 mm
Hubraum	243 cm³
Verdichtungsverhältnis	10,5 : 1
maximale Leistung	15,5 kW (21 PS) bei 5500 U/min
maximales Drehmoment	27,4 Nm (2,8 kpm) bei 5200 U/min
Schmierung	Gemisch-Schmierung 1 : 50 wahlweise Frischölschmierung über Dosierpumpe
Zündung	Batteriezündung
Vergaser	Zentralschwimmervergaser mit Nadeldüse und Rundschieber Vergasertyp 30 N 2–5
Kühlung	Fahrtwind
Kupplung	Mehrscheibenkupplung im Ölbad
Kraftstoff	Vergaserkraftstoff ROZ 88
Schmierstoff	Zweitakt-Motorenöl
Getriebe	5-Gang-Getriebe, fußgeschaltet
Übersetzung Getriebe/Hinterrad	2,52 (19/48 Zähne)
Gesamtübersetzung	
1. Gang	18,41
2. Gang	11,45
3. Gang	8,18
4. Gang	6,43
5. Gang	5,34
Lichtmaschine	Drehstrom 12 V/15 A, 180 W Dauerleistung, 210 W Spitzenleistung
Batterie	12 V/9 Ah
Beleuchtung	45/40 W asymmetrisches Abblendlicht
Scheinwerfer	170 mm Lichtaustritt
Rahmen	Rechteckprofil-Rahmen, geschweißt
Federung vorn	Teleskopgabel mit 185 mm Federweg, hydraulisch gedämpft
Federung hinten	Federbeine mit Druckfeder und hydraulischer Dämpfung, Federweg am Rad 100 mm
Bereifung vorn/hinten	2,75–18/3,50–18
Bremse vorn (2 Ausführungen wahlweise)	Scheibenbremse, hydraulisch betätigt, Durchmesser der Bremsscheibe 280 mm; Simplex-Trommelbremse, mechanisch betätigt Trommeldurchmesser 160 mm Belagbreite 30 mm
Bremse hinten	Simplex-Trommelbremse, mechanisch betätigt Trommeldurchmesser 160 mm Belagbreite 30 mm
Lenkereinschlag	70 Grad von Anschlag zu Anschlag
Länge	2160 mm
Breite mit/ohne Spiegel	900/740 mm
Höhe mit/ohne Spiegel (voll ausgefedert)	1310/1140 mm
Sitzhöhe unbelastet	835 mm
Radstand	1380 mm
Bodenfreiheit, belastet am Kippständer	150 mm
Leermasse trocken	
mit Scheibenbremse	136,5 kg
mit Trommelbremse	134,5 kg
zulässige Gesamtmasse	330 kg
Fassungsvermögen des Kraftstoffbehälters	17 l
Kraftstoffverbrauch	3,5–4,0 l/100 km
Beschleunigung	
von 0 bis 80 km/h	6,6 Sekunden
von 0 bis 100 km/h	10,9 Sekunden
Höchstgeschwindigkeit	130 km/h
(Technischer Stand v. 1980)	

5a Ausführung mit Trommelbremse

alle tragenden Fahrgestellteile und der Hinterradkotflügel generell schwarz, Tank und Seitenverkleidung billardgrün, olympiablau oder flammrot lackiert werden.

Die ETZ 250 kann auch in einer seitenwagenvorbereiteten Ausführung geliefert werden. Für den Gespannbetrieb bietet MZ die bekannten MZ-Superelastik- und MZ-Lastenseitenwagen an.

Hans Dietrich Baumann

Fotos: Sebb (6), Segel (4)

6 Die neuen Konturen des Motors auf der Kickstarterseite

7 Nun auch hinten ein 18er Rad ...

8 MZ erstmals mit Scheibenbremse

10 Vorderansicht der Luxusausführung

9 Ein Cockpit, wie es sich Motorradfahrer wünschen

HANS DIETRICH BAUMANN

Doppeljubiläum in Zschopau
75 Jahre Maschinenbau – 60 Jahre Motorradproduktion

Der VEB Motorradwerk Zschopau begeht im Jahr 1982 ein zweifaches Jubiläum: Vor 75 Jahren zog mit Gründung des Betriebes der Maschinenbau in Zschopau ein, und vor 60 Jahren begann hier die Motorradproduktion.
Die Geschichte des Zschopauer Betriebes ist vor allem die Geschichte der von den erzgebirgischen Facharbeitern, von fähigen Konstrukteuren und Ingenieuren vollbrachten technischen Leistungen. Dem Fleiß und dem Können dieser Menschen ist es zu verdanken, daß der Name der kleinen Stadt Zschopau weltweit bekannt geworden ist.

Maschinen, Metallwaren, Armaturen – das war der Anfang
Die Gründungsurkunde des Betriebes vom 13. April 1907 weist den Dänen Jörgen Skafte Rasmussen als Inhaber aus. Rasmussen hatte in Mittweida und Zwickau ein Ingenieurstudium absolviert und schon seit 1903 in Chemnitz (heute Karl-Marx-Stadt) eine kleine Maschinenfabrik betrieben. Nun begann er in Zschopau mit der «Fabrikation von Maschinen, Metallwaren und Armaturen». Anfangs waren 20 Arbeiter in der kleinen Fabrik beschäftigt. Aber das vor allem auf die Produktion von Dampfkessel-Abblasehähnen und anderen Armaturen für den Dampfkesselbetrieb spezialisierte Unternehmen entwickelte sich rasch, und die Zahl der Arbeitskräfte erhöhte sich.
Rasmussen verstand es, nach Ausbruch des ersten Weltkrieges Rüstungsaufträge über Zündladungskapseln und Granatzünder zu erhalten. Der Betrieb wurde infolgedessen erweitert. Es entstanden Neubauten; 1915 arbeiteten bereits 480 Männer und Frauen in Tag- und Nachtschichten für das profitable Rüstungsgeschäft.
Mitten im Krieg tat Rasmussen (im Jahr 1916) den ersten Schritt zu der Produktion, die schließlich die ganze weitere Entwicklung des Zschopauer Werkes bestimmte: zum motorisierten Fahrzeug. Sein Landsmann, der dänische Ingenieur Mathiessen, entwickelte in Zschopau einen *D*ampf-*K*raft-*W*agen, der allerdings nicht zur Produktionsreife geführt werden konnte. Aber es blieb mit der Abkürzung DKW für die eigenwillige Konstruktion ein neuer Markenname, der schon bald eine andere Bedeutung erlangen sollte.
Den Zweitaktmotor brachte unmittelbar nach Beendigung des ersten Weltkrieges der damals schon bekannte Ingenieur Hugo Ruppe nach Zschopau. Er entwickelte für Rasmussen einen Zweitakt-Spielzeugmotor, der auf der Leipziger Frühjahrsmesse 1919 wiederum unter dem Markennamen DKW, diesmal mit der sinnigen Bedeutung «*D*es *K*naben *W*unsch», ausgestellt wurde. Das Motörchen mit 18 cm^3 Hubraum fand jedoch nicht viel Publikumsresonanz.
Dennoch bildete jenes Kinderspielzeug den Grundstein für die Weiterentwicklung des Zweitaktverfahrens in Zschopau. Schon auf der Leipziger Herbstmesse 1919 stellte die Zschopauer Firma einen Fahrradhilfsmotor mit 122 cm^3 Hubraum vor, der unter der für die damalige DKW-Werbung typischen Bezeichnung «Das kleine Wunder» zu einem Verkaufsschlager wurde.
Rasch wurde nun der endgültige Schritt zum motorisierten Zweirad vollzogen. Mit den eigenartigen Sesselrädern «Golem» und «Lomos» der Baujahre 1920/21 wurden zunächst den späteren Motorrollern

1 Die Zschopauer Maschinenfabrik J. S. Rasmussen, 1907.

ähnliche Fahrzeuge gebaut. Diese Konstruktionen setzten sich aber damals nicht durch. Der inzwischen auf 142 cm^3 Hubraum und 1,1 kW (1,5 PS) Leistung gebrachte Motor wurde nun in das Rahmendreieck verlegt, und an die Stelle der Riemenübertragung trat ein richtiges Getriebe. Mit dieser Neuentwicklung startete DKW 1922 auch sofort sehr erfolgreich bei Motorsportwettbewerben, und ein Sieg bei der «Reichsfahrt» gab dem ersten echten Leichtkraftrad aus Zschopau auch seinen bald weithin bekannten Namen. Mit diesem «Reichsfahrtmodell» begann vor 60 Jahren die Zschopauer Motorradproduktion. Im DKW-Werk arbeiteten damals bereits 1 000 Menschen.

3 Das DKW-«Reichsfahrtmodell» war 1922 das erste richtige Leichtmotorrad in Zschopau. Der Dreikanal-Zweitaktmotor mit einem Hubraum von 143 cm³ leistete 1,1 kW (1,5 PS) bei 2500 U/min. Mit einer Leermasse von nur 40 kg war die Maschine erstaunlich leicht.

2 Mit diesem von Hugo Ruppe entwickelten Spielzeugmotor «Des Knaben Wunsch» hielt 1919 das Zweitaktverfahren seinen Einzug in Zschopau.

in den folgenden Jahren entwickelte sich die Firma sehr schnell zu einem Rasmussen-Privatkonzern. Es entstand ein weitverzweigtes Netz von Firmen, die Rasmussen aufkaufte oder an denen er in irgendeiner Form beteiligt war. Außer Motorrädern produzierte das Unternehmen

4 DKW SM (Stahlpreßrahmen-Modell). Diese Maschine wurde 1924/25 produziert. Der 206-cm³-Zweitaktmotor leistete 3,0 kW (4 PS) bei 3500 U/min.

mit seinen Zweigbetrieben u. a. bald auch Automobile, Motoren nach einem vielfältigen Programm (darunter auch Viertakter) sowie Kühlschränke. Um 1930 gab es sogar Versuche mit kleinen Motorflugzeugen. Fast alle Teile, die für die Fertigerzeugnisse benötigt wurden, konnten in den Betrieben des Rasmussen-Konzerns selbst produziert werden.

Das Stammwerk in Zschopau wurde auf die Produktion von Motorrädern und Motoren orientiert. Im Betrieb arbeiteten fähige Konstrukteure, die in rascher Folge in den zwanziger Jahren neue Motorradmodelle entwickelten, die in die Produktion überführt wurden. Berühmte Rennfahrer jener Jahre führen die DKW-Rennmaschinen von Sieg zu Sieg. Eine schlagkräftige Werbung sorgte für Popularität. Es gab eine gute Verkaufsorganisation mit Händlernetz, Kundendienst und Ersatzteilgeschäft. Der Name DKW setzte sich gegenüber der anfangs noch sehr zahlreichen Konkurrenz nach und nach durch.

Im Jahr 1926 hatte das Werk schon 1600 Beschäftigte, und mit der Beschaffung moderner Maschinen aus den USA vergrößerte sich der Maschinenpark erheblich.

Ende der zwanziger Jahre herrschte bei DKW Hochkonjunktur. Die Firma führte die Fließbandfertigung und eine exakte Be-

5 Mit DKW-Rennmaschinen des hier in der Ausführung von 1929 gezeigten Modells ORe 250 wurden von 1927 bis 1929 die Deutsche Straßenmeisterschaft und viele Grand-Prix-Siege errungen. Der 248-cm³-Motor war mit Ladepumpe ausgestattet und leistete 12,5 kW (17 PS).

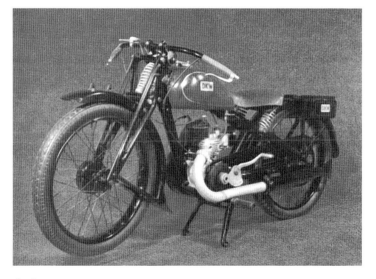

6 Das war die berühmte DKW-«Blutblase», im Volksmund so genannt wegen Form und Farbe des rotlackierten Satteltanks. Mit 198 cm³ Hubraum war die DKW Luxus 200 steuer- und führerscheinfrei und zählte zu den bekanntesten Motorrädern jener Zeit in Deutschland.

triebsmittelkontrolle ein. 1928 wurde das erste Lehrenbohrwerk angeschafft. Im gleichen Jahr kam das 100 000. DKW-Motorrad heraus, und die Beschäftigtenzahl war nun auf 2 000 Menschen angewachsen. Im Jahr 1929 galt das Zschopauer Werk mit 2 280 Werktätigen und einer Jahresproduktion von 60 000 Motorrädern als die größte Motorradfabrik der Erde.

1930 produzierte der Betrieb noch 36 000 und 1931 nur noch 11 000 Motorräder. Die Ursache dafür war die Weltwirtschaftskrise von 1930/31. Die Zeit Rasmussens nahm in Zschopau nun ein jähes Ende.

Fusion mit Horch, Audi und Wanderer zur Auto-Union

Angesichts der Krise strebten bestimmte Geschäftskreise, die Sächsische Staatsbank und auch die Landesregierung Sachsen eine Konzentration der sächsischen Kraftfahrzeugindustrie in einem trustähnlichen Gebilde an. Infolgedessen mußten sich die Firmen DKW in Zschopau, Horch und Audi in Zwickau sowie die Automobilabteilung der Wanderer-Werke in Chemnitz zur «Auto-Union AG» zusammenschließen. Das geschah im Jahr 1932. Rasmussen war zunächst noch Vorstandsmitglied, vereinsamte jedoch innerhalb der Auto-Union-Führungsgruppe und schied 1935 aus.

Die Auto-Union, zunächst als privatkapitalistisches Unternehmen gedacht, verwandelte sich während der Herrschaft des Faschismus in Deutschland immer mehr in einen staatskapitalistischen Konzern.

Die Rüstungsproduktion ließ das Werk in dieser Zeit noch mehr erweitern und verändern. Vervollständigt wurde auch der Maschinenpark. Kurz vor dem zweiten Weltkrieg besaß der Betrieb etwa 2 200 Werkzeugmaschinen, darunter viele von modernster Bauart. Monatlich wurden u. a. 18 000 Getriebe einschließlich Ersatzteilen gefertigt, so daß DKW zugleich einer der größten Getriebehersteller Europas war.

Konsequent trieb die Auto-Union AG die Modellentwicklung der Zschopauer Motorräder voran. DKW setzte weiterhin Maßstäbe im Motorradbau. Innerhalb weniger Jahre wurde von 1933 bis 1935 die

7 So sah es in den Fabrikationsstätten des DKW-Werkes in der ersten Hälfte der zwanziger Jahre aus; hier ein Blick in die Zylinderfertigung.

8 Die Fließbandfertigung wurde in den zwanziger Jahren bei DKW eingeführt. Ab 1934 rollte u. a. auch das Modell Auto-Union-DKW-RT 100 über das Band der Endmontage. Der Motor mit 98 cm^3 Hubraum und Dreiganggetriebe leistete 2,1 kW (3 PS) bei 4 000 U/min.

9 Das ist die Auto-Union-Rennmaschine UL 500 von 1938. Dieses 500-cm³-Modell hatte einen Zweizylinder-Doppelkolben-U-Zweitaktmotor mit doppeltwirkender gegenläufiger Ladepumpe, der eine Leistung von 29 bis 33 kW (40 bis 45 PS) bei 5 500 U/min erreichte.

10 Ein Blick auf den VEB Motorradwerk Zschopau in den fünfziger Jahren.

11 Mit der IFA RT 125 begann 1950 die Nachkriegsproduktion im volkseigenen Zschopauer Betrieb. Unser Bild zeigt eine Maschine des Baujahres 1953. Die Leistung betrug damals 3,6 kW (5 PS) bei 4 800 U/min. Ab September 1953 wurde das weiterentwickelte Modell RT 125/1 produziert, dem im Januar 1956 die RT 125/2 und im März 1959 die MZ 125/3 folgten.

SB-Reihe mit Modellen der Hubraumklassen von 200 bis 500 cm³ auf den Markt gebracht. Die RT 100 rundete 1935 das Programm nach unten ab. Ab 1938 folgten dann die NZ-Typen mit 250, 350 und 500 cm³ Hubraum, und 1939 erschien die legendäre DKW RT 125 im Angebot.
Finanziell unterstützt vom Nazistaat, dem an internationalem Prestigegewinn durch Motorsporterfolge viel gelegen war, trat die bis zu 150 Mitarbeiter umfassende Rennabteilung in den dreißiger Jahren auch bei großen internationalen Wettbewerben an. Die DKW-Rennmaschinen wurden von bekannten Assen des Rennsports zu imponierenden Siegen gefahren. Gipfelpunkt dieser Erfolge war das Jahr 1938 mit einer einzigartigen Siegesserie des DKW-Fahrers Ewald Kluge, die mit der Erringung des Europameistertitels gekrönt wurde.
Nach Ausbruch des vom Hitlerfaschismus inszenierten zweiten Weltkrieges im Jahr 1939 produzierte DKW Zschopau weiterhin Motorräder der NZ-Typenreihe und des Modells RT 125, überwiegend für den militärischen Bedarf. Aber die Motorradstückzahlen gingen zurück, weil das Werk im Krieg immer mehr andere Teile für Rüstungszwecke, insbesondere für die Flugzeugindustrie, herzustellen hatte.
Nach der Zerschlagung des Faschismus durch die Sowjetarmee im Jahr 1945 mußte DKW wegen seiner Rüstungsproduktion total demontiert werden. Durch Volksentscheid im Jahr 1946 gingen die Betriebe der Auto-Union AG in Volkseigentum über.

Ein neuer Anfang
In einem Zweigbetrieb in Willischthal bei Zschopau nahmen zunächst nur wenige Arbeitskräfte eine Übergangsfertigung auf. Dann lief die Produktion von stationären Motoren an.
Aber das Interesse der Zschopauer Konstrukteure galt natürlich vor allem dem Motorrad. Schon 1946/47 wurde an einer 60-cm³-Maschine gearbeitet. Doch dieses Modell L 60 kam nicht in die Serienproduktion, weil eine Lockerung der unmittelbar nach Kriegsende festgelegten Hubraumbegrenzung zu erwarten war und somit eine Wiederaufnahme der Arbeiten am Modell RT 125 möglich würde. Deshalb richteten sich alle vorhandenen Kräfte darauf ein, mit einer weiterentwickelten RT 125 die Motorradproduktion in Zschopau wiederaufzunehmen.
1950 war es dann soweit. Mit 445 Arbeitskräften und 100 Maschinen begann im nunmehr volkseigenen Zschopauer Werk die Nachkriegsfertigung von Motorrädern. Es war ein bescheidener neuer Anfang. Nur 1 700 RT 125 konnten in diesem ersten Jahr ausgeliefert werden. Aber das Wichtigste für die Zschopauer Motorradbauer war die Tatsache, daß sie wieder Motorräder bauen durften.
Der Neuaufbau des Betriebes erforderte große Anstrengungen. Von den in Zschopau vorhandenen Gebäuden stand dem Werk zunächst nur ein Drittel zur Verfügung, ein zweites Drittel beanspruchte das Lehrkombinat, das dritte war anfangs noch unbenutzbar. Aber es ging voran.
Schon 1952 lief die Produktion der ersten

völligen Neuentwicklung des volkseigenen Betriebes an. Die BK 350 mit einem Zweitakt-Zweizylinder-Boxermotor und dem für Zschopauer Motorräder neuen Kardanantrieb erregte damals viel Aufsehen.

1953 wurde die Sportabteilung gegründet, und in den folgenden Jahren wurden die Zschopauer Drehschieber-Rennmaschinen schnell zu gefürchteten Konkurrenten bei internationalen Motorradrennen.

Kontinuierlich stiegen die Produktionsziffern. Ab 1954 wurde in der 125-cm^3-Klasse das weiterentwickelte Modell RT 125/1 produziert.

Entscheidend für die gesamte weitere Entwicklung des Werkes waren die Jahre 1955 und 1956. Dank großzügigen Investitionen konnten die Voraussetzungen für eine moderne Großserienfertigung geschaffen werden. Die Gesamtfläche des genutzten Raumes betrug 1950 erst 18 000 m^2 und war 1955 schon auf 46 000 m^2 und 1957 sogar auf 64 000 m^2 angewachsen. 1956 begann die komplexe Reorganisation und Neugestaltung der Technologie. Neue Fertigungsmethoden gelangten zur Anwendung. Eine vollautomatische Taktstraße zur Bearbeitung der Motorengehäuse und viele neue Werkzeugmaschinen wurden aufgestellt. Die Kapazität der Galvanik mußte bedeutend erweitert werden. Die Motoren- und Fahrzeugmontage lief von nun an auf vollautomatisierten Montagebändern, und für den Teiletransport zwischen den einzelnen Fertigungsabteilungen dienten nun Kreisförderer.

Die Anzahl der Beschäftigten nahm rasch zu: von 1 200 Mitarbeitern im Jahr 1953 auf 2 450 Werktätige im Jahr 1955 und schließlich auf über 3 000 Beschäftigte im Jahr 1956.

MZ – ein neues Markenzeichen

Unter dem neuen Markenzeichen MZ (*M*otorradwerk *Z*schopau) begann 1956 die Großserienfertigung der neuen 250-cm^3- und 175-cm^3-Modelle der Reihe ES mit Vollschwingenfahrwerk, und im gleichen Jahr verließen 31 000 MZ-Motorräder das Werk, bestimmt für die Motorradfreunde in der DDR und in 19 Ländern.

Ende der fünfziger Jahre überschritt die MZ-Motorradproduktion erstmalig die

12 1955/56 fand eine komplexe Umgestaltung und Reorganisation der Technologie und die Ausrüstung mit neuen Produktionsmitteln statt. Es wurde u. a. eine vollautomatische Taktstraße zur Bearbeitung von Motorgehäusen aufgestellt.

13 1956 begann in Zschopau die Produktion der Vollschwingenfahrwerke ES 250 und ES 175. Unser Bild zeigt eine ES 250 in der anfangs gelieferten Ausführung mit Doppelportanlage. Motorleistung ES 250: 9,3 kW (12,5 PS) bei 5000 U/min.

14 Im Jahr 1962 wurden die MZ-ES-Modelle mit 125 cm^3 und 150 cm^3 Hubraum in die Serienproduktion überführt.

60 000-Stück-Grenze pro Jahr. Der junge volkseigene Betrieb hatte sein Ansehen beim internationalen Motorradpublikum weitgehend gefestigt.

In den sechziger Jahren ging in Zschopau die Mechanisierung und Automatisierung der Motorradproduktion weiter. 1961 übergab der VEB Motorradwerk Zschopau das neugeschaffene Zweitakt-Motorradmuseum Augustusburg der Öffentlichkeit. Ein Jahr später lief die Großserienfertigung der MZ-ES-Modelle mit 125 und 150 cm^3 Hubraum an. Diese neuen Motorräder mit Vollschwingenfahrwerk lösten damals die «gute alte RT», inzwischen zum Modell MZ RT 125/3 entwickelt, endgültig ab.

Zum Jahresbeginn 1963 rollte das 500 000. Motorrad der Zschopauer Produktion seit 1950 vom Montageband.

Im Motorradsport jener Zeit errangen berühmte in- und ausländische Fahrer auf MZ-Maschinen großartige Erfolge auf den

Rennstrecken, und die MZ-Geländefahrer aus der DDR übernahmen die dominierende Position auf den internationalen Geländepisten. Sechsmal in den Jahren 1963 bis 1969 errang die DDR-Nationalmannschaft auf MZ-Motorrädern die Welttrophäe bei den Internationalen Sechstagefahrten. Nicht zuletzt waren auch diese Sporterfolge eine Ursache dafür, daß die MZ-Firmenmarke nun Weltgeltung auf dem Motorradsektor besaß.

1969 betrug die Jahresproduktion mehr als 70 000 MZ-Motorräder. Die Serienmaschinen wurden ständig weiter verbessert.

Im Jahr 1969 lief auch die Fertigung der neuentwickelten ETS-Typenreihe in den Hubraumklassen bis 125, 150 und 250 cm³ an. Bei diesen Modellen handelte es sich erneut um Teleskopgabel-Maschinen, aber gleichzeitig wurden zunächst auch noch ES-Typen mit Vollschwingenfahrwerk weiter produziert.

Zum Jahresbeginn 1970 wurde das IFA-Kombinat für Zweiradfahrzeuge gegründet, dem der VEB MZ von Anfang an angehört.

Im Juli des gleichen Jahres lief das 1 000 000. MZ-Motorrad seit Beginn der Nachkriegsfertigung im Jahr 1950 vom Montageband. Die Motorradproduktionsziffern und vor allem auch die Exportstückzahlen waren in dieser Zeit bereits weit über die vergleichbaren Höchstwerte der DKW- und Auto-Union-Jahre hinausgewachsen.

1973 endete die Produktion der Zschopauer Vollschwingenfahrwerke in den Hubraumklassen bis 175 und 250 cm³. Es wurden die letzten ES-Modelle ES 175/2 und 250/2 produziert. Dann ging die TS-Typenreihe in die Großserienfertigung. Dieser Schritt zum sportlicheren Motorrad, nunmehr generell mit Teleskopgabel-Fahrwerk, erwies sich als richtig. Die Nachfrage nach den Zschopauer TS-Maschinen der Hubraumklassen bis 125, 150 und 250 cm³ stieg kontinuierlich an, und insbesondere auch auf den Exportmärkten wuchs weiter das Interesse an den MZ-Motorrädern mit ihrer schon fast sprichwörtlichen Zuverlässigkeit. Der Bedarf mancher Länder konnte zum Teil nicht mehr gedeckt werden, als 1976 das weiterentwickelte Modell MZ TS 250/1 mit Fünfganggetriebe auf den Markt kam. Damals mehrte sich zusehends bei MZ die Eingangspost mit Berichten ausländischer Motorradfahrer, die mit ihren stets verläßlichen MZ-Maschinen abenteuerliche Langstreckenfahrten durch fremde Länder und Kontinente erfolgreich unternommen hatten.

1977 lief dann auch die Produktion der kleinen ES-Typen 125 und 150 cm³ aus. Es wurden nur noch Teleskopgabelmaschinen der TS-Reihe hergestellt.

Mitte der siebziger Jahre zog sich das Werk von der Beteiligung am internationalen Straßenrennsport zurück. Ein weiterer finanzieller Aufwand für die Entwicklung konkurrenzfähiger Rennmaschinen war nicht mehr vertretbar, zumal für das Serienmotorrad daraus keinerlei Nutzen mehr zu erwarten war. Die werkseitige Sportbeteiligung konzentrierte sich nunmehr völlig auf den Motorradgeländesport, wobei die Erfolge bei Europa- und Weltmeisterschaften eindeutig bewiesen, daß MZ nach wie vor zur Weltspitze bei den Geländewettbewerben gehörte.

In den siebziger Jahren arbeiteten die Werktätigen des VEB MZ zielstrebig an der weiteren Erhöhung der Effektivität, insbesondere durch verstärkte Rationalisierung. Die Kapazität des Betriebes und seiner Zweigwerke mußte voll auf die Motorradproduktion ausgerichtet werden. Nach und nach wurden Teileproduktionen für andere Betriebe des Fahrzeugbaues ausgegliedert.

Sichere Perspektive

Anfang der achtziger Jahre stieg der jährliche Motorradausstoß bei MZ auf über 80 000 Stück an. Diese Entwicklung ist nicht abgeschlossen. Im Gegenteil: Das Zschopauer Werk wird weiter wachsen. Es wird gebaut, und die Zukunft des Betriebes nimmt neue Formen an. Bisheriger Hohepunkt der konstruktiven Entwicklung der MZ-Motorräder ist die ETZ 250, die seit 1981 in Großserie produziert wird.

Der VEB Motorradwerk Zschopau zählt heute zu den großen europäischen Motorradherstellern. Das IFA-Kombinat für Zweiradfahrzeuge steht heute auf einem hohen internationalen Rang. Von dieser anerkannten und gefestigten Position aus können die Zschopauer Motorradbauer von heute auf die 75jährige Geschichte ihres Betriebes und auf eine 60jährige

15 Das millionste MZ-Motorrad seit 1950, eine MZ ETS 250, konnte im Juli 1970 produziert werden.

Tradition im Bau von Zweitakt-Motorrädern zurückblicken. Nicht zuletzt ist es gerade auch diese Tradition, auf der sich der weltweite Ruf des Werkes gründet. In Zschopau wurden die vielfältigen Erfahrungen von Generation zu Generation weitergereicht. Der Stolz der heutigen MZ-Motorradbauer auf die einstigen Leistungen der Großväter und Väter ist zugleich die Verpflichtung, dem großen Erbe würdige eigene Taten hinzuzufügen.

16 MZ TS 250/1 – seit 1976 mit Fünfganggetriebe.

Fotos:
Werkaufnahmen (14)
Damm (1); Fuhr (1)

WOLFRAM RIEDEL

Rendezvous im Regen

"Anprobe" einer MZ ETZ 250 Luxus

So gar kein Verständnis schien der Wettergott für die spezielle Freude eines Motorradfahrers am letzten Apriltag vergangenen Jahres zu haben: Ausgerechnet in der Stunde, in der ich am Werktor von MZ eine funkelnagelneue ETZ 250 Luxus aus der Nullserie für ihre Jungfernfahrt von Zschopau nach Berlin startklar machte, öffnete der Himmel alle seine Schleusen. Glücklicherweise hatte mich mein Mißtrauen gegenüber Wetterprognosen Regenkombi und Gummistiefel einpacken lassen. Trotzdem – bei Sonnenschein wäre mir die langerwartete ETZ-Modellpremiere lieber gewesen. Was kam, konnte ich ja schon ahnen: *Welche* Regenhaut widersteht schließlich peitschendem Regen bei schneller Fahrt über Stunden? Irgendwann, das weiß man ja, hat das Wasser unangenehmerweise einen «Durchbruch» erzielt, und dann ist das Fahren – wenigstens für mich – nur noch der halbe Genuß...

Ändern aber ließ sich an solcher Aussicht in meiner Startposition nichts. Über das Erzgebirge schien üppiger Dauerregen hergefallen zu sein. Was half's? Eine Tagesreise waren die vor mir liegenden 300 km in Richtung Norden ja schließlich auch nicht! Also los!

Beim zweiten Kickstartertritt lief der Motor. Ich nahm Platz auf der neuen ETZ-Sitzbank mit Polsterrippenimitation – «quergestreift» sozusagen – und mit den angedeuteten Sitzmulden für Fahrer und Mitfahrer. Der Sitzkontakt war recht angenehm. Aber kein Zweifel: Ich saß höher als auf der TS 250/1, der Vorgängerin der ETZ. (ETZ – das will übrigens nichts anderes heißen als *E*inheitstyp *Z*schopau). Lag das nur an dem auf 18 Zoll vergrößerten

Hinterrad oder hat auch der neue Rahmen aus geschweißten, geschlossenen Rechteckprofilen Anteil an diesem «Hochgefühl»?

Zu längerem Überlegen blieb jetzt keine Zeit. Ich startete. Nasse Fahrbahn und schlechte Sicht durch das mit Regentropfen übersäte Helmvisier forderten alle Aufmerksamkeit auf den ersten Metern Fahrt. Das Helmvisier begann, von innen leicht zu beschlagen. Ich mußte schneller

fahren, für Fahrtwind sorgen. Die Gänge schalteten sich – wie von der TS 250/1 gewohnt – leicht und zuverlässig. Auf der tischebenen Asphaltstraße, die sich nach dem Ortsausgangsschild Zschopau schwungvoll in die Höhe windet, beschleunigte ich die Maschine und schaltete erstmals auf den fünften Gang. Tempo 80 zeigte die Tachonadel, der Drehzahlmesser signalisierte reichlich 3000 Touren. Damit aber war die Steigung nicht zu bezwingen. Also runter auf den Vierten! Aber auch mit ihm mochte die ETZ nicht klettern. Erst der dritte Gang «paßte» richtig, und nun ging die Post ab, als gäbe es keine Steigung, sondern ein Gefälle unter den Rädern. Das Durchzugsvermögen des Motors nahe 5500 U/min bestach. So kräftig packte die TS 250/1 nicht zu! Aber ich merkte auch, daß ich die ETZ hochtouriger fahren mußte, wenn ich ihr Temperament voll in Anspruch nehmen wollte.

Der spätere Blick auf die Vollastkennlinien beider Motoren brachte die Bestätigung. Der ETZ-Motor ist «spitzer». Drehmoments- und Leistungskurve erreichen zwar ein höheres Maximum: TS 25,5 Nm (2,6 kpm) und 14 kW (19 PS); ETZ: 27,4 Nm (2,8 kpm) und 15,5 kW (21 PS); es gehören aber auch höhere Drehzahlen dazu. Bis etwa 4500 U/min überdecken sich die Vollastkennlinien von TS und ETZ, ist also die Motorcharakteristik direkt vergleichbar. Dann aber spürt man Unterschiede, die im praktischen Fahrbetrieb mit der neuen ETZ bedeuten, daß die oberen zwei Gänge erst dann richtig passen, wenn entsprechend hohe Drehzahlen anliegen. Also muß der Motor bei eingelegtem drittem Gang erst auf Touren über 5000 U/min kommen, ehe Gangstufe vier kraftvoll Anschluß findet.

2 Scheinwerfer-, Tank- und Zylinderpartie bleiben auch vor dem Hintergrund einer großgewachsenen Doppelbesatzung irgendwie «gewaltiger» als bei der TS 250.

3 Die Sozia findet bei Bedarf am stabilen Bügel hinter der Sitzbank Halt.

Im fünften Gang vermag die ETZ Zugkräfte zur Überwindung größerer Fahrwiderstände (Gegenwind, Steigungen) erst zu entwickeln, wenn die Tachonadel bereits die 120 überschritten hat – ein Tempo, das weit jenseits der von der StVO gezogenen Geschwindigkeitsgrenze liegt und – hierzulande – nur theoretisch von Belang bleibt.

Damit mich ETZ-Anwärter nicht falsch verstehen: Selbstverständlich kann im fünften Gang zum Beispiel Tempo 80 gefahren werden. Aber für nur 9,5 kW (13 PS) Motorleistung, die bei dieser Geschwindigkeit (und 3000 U/min) anliegt, taugt die recht lange Übersetzung vom fünften Gang (0,87!) kaum mehr als dazu, die Maschine in der Ebene in Schwung zu halten. Sprinten kann die ETZ dabei nicht. Der Versuch zeigte sehr schnell: Ein Mehr an Gas (beschleunigen) verdaute der Motor in solchen Übersetzungsfesseln ohne spürbare Gegenleistung, also ohne nennenswerte Drehzahlerhöhung. Zusätzlichen Fahrwiderständen – vielleicht durch ansteigendes Streckenprofil oder Windböen aus der eigenen Fahrtrichtung – begegnet er im großen Gang bei Drehzahlen unter 5000 U/min ausgesprochen kraftlos. Wer also den Ehrgeiz hat, den fünften Gang öfter zu wählen («Wenn er nun schon mal da ist»), der muß sich damit abfinden, sehr oft zu schalten, denn der kraftvollere vierte oder auch dritte Gang wird recht häufig gebraucht, wenn die Fahrt temperamentvoll bleiben und nicht jede kleine Steigung mit deutlichem Tempoverlust erklommen werden soll.

ETZ-Fahrer sollten demnach den Drehzahlmesser genau beobachten, um nicht erst durch effektloses Gasgeben erkennen zu müssen, daß «da unten momentan nichts drin» ist, weil der gewählte Gang einfach nicht paßt. Erst 4500 U/min und 12 kW (16,5 PS) sind in den oberen Gängen sprintsicher, und wer gar das ganze ETZ-Feuer maximaler Motorleistung zu nutzen beabsichtigt, dessen Drehzahlmesser muß eben über 5000 U/min anzeigen – auch vor der Wahl des nächsthöheren Ganges! Solche Schubkraft sollte allerdings nur dann freigegeben werden, wenn wirklich «Not am Mann», also z. B. der Gegenverkehr beim Überholen doch schneller heran ist als gedacht. Vollgasspritzen in diesem Drehzahlbereich verschaffen der Maschine Bärenkräfte (Vorsicht! Hinterrad rutscht auf nasser Fahrbahn durch!) und beschleunigen die ETZ samt Besatzung imponierend. Aber sie kosten auch eine Menge Kraftstoff.

Weil wir gerade beim Kraftstoff sind: Mit dem Tankvorrat von 17 l kann man je nach Fahrstil sehr unterschiedlich weit fahren. Ich habe es einmal geschafft, 6,6 l auf 100 km zu «verfeuern», als Gelegenheit war, mit einer ETZ über die gesamte Distanz ständig in unmittelbarer Nähe der Höchstgeschwindigkeit zu bleiben. Aber bei richtigem Umgang mit Gasgriff und Getriebe ist es auf Fernstraßen durchaus möglich, mit runden 4 l auf 100 km auszukommen. 400 km Aktionsradius zwischen zwei Tankaufenthalten sind ein akzeptables Angebot für eine Reisemaschine.

Zurück zu meiner Regenfahrt! Karl-Marx-Stadt, Dresden und den Berliner Autobahnring erreichte ich ohne jegliche technische Zwischenfälle, obgleich es ununterbrochen in Strömen goß. Nur dem Drehzahlmesser gefiel die Dauerdusche nicht. Er schwitzte unter der Abdeckscheibe.

4 Lust zum Antreten verspürt, wer das Kraftpaket der ETZ so vor sich sieht.

5 Für Soziusbetrieb müssen die Federbeine auf «hart» umgestellt werden. Leider ist der Handknebel kürzer als bei der TS und verlangt dadurch mehr Kraftaufwand.

Offensichtlich war das Beierfelder Instrument nicht völlig wasserdicht. (Gibt's das bei Beierfelder Zweirad-Instrumenten eigentlich wieder oder immer noch? Darüber ärgerte ich mich schon vor so vielen Jahren...)
Nichts am Motorrad erinnerte einen Tag später nach einer gründlichen Pflegestunde an die strapazenreichen ersten 300 km bis nach Berlin. Lediglich der Auspuffkrümmer war unter der stundenlangen Einwirkung der Abgashitze fleckig geworden. Er hatte sich blau geärgert.
Mir als Fahrer ging es gut. Von blauen Flecken keine Spur. Die Sitzposition auf der ETZ fand ich — als 1,78 m großer Fahrer — bequem. Wenige Tage später saß ich bei einer 700 km langen Tour mit kleinen Unterbrechungen rund neun Stunden am ETZ-Lenker. Danach allerdings gab es doch nachhaltigere «Eindrücke» im fahrerischen «Südpol». Die Sitzbank, das — wie es fachlich richtig heißt — geschäumte PUR-Formteil, erwies sich weniger als Polster, sondern vielmehr als das, was die angedeutete Polsterverrippung darstellte: mehr Schein als Sein. Ich jedenfalls wünschte mir den «Druckpunkt» zwischen Maschine und Fahrer ein bißchen weicher.

6 Nach Handgriffen dieser Art greift man gern. Sie sind formschön und «passen».

Sympathischer vorstellen könnte ich mir auch den Kniekontakt mit dem Kraftstoffbehälter. Kniekissen waren bisher MZ-Standard. Schade, daß offensichtlich gestalterische Aspekte Vorrang hatten bei der ETZ und solche Knieanlagen entfielen. Irgendwann wird das nackte Blech durchschimmern, befürchte ich.
Ein Kompromiß ist der Lenker in seiner Form. Solange nicht «mit aller Kraft voraus» gefahren wird, erweist sich die vom ergonometrischen Dreieck Lenker — Sitzbank — Fußrasten vorgegebene Fahrerhaltung als recht bequem. Man hat die ETZ gut im Griff, der Lenker pendelt nicht — sicher auch dank dem im Vergleich zur TS 250/1 vergrößerten Nachlauf. Und man sitzt entspannt. Solche Haltung hemmt logischerweise bei Tempofahrten, bietet der Körper dann doch eine ziemlich große Windangriffsfläche. Vor allem an den Oberarmen zerrt der Fahrtwind beträchtlich, wenn lange Zeit konstant auf Tempo gedrückt und womöglich noch gegen eine steife Brise angekämpft wird. Da möchte man sich manchmal schmaler machen und mehr ducken, als das die Lenkerform zuläßt.
Hervorragend im Blickfeld liegen Drehzahlmesser und Tachometer. Die Kontrolleuch-

7 Die große Heckleuchte liefert vor allem ein auffälliges Bremslichtsignal auch in sonnenheller Umgebung.

ten machen auch bei Sonnenlicht auf sich aufmerksam. Griffgerecht gestaltet sind die neuen Handhebel mit Fingermulden; alle notwendigen Schieber und Tasten führt der linke Daumen geradezu spielerisch am Kombinationsschalter nach der gewünschten Position. Ich fragte mich im stillen immer wieder, warum ein solcher Kombi-Schalter so lange auf sich warten ließ. Ein wirklich wesentlicher Beitrag zur sicheren, bequemen Bedienung der ETZ!

Nicht ganz frei von Vibrationen bleiben die hohen, großflächigen Rundrückspiegel. Bei so langen Spiegelstäben ist das aber wohl nicht zu vermeiden, wenn sich ein Stück weiter unten ein Einzylindermotor mit Leerlaufdrehzahl bewegt. Wackelnde Spiegelbilder gibt es in der Tat nur in diesem Drehzahlbereich. Und da sind unscharfe Konturen der Spiegelbilder ja durchaus hinzunehmen. Die beiden Rückspiegel der ETZ Luxus verschaffen einen umfassenden Überblick über das Verkehrsgeschehen hinter dem Motorrad. Vor allem im innerstädtischen Mehrspurverkehr leistet der rechte Spiegel eine unschätzbare Hilfe. Ich mußte mich erst daran gewöhnen, daß ich nicht mehr den Kopf zu drehen brauchte, um sicher zu gehen, daß auch wirklich nichts zu befürchten war, wenn die Spur nach rechts gewechselt werden sollte ... Und ganz ohne Zweifel verraten beide Spiegelbilder alles, was hinter dem Rücken des Fahrers geschieht, wenn die Spiegelgläser nur richtig eingestellt sind. Ein besonderer Vorteil ist die Augennähe; sie ermöglicht sehr klare, deutliche Übersicht und gutes Entfernungsschätzen.

Keine Überraschung brachte mir das Fahrwerk der ETZ. Wie von einem Zschopauer Modell nicht anders zu erwarten, erwies es sich jeder Art Straße voll gewachsen, ohne daß irgendwelche Unzulänglichkeiten veranlaßten, zumindest das Fahrtempo zu drosseln. Vor allem dem Soziusbetrieb scheint die gewachsene Größe bzw. Höhe der ETZ im Vergleich zur gedrungenen TS entgegenzukommen. Selbst bei einem mehr als derben Durchfedern in einer mit viel Schräglage genommenen, unerwartet aufgetauchten Bodensenke blieb die ETZ in ihrer Richtungsstabilität völlig unbeeindruckt, obwohl ich auf Schlingerkurs zu geraten glaubte. Keine Schwammigkeit, kein Gefühl, als gebe irgendetwas unter mir in Richtung der wirkenden Kräfte unbeeinflußbar nach. In Momenten extremer Beanspruchung kann man, so schien es mir, die Stabilität in Rahmen, Gabel und Schwinge geradezu fühlen.

Im Geradeauslauf sammelt die ETZ gegenüber der TS 250/1 Pluspunkte. Die Pendelneigung des Lenkers — eine mehr oder weniger deutliche Untugend aller Motorräder — bleibt unterdrückter.

Eingebüßt hat die ETZ möglicherweise ein bißchen an Wendigkeit. Mir jedenfalls gelang es mit einer TS 250 besser, kurze Haken zu schlagen. Sollte das daran liegen, daß es mir noch an Training im Umgang mit einer ETZ fehlte?

Vorsicht war auf jeden Fall geboten, wenn das ETZ-Vorderrad unbeabsichtigt in spitzem Winkel Berührung mit einer Pflasterlängskante (Gleisbereich von Straßenbahnschienen u. ä.) bekam. Ohne kurze

8 Ein Sicherheitsbeitrag: Bremslichtkontakt auch in der Vorderradbremse.

Drängelei überwand der schmale Reifen (2,75–18) derart unglücklich angesteuerte Kanten nur selten, obgleich das neue Heidenauer Profil (K 33 vorn) kletterfreudiger gestaltet worden ist. Zur Gefahr entwickelt sich die Kletterhemmung des Vorderrades in solchen Augenblicken allerdings nur, wenn dem Fahrer der Schreck in die Glieder fährt, weil er nicht mit solcher Komplikation rechnet und womöglich ein Mitfahrer ohne Zweiradpraxis eine falsche Körperbewegung macht. Einziges Rezept: Augen auf, erspähte Kanten meiden oder in möglichst stumpfem Winkel überfahren!

Ratschläge kommen mir aber eigentlich gar nicht zu, denn nach der Fahrschultheorie zähle ich zu den ziemlich schlechten Fahrern. Dort heißt es immer wieder, daß ein guter Fahrer selten bremst. Ich muß bekennen, daß ich sehr oft bremse, und ich wüßte auch gar nicht, wie ich flottes Fahren nur mit dem Gasgriff arrangieren sollte. Die Bremsen eines Motorrades – und zwar beide – sind für mich wichtiger als Fahrkomfort und Motorleistung zusammen, weil sie stets die einzige Rettung bleiben, wenn's brenzlig wird. Natürlich dürfen gute Bremsen nicht zu fahrerischem Risiko verleiten, doch sie müssen retten helfen, wenn der Zweiradfahrer von anderen übersehen, wenn sein Tempo unterschätzt, sein Platzbedarf ignoriert worden ist. Bei solchen Bremsmanövern zählt jeder Meter, der sich gutmachen läßt. Die Trommelbremsen in Simplex-Bauart, MZ-Standard seit vielen Jahren, erwiesen sich an meiner ETZ-Testmaschine als akzeptabel – mehr aber nicht. Schwächen zeigen sich beim Abbremsen aus hohen Geschwindigkeiten (Nachlassen der Bremswirkung) und beim kurz hintereinander heftigen Bremsen auf längeren Abfahrten, vor allem mit der strapazierten Vorderradbremse. Für den Einbau einer Scheibenbremse ist die ETZ bekanntlich konstruktiv vorbereitet.

Das erste Rendezvous im Regen und der dann folgende zweiwöchige Umgang mit einer ETZ weckten viel Sympathien für sie. Ohne Frage – eine schöne Zschopauerin! Aber auch das steht außer Zweifel: Mit Scheibenbremse wäre sie mehr, nämlich noch sicherer, noch attraktiver. Möge es nicht allzu lange dauern, bis MZ auch für die ETZ-Interessenten im eigenen Lande vom internationalen Standard dieser Hubraumklasse eine (Brems-)Scheibe abschneiden kann.

9 Das hat der Fahrer vor Augen: Drehzahlmesser und Tachometer lassen sich gut ablesen, die Kontrolleuchten in diesen beiden Instrumenten fallen auf.

Fotos: Riedel (10)

10 Soziusbetrieb: Der Höhenzuwachs der ETZ durch neuen Rahmen und 18er Hinterrad ist zu sehen.

Dipl.-Ing. BERND BAUMGARTL

ETZ 125/150 –
eine Neue aus Zschopau

Seit dem Jahr 1973 wird die TS 125/150 gebaut.
Wenn dieses Fahrzeug auch ständig durch Modellpflege weiterentwickelt wurde, so wurde die Vorstellung der ETZ 125/150 von den Anhängern im In- und Ausland längst schon erwartet. Mit dieser Neuvorstellung bleibt das Motorradwerk Zschopau seiner nunmehr über 60jährigen Motorradkonzeption treu — Motorräder mit hohem Gebrauchswert und vor allem mit absoluter Zuverlässigkeit bei geringem Wartungsaufwand zu entwickeln und zu produzieren. Mit der Typenbezeichnung ETZ 125/150 wird sofort die Verwandtschaft zu ihrer großen Schwester, der ETZ 250, deutlich.
Mit E wie Einzylinder,
T wie Teleskopgabel und
Z wie Zweitaktmotor,
die beide in ihrer Grundkonzeption vereinen, haben sie vieles gemeinsam.
Vom Entwicklungskollektiv wurde trotz hohen Standardisierungsgrads beider Motorräder großer Wert darauf gelegt, eine Familie zu schaffen, die sich nicht in ihrem Erscheinungsbild gleicht, jedoch eines gemeinsam zum Ziel haben, den MZ-Motorradfahrern in aller Welt ein Sport- und Freizeitgerät zu bieten, das den Anforderungen seiner Liebhaber gerecht wird.
Der Rahmen wurde dem der ETZ 250 weitgehend angeglichen, d. h., es wurde das gleiche Prinzip des geschweißten Kastenprofilrahmens in Brückenbauweise vorgesehen, damit können die bereits vorhandenen Fertigungseinrichtungen genutzt werden. Die Motoraufhängung wurde ebenfalls nach dem gleichen Konstruktionsprinzip der ETZ 250 elastisch ausgeführt (drehbare Lagerung in Gummi auf den Schwingendrehpunkt und Aufhängung am Zylinderdeckel über ein Gummielement).
Die zur Erhöhung der Lebensdauer generell mit Schutzbelag versehene Teleskopgabel und der Lenker mit den Bedienelementen haben ihre Funktionstüchtigkeit bzw. ihre ergonomisch richtige Auslegung tausendfach unter Beweis gestellt, so daß ihre Übernahme von vornherein konzipiert war.
Nach dem Grundsatz — ein Fahrzeug darf nur so schnell sein, wie gut seine Bremsen sind — kommt als Vorderradbremse die von MZ entwickelte und 1983 an der ETZ 250 in Serie überführte Scheibenbremse zum Einsatz.
MZ-Scheibenbremsencharakteristik: Hydraulisch betriebene Festsattelbremse mit 280 mm Bremsscheibendurchmesser, geringe Handkräfte bei guter Dosierbarkeit.
Als Wunschvariante wird natürlich die altbewährte Leichtmetallvollnabenbremse mit Graugußbremsring weiter im Angebot bleiben.
Das 16"-Hinterrad, mit dem vom Reifenwerk neu entwickelten Reifen 16 × 3,25 Profil K 16 mit wesentlich verbesserter Naßhaftung, hat ebenfalls die Trommelbremse gleicher Bauart als Fußbremse.
Das Hinterrad wird durch eine Schwinggabel geführt, dessen Federung übernehmen zwei hydraulisch gedämpfte und in ihrer Vorspannung der Belastung anzupassende Federbeine. Der Antrieb des Hinterrades erfolgt über eine Rollenkette, die in dem bewährten MZ-Kettenschutzsystem ihren Dienst versieht. Zur Vermeidung von Lastwechselstößen ist wie bei allen MZ-Typen ein Dämpfungsglied im Hinterradantrieb integriert.
Zur Erreichung der geforderten Geräuschgrenzwerte mußte der Dämpfer des Auspuffsystems in seinem Dämpfungsteil völlig neu konzipiert werden sowie, der sportlichen Linie des Motorrades Rechnung tragend, abgewinkelt gestaltet sein.
Das wesentlichste Gestaltungsmerkmal eines Motorrades ist die Einheit von Tank, Sitzbank, Seitenverkleidung und Heckpartie. Gerade diese Elemente wurden vom Gestalterkollektiv Dietel/Rudolph einer umfassenden Analyse unterworfen, woraus das für die kleine ETZ typische und bestimmende Design entstand.
Für den Gesamteindruck ebenso wichtige Elemente wie Farbgestaltung und Dekor werden an der Neuen unabhängig von ihrer großen Schwester gestaltet.
Der Kraftstoffbehälter mit einem Fassungsvermögen von 13 l garantiert einen Aktionsradius von mindestens 350 km und einen guten Handling, ob auf Straße oder im Gelände. Für das Prinzip des Ansauggeräuschdämpfers wurde im Interesse der Geräuschsenkung auf die Anordnung der ETZ 250 zurückgegriffen, lediglich mit der für die ETZ 125/150 abgestimmten Gestaltung. Analog dazu wurde die rechte Seitenverkleidung ausgelegt. Unter ihr befinden sich die vom VEB Grubenlampe Zwickau neu entwickelte Batterie (12 V 5 Ah) und das Bordwerkzeug, nebst Ersatzglühlampen.
Eine im Hinblick auf Fahrkomfort ausgelegte und in der Gestaltung verbesserte Sitzbank garantiert in Verbindung mit dem 16"-Hinterrad eine niedrige Sitzhöhe.
Den hinteren Abschluß bildet der Haltebügel des Soziusfahrers. Neu angeordnet ist die Bremsschlußlichtkontrolleuchte.

1 und 2 Seitenansicht der ETZ 125/150.
Wesentlichstes Merkmal dieser «Neuen» ist das moderne Design, mit dem für ein Motorrad der Hubraumklasse 125/150 gewünschten leichten und graziösen Äußeren.
Deutlich dominierende Gestaltungselemente sind: Tank, Seitenverkleidung und Sitzbank.
Für eine verkürzte Erscheinung zeichnet die Neugestaltung der Bremsschlußlichtkontrolleuchte-Halterung verantwortlich.

3 und 4 Dieser von der Seitenansicht erhaltene Gesamteindruck kommt ebenfalls in der Vorder- und Hinterradansicht zur Geltung

5 Detailaufnahme von der MZ-Scheibenbremse, die dem MZ-Fahrer bereits von der ETZ 250 bekannt ist

6 Lenkerpartie der neuen ETZ 150. Links ist der Drehzahlmesser und rechts der Ölvorratsbehälter für die hydraulische Betätigung der Scheibenbremse zu erkennen

7/8 Motoransicht des EM 125/150 von Lichtmaschinen- und Kupplungsseite. Einzige äußere Analogie zum EM 250: Scheibenzylinderdeckel und Dämpfungskämme zur Beherrschung der Thermik und der Geräuschemission

Die Gestaltungslinie Sitzbank — Haltebügel — Leuchtenhalter zeichnet im wesentlichen für das «kurze» Äußere der ETZ 125/150 verantwortlich — vielleicht könnte die große Schwester in diesen Belangen von der Kleinen lernen?

12-V- an Stelle der 6-V-Bordspannung und somit Übernahme der Gesamtheit der elektrischen Anlage, analog der ETZ 250, ist ein weiterer Schritt in Richtung Gebrauchswerterhöhung.

Bei weitem geringere Analogien wie am Fahrgestell gab es bei der Neukonstruktion des Motors. Hier wurde im Interesse eines geringen Kraftstoffverbrauches auf eine wesentliche Leistungssteigerung verzichtet. Um die Lebensdauer zu erhöhen, erhielt die Kurbelwelle eine verstärkte Pleuellagerung, wobei wiederum ein käfiggeführtes Nadellager zum Einsatz kommt, während die Kurbelwelle selbst in 3 Radialrillenkugellager ihren Dienst verrichtet.

Zur Einhaltung der gesetzlich vorgeschriebenen Geräuschemissionswerte wurde u. a. der Zylinder mit 4 Dämpfungskämmen aus Gummi, die bis zur letzten Rippe des Zylinderdeckels reichen, versehen. Die Kraftstoffübertragung von der Kurbelwelle zur Kupplung übernimmt wiederum eine Hülsenkette in Duplexausführung.

Die Kupplung wurde als Tellerfederkupplung ausgeführt.

Vorteile dieses Konstruktionsprinzips sind unter anderem:
— geringe Handkräfte,
— Übertragung von höheren Drehmomenten bei Beibehaltung der Grundkonzeption der Kupplung der TS 125/150 sowie
— die Tatsache, daß bei Verschleiß der Kupplungslamellen das zu übertragende Moment zunächst nicht abnimmt.

Klauengeschaltetes 5-Gang-Getriebe, neue Getriebestufungen, veränderte Festigkeitsparameter sowie eine vollkommen neue Schaltautomatik garantieren exakte, kurze Schaltwege und für jede Fahrsituation die optimale Übersetzung.

Mit einem Masse-Leistungs-Verhältnis von rund 13 kg/kW, gepaart mit einem Streckenkraftstoffverbrauch von nur 2,9 l/100 km, weist die ETZ 125/150 Spitzenwerte auf, die den wissenschaftlich-technischen Höchststand mitbestimmen.

Technische Daten		ETZ 125	ETZ 150
Motor		1-Zylinder-2-Takt	
Leistung	kW (PS)	7,5 (10)	9 (12,2)
bei Drehzahl	U/min^{-1}	6 000	6 000
Drehmoment	Nm	13	15
Bei Drehzahl	U/min^{-1}	5 300	5 300
Hub	mm	58	58
Bohrung	mm	52	56
Zahl der Gänge		5	
Primärübersetzung		2.005	
Sekundärübersetzung		3.2	3.0
Getriebeübersetzung			
1. Gang		3.833	
2. Gang		2.345	
3. Gang		1.567	
4. Gang		1.19	
5. Gang		1	
Lichtmaschine		12 V Drehstrom/14 A	
Batterie		12 V 5 Ah	
Vorn Scheibenbremse ⌀	mm	280	
Federweg v/h	mm	185/100	
Bremsen-⌀ v/h	mm	150/150	
Reifen v/h		2.75-18/3.25-16	
Rahmenbauart		Brückenrahmen	
Länge	mm	1 980	
Breite	mm	710 (Lenker) 805 (mit Spiegel)	
Höhe	mm	1 250 (mit Spiegel)	
Sitzhöhe	mm	760	
Radstand	mm	1 290	
Kraftstoffbehälterinhalt	l	13	
Leermasse fahrfertig	kg	118	
Zul. Gesamtmasse	kg	290	
Höchstgeschwindigkeit	km/h	100	105

Mit Serieneinführung der neuen Motorradgeneration von MZ, in der Hubraumklasse 125/150 cm³, wird dem Kunden ein in allen Belangen erprobtes und getestetes Motorrad angeboten. Ausdruck dafür ist eine Gesamtfahrzeugerprobung von über 750 000 km, ohne dabei spezifische Erprobungen von Einzelbaugruppen einzubeziehen. Mit dieser breiten Erprobung wurde u. a. der Nachweis erbracht, die Lebensdauer der Hauptbaugruppen anzuheben, so daß eine Grenznutzungsdauer von 45 000 km ausgewiesen werden kann.

Außer diesen Zahlen wäre noch folgendes zu vermerken:
— Das Fahrzeug ist als Standard- bzw. Luxusvariante im Angebot. Unterschiede bestehen in der Instrumenten- und Finishausstattung.
— Die ETZ 125/150 wird mit dem von der TS bekannten Zubehör lieferbar sein. Dies wird sich aber erst nach Serieneinführung in Mengen- und Variantenvielfalt entwickeln.

Am Ende der Neuvorstellung der ETZ 125/150 bleibt uns Motorradwerkern zu wünschen, daß dieses Fahrzeug den Anforderungen, vor allem den Wünschen jugendlicher Kunden entspricht.

Allzeit gute — unfallfreie Fahrt mit MZ.

Das auf den Fotos abgebildete Modell kann sich bis zur Serienfertigung in einigen Details ändern, da es sich hier um ein Erprobungsmuster handelt.

Fotos: Werkaufnahmen
Segel (8)

WOLFRAM RIEDEL

MZ ETZ 150 – Kleine mit Charme und Pfiff

Gelungene Gestaltung

Irgendwie komisch ist das schon: Da laufen seit Jahrzehnten MZ-Motorräder vom Band, und bei jedem Modellwechsel macht in den Medien die Runde, es sei wieder einmal eine neue Qualität erreicht – nicht nur in Formgestaltung und Konzept, sondern auch in den zweiradtypischen Fahreigenschaften.

Wenn man selbst zu denen gehört, die solche Urteile über Testmaschinen öfter zu Papier bringen, drängt es geradezu nach einer Art Rechtfertigung für diese oder jene Behauptung, mit der man ein neues Zweirad etikettiert. Jüngstes Beispiel: die MZ ETZ 150.

Da sich über Geschmack bekanntlich streiten läßt, hätte Zurückhaltung hinsichtlich des Designs und der Farbgestaltung ihre Berechtigung. Aber das ist die Erfahrung: Die neue kleine Maschine aus Zschopau kann die meisten Betrachter auffallend spontan fesseln. Ihre Linienführung (Formgestaltung: Dietel / Rudolph), insbesondere die des farbig lackierten Tanks und der Seitenverkleidungen links und rechts, die zuerst ins Auge fällt, ist eine gelungene Mischung aus zeitgemäßen ästhetischem Empfinden und gestalterischer Konsequenz, mit der dem Motorrad eine ganz eigene Note gegeben wurde, ohne daß damit ihre Verwandtschaft mit der 250er ETZ unterdrückt worden wäre. Im Gegenteil! Die von rationeller Standardisierung diktierte Übernahme des kompletten Vorderbaus der großen Schwester schafft sogar zwillingshafte Ähnlichkeit – wenn auch nur bis zum Steuerkopf. Alles, was danach kommt, hat eigene Note, ist eben ETZ 150, nicht 250.

Die kleine Zschopauerin wirkt ganz einfach kompakter, handlicher, wendiger; und sie ist es auch. Optisch gewinnt sie Kontur durch das kleinere 16er Hinterrad, die gestufte Sitzbank mit anschließendem «Bananentank». Das Heck spielt Sportlichkeit durch die hochgesetzte Heckleuchte ein, die in dem sehr zaghaft angewinkelten Schalldämpfer freilich leider nur andeutungsweise ihre Ergänzung findet. Man wünschte sich den Auspuff im Knick ein wenig mutiger! Ganz und gar zu artig ist – so scheint's – der hintere Kotflügelabschluß unterhalb des polizeilichen Kennzeichens ausgefallen. Da geht nun wahrhaftig «nichts los», wie man so sagt. Schade um das sonst so fesche Heck. Ein schöner Rücken kann bekanntlich auch entzücken ...

Erfüllte und offene Wünsche

Gelungener als das Triebwerk der 250er wirkt in gestalterischer Hinsicht der Motor-Getriebe-Block der ETZ 125/150. Vor allem die Kickstarterseite gefällt. Vielleicht trägt dazu sogar die für die Kupplung notwendige Ausformung bei, die einen optischen Akzent setzt. Eine ähnliche Funktion erfüllen die Dämpfungskämme aus Gummi zwischen den Zylinderrippen, die die kantige Zylinderform unterstreichen. Das MZ-Markenzeichen auf dem Gehäusedeckel und die geschwärzten Gehäusedeckel der Luxus-Ausführung runden die Sache ab.

Daß die Scheibenbremsanlage am Vorderrad nicht nur ein überaus wertvoller Sicherheitsgewinn, sondern auch ein optischer Glanzpunkt des ganzen Motorrades ist, fällt dem Betrachter sofort auf. Stören mag manchen wohl nur, daß der Nabendeckel auf der linken Seite eingespart wurde. Der knappe Vorderradkotflügel – gut geformt und ohne Streben – schafft den von jugendlichen Motorradinteressenten honorierten Freiraum für das (18er) Rad. Das sprichwörtliche «Gelbe vom Ei» zu sein, kann allerdings das Cockpit in seiner schlichten, ja schon spartanisch anmutenden Gestaltung nicht für sich in Anspruch nehmen. Bei dem, was der Fahrer gewissermaßen ständig vor Augen hat, sollte es weniger nüchtern zugehen (Zündschloßkonsole, Schaltsymbolik, Zündschlüssel).

Ehrlicherweise muß man allerdings zugeben, daß solche offenen Wünsche völlig

1 Mit dem schönen ETZ-Leichtgewicht freunden sich gewiß auch Fahrerinnen schnell an.

2 Gut ablesbar sind Drehzahlmesser (links) und Tachometer; auffälliger müßte die Blinkkontrolleuchte sein, damit sie sich gegen grelle Sonne durchsetzen kann.

dankt man wohl auch der vom kleinen 16er Hinterrad diktierten Sitzhöhe.

Und wohl dem, der die erste Bekanntschaft mit der ETZ 150 auf Straßen außerorts schließt, die schnellen Richtungswechsel fordern und überdies Höhenunterschiede bescheren. Drei Charakterstärken dieser kleinen Zschopauer Maschine fallen da sofort auf: die Handlichkeit in Form ihrer Kurvenwilligkeit bei sicherer Schräglage, die hochwirksame Bremsanlage und der temperamentvolle drehfreudige MZ-Zweitakter, der zusammen mit dem Fünfgang-Getriebe schnelles Beschleunigen zu einer selbstverständlichen Tugend dieser 150er werden läßt, auf die sich wohl jeder Fahrer immer wieder von neuem begeistert beruft.

Obgleich maximal nur 9 kW (12 PS) zur Verfügung sind, wenn der Einzylinder auf volle Touren (5800 bis 6000 U/min) gebracht wird, begleitet durchaus nicht das Gefühl, mit dieser Kraft besonders haushalten zu müssen. Dank des prima passend abgestuften Fünfgang-Getriebes geht — wenn man nur will (und darf!) — in

4 Am Zylinder wird das Triebwerk gummielastisch abgefangen. Auf diese Weise gelangen Motorvibrationen nur gedämpft in den Rahmen.

in den Hintergrund treten, sobald die Maschine erst einmal Fahrt aufnimmt. Es liegt ganz sicher nicht nur an der Sitzposition oder an der Handlichkeit dieses MZ-Leichtgewichts, daß hier umgehend Kontakt zwischen Fahrer und Maschine hergestellt ist. Im übertragenen Sinne: Die ETZ 150 bietet ihrem Piloten spontan das Du an. Dieses Gefühl der Vertrautheit — techniktypisch für alle Zschopauer Motorräder — gilt für das jüngste Pferd im MZ-Stall besonders. Hier haben Leute Maß genommen, die Wünsche der Motorradpraxis aufs Reißbrett übertragen und in Paßform umsetzen können.

Die Post geht ab

Das zeigt schon die sympathische Sitzposition mit ihrer angenehmen Distanz zum Lenker, der Griffnähe aller Schalter und die Lage von Fußrasten, Schalt- und Bremshebel: Alles im Tritt, alles im Griff. Hier gibt es keine Startphase mit Eingewöhnungsproblemen für den Fahrer. Schon nach der zweiten Kurve sind Mann und Maschine ein Paar, selbst wenn der Pilot nicht allzu groß geraten ist. Das ver-

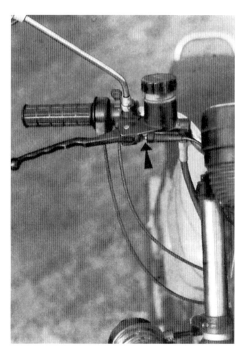

3 Der Bremslichtkontakt der Vorderradbremse in Form eines Nachlaßschalters ist direkt am Handbremshebel plaziert (Pfeil!). Darüber der Behälter für die Bremsflüssigkeit der hydraulisch arbeitenden Scheibenbremse.

fast jeder Situation «die Post ab». Der Motor hängt auffällig am Gas, reagiert umgehend auf Zugaben und baut auch das leistungsfördernde Drehzahlhoch so willig auf, daß es immer wieder Spaß macht, kraftvolle Spurts auszukosten. Gelegenheiten dazugeben auf Landstraßen vor allem Überholmanöver, die in kürzester Frist bewältigt sind. Von 0 auf 80 km/h in 12,1 s! Da spurtet Sicherheit mit!

Das maximale Drehmoment des kleinen 150er Zweitakters kann erst über stattliche 5000 U/min eingespielt werden (15 Nm bzw. 1,5 kpm). Bei einem so veranlagten Motor überrascht, was man ihm selbst bei 3000 U/min noch abverlangen kann; allerdings nicht im 5. Gang, der erst ab 60 km/h einigermaßen paßt (rund 3500 U/min).

Erstaunlich ist, welche Kletterqualitäten die Maschine in diesem Gang noch behält. Langgezogene Steigungen auf der Autobahn nimmt sie bei dieser Übersetzung noch mit Tempo 90, wenn zu Kletterbeginn mindestens 5000 U/min anliegen.

5 Bei demontiertem Kraftstoffbehälter und abgenommener Sitzbank gewinnt man einen überzeugenden Eindruck von der Stabilität des Kastenprofilrahmens.

7 Wer am Unterbrecherkontakt Handgriffe zu erledigen hat, braucht nur den kleinen runden Abschlußdeckel über der Drehstromlichtmaschine und nicht den Gehäusedeckel mit dem Kupplungsseil abzunehmen. Die neueste ETZ 150 E hat eine elektronische Zündanlage.

Soziusbetrieb beschneidet das Temperament der ETZ 150 zwar ein bißchen, aber der Fahrspaß bleibt dadurch keineswegs auf der Strecke.

Pneumant profilierter

Trotz eines nicht ganz befriedigenden Federungskomforts am Heck (das Hinterrad neigt zum Springen, wenn's holprig wird), haben sich die Fahreigenschaften der ETZ 150 — verglichen mit denen ihrer Vorgängerin TS 150 — ganz erheblich verbessert. Beiträge dazu leisten der Stabilitätszuwachs des neuen Kastenprofilrahmens und der neue Pneumant-Hinterradreifen 3.25-16 K 36, der auch bei beachtlichen Kurvenschräglagen noch kontaktfreudig mitspielt. Endlich ein Reifen mit Reife! Der Fortschritt, der bei der Profilgestaltung erreicht wurde, müßte nun noch eine Ergänzung in einer Gummiqualität geringerer Härte finden. Freilich, das ginge letztlich zu Lasten der Lebensdauer.

Anteil an den Fahreigenschaften haben die (inzwischen traditionell) großen Federwege der Teleskopgabel wie der Hinterradschwinge (185 und 105 mm). Erstmalig bietet MZ dem ETZ-Fahrer zur Federbeineinstellung «hart»/«weich» noch eine zweite Federbeinaufnahme am Schwingenarm an (hinter der Steckachse), die gewichtigeren Personen vor allem bei Soziusbetrieb ein insgesamt an-

6 Unter der Sitzbank sind der Regler (rechts oben), der Gleichrichter (Diodenplatte) und die Zündspule (Bildmitte, oben) untergebracht. Hinter dem rechten Seitendeckel haben Batterie (hier auf der Soziusfußraste stehend), Blinkgeber (erschütterungsfrei in Schaumgummi eingepackt) und Papierluftfilter ihren Platz (Abschlußdeckel der Ansauganlage abgenommen).

genehmeres Fahren sichert. In 10 Minuten kann man das Umrüsten schaffen. Behindert wird man (wie auch beim Umstellen des Knebels am rechten Federbein) leider durch die ungünstig plazierte Haltestrebe des Schalldämpfers.

Schließlich bringen die beiden Bremsen Positives in die Fahreigenschaften der kleinen MZ ein. Bei der Hinterradbremse beschränkt sich der Modellfortschritt im wesentlichen auf den Übergang zum «unelastischen» Bremsgestänge (anstelle des bisherigen Bodenzuges) und günstigere Hebelanlenkung. Der vorderen Scheibenbremse darf hingegen Lob gleich von mehreren Seiten gezollt werden: enorme Wirksamkeit bei minimaler Handkraft, gute Dosierbarkeit — und (noch einmal sei's betont) ein ganz erfreulich optischer Gewinn des gesamten Vorderbaus (wie schon bei der großen ETZ)! Da der seit vielen Jahren fällige separate Bremslichtkontakt der Vorderradbremse nun in Form eines Schaltstiftes

8 Den gestalterischen Pfiff der kleinen ETZ erkennt man auch aus dieser Perspektive. Tankform und Sitzbankstufe tragen wesentlich zum Gesamteindruck bei.

9 Das schräger angestellte Federbein verschafft in dieser Position (in der Aufnahme hinter der Steckachse) mehr Straffheit im Federungsverhalten. Bei manchen Einsatzbedingungen (Belastungsgrad der Maschine, Fahrbahnverhältnisse) erweist sich diese Einstellung als vorteilhafter. Das muß individuell «erfahren» werden.
(Alle Fotos: Riedel)

am Handbremshebel in Aktion tritt, kann sozusagen eine schon historische Forderung abgehakt werden; unverständlicherweise noch immer nicht beim Standardmodell der ETZ 150 mit Trommelbremse.

Elektrik-Reserven

Nicht immer galt bei MZ, daß sich auch das kleine Serienmodell all jener Qualitäten und technischen Raffinessen der Großen aus Zschopau rühmen konnte. Wie lange dauerte es beispielsweise, ehe die gummielastische Motoraufhängung bei der 125/150er Typenreihe realisiert wurde! Noch bei der TS 125/150 waren Rahmen und Triebwerksblock «eisern» miteinander verschraubt, und der TS-Fahrer spürte in den Knien am Tank und an den Lenkergriffen mehr Kribbeln als ihm lieb war. Technik-Rückstände jedweder Art gegenüber der 250er MZ holte die Kleine nun in Gestalt der ETZ 125/150 mit einem Ruck auf.

So arbeitet auf ihrem rechten Kurbelwellenstumpf auch eine leistungsstarke Drehstromlichtmaschine, die erlaubte, das Bordnetz auf 12 V umzustellen. Damit wurden nicht nur serienmäßig Reserven für extreme Kurzstreckeneinsätze erschlossen (stets ausreichende Batterieladung trotz der Vierleuchten-Blinkanlage und ständiger Lichtfahrt), sondern auch stabilere Verhältnisse in der gesamten E-Anlage geschaffen (klares Signalbild, helle Blinkleuchten). Übergangswiderstände an Kontaktstellen führen jetzt nicht mehr so schnell zu Komplikationen, und der ETZ-Besitzer kann sich's bedenkenlos leisten, H-4-Licht und zusätzliche Verbraucher zu installieren (einen Nebelscheinwerfer, eine Nebelschlußleuchte).

Spaß und Sparen

Daß man selbst mit einer 150er Maschine große Touren auf einen Ritt bewältigen kann, ohne am Ziel von der Sitzbank gehoben werden zu müssen, davon überzeugt ein x-beliebiges Langstreckenunternehmen mit der ETZ 150. Wer nach 600 km auf zwei Rädern noch fit zum Weiterfahren ist, der verdankt diese Kondition wohl zu einem guten Teil der Technik. Da darf man sicher nicht allein der Sitzbank Komplimente machen.
Reizvoll sind Fernreisen mit einem kleinen Motorrad schon allein wegen seiner Genügsamkeit im Kraftstoffverbrauch. Sparsame Leute, die auch zurückhaltend mit dem Gasgriff umgehen können, werden ihre ETZ 150 mit weniger als 3,5 l Kraftstoff 100 km weit bringen. Ehrgeiz in Richtung Tempo hat einen wesentlich höheren Preis. Da können auch 50 Prozent Zuschlag zustande kommen.

Richtig reisetauglich ist ein Motorrad freilich erst, wenn es mit praktischem Zubehör komplettiert werden kann.
Endlich läßt sich die MZ mit formschönen, staubdichten und wassergeschützten Seitenkoffern von Pneumant ergänzen, für die große Tour ein mehrfacher Gewinn!
Zweckmäßiges und schönes Motorradzubehör kann für Fahrvergnügen und Fahrsicherheit ganz erheblich von Vorteil sein. Oder sagen wir's so: Die Technik ist da, folge das «Drum und Dran» – attraktiv-zweckmäßige Fahrerbekleidung eingeschlossen! Ein Wunsch, den wohl alle, die mit einer ETZ aus Zschopau liebäugeln oder sich ihr bereits anvertraut haben, unterschreiben.

Teil II

VEB Fahrzeug- und Gerätewerk

„KR 50" —
eine internationale
Neuheit

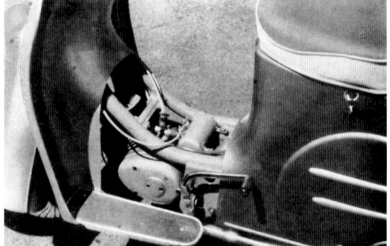

Seit einigen Monaten läuft im VEB Fahrzeug- und Gerätewerk Simson in Suhl ein neuentwickeltes Fahrzeug vom Band, der Kleinroller KR 50. Die Versuchsmuster und die Nullserie haben ihre Bewährungsprobe in den Bergen des Thüringer Waldes ausgezeichnet bestanden. Weit über 100 000 km legten die Versuchsfahrer des Werkes dabei mit dem KR 50 zurück.

Bei der Entwicklung des Fahrzeuges wurde größter Wert auf einen tadellosen Schmutzschutz gelegt. Die elegante Stahlblechverkleidung schützt vollkommen und ermöglicht die uneingeschränkte Benutzung des Kleinrollers auch bei Regentagen. In der kalten Jahreszeit nimmt die breite Vorderverkleidung zusätzlich den kalten Fahrtwind weg.

Auffallend ist der im Frontschild starr befestigte Scheinwerfer mit vorgezogenem Frontring. Eine von außen leicht bedienbare Verstellschraube ermöglicht eine genaue Einstellung des Lichtkegels. Dieser starre Scheinwerfer scheint immer mehr zu einem Charakteristikum neuer Zweiradfahrzeuge der volkseigenen Fahrzeugindustrie zu werden. Der Tachometer ist in dem hinter dem Lenker angeordneten Armaturenbrett befestigt. Der Tachoantrieb sitzt nicht mehr an der Vorderradnabe, sondern an der rechten Motorseite.

Beim Simson-Kleinroller KR 50 erfüllt sich auch der Wunsch vieler Mopedfahrer nach Fernbedienung der Starterklappe und des Vergasertupfers. Durch Ziehen am rechten Bedienknopf wird der Tupfer betätigt, und beim Herausziehen des linken Knopfes schließt sich die Starterklappe.

Sehr wichtig für ein bequemes Fahren ist neben den beiden Radfederungen der große schaumgummigepolsterte Sitz. Nach Aufklappen des Sitzes sind der Kraftstoffbehälter, das Werkzeug und die Luftpumpe zugänglich. Zur Verriegelung dient ein dem Lenkschloß gleiches Sicherheitsschloß. Eine weitere Neuheit als zusätzliche Diebstahlsicherung ist der abziehbare Benzinhahngriff. Das Abziehen ist nur in der Stellung „zu" möglich.

Das „Rückgrat" des Kleinrollers bildet ein kräftiger Doppelrohrrahmen aus nahtlosem Präzisionsstahlrohr. Motor und Kraftstoffbehälter sind in Gummi gelagert. Das mittlere Verkleidungsteil läßt sich nach dem Entriegeln von zwei Rastschiebern nach oben bequem wegnehmen. Dabei werden der Motor mit Vergaser, der Tachoantrieb und der Ansauggeräuschdämpfer zugänglich. Die Gehäusedeckel für Kupplung und Zündlichtanlage lassen sich dabei ebenfalls leicht montieren. Der stabile Rohrkippständer wird beim Wegschieben des Fahrzeuges durch eine Zugfeder hochgezogen. Die verwindungssteife Hinterradschwinge sorgt für ein angenehmes, ermüdungsfreies Fahren. Die Abfederung übernehmen 2 Schraubenfedern mit eingelegten Weichgummipuffern. Die Gummipuffer sorgen für eine progressive Federkennung und verhindern gleichzeitig das Durchschlagen der Federung bei stoßartiger Überlastung. Der Federweg beträgt 55 mm. Die Vordergabel mit der Schwingenhebelfederung wurde prinzipmäßig vom Simson-Moped SR 2 übernommen. Lediglich oberhalb des Gabelkopfes wurde die Gabel entsprechend der höheren Belastung verstärkt. Der Federweg beträgt hier etwa 50 mm. Die vorderen Schwinghebel sowie die Hinterradschwinge sind in Sintereisenbuchsen gelagert, die mit Motorenöl geschmiert werden.

Die Achsen der vom Moped SR 2 her bekannten Leichtmetall-Vollnabenbremsen wurden von 10 auf 12 mm Durchmesser verstärkt. Für das Fahrzeug ist die großvolumige Bereifung 2,50 × 16 vorgesehen.

Der bewährte Mopedmotor von 50 cm³ Hubraum wurde im Grundaufbau für den Kleinroller übernommen. Durch Veränderung der Steuerzeiten, Erhöhung des Verdichtungsverhältnisses und Vergrößerung des Ansaugquerschnittes des Vergasers wurde die Motorleistung erhöht. Bei einer Drehzahl von 5500 U/min und einem Verdichtungsverhältnis 7,5:1 leistet der Motor 2,1 PS. Damit erreicht das Fahrzeug eine Dauergeschwindigkeit von 50 km/h. Zur Verminderung des Ansauggeräusches wurde ein großer querliegender Ansauggeräuschdämpfer entwickelt.

Ebenso wurde das beim Moped bewährte Zweiganggetriebe übernommen. Der Pedalantrieb mit Freilaufeinrichtung hat jedoch einem Kickstarter Platz gemacht.

Die elektrische Anlage entspricht der des Simson-Mopeds SR 2.

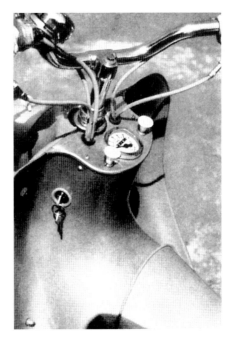

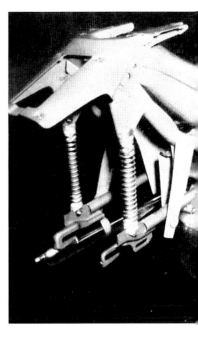

Technische Daten

Motor

Art:	Einzylinder-Zweitakt
Bohrung:	38 mm
Hub:	42 mm
Hubraum:	47,6 cm³
Verdichtung:	7,5:1
Leistung:	2,1 PS bei 5500 U/min
Kühlung:	Fahrtwind
Schmierung:	Mischungsschmierung
Kupplung:	3-Scheiben-Lamellenkupplung im Ölbad
Vergaser:	BVF-Zentralschwimmervergaser
Luftfilter:	Naßluftfilter im Ansauggeräuschdämpfer

Getriebe

Gänge:	2, Drehgriffhandschaltung
Gesamtübersetzung	1. Gang: 23,2
	2. Gang: 13,25
Antriebskette:	½″ × ³⁄₁₆″ Rollenkette, 116 Glieder

Elektrische Anlage

Schwunglichtmagnetzünder:	6 V, 18 W
Zündkerze:	M 14 – 225
Scheinwerferlampe:	Bilux 6 V 15/15 W
Signalhorn:	Wechselstromhorn

Fahrgestell

Rahmen:	geschweißter Doppelrohrrahmen
Vorderradfederung:	Kurzschwinge mit Gummielementen, Federweg 50 mm
Hinterradfederung:	Schwinge mit Schraubenfedern und Gummipuffern, Federweg 55 mm
Sitz:	Schaumgummieinzelsitz
Bremsen:	Innenbackenbremsen 90 ⌀ × 20 mm
Bereifung:	2,50 × 16 (20 × 2,25)
Radstand:	1175 mm
Bodenfreiheit:	130 mm
Sattelhöhe:	750 mm
Eigengewicht ohne Kraftstoff:	etwa 64 kg
Zulässiges Gesamtgewicht:	168 kg
Tankinhalt:	6,3 Liter, davon 0,8 Liter Reserve
Höchstgeschwindigkeit:	50 km/h
Kraftstoffverbrauch: (Straßenverbrauch)	etwa 2,5 Liter je 100 km

Simson-Sport

NEUE FAHRZEUGE DES SOZIALISTISCHEN LAGERS

Wohl ausgewogen in Form, Leistung und Wirtschaftlichkeit, repräsentiert die Simson-Sport das Viertaktmodell in klassischer Bauart. Das Rückgrat des Fahrzeuges bildet ein verwindungssteifer geschlossener Doppelrohrrahmen. Das Vorderrad wird in einer langhubigen Teleskopgabel mit 150 mm Federweg und hydraulischer Stoßdämpfung geführt. Das Hinterrad hängt in einer Schwinge, die durch Federbeine abgestützt ist. Die Federbeine wurden in der Zwischenzeit weiter verbessert. Sie besitzen jetzt doppelt wirkende hydraulische Zweikammer-Stoßdämpfer, die bei einem Federweg von 100 mm eine exakte Bodenhaftung des Hinterrades gewährleisten. Für Soziusbetrieb können die Hinterradfedern durch Umstellung der Federbeine entsprechend vorgespannt werden. Der Motor-Getriebeblock ist am Rahmen neuerdings in Gummi gelagert. Dadurch werden die Schwingungen der querlaufenden Kurbelwelle weitgehend absorbiert. Daraus ergibt sich ein höherer Fahrkomfort und außerdem eine längere Lebensdauer der schwingungsbeanspruchten Fahr- und Triebwerksteile.

Der Einzylinder-Viertaktmotor hat ein quadratisches Hub-Bohrungs-Verhältnis von 68 mm, womit sich ein Hubraum von 247 cm³ ergibt. Bei einer Verdichtung von 8 leistet der Motor 14 PS bei 6300 U/min. Die Drehmomentskurve verläuft sehr flach, wodurch sich ein gleichmäßiger Anstieg von Drehzahl und Leistung ergibt. 1,5 kpm sind ab rund 3000 U/min vorhanden. Das Maximum liegt mit 1,7 kpm bei etwa 4000 U/min. Für die Soloübersetzung entspricht das einer Fahrgeschwindigkeit von rund 70 km/h im vierten Gang. Mit Seitenwagenübersetzung ergeben die 4000 U/min etwa 60 km/h.

Der Zylinderkopf wurde neu gestaltet und hat jetzt einen Quetschkopf-Brennraum. Dadurch wird vor allem eine bessere Durchwirbelung des Kraftstoff-Luft-Gemisches erreicht. Über den gesamten Drehzahlbereich resultiert daraus eine höhere Leistung und ein geringerer Kraftstoffverbrauch. Die schräghängenden Ventile sind in V-Form angeordnet und werden über nadelgelagerte Kipphebel, Stoßstangen und Stößel von der seitlich liegenden Nockenwelle gesteuert. Der neue 25,5-mm-Hohlschiebervergaser ist um 15° geneigt am Zylinderkopf angeflanscht, so daß der Ansaugkanal nahezu geradlinig in den Verbrennungsraum führt. Die beruhigte Luft holt sich der Motor aus der Verkleidung unterhalb des Fahrersitzes. Der Luftfilter ist nach Abnehmen des Sitzes zugänglich. Geschmiert wird der Motor durch Druckumlaufschmierung. Für die Ölreinigung sorgen ein Maschendrahtsieb vor dem Ansaugstutzen der Zahnradpumpe, ein Magnetstopfen in der Ölwanne und ein Ölschleuderblech auf der Kurbelwelle. Für die Zündung sorgt ein mit Nockenwellendrehzahl laufender Magnetzünder.

Von der in Fahrtrichtung liegenden Kurbelwelle wird das Drehmoment über eine Einscheiben-Trockenkupplung zum Vierganggetriebe übertragen. Den Hinterradantrieb übernimmt ein Kardantrieb, die Welle hat am Getriebeausgang ein Gummigelenk und am Radantrieb ein nadelgelagertes Kreuzgelenk.

Technische Daten

Einzylinder-Viertaktmotor OHV
247 cm³ Hubraum
14 PS bei 6300 U/min
Einscheiben-Trockenkupplung
Vierganggetriebe
Doppelrohrrahmen geschlossen
Teleskopgabel, Hinterradschwinge
Vollnabenbremsen
Bereifung vorn 3,25–18, hinten 3,50–18
Länge 2103 mm, Radstand 1375 mm, Sitzhöhe 750 mm
Eigenmasse 156 kg
Höchstgeschwindigkeit 110 km/h

Moped SR 2 E
Kleinroller KR 50

Bei der Konstruktion ihrer Mopeds haben sich die Konstrukteure des Simson-Werkes von vornherein nicht an die sogenannte Moped-Formel gehalten, die in Westdeutschland die Höchstmasse eines Mopeds von 33 kg vorschrieb, denn diese 33 kg konnten, wie die Erfahrung inzwischen gezeigt hat, nur auf Kosten der Stabilität und Sicherheit eingehalten werden. Das Simson-Moped hat eine Eigenmasse von 50 kg, verträgt dafür aber auch härteste Beanspruchungen. Daß das Suhler Werk richtig gehandelt hat, beweisen nicht zuletzt die über 500 000 Mopeds, die sich im In- und Ausland hervorragend bewährt haben.

Das Moped hat einen kräftigen Einrohrrahmen, der als Zentralträger ausgeführt ist. Die Vorderradführung ist als Schwinghebelgabel gestaltet, wobei sich die kurzen Schwinghebel auf langhubige Schraubenfedern stützen. Die Hinterradfederung wurde beim Moped SR 2 E weiter verbessert. Eine zentrale Schraubenfeder ermöglicht der Hinterradschwinge gegenüber dem früheren Gummielement einen größeren Arbeitsweg und ein weicheres Ansprechen bei Fahrbahnunebenheiten.

Als Triebwerk dient der inzwischen hunderttausendfach erprobte Zweitaktmotor Rh 50 II. Er leistet 1,5 PS bei 5000 U/min und verleiht dem Moped eine Höchstgeschwindigkeit von 45 bis 50 km/h. Das Zweiganggetriebe wird mittels Drehgriff am Lenker geschaltet. Zur Starterleichterung wird seit einiger Zeit ein Pedal-Kickstarter eingebaut. Die Tretkurbeln greifen dabei vor dem Getriebe an und gestatten das Antreten des Motors im Stand bei eingeschaltetem Leerlauf.

Der gleiche robuste Motor, hier allerdings wie ein Motorradmotor ohne Pedal und mit Kickstarter, dient als Triebwerk für den Kleinroller KR 50. Der Kleinroller basiert in seinen Hauptelementen auf dem Moped-Prinzip, hat jedoch einen Doppelrohrrahmen und eine auf beiden Seiten durch Schraubenfedern gestützte Hinterradschwinge. Mit seiner Vollverkleidung und dem vorderen Schutzschild bietet der Kleinroller einen weitgehenden Schmutzschutz für seinen Fahrer. Der Motor hängt wie beim Moped unterhalb der tiefsten Stelle im Rahmen. Durch die tunnelförmige Gestaltung der Verkleidung kommt er auch beim Roller ohne Gebläse aus. Der Benzintank und das Werkzeug liegen unterhalb des verschließbaren Sitzkissens.

Technische Daten

Moped SR 2 E	KR 50
47,6 cm³ Hubraum	47,6 cm³ Hubraum
1,5 PS bei 5000 U/min	2,1 PS bei 5500 U/min
Ölbadkupplung, Zweiganggetriebe, Drehgriffschaltung	
Eigenmasse 50 kg	Eigenmasse 70 kg
Höchstgeschwindigkeit 45 km/h	Höchstgeschwindigkeit 50 km/h

Dipl.-Ing. H. SEYFERT

In memoriam: **Die Simson-Viertakter**

Man schreibt das Jahr 1949. Ein Anruf beordert den Chefkonstrukteur des SAG-Betriebes Simson-Suhl zum sowjetischen Werkdirektor. Verdutzt nimmt er dort den Auftrag entgegen, sofort mit der Ausarbeitung der Konzeption für ein 250-cm³-Viertaktmotorrad zu beginnen.

Es folgen schwere Tage und Wochen mit Überlegungen, Berechnungen und Vergleichen. Der Motorradbau ist für das Werk branchefremd, und es bereitet den Konstrukteuren nicht wenig Mühe, sich in die neue Materie einzuarbeiten. Fachbücher sind zunächst nicht greifbar, und selbst intensive Suche fördert sie aus Privatbibliotheken nur spärlich zutage; der größte Teil ist zudem veraltet. Doch der Elan der sowjetischen Genossen überträgt sich auf die Konstrukteure. Sie grübeln immer wieder nach neuen, besseren Lösungen. An den Reißbrettern werden heiße Diskussionen um die beste Konzeption des Motors, des Getriebes, des Fahrgestells usw. geführt. Die Konstrukteure sind sich einig: das Simson-Motorrad soll modernste Grundzüge tragen, es muß leistungsfähig und robust werden.

Harte Arbeitstage in der neu errichteten Versuchsabteilung schließen sich an. Mühsam wird Teil für Teil von Hand gefertigt. Die Zeit drängt, zum 1. Mai soll die Neukonstruktion auf den Rädern stehen. Und es wird geschafft: Am 1. Mai 1950 stehen die ersten 10 Motorräder in Reih und Glied auf dem Werkhof.

Damit beginnt die Geschichte der mehr als 200 000 Simson-Motorräder, mit denen ein gutes Blatt in der Geschichte des Motorradbaues und im besonderen des Motorradsports beschrieben wurde.

Bei der Konstruktion des Motors der AWO 425 (Awtowelo), wie diese Maschine getauft wurde, steht die BMW R 24 Pate. Die Geschlossenheit und Formschönheit dieses Fahrzeugs ließ es in seiner Klasse von jeher eine Sonderstellung einnehmen. Dennoch werden für die AWO eigene Vorstellungen geschickt mit diesem Vorbild verwoben, so daß zum Schluß eine Konstruktion entsteht, die zur damaligen Zeit mit Recht für sich das Prädikat beanspruchen kann, technisches Optimum zu sein. Außerdem gelingt es einem erfahrenen Konstrukteur, die Glattflächigkeit des Motor-Getriebe-Blocks gegenüber dem Vorbild noch um einige Grade zu verbessern.

Der hohe Drehzahlbereich, in dem der Motor arbeiten soll, erfordert einen leichten, aber steifen Ventiltrieb. Deshalb wählt man eine seitlich hochgelegte Nockenwelle. Sie erlaubt es, die biegungsanfälligen Stoßstangen zur Betätigung der hängenden Ventile relativ kurz zu halten. Kräftige nadelgelagerte Kipphebel sorgen dafür, daß die Bewegung der Nocken exakt und mit geringstem Leistungsverlust auf die beiden Ventile übertragen wird. Erstmals werden für einen serienmäßigen Tourenmotor sogenannte Haarnadelventilfedern verwendet. – Diese Federn erweisen sich beim späteren sportlichen Einsatz der Maschine als außerordentlich vorteilhaft. Ihre hohe Federkraft bei nur geringer schwingender Masse erlaubt hohe Motordrehzahlen, ohne daß der Kraftschluß im Ventiltrieb verlorengeht.

Überhaupt erweist sich der gut verrippte Zylinderkopf als eine überaus geschickte Konstruktion. Er ist in sich sehr formsteif und ermöglicht durch Leitwände zwischen den Ventilkammern eine intensive Kühlung der Zündkerze und des Brennraumes. Grundsätzlich verändert gegenüber der R 24 ist der Antrieb der Nockenwelle. Über ein Zahnradpaar wird sie von der Kurbelwelle aus angetrieben. Diese Ausführung erweist sich zwar nicht in gleichem Grade als geräuscharm wie der Kettentrieb der R 24, verhindert jedoch, daß eine verschlissene Steuerkette die Ventilzeiten verschieben und damit die Leistung mindern kann.

Für die Wahl der Zündanlage ist der Gesichtspunkt der Betriebssicherheit auch bei mangelhafter Pflege ausschlaggebend. Der teure, aber zuverlässige IKA-Magnetzünder ZS 3 wird zusammen mit einer 45-Watt-Gleichstromlichtmaschine plus Regler in einem gesonderten Elektrikgehäuse an der Stirnseite des Motors untergebracht. Das Gehäuse mit seinem formschönen Deckel schützt beide Aggregate vor Schmutz, macht sie aber doch bei evtl. Störungen leicht zugängig.

Die ersten Prüfstandläufe ergeben bereits eine Motorleistung von 12 PS. Das ist mehr, als erwartet werden konnte, und auch mehr, als in jenen Jahren zur Norm für einen 250-cm³-Motor gehört. Zur Kraftübertragung vom stabilen Kurbeltrieb auf das Vierganggetriebe dient eine Einscheiben-Trockenkupplung. Sie ist mit der Schwungscheibe des Motors kombiniert im separaten Raum zwischen Kurbelgehäuse und Getriebegehäuse untergebracht. Das ist wirklich eine „Fingerspitzenkupplung".

Beim Fahrgestell werden die konstruktiven Tendenzen berücksichtigt, die in jenen Jahren international dominieren. Zwei kräftige Doppelzüge geben dem Rahmen vorzügliche Steifheit und vor allem auch die Verwindungsfestigkeit, die für einen späteren Seitenwagenbetrieb notwendig ist. Das Hinterrad wird in einer Geradwegfederung geführt, die einen Federweg von 50 mm zuläßt. Das Vorderrad läuft in der bewährten Teleskopgabel. Beide Federungen arbeiten ohne zusätzliche Dämpfungseinrichtung.

Überraschend niedrig ist der Preis von 2550 DM, zu dem diese Maschine im Handel angeboten wird. Erfahrene Fertigungsingenieure haben hier ihre Hand im Spiel: Trotz des relativ hohen technischen Aufwands

1 Die Weiterentwicklung der AWO 425, die 425 Sport, in der ersten Ausführung.

2 Die erste Simson-Straßenrennmaschine – eine Abwandlung der AWO 425.

3 Der Motor der Simson 425 S im Schnitt.

drücken sie die notwendige Arbeitszeit zur Herstellung des Fahrzeugs auf ein erstaunliches Minimum.

Die Konstruktion der AWO 425 ist gut, doch erst in den Händen einer Vielzahl von Kunden wird sich zeigen, wo ihre Mängel und ihre Stärken liegen. Über den Kundendienst kommt das Echo bald in das Werk zurück: Der Motor ist trotz seiner hohen Literleistung thermisch strapazierfähig und ausdauernd. Die Magnetzündung erweist sich erwartungsgemäß als zuverlässig. Aber das Getriebe schaltet sich zu hart, der Nockentrieb ist zu laut, und auch die Vorderradfederung genügt nicht den Anforderungen.

An den großen ersten Sprung, die Konstruktion dieser Maschine, müssen sich jetzt die vielen kleinen Schrittchen reihen, die dem Fahrzeug die Reife geben. Die Vordergabel erhält eine wirkungsvolle Öldämpfung, die die Bodenhaftung des Rades fühlbar verbessert. In das Getriebe wird zusätzlich ein Zahnradvorgelege eingebaut, das die Drehzahl der Schalträder herabsetzt und ein geräuschloses Schalten ermöglicht. Nicht zuletzt wird die Nockenform überarbeitet. Die alten Steuerzeiten sind zwar prinzipiell beibehalten, aber die Ventilerhebungskurve wird nach modernsten Erkenntnissen ruckfrei ausgelegt. Fortan hat der Ventiltrieb die gewünschte Geräuscharmut und – was wichtiger ist – verträgt Drehzahlen, die weit über der Nenndrehzahl von 5500 U/min liegen.

Rennfahrer haben einen Instinkt für Motorräder, die sich schneller machen lassen. Es dauert nicht lange, bis auf den Rennstrecken einzelne frisierte Simson-Viertakter auftauchen und zur harten Konkurrenz für die favorisierten NSU-Renner werden. Es zeigt sich, daß dem gutmütigen Tourenmotor mit relativ geringem Aufwand PS-Zahlen zu entlocken sind, von denen seine Schöpfer nicht zu träumen gewagt hätten. Vom Werk Simson selbst werden später einige Motoren frisiert. Die Kipphebel werden in ihrer Eigenmasse auf das vertretbare Minimum gebracht, die Stößel werden erleichtert, und das Einlaßventil wird im Durchmesser um 2 mm vergrößert. Dazu kommt ein Vergaser mit 27 mm Durchlaß. Sorgfältig wird der Kurbeltrieb zentriert und ausgewuchtet. Die Frucht dieser Arbeit zeigt sich auf dem Prüfstand: 24 PS gibt dieser Stoßstangenmotor bei etwa 7500 U/min ab.

Einschneidende Änderungen sind am Fahrwerk notwendig. Kurze Lenkerstummel werden direkt an den Gabelholmen angebracht, der Tachometer muß einem Drehzahlmesser weichen, und sonst wird das Fahrgestell erleichtert, wo es angeht. Dazu kommen wirkungsvollere Bremsen und ein rennmäßig abgestufter Getriebesatz. Der Kardan bleibt serienmäßig.

So geht es 1952 zum ersten Mal unter der Werksflagge von Simson nach Rostock. Dort geht die Werks Simson als vierte Maschine über den Zielstrich, nachdem sie rundenlang geführt hatte. Ein kleiner Defekt an der Maschine kostete den sicheren Sieg. Das ist trotzdem ein schöner Erfolg und gleichzeitig Ansporn dafür, den eingeschlagenen Weg zielstrebig weiter zu verfolgen. Die Werkleitung erklärt sich bereit, über die Wintermonate bis zur nächsten Saison eine Kleinserie dieser Rennmaschine für DDR-Sportler aufzulegen. Damit wird für Privatfahrer erstmalig nach dem Kriege käuflich eine moderne Rennmaschine angeboten, die von dem kostspieligen Risiko eines Eigenbaus entbindet. Der Motorradrennsport ist damit für Zuschauer und Aktive wesentlich reizvoller geworden, denn nun werden die Kämpfe schneller Männer auf gleichwertigem Maschinenmaterial ausgetragen.

Fünf Jahre lang läuft die AWO 425 in steigender Stückzahl vom Band und schafft dem jüngsten Fahrzeugwerk der DDR ständig neue Anhänger. Doch die Technik steht nicht still. Auf dem Weltmarkt erscheinen neue Typen mit wesentlich verbesserten Fahrgestellen. Im VEB Simson ist während dieser Zeit die AWO 425 in aller Stille konstruktiv überarbeitet worden.

Das Werk hat erkannt, daß zu dem soliden Motor ein neues Fahrgestell kommen muß, wenn sich die Simson-Maschinen auch international wieder in den Vordergrund schieben sollen. Nach reiflicher Überlegung wird entschieden, daß das neue Fahrgestell hinten eine Langschwinge erhält. Als Vorderradfederung wird die bewährte Teleskopgabel zwar beibehalten, aber ihr Federweg auf beachtliche 150 mm vergrößert. Lange Druckfedern in den Gabelholmen mit flacher Kennung garantieren ein weiches Ansprechen des Rades auf kleinste Bodenunebenheiten. Zwei hydraulische Stoßdämpfer sorgen für sichere Bodenhaftung des Rades. Die Hinterradschwinge wird sehr kräftig und verwindungssteif ausgeführt. Zwei schlanke Federbeine mit eingebauten Einkammerstoßdämpfern stützen die Schwinge ab.

Die großen Federwege vorn und hinten verbieten eine Felgendimension von 19 Zoll, wie sie an der AWO 425 verwendet wird. Als Kompromiß erhält die Simson-Sport 18-Zoll-Felgen. Die Maschine wird damit tief genug und hat doch die fahrmechanischen Vorzüge, die große Laufräder bieten. Gleichzeitig werden die Bremsen umkonstruiert. Zwei kräftige Vollnabenbremsen geben dem schnellen Fahrzeug nicht nur höhere Sicherheit durch kurze Bremswege, sondern sie verbessern auch das äußere Bild der Maschine. Der schmalbrüstige Tank der AWO 425 wird durch einen formschönen Büffeltank mit einem Fassungsvermögen von 16 Litern ersetzt. Eine durchgehende gut profilierte Sitzbank rundet die äußere Linie dieses eleganten Motorrades ab.

Die Leistung des Motors wird auf 14 PS erhöht. Um trotz der gesteigerten Leistung die alte Standfestigkeit zu bewahren, werden Zylinder und Zylinderkopf umkonstruiert. Die Änderung des Zylinderkopfes auf

4 Die Simson 425 S in der letzten Ausführung.

5 Die 250-cm³-Simson RS „ausgezogen".

Rechteckform und gemeinsame Ventilkammern hat mehr den Charakter einer Schönheitsoperation. Wirklichen Nutzen in thermischer Hinsicht bringt jedoch die Umstellung des Graugußzylinders auf Aluminium-Verbundguß. Diese Zylinderart besitzt etwa das doppelte Wärmeleitvermögen des Graugußzylinders und verleiht dadurch dem Motor absolute Vollgasfestigkeit. Besonders deutlich wird die Strapazierfähigkeit des Sportmotors im Gespannbetrieb. Die guten Reisedurchschnitte, die mit diesem 250-cm³-Motor herausgefahren werden können, resultieren daraus, daß der Motor stets voll ausgefahren werden kann, ohne daß er Überhitzungserscheinungen zeigt. Ein mechanisch einwandfreier Zustand des Motors und exakte Einstellung sind selbstverständlich Voraussetzung.

Durch einen weiteren konstruktiven Eingriff wird die Lebensdauer des Sportmotors trotz größerer Belastung erheblich erhöht. Die AWO 425 hat gezeigt, daß das Pleuellager empfindlich ist gegen Verunreinigungen im Schmieröl. Der Magnetstopfen im Ölsumpf genügt allein nicht, um dem Öl alle Verunreinigungen zu entziehen. Deshalb wird zusätzlich eine Zentrifuge in Form eines Ölschleuderblechs an der vorderen Kurbelhälfte angebracht. Das dem Pleuellager zufließende Schmieröl wird vorher in das Ölschleuderblech gespritzt, das mit Kurbelwellendrehzahl umläuft. Dabei werden alle spezifisch schweren Bestandteile ausgeschleudert. Nur sauberes Öl gelangt an die Schmierstellen.

Besondere Sorgfalt wird der Filterung der Ansaugluft und der Dämpfung des Ansauggeräusches gewidmet. Der simple Luftfilter der AWO 425 weicht einem großvolumigen Dämpfungsbehälter, der mit den beiden Kästen links und rechts am Rahmen zu einer formschönen Einheit verbunden ist. Die Ansaugluft wird der staubarmen Zone unter der Sitzbank entnommen. Durch ein großes Flachfilter hindurch wird sie in den Kasten gesogen und gelangt von dort über einen schrägen Ansaugtrakt in den Motor. Die Verminderung des Ansauggeräusches ist bedeutend. Das Fahrgeräusch der Simson-Sport wird jetzt klar von dem dumpfen kräftigen Schlag des Auspuffs bestimmt.

Die Serienproduktion der Simson-Sport liefert nicht nur die Bestätigung für die ausgeprägten Vorzüge dieser Konstruktion, sondern läßt auch einige Mängel erkennen. So neigen die Federbeine nach relativ kurzer Laufzeit zum Ölen. Gleichermaßen als anfällig erweist sich die Kupplung. Funktionsmäßig widersteht sie zwar härtester Beanspruchung, jedoch wird sie bald zur Quelle eines störenden Klappergeräuschs. Weiter treten verschiedentlich Belästigungen des Fahrers durch harte Motorschwingungen auf, die zur Ursache späterer Rahmenbrüche werden.

In systematischer Versuchsarbeit werden nicht nur die erkannten Mängel ausgemerzt, sondern darüber hinaus wird stetig an der weiteren Verbesserung des Fahrzeugs gearbeitet. Zusammen mit dem Stoßdämpferwerk Hartha wird ein Zweikammerstoßdämpfer entwickelt, der nicht nur dicht bleibt, sondern auch wesentlich bessere Dämpfungseigenschaften hat. Der Auswuchtungsgrad der Triebwerksteile wird verbessert und der Motor selbst in Gummi gelagert. Große Mühe bereitet es, eine neue elastische Kupplungsscheibe serienmäßig einzuführen, doch auch das wird geschafft. Den zunehmenden Forderungen nach Verminderung des Verkehrslärms wird Rechnung getragen, indem ein neuer Schalldämpfer entwickelt wird, der den Auspuffton auf 82 Phon herabdrückt.

8

6 *Der schnelle 250-cm³-Twin mit umlaufender Steuerkette.*

7 *Der schnelle 250-cm³-Twin als Königswellenmotor.*

8 *Eine Sonderausgabe der Simson 425 S mit 350-cm³-Motor. Diese Maschinen werden als schnelle Eskortefahrzeuge bei Staatsempfängen eingesetzt.*

9 *Die erste Simson-Geländesportmaschine.*

10 *Das Herz der 350-cm³-Simson-Geländesportmaschine.*

9

10

Besonders intensiv werden die Versuche zur Leistungssteigerung des Motors vorangetrieben. Ein Ergebnis dieser Versuche ist die serienmäßige Einführung des „Quetschkopfes". Die Halbkugel des Verbrennungsraumes ist seitlich eingezogen, so daß eine ringförmige Quetschkante entsteht, der sich der Kolben bis auf wenige Zehntel Millimeter nähert. Im Zusammenwirken mit dem flachen Kolbenboden ergibt sich dadurch ein wesentlich kompakterer Verdichtungsraum mit kurzen Brennwegen. Die Folge ist eine spürbare Verringerung der Klingelneigung trotz höherer Verdichtung (8,3 : 1 gegenüber 7,2 : 1). Die Versuche lassen weiter erkennen, daß der Verbundgußzylinder thermisch die Erwartungen zwar erfüllt, daß er aber im betriebswarmen Zustand nicht genügend zylindrisch bleibt und dadurch Leistungsverlust verursacht. In mühevoller Arbeit wird der Einfluß des Aluminiumumgusses auf das Dehnverhalten des Zylinders erforscht und danach die Zylinderform überarbeitet. Das Ergebnis ist der „Sektorenzylinder", der zusammen mit einem verbesserten Kolben Leistung und Laufruhe des Motors beträchtlich verbessert. Die vorsichtige Leistungsangabe des Werkes Simson für den stärkeren Motor lautet 15,5 PS bei 6800 U/min. Es stellt sich aber bald heraus, daß eingelaufene Motoren dieser Art in der Leistung um gut 1 PS höher liegen können.

Parallel zur Entwicklung der Serienmotorräder wird in der Sportabteilung des VEB Simson an schnellen Wettbewerbsmaschinen gearbeitet. Der Bau der 15 Straßenrennmaschinen im Winterhalbjahr 1952/53 leitet eine Entwicklung ein, die von den Verantwortlichen mit großem persönlichen Einsatz vorangetrieben wird.

Der frisierte Serienmotor der AWO 425 wird bereits 1955 durch einen Doppelnockenmotor abgelöst, dessen zwei obenliegende Nockenwellen durch eine umlaufende Kette angetrieben werden. Dieser Motor gibt etwas über 28 PS ab. Später wird das Fahrwerk neu konstruiert. Das Vorderrad wird mit einer kräftigen Kurzschwinge abgefedert und das Hinterrad in einer Langschwinge geführt. Die Notwendigkeit, die Übersetzung dem Charakter der Rennstrecke anpassen zu können, erfordert die Abkehr vom Kardanantrieb. Dies wiederum zwingt zur Konstruktion eines vollkommen neuen Motors mit längslaufender Kurbelwelle. Notgedrungen müssen diese Schritte gegangen werden, denn die harte

Konkurrenz zwingt zur Abkehr von der seriennahen Rennmaschine und zum Bau kostspieliger Einzweckfahrzeuge.

Parallel zum bewährten und schnellen Einzylindermotor wird ein 250-cm³-Twin entwickelt, der mehr Leistungsausbeute verspricht und 1958 erstmalig zum Einsatz kommt. Anfangs ist der Zweizylinder mit kettengetriebenen Nockenwellen ausgerüstet, zur nächsten Saison wird er aber bereits mit Königswellenantrieb vorgestellt. Diese Variante erweist sich als sehr schnell, wenn sie zwangsläufig auch noch mit gewissen Kinderkrankheiten behaftet ist, an deren Beseitigung nach Kräften gearbeitet wird.

1958 legt ein ADMV-Beschluß fest, daß im nächsten Sportjahr Werksfahrer in den Kämpfen um die Deutsche Meisterschaft nicht mehr gewertet werden. Nach klarer Abschätzung des notwendigen Aufwandes im Verhältnis zum Nutzen für die Serienproduktion entschließt sich die Werkleitung des VEB Simson mit dem Jahre 1959 vom aktiven Straßenrennsport Abstand zu nehmen.

Die frei werdende Kapazität in der Sportabteilung des Werkes kommt den Sektionen Gelände- und Moto-Cross-Sport zugute, die nun auf breiterer Basis arbeiten können. Diese Maschinen lehnen sich konstruktiv eng an die Serienfahrzeuge an. Besonders der Moto-Cross-Sport ist seit seiner Einführung 1956 zur Domäne der starken Simson-Viertakter geworden. Ein versuchsweise eingesetzter 350-cm³-Motor auf der Basis des 250-cm³-Serienmotors zeigt überraschend gute Leistung, so daß sich das Werk entschließt, diesen Motor in größerer Stückzahl für Wettbewerbsfahrzeuge herzustellen und auch Klubfahrern käuflich zu überlassen.

Seitdem gehört dieser Motor zur festen Ausstattung für die Simson-Moto-Cross- und -Gelände-Maschinen. Die zahlreichen Ausfälle, die die drückende Begleiterscheinung der ersten Einsätze in dieser harten Sportart sind, können durch systematische Arbeit beseitigt werden. In den letzten Jahren ist die Leistungsfähigkeit und die enorme Standfestigkeit der Simson-Werksmaschinen gleichermaßen selbstverständlich wie das gepflegte Äußere, mit dem diese Maschinen im In- und Ausland an den Start und zum Erfolg gebracht werden. Bis zum Jahre 1961 entwickelt sich besonders erfreulich das Erfolgskonto der Simson-Geländefahrer. Unter dem Mannschaftskapitän Amthor wird die leistungsstarke und zuverlässige Simson zum maschinellen Kern der 6-Tage-Nationalmannschaft der DDR.

Auf Beschluß des Volkswirtschaftsrates lief im VEB Simson per 31. Dezember 1961 die Motorradproduktion aus. Die Entwicklung der Volkswirtschaft zu größerem Nutzeffekt erfordert es, die Produktion von Motorrädern in einem Werk, dem VEB Motorradwerk MZ in Zschopau, zu konzentrieren. Gleichzeitig erhält damit der VEB Simson die Möglichkeit, seine Arbeit auf die zukunftsträchtige Fahrzeugkategorie mit 50-cm³-Motoren zu konzentrieren. Es ist sicher, daß bei der erwiesenen Sportfreudigkeit des Suhler Werkes der Motorradbreitensport in dieser Klasse intensiv gefördert werden wird.

11 Die rasante 250-cm³-Simson-Crossmaschine mit vollem Speed im Gelände.

12 Lachende Sieger – das Moto-Cross-Werkstrio des VEB Simson.

Obering. EWALD DÄHN

Großserienbau von Kleinkrafträdern
30 Jahre motorisierte Zweiräder aus Suhl

Die technische Entwicklung des VEB Fahrzeug- und Jagdwaffenwerk Ernst Thälmann Suhl ist nicht zu trennen von seiner geschichtlichen Entwicklung (vgl. den Beitrag «Autos am Rande» ab S. 120). Das heutige Gesicht des Werkes wurde geprägt vom Aufbauwillen unserer sozialistischen Menschen, und es zeugt von ihrer Schaffenskraft, ihrem Fleiß und ihrer Intelligenz.

Es ist aber auch ein Zeugnis einer guten, zukunftsorientierten deutsch-sowjetischen Zusammenarbeit — waren es doch sowjetische Genossen, die vor nunmehr fast genau 30 Jahren als Leiter des damaligen SAG-Betriebes im Herbst 1948 den Auftrag zur Entwicklung und Produktion von Motorrädern erteilten. Mit welcher Initiative diese Aufgabenstellung, die dem Werk wieder eine gesicherte Perspektive versprach, in die Tat umgesetzt wurde, zeigt sich darin, daß schon 9 Monate nach der Präzisierung des Auftrages, im Juli 1949, 3 Prototypen eines 250-cm^3-Viertakt-Motorrades mit Kardanantrieb der sowjetischen Werkleitung vorgeführt werden konnten. Zum 1. Mai 1950 verließ eine Nullserie von 25 Maschinen mit der Bezeichnung AWO 425 das Montageband, 1000 waren es bis zum Jahresende. Die AWO war eines der modernsten und leistungsfähigsten Motorräder ihrer Zeit. Der Einzylinder-Viertaktmotor hatte eine Leistung von 8,8 kW (12 PS) bei 5500 U/min. Er war ein Querläufer mit angeblocktem Vierganggetriebe, mit Fußschaltung und Magnetzündung mit automatischer Zündverstellung. Besondere Sorgfalt war dem gut durchdachten eigenwilligen Zylinderkopf gewidmet. Er besaß 2 getrennte Ventilkammern, hängende Ventile, Leichtmetallstoßstangen, Haarnadelventilfedern und nadelgelagerte Kipphebel. Der Hinterradantrieb erfolgte über Kardanwelle.

Hervorzuhebende Merkmale des Fahrwerkes: Beiwagenfester Doppelrohrrahmen, Teleskopgabel, Geradweg-Hinterradfederung, Schwingsattel und 19''-Räder mit Steckachsen.

Bei der Beschäftigung mit diesem neuen Fahrzeug hatte mancher Bastler sehr schnell herausgefunden, daß sich die AWO auch ausgezeichnet frisieren ließ. Ein Ergebnis dessen war, daß schon 1951 der Zella-Mehliser Rennfahrer Jung mit einigen versierten Technikern zusammen eine rennfite AWO bei Straßenrennen mit einigem Erfolg zum Einsatz brachte. Auch im Werk formierte sich kurz darauf eine kleine Spezialistengruppe, die sich mit der Entwicklung einer weitestgehend seriennahen Rennmaschine befaßte. Die starke Anlehnung an die Serie machte es möglich, daß bereits zur Saison 1953 15 Renn-AWOs den Spitzenfahrern der Republik zur Verfügung gestellt werden konnten.

So wie die AWO 425 mehr und mehr das Straßenbild unserer Republik belebte, so wurde sie andererseits auch sehr schnell ein begehrter Exportartikel. Ihre Robustheit und sprichwörtlich gewordene Zuverlässigkeit sind noch heute den «alten Hasen» im In- und Ausland gut im Gedächtnis.

Dem zunehmenden Interesse an einem betont sportlichen Motorrad mit noch höherer Leistung entsprach der unterdessen am 1. Mai 1952 von der SMAD in Volkseigentum übergebene Betrieb Anfang 1956 mit der Produktionsaufnahme der Simson Sport (Typenbezeichnung 425S).

Schon auf den ersten Blick war zu erkennen, daß es sich hierbei um eine völlig neue Version eines 250-cm^3-Viertakt-Motorrades handelte, das vor allem fahrwerkseitig nur noch sehr wenige Gemeinsamkeiten mit dem Tourenmodell hatte. Die 425 S besaß einen äußerst stabilen und verwindungssteifen geschlossenen Doppelrohrrahmen mit Hinterradschwinge und verstellbaren hydraulisch gedämpften Federbeinen. Die Radgröße war auf 18'' reduziert und beide Räder hatten sehr wirksame aus Leichtmetall geschmiedete Vollnabenbremsen mit 180 mm $\varnothing$. Der die sportliche Note unterstreichende Kraftstoffbehälter hatte ein Fassungsvermögen von 16 l. Mit einer Motorleistung von 10,7 kW (14 PS) erreichte diese mit einem Alfer-Zylinder ausgerüstete Maschine eine Spitze von 110 km/h. Ihr Normverbrauch lag bei nur 3,7 l/100 km. Naturgemäß bildete dann die 425 S auch das Basismodell für die in der Folge eingesetzten Gelände- und, was noch dazu kam, Motocross-Maschinen. Es ist erstaunlich zu sehen, welche geringfügigen spezifischen Änderungen und Frisierarbeiten notwendig waren, um die volle Gelände- und Motocrosstauglichkeit dieser sportlichen Straßenmaschine herzustellen.

Die so erfolgreiche Simson Sport wurde in den darauffolgenden Jahren liebevoll im Detail weiterentwickelt.

Anstelle der gestuften sportlich harten Doppelsitzbank erhielt sie 2 für längere Strecken angenehmere Einzelsitze, und 1961 wurde ihre Motorleistung durch den sogenannten Sektorenzylinder, einen verbesserten Brennraum mit umlaufender Quetschkante und einer geänderten Nockenwelle auf 11,4 kW (15,5 PS) bei 6800 U/min gesteigert.

Schon kurz nachdem die Motorradproduk-

1 250-cm³-Viertakt-Motorrad AWO 425

tion in der DDR wieder eine solide Basis hatte, erkannten die Eingeweihten, daß noch eine wichtige Lücke zu schließen war. Es fehlte ein billiges, leicht zu bedienendes, sparsames Motorfahrzeug für den individuellen Kurzstreckenverkehr in Stadt und Land, das gleichermaßen von Männern und Frauen, von Jugendlichen und älteren Bürgern zu benutzen war, ein motorisiertes Fahrrad etwa, das aber so stabil gebaut sein mußte, daß es allen Anforderungen eines angestrengten Fahrbetriebes gerecht würde und dazu noch einen gewissen Sitz- und Federungskomfort aufweisen mußte, um auch schlechte Straßen und Wege mit einer Fahrgeschwindigkeit bis zu 40 km/h befahren zu können.

So entstand in bemerkenswert kurzer Zeit, entwickelt von einem begeisterten Kollektiv von versierten Motorenkonstrukteuren aus Zschopau, Fertigungstechnikern aus dem Büromaschinenwerk Sömmerda und Fahrwerkskonstrukteuren aus Suhl im Jahr 1955 das Simson-Moped SR1 mit 50-cm³-Rheinmetall-Motor Rh 50. Leistung 1,1 kW (1,5 PS)/5000 U/min.

Um die notwendige Stabilität sicher zu gewährleisten, wurde keine Gewichtsbegrenzung festgelegt. Das Rückgrat dieses zweckmäßig gestalteten Kleinfahrzeuges bildete ein kräftiger Rohrrahmen mit freiem Durchstieg.

Die Abfederung des Vorderrades sowie auch die des Hinterrades erfolgte über Gummielemente. Dazu war der großflächige Sattel zur Erhöhung des Sitzkomforts noch mit einer auf das Fahrergewicht einstellbaren Gummifederung versehen. Beide Räder hatten Trommelbremsen, die durch Handbremshebel am Lenker bzw. durch Rücktritt zu betätigen waren.

Ein handschaltbares Zweigang-Getriebe ermöglichte das Befahren von größeren Steigungen wie auch eine relativ hohe Fahrgeschwindigkeit in der Ebene. Besonders hervorzuheben ist, daß das SR 1 bereits mit einem 15/15-W-Scheinwerfer ausgestattet war.

Das Fahrzeug fand sofort hohen Anklang bei der Bevölkerung, so daß bis 1957 schon über 150 000 Mopeds dieser Ausführung ihre Besitzer gefunden hatten.

War man anfangs davon ausgegangen, daß die Sitzposition des Fahrers möglichst fahrradmäßig sein müsse, um im gegebenen Falle an Steigungen den Motor durch Mittreten unterstützen zu können, so erkannte man nun sehr schnell, daß dies auf Grund der guten Leistungscharakteristik des Motors praktisch kaum jemals notwendig war. Die Konsequenz war die Entwicklung einer Ablösetype mit kleineren Rädern und mehr motorradmäßiger Sitzposition. Dazu kamen stark verbesserte Vorder- und Hinterradfederungen, Schutzbleche mit ausgezeichnetem Schmutzschutz, eine weitgehende Abdeckung von Antriebskette und hinterer Motorpartie.

2 Simson-Sport, 250 cm³, 11,4 kW (15,5 PS)

Dieses Fahrzeug mit der Bezeichnung SR 2 (entstanden aus Simson-Rheinmetall 2) ging 1957 in Serie und wurde im Januar 1960 durch das Modell SR 2 E abgelöst mit wiederum weiterentwickelten Radfederungen, einem Gleichstromsignalhorn, modernem Tachometer und vielen weiteren technischen Vervollkommnungen. Dazu kam in den Folgejahren auch eine Steigerung der Motorleistung auf 1,3 kW (1,8 PS). Bis zu seinem Auslauf im Jahre 1964 wurden allein von diesem Modell mehr als 0,5 Mill. Fahrzeuge in Suhl produziert. Mit einem eindrucksvollen feierlichen Akt wurde am 13. September 1962 bereits das 1 000 000. Kleinfahrzeug vom Montageband genommen.

Es ist wohl kaum möglich, das Leistungsvermögen und die Qualität dieses kleinen 50-cm^3-Fahrzeuges besser zu dokumentieren, als es z. B. durch die Langstreckenfahrt des 22jährigen indischen Ingenieur-Studenten Ram Chandra Basu geschah, der im November 1956 mit einem SR 2 in Berlin startete und über Polen, die ČSSR, Österreich, Italien, die Schweiz, Frankreich, England, Holland und die BRD nach 15 000 km Fahrt, ohne nennenswerte technische Probleme gehabt zu haben, im Oktober 1957 mit voll intaktem Fahrzeug wieder nach Berlin zurückkehrte.

Noch nachhaltiger ist wohl manchem Techniker, Sport- und Toureninteressierten die Langstreckenfahrt des Dresdner Duos Rüdiger König und Wolfgang Schrader in Erinnerung, die 1960/61 mit einem SR 2 E eine Europa-Asien-Afrika-Fahrt unternahmen, die sie über mehr als 50 000 km durch 33 Länder führte. Hier wurde das Moped nicht nur mit den langen Asphaltbändern Europas fertig, es bewährte sich in Sandstürmen, im unwegsamen Gelände Asiens und Afrikas, in Sumpf und Morast, es bewährte sich bei Temperaturen von −15 °C bis zu +55 °C, und es erfüllte treu und brav seinen Dienst am Ufer des Toten Meeres in einer Höhenlage von fast 400 m unter dem Meeresspiegel bis hinauf zu Äthiopiens Höhen von über 3 000 m über dem Meere.

Der Wunsch nach optimalem Schmutzschutz für den Benutzer war Anlaß dafür, daß die Suhler Fahrzeugbauer neben dem SR 2 1958 auch noch einen rundumgeschützten Kleinroller auf den Markt brachten und damit für das 50-cm^3-Zweirad erneut einen weiteren Kundenkreis eroberten.

Dieser Kleinroller mit der Bezeichnung KR 50 hatte erstmalig keinen Pedalstarter mehr. Sein Motor wurde mit einem Kickstarter in Betrieb gesetzt. Auch er hatte ein Zweiganggetriebe mit Drehgriffschaltung. Damit auch die größten vorkommenden Straßensteigungen sicher überwunden werden konnten, war die Motorleistung des fahrtwindgekühlten

3 Moped SR 1

4 Moped SR 2 E, Baujahr 1964

Zweitaktmotors auf 1,55 kW (2,1 PS) angehoben worden.
Die Vorderradfederung entsprach der Ausführung des SR 2 mit Kurzschwinge, während das Hinterrad bereits in einer Langschwinge mit Schraubenfedern und Gummistoßdämpfern geführt wurde. Der weiche Schaumgummisitz, die gut positionierten Trittbretter und der relativ hoch angeordnete Lenker ergaben eine sehr bequeme Sitzposition, recht geeignet für den Stadt- und Nahverkehr.
Der steigenden Nachfrage Rechnung tragend, wurde daher die Produktion von anfänglich 17 000 Kleinrollern sehr schnell auf über 50 000 Stück jährlich gesteigert.
Bald zeichnete sich jedoch ab, daß trotz laufender Rationalisierung und Ausschöpfung aller Reserven Kapazitätsgrenzen gesetzt waren, die nur durch Einstellung der Motorradproduktion und absolute Spezialisierung auf die Fertigung von 50-cm³-Fahrzeugen zu überwinden sein würden.
Diese Überlegungen wurden dadurch begünstigt, daß in der Zwischenzeit im VEB MZ Zschopau ebenfalls neuentwickelte Motorradtypen der 250- und 175-cm³-Klasse mit modernen Vollschwingenfahrwerken in Produktion gegangen waren und bereits die Anläufe der Weiterentwicklung ES 250/1, ES 175/1, ES 300 und auch entsprechender 125/150-cm³-Modelle, sämtlich mit sehr hohem Standardisierungsgrad, vorbereitet wurden.
Anfang der sechziger Jahre zeichnete sich weiterhin ab, daß auch der VEB Büromaschinenwerk Sömmerda durch wachsende Aufgaben im eigenen Produktionsspektrum zu einer Produktionsbereinigung gezwungen worden würde und daß daher für die Fertigung der Mopedmotoren, sie bewegte sich immerhin bereits in einer Größenordnung von 180 000 Stück jährlich, eine andere Lösung gefunden werden mußte.
Was lag näher, als daß Simson die Aufgabe übernahm, die Motorenfertigung im eigenen Hause vorzubereiten, zumal hierfür die Fachkräfte aus der ausgelaufenen Motorradproduktion zur Verfügung standen.
Im Ergebnis dieser Umschichtungen entstand in Suhl in wenigen Jahren eine völlig neue, die zweite Generation der Mopeds

5 Kleinroller KR 50, 1,7 kW (2,3 PS) / 5500 U/min

6 Kleinroller Schwalbe – KR 51, 2,65 kW (3,6 PS)

und Mokicks, die mit dem Anlauf des KR 51 Schwalbe im Februar 1964 ihren Stapellauf hatte. Als mit dem KR 51 das erste zweisitzige 50-cm³-Fahrzeug der Öffentlichkeit vorgestellt wurde, mag mancher gelächelt haben, denn es war damals kaum vorstellbar, daß ein Fahrzeug dieser «Schnapsglasklasse» 2 Personen sicher über die Steigungen des Thüringer Waldes befördern könnte. Doch die Skepsis legte sich sehr schnell, denn der zwangsgekühlte Dreigang-Simson-Motor mit einer Leistung von 2,5 kW (3,4 PS) hatte ein kaum für möglich gehaltenes Stehvermögen. Dank des sehr wirkungsvollen Kühlgebläses konnten die Temperaturen des Leichtmetallzylinders auch an langen Steigungen in den unteren Gängen z.T. noch niedriger gehalten werden als bei normaler Vollgasfahrt in der Ebene. Bremsen und Räder waren austauschbar. Beide Räder waren mit voluminösen Bereifungen 20 × 2,75 bestückt und besaßen Steckachsen. Der Lichtaustritt des Scheinwerfers war auf 136 mm vergrößert. Erstmals war in die große Rückleuchte auch ein Stoplicht integriert.

Eine Lenkerblinkanlage erhöhte Komfort und Sicherheit. Sie, die auf der Lenkerschale angeordnete Parkleuchte und das Signalhorn wurden von einer 4,5-Ah-Batterie gespeist, die während des Fahrbetriebes durch eine Ladeanlage ständig nachgeladen wurde.

Ab Mitte 1965 war der Kleinroller auch mit Fußschaltung im Angebot und 1971 erschien eine Version mit automatischer Anfahr- und Schaltkupplung (Typ KR 51 S), bei der außerdem die Lichtleistung des Scheinwerfers bereits 25/25 W betrug.

3 Jahre später, im Frühjahr 1974, wurde die KR 51-Serie erneut um eine «Komfort-Variante» (daher die Bezeichnung KR 51 K) erweitert, deren Hauptmerkmal darin bestand, daß anstelle von Reibungsstoßdämpfern für Vorder- und Hinterradfederung hydraulische Stoßdämpfer zum Einsatz kamen, bei denen die Beständigkeit der Dämpfungscharakteristik natürlich viel besser zu gewährleisten war, als es bei Reibungsdämpfung technisch möglich ist. Sehr positiv für die Fahrt zu zweit wirkte sich außerdem die Verlängerung der Sitzbank auf 625 mm aus. Eine pastellweiße Lackierung unterstrich die besondere Note

7 Mokick Star — SR 4-2

dieses Fahrzeugs, das in der Folgezeit den größten Anteil an der KR 51-Produktion einnahm.

Von den Stationen der Weiterentwicklung des Kleinrollers verdient die systematische Qualifizierung der Motorcharakteristik besonders hervorgehoben zu werden. Im Jahre 1968 wurde diesbezüglich mit den M 53/1-Motoren ein entscheidender Schritt getan. Während die Motorleistung von 2,5 kW (3,4 PS) auf 2,65 kW (3,6 PS) stieg, konnte die zugehörige Drehzahl von bis dahin 6500 auf 5750 U/min herabgesetzt werden. Das maximale Drehmoment verbesserte sich von 3,7 Nm auf 4,7 Nm bei nur 5000 U/min. Damit wurden die Schwalbe und die anderen mit diesem Motor ausgerüsteten Typen noch elastischer, ferner anzugs- und bergfreudiger als zuvor — und dies bei deutlich verringertem Kraftstoffverbrauch.

Auf der Leipziger Frühjahrsmesse 1964 war nun nicht nur die Schwalbe als Neuerscheinung aus dem VEB Fahrzeug- und Gerätewerk Simson Suhl (so war die damalige Bezeichnung des Suhler Zweiradbetriebes) vertreten, sondern ihr zur Seite gesellten sich als weitere Neuschöpfungen einer Fahrzeugreihe, die sich später noch zu einer ganzen «Vogelserie» auswachsen

sollte, das Moped Spatz SR 4-1 und das Mokick Star SR 4-2.

Beide Typen hatten einen stabilen Rahmen, eine Kombination aus Rohr- mit Blechziehteilen.

2 Schalenhälften, die den Sitzträger bildeten, ergaben einen verhältnismäßig großen Stauraum, in welchem Werkzeug, Glühlampenkasten und Luftpumpe bequem Platz fanden.

Räder mit Bremsen, Hinterradschwinge, Kettenkapselung, Federbeine, Gepäckträger und viele weitere Bauteile waren der Schwalbe entnommen. Die Vorderradfederung des SR 4-1 entstammte dem SR 2 E.

Das SR 4-1 war ein einsitziges Fahrzeug, darauf ausgelegt, zumindest noch eine gewisse Übergangszeit mit dem Sömmerdaer Motor bestückt zu werden, als Voraussetzung dafür, daß die Motorenproduktion in Suhl kontinuierlich in einer realistischen Anlaufkurve auf die volle Stückzahl hochgezogen werden konnte. Das hierzu in verschiedenen Bauteilen leicht modifizierte Triebwerk hatte 1,47 kW (2 PS), sein Zweigang-Getriebe wurde wie beim SR 2 und KR 50 durch Drehgriff am Lenker geschaltet. Eine weitere entscheidende Neuerung bestand darin, daß dieses Fahrzeug nicht nur mit Pedalstarter (SR 4-1 P) sondern auch in einer Version mit Kickstarter und Fußrasten (SR 4-1 K) hergestellt wurde.

Es kam, wie es kommen mußte – schon nach 2 Jahren hatten auch die letzten Skeptiker erkannt, daß Pedalen an einem so leistungsstarken Fahrzeug antiquierte Überbleibsel vergangener Zeiten waren, so daß ab 1968 der Nachfrage entsprechend nur noch die Kickstartervariante produziert wurde.

Der Schlager der Vogelserie wurde das zweisitzige Mokick Star (SR 4-2), von 1964 bis 1975 hatte es über 0,5 Mill. Freunde gefunden. Mit Vollschwingenfahrwerk – die gesamte Vordergabel mit Langschwinge, Kotflügel und Lenker wurde vom KR 51 übernommen –, Flügeltank, formschlüssigem Gehäuse des feststehenden 136-mm-Scheinwerfers, bequemer Doppelsitzbank und gefälligen Abdeckungen der Vergaserpartie, der Ansauganlage und der 4,5-Ah-Batterie bot das SR 4-2 das Bild eines dem Zeitgeschmack entsprechenden Mokicks für jedermann.

Das Jahr 1964 war wohl das bis dahin erfolgreichste Jahr für Simson. Es fand seinen Höhepunkt im Gewinn der Silbervase bei der 39. Internationalen Sechstagefahrt durch die junge Geländesport-Werksmannschaft, die 1962 erstmals mit 50-cm³- und 1964 auch mit 75-cm³-GS-Maschinen in Erscheinung getreten war. Damals reichten 4,05 kW (5,5 PS) aus, um die Deutsche Meisterschaft im Motorradgeländesport der 50-cm³-Klasse zu gewinnen, und schon wenig später, im Jahre 1966, wurde fast die gleiche Leistung von einem serienmäßigen Simson-Fahrzeug, dem SR 4-3 Sperber für den zivilen Straßenverkehr geboten. 3,4 kW (4,6 PS) hatte der fahrtwindgekühlte Viergangmotor M 54 KF des Sperber, der nun das Fertigungsprogramm der 50-cm³-Fahrzeuge nach oben abrundete. Es war ein echtes kleines Motorrad mit einer Spitzengeschwindigkeit von 72 km/h.

Zur Benutzung war allerdings eine Fahrerlaubnis für Motorräder erforderlich, das Fahrzeug mußte auch ein polizeiliches Kennzeichen haben, es mußte versteuert werden und kostete natürlich auch mehr Versicherung als ein Mokick. Das waren Nachteile, die wohl so manchen Interessenten davon abgehalten haben mögen, dieses schmucke kleine Motorrad zu erwerben. Der Nachfrage entsprechend, bewegten sich seine Produktionszahlen bis zu seinem Auslauf im Jahre 1972 in einer Größenordnung von 15 000 bis 20 000 Stück jährlich.

Diese Situation änderte sich schlagartig, als man 1972 das Fahrzeug bei unverändertem Fahrwerk auf eine Höchstgeschwindigkeit von 60 km/h drosselte und unter dem Namen «Habicht» (Typenbezeichnung SR 4-4) als Mokick auf den Markt brachte. Schon 1974 war der Bedarf auf das Doppelte angestiegen.

Die Drosselung erfolgte durch Einbau des gebläsegekühlten 2,6 kW (3,6 PS)-Motors mit dem Vorzug, daß diesem das Viergang-Getriebe belassen wurde.

Einem 1970 gestarteten Versuch, das Produktionsprofil nach unten noch durch ein Mofa zu erweitern, um auch technisch wenig versierten Bürgern ein geeignetes Verkehrsmittel anbieten zu können, blieb der Erfolg versagt.

Zur Leipziger Herbstmesse 1974 überraschten die Suhler Fahrzeugbauer die Besucher der «IFA-Halle» wieder einmal mit einer Neuentwicklung, dem Mokick S 50 mit völlig neuem, betont sportlichem Gesicht, dem nur noch triebwerkseitig eine gewisse Verwandschaft mit dem SR 4 anzusehen war.

Was dieses Fahrzeug besonders auszeichnete, war die gestalterische Harmonie aller seiner Bauteile; es wirkte leicht, handlich, motorradmäßig und erfreute das Auge durch eine Palette frischer leuchtender Farben für Kraftstoffbehälter und Seitendeckel. Wichtige Funktionselemente, wie Vergaser, Zündkerze, Zündspule, waren völlig frei zugängig, die empfindlicheren Bauteile der elektrischen Anlage hingegen sowie Batterie und Werkzeug waren geschützt in einem verschließbaren Plastgehäuse untergebracht, das zugleich einen recht voluminösen Ansaugraum ergab als eine Voraussetzung für den sehr niedrigen Geräuschpegel des Fahrzeugs. Es besaß alle Attribute moderner Fahrwerkstechnik, einen kräftigen Einrohrrahmen, langhubige Teleskopgabel mit hydraulischem Endanschlag, hydraulisch gedämpfte Hinterradfederung, großen Kraftstoffbehälter, Doppelsitzbank, Schutzbleche mit Schmutzfängern. Der halbhohe Lenker mit Wickelgasgriff, Starthebel und Spiegel ergab zusammen mit der gut-

8 Geländesportmotorrad GS 50, Baujahr 1964

gepolsterten Sitzbank und den Fußrasten eine bequeme, ermüdungsfreie Sitzposition, die das S 50 auch für Langstreckenfahrt besonders geeignet machte.

Räder, Bremsen und die perfekte Kettenkapselung wurden nahezu unverändert vom SR 4 übernommen. Hervorragend gelöst war die Aufhängung des weiterentwickelten Motors. Er war auf Gummibuchsen drehbar im Anlenkpunkt der Hinterradschwinge gelagert und stützte sich mit dem Gehäuseboden über ein Gummielement an einem Rahmenausleger ab. Dadurch konnte das gesamte Fahrwerk nahezu völlig freigehalten werden von lästigen Motorvibrationen. Der Dreigangmotor war fahrtwindgekühlt und besaß hierzu entsprechend vergrößerte Kühlflächen an Zylinder und Zylinderkopf.

Durch optimale Gasführung und gute Abstimmung wurde bei verbessertem Drehmoment gegenüber dem SR 4-2 eine Verbrauchssenkung von etwa 0,5 l/100 km erreicht. Hervorzuheben ist ferner die weitere Verbesserung des Umweltschutzes durch Einführung des Mischungsverhältnisses 1:50.

Mit dem S 50 leisteten die Werktätigen des IFA-Kombinates VEB Fahrzeug- und Jagdwaffenwerk Ernst Thälmann Suhl einen guten Beitrag zum 25. Jahrestag der DDR.

Das internationale Niveau dieses Erzeugnisses wurde vom ASMW durch Verleihung einer Goldmedaille gewürdigt. Außerdem erhielt es vom Amt für Industrielle Formgestaltung das Prädikat «gestalterische Spitzenleistung».

Mit höherer Lichtleistung von 25/25 W, zusätzlichem Standlicht und Lichthupe wurde das Fahrzeug ab 2. Januar 1976 mit der Typenbezeichnung S 50 B 1 gefertigt. Es ist eine exportträchtige kleine Fünfziger, die seither auch im Ausland viele Freunde gefunden hat – z. B. in England. Dort faßte ein Mitarbeiter des «MOTOR-CYCLE» seine Eindrücke von einer Testfahrt in dem folgenden Schlußsatz zusammen:

... Jugendliche Fahrer, die für den Anfang Ausschau halten nach einem Zweiradfahrzeug, aber auch ältere Fahrer auf der Suche nach einem verläßlichen kleinen Flitzer sollten sich dieses Motorrad einmal ansehen ...

9 Kleinkraftrad Sperber – SR 4-3 mit fahrtwindgekühltem Motor, 3,38 kW (4,6 PS)

Zuverlässigkeit und technische Perfektion erreichten einen weiteren Höhepunkt, als 1977 im S 50 B 2 erstmalig in der DDR eine unterbrecherlose elektronische Zündanlage in einem Serienfahrzeug zum Einsatz kam und zugleich die Scheinwerferleistung auf 35 W erhöht wurde.

Wie überall in der DDR, so war das 30. Jahr des Bestehens unserer Republik auch für die Werktätigen des VEB Fahrzeug- und Jagdwaffenwerk Ernst Thälmann Suhl Anlaß zu besonderen Leistungen. Im Ergebnis konnten sie neben einer Stückzahlsteigerung bei der laufenden Produktion den Geburtstagstisch der Republik durch die Fertigstellung der Nullserie einer völlig neuen Motorengeneration mit den Typenbezeichnungen M 531 und M 541 bereichern.

Gleichzeitig erfolgten aber auch einige bemerkenswerte Weiterentwicklungen an den Fahrwerken des Mokick und des Kleinrollers. Mit neuem Motor und verbesserter Ausstattung erhielt das Mokick hiernach die Bezeichnung S 51 und der Kleinroller, bei dem noch weitergehende Fahrwerksänderungen vorgenommen wurden, wird seither KR 51-2 genannt. Von beiden Kategorien gibt es mehrere Varianten mit unterschiedlicher technischer Ausstattung.

Beim M 531/M 541 handelt es sich wieder um einen 50-cm^3-Zweitaktmotor mit Fahrtwindkühlung. Die Leistung wurde gegenüber M 53/1 geringfügig auf 2,7 kW (3,7 PS) angehoben, wobei jedoch die Leistungskurve im oberen Bereich steiler abfällt als beim abgelösten M 53/1, um die zulässige Höchstgeschwindigkeit des Fahrzeuges von 60 km/h sicherer als bisher zu begrenzen. Der Motor ist äußerst temperaturstabil und hat ein Ziehkeilgetriebe mit 3 und wahlweise 4 Getriebegängen und eine 4-Scheiben-Tellerfederkupplung. Er ist ausgesprochen reparaturfreundlich und langlebig. Weitere Vorteile bietet er durch geringen Kraftstoffverbrauch (8 bis 10 % niedriger als beim M 53/1) und erhöhte Umweltfreundlichkeit.

Alle Varianten des S 51 haben einen neuen Scheinwerfer in Flachform und eine veränderte Geometrie der Gestängebremse für das Hinterrad.

Wie beim S 50 so gibt es auch hier wieder eine besonders preisgünstige Ausführung **S 51 N**. Ihre spezifischen Merkmale sind: Motor mit Dreigang-Getriebe und Primärzündung, sehr einfache und daher unkomplizierte Elektrik ohne Standlicht und Blinkanlage. Gegenüber dem S 50 ist jetzt die Lichtleistung auf 25/25 W erhöht.

Nach oben, d. h. in Richtung steigenden Komfort, schließen sich an:

S 51 B 1-3: Auch hier ist wieder die Parallele gegeben zum S 50 B 1 mit Vierleuchten-Blinkanlage, Standlicht und dazu einem neuen Kombinations-Lenkerschalter nach internationalen Maßstäben, in dem alle Schaltfunktionen zusammengefaßt sind, die vom Lenker aus ausgeführt werden müssen.

S 51 B 1-4: Durch Einsatz des Motors M 541 mit Viergang-Getriebe werden Beschleunigung (Überholvorgang) und Steigfähigkeit, letztere natürlich besonders im Soziusbetrieb, nicht unerheblich verbessert.

S 51 B 2-4: Dieses Fahrzeug mit optimalem Gebrauchswert, besonders hoher Zuverlässigkeit, Sportlichkeit und Sicherheit, in «billardgrün» lackiert und mit Poliereffekten an den Seitendeckeln des Motors hat folgende hervorzuhebende Technik: Ausführung wie S 51 B 1-4, jedoch mit elektronischer Zündanlage, 35/35 W Scheinwerferleistung, Tachometer von 60 mm Durchmesser mit Blinkleuchtenkontrolle, Spiegel mit 120 mm Durchmesser, hydraulisch gedämpfte Federbeine mit sportlich offenliegenden Federn.

Zum Einbau des gebläselosen neuen Motors in den Kleinroller machten sich unfangreiche Fahrwerksänderungen erforderlich, die in der äußeren Erscheinung des KR 51/2 jedoch nur wenig zum Ausdruck kommen. Insbesondere wurde der Rahmen mit neuer Motoraufhängung steifer und schwingungsresistenter. Die Auspuffanlage wurde auf die rechte Fahrzeugseite verlegt und stört so nicht mehr beim Radausbau und beim Aufbocken des Fahrzeuges. Die Hinterradbremse erhielt eine Gestängebetätigung und ist damit jetzt bei gleichzeitig höherer Maximalverzögerung besser dosierbar.

Folgende Rollerausführungen sind nunmehr im Angebot:

— KR 51/2 N als Grundvariante entsprechend dem KR 51/1, jedoch mit Schwunglicht-Primärzünder und einer 25/25 W-Lichtleistung;

10 Mokick S 50 B

11 Das Dreimillionste

— KR 51/2 E entsprechend dem KR 51/1 K, dazu Viergang-Getriebe mit den oben beschriebenen Vorteilen;
— KR 51/2 L mit zusätzlicher elektronischer Zündung und 35/35 W Scheinwerferleistung.

Damit stehen heute für unsere Bevölkerung 7 verschiedene geschwindigkeitsbegrenzte 50-cm^3-Fahrzeuge zur Verfügung, die durch ihren unterschiedlichen Fahrzeugcharakter — Mokick bzw. Roller — und durch differenzierte Ausstattung geeignet sind, nahezu jeden Käuferwunsch zu erfüllen.

Dieser Rückblick veranschaulicht den geradlinigen Entwicklungsweg eines sozialistischen Großbetriebes während des 30jährigen Bestehens unserer DDR, des Betriebes, der im Kombinat Zweiräder verantwortlich ist für die Versorgung unserer Bevölkerung mit hochwertigen Kleinfahrzeugen, dessen Erzeugnisse höchste Qualität verkörpern und als begehrte Exportartikel ihren Weg in viele Länder der Erde nehmen.

Der Weg, den der VEB Fahrzeug- und Jagdwaffenwerk Ernst Thälmann Suhl in diesen 30 Jahren zurücklegte, ist gezeichnet von einer klaren technischen Konzeption in der Erzeugnisentwicklung und von

Tabelle: Simson-Typenübersicht (ohne AWO 425 und Simson 425 S)
Die angegebenen technischen Daten entsprechen dem Stand bei Auslauf des jeweiligen Typs

Fertigungszeitraum	Type	Motorleistung kW (PS) U/min	Verdichtungsverhältnis	Kühlung	Zündung	Gangzahl Getriebe	Schaltung mittels	Kupplung Bauart	Rahmen Bauart	Vorderradfederung mm Weg	Hinterradfederung mm Weg	Reifenabmessung	Bremsen-∅ mm	Inhalt Kraftstoffbehälter l
1955 bis 1957	Moped SR 1	1,10 (1,5) 5000	7,0	Fahrtwind	Magnet Schw.licht	2	Hand	3-Scheiben-Ölbad	Zentral. Rohrrahmen	Schwinghebel	Zentr. Gummielement	26 × 2 verst.		4,5
1957 bis 1959	Moped SR 2	1,10 (1,5) 5000	7,0	Fahrtwind	Schw.licht Magnet	2	Hand	3-Scheiben-Ölbad	Zentral. Rohrrahmen	Schwinghebel	Zentr. Gummielement	23 × 2,25		6
1958 bis 1964	Kleinroller KR 50	1,69 (2,3) 5500	9,5	Fahrtwind	Schw.licht Magnet	2	Hand	3-Scheiben-Ölbad	Doppelrohrrahmen	Kurz-Schwinge 65	Schwinge 65	2,50–16	90	6,3
1960 bis 1964	Moped SR 2E	1,32 (1,8) 5000	8,5	Fahrtwind	Schw.licht Magnet	2	Hand	3-Scheiben-Ölbad	Zentralrohrrahmen	Kurz-Schwinge 65	Zentral-Schraubenfeder	23 × 2,25	90	6,3
1964 bis 1967	Moped SR 4-1 P	1,5 (2,0) 5500	8,5	Fahrtwind	Schw.licht Magnet	2	Hand	3-Scheiben-Ölbad	Zentralrohrschalenrahmen	Kurzschwinge 72	Schwinge 72	20 × 2,75	125	8,5
1964 bis 1970	Mokick SR 4-1 K	1,69 (2,3) 5250	8,5	Fahrtwind	Schw.licht Magnet	2	Hand	3-Scheiben-Ölbad	Zentralrohr-Schalenrahmen	Kurzschwinge 72	Schwinge 85	20 × 2,75	125	8,5
1964 bis 1980	Kleinroller KR 51 KR 51/1 KR 51/1 F KR 51/1 K KR 51/1 S	2,65 (3,6) 5750		Gebläse	Schw.licht Magnet	3	(Hand) Fuß Fuß	4-Scheiben-Ölbad Automatik	Doppelrohrrahmen Doppelrohrr.	Lang-schw. 105 Lang-schw. 100	Schwinge 85 Schwinge 85	20 × 2,75 20 × 2,75	125 125	6,8 6,8
1964 bis 1975	Mokick SR 4-2 SR 4-2/1	2,5 (3,4) 5750	9,5	Gebläse	Schw.licht Magnet	3	Fuß	4-Scheiben-Ölbad	Zentralrohrschalenrahmen 105	Lang-schwinge 85	Schwinge 85	20 × 2,75	125	8,5
1966 bis 1972	Kleinkraftrad SR 4-3	3,38 (4,6) 6800	9,5	Fahrtwind	Schw.licht Magnet	4	Fuß	4-Scheiben-Ölbad	verstrebter Zentralrohrschalenrahmen	Lang-schwinge 100	Schwinge 85	20 × 2,75	125	9,3
1972 bis 1975	Mokick SR 4-4	2,5 (3,4) 5750	9,5	Gebläse	Schw.licht Magnet	4	Fuß	4-Scheiben-Ölbad	verstrebter Zentralrohrschalenrahmen	Lang-schwinge 100	Schwinge 85	20 × 2,75	125	9,3
1975 bis 1980	Mokick S 50 N	2,65 (3,6) 5500	9,5	Fahrtwind	Schw.licht Magnet	3	Fuß	4-Scheiben-Ölbad	Zentralrohrrahmen	Telegabel 130	Schwinge 85	2³/₄-16 R	125	8,7
1975	Mokick S 50 B	2,65 (3,6) 5500	9,5	Fahrtwind	Schw.licht Magnet	3	Fuß	4-Scheiben-Ölbad	Zentralrohrrahmen	Telegabel 130	Schwinge 85	2³/₄-16 R	125	9,5
1976 bis 1980	Mokick S 50 B1	2,65 (3,6) 5500	9,5	Fahrtwind	Schw.licht Magnet	3	Fuß	4-Scheiben-Ölbad	Zentralrohrrahmen	Telegabel 130	Schwinge 85	2³/₄-16 R	125	8,7
	Mokick S 50 B2	2,65 (3,6) 5500	9,5	Fahrtwind	elektronisch	3	Fuß	4-Scheiben-Ölbad	Zentralrohrrahmen	Telegabel 130	Schwinge 85	2³/₄-16 R	125	8,7
1980 bis	S 51 N	2,7 (3,7) 5500	9,2	Fahrtwind	Schw.licht Magnet	3	Fuß	4-Scheiben-Ölbad	Zentralrohrrahmen	Telegabel 130	Schwinge 85	2³/₄-16 R	125	8,7
	S 51 B1-3	2,7 (3,7) 5500	9,2	Fahrtwind	Schw.licht Magnet	3	Fuß	4-Scheiben-Ölbad	Zentralrohrrahmen	Telegabel 130	Schwinge 85	2³/₄-16 R	125	8,7
	S 51 B1-4	2,7 (3,7) 5500	9,2	Fahrtwind	Schw.licht Magnet	4	Fuß	4-Scheiben-Ölbad	Zentralrohrrahmen	Telegabel 130	Schwinge 85	2³/₄-16 R	125	8,7
	S 51 B2-4	2,7 (3,7) 5500	9,2	Fahrtwind	elektronisch	3	Fuß	4-Scheiben-Ölbad	Zentralrohrrahmen	Telegabel 130	Schwinge 85	2³/₄-16 R	125	8,7
1980 bis	Kleinroller KR 51/2 N	2,7 (3,7) 5500	9,2	Fahrtwind	Schw.licht Magnet	3	Fuß	4-Scheiben-Ölbad	Doppelrohrrahmen	Lang-schw. 105	Schwinge 85	2³/₄-16 R	125	6,8
	KR 51/2 E	2,7 (3,7) 5500	9,2	Fahrtwind	Schw.licht Magnet	4	Fuß	4-Scheiben-Ölbad	Doppelrohrrahmen	Lang-schw. 105	Schwinge 85	2³/₄-16 R	125	6,8
	KR 51/2 L	2,7 (3,7) 5500	9,2	Fahrtwind	elektronisch	4	Fuß	4-Scheiben-Ölbad	Doppelrohrrahmen	Lang-schw. 105	Schwinge 85	2³/₄-16 R	125	6,8

Anzahl der Sitze m	Licht- leistung W	Batterie V/Ah	Blink- anlage	Leer- masse kg	V_{max} km/h
1	15/15	—	—	50	45
1	15/15	—	—	50	45
1	15/15	2 Mono- zellen	—	68	50
1	15/15	2 Mono- zellen	—	53	45
1	15/15	4 Mono- zellen	—	65	50
1	15/15	4 Mono- zellen	—	68	50
2	15/15	Blei 6V/4,5A	am Lenker	80	60
2	25/25	Blei 6V/4,5A	am Lenker	80	60
2	15/15	Blei 6V/4,5A	am Lenker	73	60
2	25/25	Blei 6V/4,5A	am Lenker	80	72
2	25/25	Blei 6V/4,5A	am Lenker	79,5	60
2	15/15	4 Mono- zellen	—	73,5	60
2	15/15	Blei 6/12	4 Leuchten	78	60
2	25/25	Blei 6/12	4 Leuchten	78	60
2	35/35	Blei 6/12	4 Leuchten	78	60
2	25/25	4 Mono- zellen	—	73,5	60
2	25/25	Blei 6/12	4 Leuchten	78	60
2	25/25	Blei 6/12	4 Leuchten	78	60
2	35/35	Blei 6/12	4 Leuchten	78	60
2	25/25	Blei 6/4,5	am Lenker	80	60
2	25/25	Blei 6/4,5	am Lenker	81,5	60
2	35/35	Blei 6/4,5	am Lenker	81,5	60

konsequenten strategischen Entscheidungen in allen Fragen zum Erzeugnisprofil. Es ist ein Betrieb, der seit mehr als 25 Jahren in steter Kontinuität seine Produktionspläne erfüllt und dessen Werktätige sich für den neuen Fünfjahrplan Ziele gesetzt haben, die erkennen lassen, daß sie gewillt sind, ihre bisherigen Erfolge noch beträchtlich zu überbieten.

Fotos: Dewag Leipzig (11)
Werkfoto (10, 13)
Archiv des Autors

12 Mokick S 51 B 1-4 mit neuem Motor M 541

13 Kleinroller KR 51/2 L

W. SCHRADER

Simson-Stare im Examen

Im Mopedsattel durch Südostasien

„Viel Glück unterwegs. Laßt euch nicht von den Räubern im Chambaltal wegfangen und denkt vor allem daran: Links fahren!" Händedrücke, Winken. Dann bleiben die Kollegen unserer Handelsvertretung in Bombay zurück, und wir rollen mit unseren „Staren" die ersten Weltreisekilometer. Tiefziehende Wolken, Sturm. Die Marine drive, die Uferprachtstraße Bombays, liegt heute einsam und von Fußgängern verlassen da. Wenn eine Bö heranrast, spritzt das Wasser der Arabischen See über alle vier Fahrbahnen.

Kein sonderlich günstiges Reisewetter, aber wir können nicht mehr warten. Unsere Fahrt hat mit Verspätung angefangen, denn einige Visa waren nicht rechtzeitig erteilt worden, die Schiffspassage von Rostock nach Bombay hat länger gedauert als geplant, und die Formalitäten bei den Behörden des Hafens hatten uns zwei weitere kostbare Wochen gekostet. Schon vor einem Monat hat hier im Staate Maharaschtra der Frühjahrsmonsun begonnen. Wie aus Kannen hat es tagelang gegossen, und die Wetterberichte sprachen stets nur von weiterer Zunahme der Niederschlagsmengen. Gestern kam jedoch für Minuten einmal die Sonne heraus, und da beschlossen wir, in Eilmärschen zum rund 2000 km nördlich liegenden New Delhi zu fahren, wo es noch trocken sein soll.

Am Anfang war der Regen

Die in Bombay ohnehin nicht leichte Orientierung wird nun noch dadurch erschwert, daß wir immer wieder Umleitungen nehmen müssen, um überschwemmten Stellen der Straßen auszuweichen. Busse, durch deren Sitzreihen lehmgraues Wasser gurgelt, stehen verlassen an den Haltestellen. Von den Elendshütten in der Nähe des Flugplatzes ragen teilweise nur noch die geflickten Dächer aus dem Wasser.

Wir haben die Kapuzen der Anoraks fest zugezogen und hocken mit verbissenen Gesichtern auf den Fahrzeugen. Anfangs suchen wir noch unter Bäumen Schutz, wenn der Regen besonders arg herniederprasselt, aber nach einer Stunde Fahrt, als uns die Wasserfontänen der mit Vollgas entgegenkommenden Lastwagen auch von unten gnadenlos eingeweicht haben, nehmen wir die Geschwindigkeit um keinen Strich mehr zurück, wenn auch manchmal der Himmel einzustürzen scheint. Stunden sind vergangen. Es ist finster geworden, und wir suchen dringend einen Rastplatz. Endlich tauchen vor uns die Lichter einer Tankstelle auf. Wir holen das Zelt hervor. Freundliche Männer mit blitzenden Zähnen mahnen: „Bitte nicht rauchen!" Ach so, wir haben in der Eile unseren Palast gerade an der Stelle errichtet, wo die Behälter des Supersprits vergraben sind, und vor dem Zelteingang, als solider Befestigungspunkt für die Schnüre benutzt, ragt der Entlüftungsstutzen nach oben! Umgebaut wird aber nicht mehr, denn wir sind hundemüde. 245 km Tagesetappe sind für den Beginn eine ausreichende Leistung.

Es ist unangenehm eng und feucht im Zelt. Trotzdem sind wir bester Laune, denn heute endlich ist aus der Reisevorbereitung die Fahrt selbst geworden.

Reichlich ungewöhnlich hatte die Sache begonnen:

Als ich im Sommer 1961 von meiner Mopedtour mit Rüdiger König aus Afrika zurückgekommen war, wurde ich in der Medizinischen Akademie Dresden von Dr. Heinz Langer untersucht, dem Mann, der jetzt neben mir im Schlafsack liegt und an seiner geliebten Seemannspfeife kaut. Es war ein langer Weg von ersten, scherzhaft hingeworfenen Worten über Pläne, einjährige praktische Vorbereitung, Formulare, Verhandlungen, Impfungen, Absagen und endgültige Genehmigungen bis zum Start der Testfahrt in Bombay. Und eine Testfahrt ist es wieder. Von der Industrie wurde Material zur Verfügung gestellt, das im Hinblick auf den Export nach Südostasien unter extremen Bedingungen erprobt werden soll. Daneben wollen wir Land und Leute kennenlernen.

Hinter Agra wird es besser

Um zu den Felstempeln von Adjanta und Ellora zu kommen, müssen wir die National Highways verlassen und auf eine Nebenstraße einbiegen. Stundenweit haben wir hier die Piste für uns allein und kommen so flott voran. Allerdings habe ich mich mit dem Spritverbrauch meines Motors gehörig verschätzt, sitze 20 km vor der nächsten Tankstelle ohne Benzin da und brauche Stunden, um in ein Dorf zu kommen und mit Zeichensprache den Bauern mein Anliegen zu erläutern. Hein ist vorausgefah-

1 In den Straßen von Bombay

ren. Ich treffe ihn rein zufällig kurz vor der Tankstelle wieder, wo er mit einem Zündungsdefekt und ohne Ersatzteile festsitzt! Daraus ziehen wir die Lehre, uns in Zukunft nie mehr zu trennen und außerdem noch Ersatzbehälter mit Kraftstoff zusätzlich zum Gepäck auf die Mopeds zu schnallen.

In Adjanta und Ellora schließen wir erstmals Bekanntschaft mit altindischer Kultur. Die Anlagen von Adjanta stammen aus dem 6. bis 13. Jahrhundert und wurden von buddhistischen und hinduistischen Mönchen aus Sandstein errichtet. Die Felsentempel von Ellora sind sogar schon rund 2000 Jahre alt, wurden aber erst sehr spät wieder aufgefunden.

In der Stadt Agra hat es uns das weltbekannte Tadsch Mahal natürlich besonders angetan. Wir sitzen fast drei Stunden mit schußbereiten Kameras vor dem weißen Marmorgebäude, das Schah Jahan als Mausoleum für seine verstorbene Lieblingsfrau Mumtaz Mahal (Zierde des Palastes) errichtet hat, und warten auf Sonne. Das Wetter hat sich schon wesentlich gebessert. Eigentlich ist es nur eine winzige Wolke, die aber hartnäckig den Strahlen die Bahn versperrt. Als unsere Geduld erschöpft ist, verlassen wir die Anlage, um dann 30 Minuten später – bereits in unerreichbarer Ferne – die Kuppeln des Tadsch Mahal in der goldenen Abendsonne funkeln zu sehen.

Aber damit ist der Schlechtwetterbann gebrochen. Von nun an bleibt uns die Sonne treu, eigentlich viel zu treu, denn beim Blättern in meinem Tagebuch stoße ich oft auf unterstrichene Seufzer und auf die Zahl 45 Grad im Schatten!

Abstecher nach Kaschmir

Wir können mit den ersten Wochen zufrieden sein. Bombay hatten wir als Straßen-Neulinge verlassen, die bei Gegenverkehr das Gas wegnahmen, nach einer indischen Straßenverkehrsordnung fragten, streng links fuhren und dachten, die Straßen seien für die Kraftfahrzeuge da. In New Delhi kommen wir an als leicht zerschrammte, aber fröhliche, bärtige und vor allem wissende „Herren der Landstraße". Wir wissen nun schon, daß auf indischen Straßen immer der recht hat, unter dessen Motorhaube die meisten PS stecken, daß die Wege in erster Linie für Kühe und Bauern da sind, daß nur Geduld und eine starke Hupe Schneisen durch das Gewimmel der Großstadtgassen bahnen können, daß es in jedem großen Dorf ein billiges Rasthaus gibt, daß die Menschen neugierig und freundlich sind, daß Brot „Tschapatti" heißt und Bett „Tschapei" und daß der Reis grundsätzlich mit den Fingern gegessen wird.

Wir fühlen uns so sicher, daß wir alle Warnungen, die von Steilanstiegen und zerstörten Straßen sprechen, in den Wind schlagen und – nachdem wir uns in New Delhi einigermaßen restauriert haben – eines Tages zu einem Abstecher nach Kaschmir aufbrechen.

Chandigarh, die neue Hauptstadt des indischen Staates Pandschab, der „Ort des 21. Jahrhunderts", liegt an unserem Weg. Wir besuchen ebenfalls den Bhakra-Staudamm mit der höchsten Staumauer der Erde, die danebenliegende Düngemittelfabrik und die Anlage zur Herstellung schweren Wassers.

Aber eine Tagesetappe hinter Jammu wird es dann ernst. Die Straße, die sich über mehr als 100 km Länge durch wilde Gebirgstäler und über schroffe Bergrücken windet, ist an einigen Stellen vollkommen verschwunden. Erdrutsche, ausgelöst durch Gewitterregen, haben mit den zu Tal gehenden Fels- und Erdmassen die mühsam angelegte Piste hinweggerissen.

Zweitausend Arbeiter sind dabei, diese einzige Verbindung zur Hauptstadt Kaschmirs wieder befahrbar zu machen. Mit äußerster Vorsicht werden die vollbeladenen Lastwagen und Überlandbusse durch die ausgefahrenen Spuren der Baustellen gelotst. Dichter Staub hüllt die wartenden Fahrzeuge ein, deren Schlangen vor manchen Engstellen schon an die 5 km lang sein mögen. Der Linienbus Jammu–Srinagar hatte hier über einen Tag Verspätung, erfahren wir im Gespräch mit seinem Schaffner. Unseren Mopeds machen die Bauarbeiten nicht viel aus. Meistens finden wir Lücken, um uns nach vorn durchschlängeln zu können. Allerdings ist gewisse Vorsicht geboten, damit wir nicht zu nahe an den Pistenrand geraten, denn stellenweise geht es bis zu 500 m steil in die Tiefe, und Geländer existieren natürlich nicht.

Immer im Abstand von einigen Kilometern müssen wir anhalten, um den Staub von den Gläsern der Sonnenbrillen zu wischen. Die Sonne brennt mit mörderischer Glut vom wolkenlosen Himmel, und auch wenn wir uns an einer Quelle einmal ordentlich satttrinken können, hält die Erfrischung nur für kurze Zeit vor.

Im Jawahir-Tunnel, der in 2100 m Höhe das Gebirgsmassiv durchsticht, wird es zwar angenehm kühl, aber der Lehmboden ist durch Sickerwasser zu einer tückischen Rutschbahn geworden, die wir in halsbrecherischem Tempo passieren müssen, weil wir jetzt mitten in einem Lastwagen-Konvoi stecken, der sich vor der Einfahrt angesammelt hatte. Mit ohrenbetäubendem Hupen treiben die Hintermänner zur Eile an.

2 Überall finden wir herzliche Gastfreundschaft

Srinagar, das „Venedig des Ostens", entschädigt uns dafür durch seine paradiesische Landschaft zwischen Seen und ringsum aufragenden hohen Bergen. Mister N. P. Kachru, ein bekannter indischer Maler, ist unser aufmerksamer Wirt und Fremdenführer. Mit einem schmalen Boot durchstreifen wir tagelang die Kanäle, die die Stadt durchziehen und an deren Ufern Hunderte von Hausbooten liegen, die den vielen Touristen originelle und komfortable Unterkunft bieten.

Ungetrübt vergeht die Zeit. Jeden Tag bereitet man uns in der Küche neue Leckerbissen. Wir kosten Reis in verschiedenster Zubereitung, Fleisch, Fisch und Dutzende Sorten von Gemüse. Kaum haben wir uns an den Geschmack unbekannter Süßigkeiten gewöhnt, da treibt uns ein anderes Gericht mit Pfeffer und Curry die Tränen in die Augen. Viele der Speisen – so fremd Aussehen, Geruch und Geschmack auch sind – finden unsere Zustimmung. Aber an ein Gewürz im Fleisch, das durchdringend nach Pfefferkuchen schmeckt, können wir uns nicht gewöhnen. Wir versuchen, unserem Gastgeber, seiner Frau und seinen zwei Brüdern klarzumachen, daß wir gern auf diese Zutat verzichten würden. Aber was meinen wir denn eigentlich? Wir kennen den Namen natürlich nicht, und für gastronomische Fachgespräche reichen die englischen Vokabeln auf beiden Seiten nicht aus. Betretenes Schweigen. Schließlich flitzt einer der Jungen in die Küche und bringt Schüsseln, Töpfchen und Beutel mit dutzenderlei Samen, Kräutern und Pulvern angeschleppt. Wir kosten der Reihe nach. Bald haben wir es ermittelt: Sira heißt der Sünder. Alles lacht befreit, und der Hausfrieden ist wieder hergestellt.

Beulen am Tank

Zweimal haben wir in Kaschmir die Mopeds für einige Tage in Garagen untergestellt und sind mit Rucksack und Zelt zu Fuß in die Berge des Himalaya gezogen. Der erste Trip führt uns zum Rohtangpaß, rund 4000 m hoch, der zweite auf 3600 m Höhe zum Cheeschnagsee. Anstrengend und ungewohnt ist für uns die Fortbewegung „per pedes", aber wir nehmen die Strapazen gern in Kauf – als Training für Nepal, unser nächstes Land. Wir haben es eilig, in das legendäre Königreich der Götter und des ewigen Schnees zu kommen, aber die Kilometerzahlen auf unseren Tachos nehmen nur langsam zu.

Zunächst fesselt uns für einige Tage Khajuraho, die Stadt der 2000 Tempel. Um die vielgestaltigen Reliefs mit den Szenen indischen Alltagslebens fotografieren zu können, müssen wir uns als Fassadenkletterer in luftiger Höhe von Figur zu Figur schwingen und die Kameras in artistischen Verrenkungen zum Schuß bringen.

Allahabad, die Geburtsstadt Gandhis, die Stadt, von der wesentliche Impulse für den Kampf Indiens gegen die Kolonialmacht England ausgegangen sind, interessiert uns ebenso wie die heilige Stadt Benares am Zusammenfluß von Jamuna und Ganges. Die alten Viertel von Benares kann man nur zu Fuß erreichen. Die Gassen sind eng, dunkel und riechen nach Rauch und Gewürzen. Alle Wege senken sich und enden an den Ghats, den Badestellen des Ganges. Hunderte, ja Tau-

3 Chandigarh, der „Ort des 21. Jahrhunderts"

4 Khajuraho – Stadt der 2000 Tempel

5 Straßenszene in Allahabad

sende von Menschen ziehen täglich zum Fluß, um hier ihre Bäder zu nehmen. Der Wunsch aller strenggläubigen Hindus ist es, in Benares zu sterben und auf den Krematoriumsplätzen am Ganges verbrannt zu werden. Hoch lodern die Flammen der Holzstöße auf, und wenn die Glut dann zusammengefallen ist, wird die verbleibende Asche von den Angehörigen des Verstorbenen unter feierlichen Zeremonien in die Fluten versenkt.

Am anderen Ufer gegenüber von Benares liegt Sarnath, das Zentrum der indischen Buddhisten. Auch Nepal hat großen Anteil an der buddhistischen Weltbewegung, in diesem Land wurde Buddha geboren.

Unsere Gedanken eilen den Mopeds ständig voraus. Viel haben wir schon von Nepal gehört, das sich noch fast unberührt vom Fremden-

6 Srinager, das „Venedig des Ostens"

verkehrstrubel präsentieren soll, weil die Landesgrenzen sich den ausländischen Touristen erst vor 15 Jahren geöffnet haben. Wir hätten auch noch heute abend die indisch-nepalesische Grenze in Raxaul erreicht, wenn nicht ein Lastwagen zu schnell gefahren wäre. Die meisten indischen Straßen sind gut trassiert und mit einer Asphaltdecke versehen. Sie ist allerdings oft so schmal, daß nur ein Fahrzeug Platz hat und der Gegenverkehr gezwungen ist, auf das Bankett auszuweichen. Die Busse und Lastwagen – zum größten Teil gefahren von Sikhs, den Männern mit Bart und Turban, Mitgliedern einer Kaste, aus der sich früher die indischen Krieger rekrutierten – deuten auch meist ein Ausscheren an, wenn wir entgegenrollen.

Diesmal jedoch zog der Fahrer seinen Zehntonner wieder zur Straßenmitte, bevor er ganz an mir vorbei war. Ich mußte auf knochenharten, tief zerfurchten Lehm ausweichen ...

Als ich wieder zu mir komme, haben hilfsbereite Bauern mich am Straßenrand unter einen Baum gelegt, das noch laufende Moped zur Seite gezerrt und starren Hein an, der sich bemüht, mit Stopfnadel und Sternzwirn eine klaffende Hautwunde an meinem Kinn zu nähen. Glücklicherweise ist der Gesamtschaden nicht zu groß: Rippenprellungen, Gehirnerschütterung und ein fehlender Zahn. Das Moped scheint schlimmer zugerichtet: Lenker verbogen, Fußrasten krumm, Schutzbleche verschrammt und Beulen am Tank. Aber auch hier wirkt – nachdem ich einige Tage im Bett verbracht habe – ein kräftiger Hammer wahre Wunder, und bald können wir tatsächlich zum nächsten Ziel unserer Reise aufbrechen.

Ferien von der Landstraße

Das Leben eines weltreisenden Mopedfahrers bringt – so interessant der ständige Szenenwechsel und die dauernde Luftveränderung auch sein mögen – doch jeden Tag, ja jede Stunde eine Unzahl wichtiger und unwichtiger Probleme, die umgehend gelöst werden müssen, so daß wir aus der Nervenanspannung und Unrast eigentlich nie herauskommen. Deshalb wollen wir einmal die Mopeds für längere Zeit verlassen, um richtige Ferien von der Landstraße einzuschieben. Nepal, das Land, das nur durch eine einzige Fernstraße mit seinen Nachbarstaaten verbunden ist und auch im Inneren nur wenige Kilometer lange Andeutungen von Autostraßen besitzt, scheint unserem Vorhaben in idealer Weise entgegenzukommen.

Was die fehlenden Straßen betrifft, stimmen unsere Prognosen sehr genau, aber unsere „Erholung" sieht dann so aus, daß wir, nach 11 Tagen von einem 230 km langen Fußmarsch wieder in die Hauptstadt Kathmandu zurückkehrend, uns glücklich preisen, erneut die Mopeds zur Fortbewegung benützen zu können. Das Aufsteigen bereitet gewisse Schwierigkeiten, denn Blasen, Muskelkater, Verstauchungen und die Nachwirkungen der Bergkrankheit haben uns so mitgenommen, daß wir Mühe haben, die Fahrzeuge überhaupt in Gang zu bringen. Aber wenn die Stare einmal „fliegen", sind wir gerettet.

Und dabei war das, was wir in Nepal gesehen und erlebt haben, so eindrucksvoll, daß heute, wo die Erinnerung an die Strapazen verblaßt ist, Nepal unter den großen Ereignissen der Fahrt an erster Stelle rangiert. Um zur Hauptstadt Kathmandu zu kommen, mußten wir tagelang über die neugebaute, Tribhuwan Rajpath genannte Straße durch die Vorgebirge des Himalaya fahren. Wenn wir uns bei Sonnenaufgang aus unseren bewährten Schlafsäcken schälten und aus dem Zelt blickten,

lag vor uns bis zum Horizont eine funkelnde Kette steiler Grate und Gipfel. In Kathmandu hatten wir durch Vermittlung von Bekannten in einer Zelle des buddhistischen Klosters auf dem Lotoshügel unser Quartier aufschlagen können. Das Mobiliar war zwar spärlich – ein Tisch, ein Stuhl und zwei ungepolsterte Holzpritschen –, auch wurden wir regelmäßig gegen 4 Uhr früh durch den Singsang der betenden Mönche geweckt, und die Scharen von Äffchen, die frei im Klosterpark herumsprangen, hatten mehrfach versucht, unsere Wäsche von der Leine zu nehmen, aber nirgendwo auf der Reise hatten wir so unmittelbaren Kontakt mit Menschen und Bräuchen wie hier. Neben Besuchen bei Rundfunk und Zeitungen, neben Bekanntschaften mit einflußreichen Kaufleuten und Volkskünstlern hatte Hein Verbindungen zum Ärzteverband angeknüpft und war zur nächsten Jahrestagung als Gast geladen worden.

Kühe haben Vorfahrt

Unsere Mopeds rollen schon seit Tagen südwärts. In diesen fruchtbaren Gebieten folgt ein Ort auf den anderen.
In einem Reisehandbuch, das mit Zustimmung des indischen Informationsministeriums herausgegeben wurde, befindet sich im Kapitel über Südostindien folgende bemerkenswerte Stelle: „In den Dörfern spielt sich alles Leben auf den Straßen ab. Fahren Sie langsam, denn die Bauern denken hier nicht in Zeiträumen von Sekunden oder Minuten, sondern in Größenordnungen von Jahren."

Wir können dem Autor dieses Fremdenführers wirklich aus ganzem Herzen zustimmen, denn so langsam wie hier sind wir sonst nirgends mehr vorangekommen. An einem Tage schaffen wir jetzt kaum mehr als 200 km, obwohl wir vom ersten Morgensonnenstrahl bis zum letzten Abendschein im Sattel sitzen. Wehmütig denken wir an die Fahrt von Nepal nach Kalkutta, bei der wir mit 470 km den absoluten Tagesrekord der ganzen Reise aufstellten. Freilich hatten wir es dort auch besonders eilig, denn durch unsere Abstecher in die Berge waren wir gegenüber unserem Zeitplan erheblich in Verzug geraten und waren nun seit rund einem Vierteljahr ohne Post von daheim. Auf unserer Vertretung in der 8-Millionen-Stadt Kalkutta konnten wir dann auch fast 100 Briefe, Karten, Telegramme, Pakete und Päckchen aus der Heimat in Empfang nehmen.

Unsere Hochstimmung von damals ist inzwischen etwas gedämpft worden. Die Zahl unserer Stürze ist auf über ein Dutzend geklettert. Heins Lenker ist so verbogen, daß ich befürchten muß, das gute Stück beim Ausrichten abzubrechen, und ihn deshalb lieber krumm lasse. Ich habe Schwierigkeiten beim Schalten, denn meine linke Fußraste ist abgebro-

8 Unterwegs in Nepal

9 Das Hochlandklima zeichnet die Gesichter der Menschen

chen. Unsere aufgeschlagenen Knie und Ellenbogen scheinen überhaupt nicht mehr abheilen zu können, denn kaum sind die ärgsten Schmerzen vorüber, kommt wieder eine Kuh, die eben noch im Gebüsch friedlich geschlafen hatte, im Sprinttempo auf die Straße geschossen und rennt uns um. Bis zu drei solcher Zusammenstöße haben wir täglich zu überstehen.

Die Bauern sind es gewohnt, erst dann die Straße zu räumen, wenn hinter ihnen ohrenbetäubender Radau beginnt. Der Ton einer Mopedhupe geht im Grundgeräusch der Ortschaften einfach unter. Wir pflegen deshalb im Schrittempo an die Hindernisse heranzufahren, um dann mit gezogener Kupplung und Vollgas durch den aufheulenden Motor auf uns aufmerksam zu machen. Freilich sind die Reaktionen sehr unterschiedlich, und manchmal springen die Passanten in ihrem panischen Schrecken – wenn sie sich vor dem ersten Moped in Sicherheit bringen wollen – genau dem zweiten Moped vor die Räder.

Einmal – die Hitze und das magere Frühstück mögen dazu beigetragen haben – gehen uns die Nerven durch, und wir zeigen einem Manne, der rückwärts auf die Straße gelaufen war, mit aller Inbrunst unserer gequälten Seelen den Vogel. Das Ergebnis ist verblüffend: Das Gesicht unseres Widersachers hellt sich schlagartig auf, er erhebt sich aus dem Staub und kommt mit ausgebreiteten Händen auf uns zu. Wir haben mit dem Heranführen der Hände an den Kopf einen ehrerbietigen indischen Gruß gebraucht!

Weihnachten unter Palmen

Die Zeit, die wir bisher so großzügig ausgegeben haben, um Neues und Fremdes zu sehen, wird uns nun doch sehr knapp. In rund drei Wochen schon wird unser Schiff gehen, das uns nach Malaysia bringen soll, und noch steht ganz Südindien auf unserem Programm.

Am 24. Dezember feiern wir in der Handelsvertretung Madras das Weihnachtsfest unter Palmen, und Hein wird von allen Seiten wegen seiner durchschlagenden Erfolge als Weihnachtsmann beglückwünscht. Am ersten Feiertag aber sitzen wir schon wieder auf den Mopeds. Goa, die frühere portugiesische Kolonie, das Kleinod an der Westküste Indiens, ist unser Ziel. Am 20. 12. 1961 wurde dieses Territorium von den Portugiesen geräumt und der indischen Zentralregierung unterstellt. Die Erträge der unermeßlich reichen Erzvorkommen fließen nun Indien zu. Pläne zur Anlage von Stahlwerken, die das Antlitz der Landschaft ändern werden, sind ausgearbeitet. Augenblicklich wird das Bild Goas jedoch noch von Palmen, Kanälen und katholischen Kirchen bestimmt. Kerala, der indische Staat mit dem geringsten Prozentsatz von Analphabeten, der Staat, der schon zweimal von kommunistischen Regierungen verwaltet wurde, liegt vor uns. Kokospalmenhaine säumen die Straßen und zeigen dem Fremden den Reichtum des Landes. Kaffee und Tee gedeihen in den Höhenlagen der Mittelgebirge. Die vielen Häfen der Malabarküste dienen der Verschiffung indischer Güter in alle Welt. Am bekanntesten ist Cochin.

Wir warten mit unseren Mopeds an der Hafeneinfahrt und verfolgen die Tanker und Frachtschiffe, die in majestätischer Ruhe an uns vorbeiziehen. Gegen Abend kommt ein Schiff, dessen Konturen mit den Mittschiffsaufbauten und dem Mastenwald auch international unverwechselbar ist. Es ist ein Schiff vom Typ 4 der Deutschen Seereederei Rostock. Allein diese Tatsache hätte uns schon freudig stimmen können, denn sie bedeutet gutes Bier und heimatliche Küche mit Kartoffeln und Schwarzbrot. Daß dieses Schiff „Freundschaft" heißt und Hein als Schiffsarzt ein Jahr lang zu seiner Besatzung gehört hat, erhöht unser Wohlbehagen weiter, und daß wir heute gar noch den 31. Dezember 1965 haben und nun unter Landsleuten Silvester feiern können, stellt natürlich den Gipfel allen Mopedweltreisekomforts dar. Die Bowle übertrifft dann auch alle Erwartungen. Noch drei Tage später, als wir längst wieder Festland unter den Füßen haben, glauben wir immer noch leicht hin und her zu schwanken, wenn wir nicht im Sattel sitzen.

10 Kilometerlange Serpentinenschleifen führen ins Tal

11 Unsere Mopeds erregen überall Aufmerksamkeit

Selamat datang

„Selamat datang! Malaysia, das Wunderland Asiens, das Land des Sonnenscheins, der Feste und der Farben heißt Sie willkommen." Der Übergang ist fast zu abrupt. Wir haben uns nach bald sechsmonatigem Aufenthalt recht gut an das gemächliche indische Tempo gewöhnt. Auch die sechs Tage auf der „State of Madras", die uns nach Malaysia gebracht hat, sind geruhsam verflossen, doch als wir jetzt die Hafentore passieren und mit unseren Mopeds durch die Straßen von Georgetown rollen, nehmen uns die auf uns einstürzenden Eindrücke fast den Atem: Dichte, nie abreißende Reihen chromblitzender Luxusautomobile, bunt quirlende Fußgängerströme zu beiden Seiten der oft mehrspurigen Fahrbahnen, Plakate mit schreienden Farben, haushohe Werbetexte, in den Geschäften Radios und Kameras japanischer und europäischer Produktion, Bananen, Ananas, Weintrauben und andere, uns unbekannte Obstsorten auf den Tischen der Obsthändler und dazu noch eine unbarmherzig sengende Sonne, die den Asphalt unter unseren Rädern weich werden läßt.

Während der ersten Stunden unseres Aufenthalts in Malaysia sind wir beeindruckt. Doch bald blicken wir tiefer: Die Insel Penang ist Freihafen, viele Waren sind hier billiger als auf dem malaysischen Festland. Und das Festland wiederum liegt mit seinen Preisen immer noch unter dem Niveau der umliegenden Staaten. Kaufleute und Touristen aus aller Welt kommen deshalb nach Malaysia, und Scharen geschäftstüchtiger Händler wetteifern um die Gunst der zahlungskräftigen Käufer. Nicht immer sind die Methoden ganz „astrein", und nach ersten schlechten Erfahrungen vergleichen wir Preis und Qualität sehr gründlich, ehe wir uns zu Einkäufen entschließen. Einkaufen aber müssen wir, denn unsere Kleidung ist stark erneuerungsbedürftig. Manches ist spottbillig, anderes im Vergleich dazu teuer. So kostet zum Beispiel eine Hose umgerechnet zwischen 5 und 7 Mark, während wir für eine Übernachtung auch in den einfachsten Hotels kaum unter 15 Mark wegkommen.

Die malaysische Hauptstadt Kuala Lumpur überrascht uns in mehrfacher Hinsicht: Um die Verkehrsströme im Zentrum beherrschen zu können, war man gezwungen, in großem Ausmaße kreuzungsfreie Hochstraßen anzulegen, auf denen der Ortsfremde, der sich falsch einordnet, erbarmungslos mitgespült wird und erst nach mehrfachen Anläufen sein Ziel erreicht. Wir können ein Lied davon singen. Manchmal sehen wir Punkte, die wir ansteuern wollen – die Nationalmoschee oder das Parlament mit ihren unverwechselbaren Architekturen –, schon ganz nah und brauchen dann noch fast eine Stunde, bis wir davorstehen.

Die anderen Überraschungen deuten sich mit zartem Klirren und Knacken in unseren Motoren an. Hein weigert sich, wieder in den Sattel zu steigen, weil in seinem Getriebe ein kleiner Aufstand ausgebrochen sei. Vor der Jugendherberge, wo wir unser Domizil gefunden haben, öffne ich das Getriebe. Einige arg verschrammte Kugellagerkugeln kullern mir in die Hände. In dieser Beziehung aber können wir uns wirklich loben. Obwohl wir nur wenig Ersatzteile mit uns führten, war doch immer das Passende dabei. In diesem Fall muß das eine Lager der Antriebswelle ausgetauscht werden.

Durch diesen Erfolg kühn gemacht, demontiere ich auch gleich noch meinen Motor, weil hier die Kurbelwelle klappert. Das Pleuellager hat zuviel Spiel. Fröhlich pfeifend baue ich die neue Kurbelwelle ein, setze den Motor wieder ins Fahrgestell und will ihn gerade antreten, als mein Blick zufällig auf die alte Kurbelwelle fällt. Dort steckt noch ein Simmer-

12 Immer wieder beeindruckend sind die alten Bauten

ring, den ich bei der Montage großzügig übersehen habe! Drei Stunden später ist auch dieser Fehler behoben. Doch nun stelle ich fest, daß die Fußschaltung nicht funktioniert. Also noch einmal das Spiel von vorn. Als ich schließlich schweißgebadet und dreckverschmiert damit fertig bin, kommt Hein aus der Stadt zurück und schwärmt von der Schönheit der Nationalmoschee. Seit dieser Zeit glaubt er, daß ich etwas gegen Architektur habe.

Am Tag, als der Regen kam

Die Überlandstraßen in Malaysia sind Gedichte. Die glatten Bänder winden sich in großen Schleifen durch den Urwald. Da unmittelbar neben dem Asphalt wieder die üppig grünenden tropischen Gräser und Sträucher sprießen, meint man, mitten durch die unberührte Natur zu fahren. Den Mopeds schmeckt der gute Sprit, den die vier oder fünf miteinander konkurrierenden Benzingesellschaften in allen Städten und Dörfern anbieten. Auch der „Treibstoff" für unseren Magen hat Niveau: Überall finden wir an den Straßenrändern kleine Garküchen, die mit Holzkohle oder Flüssiggas kochen und deren Meister in Windeseile nach unseren Handzeichen gebratene Nudeln mit Fleisch, Fisch, Gemüse, Krabben und Muscheln hervorzuzaubern.

Merkwürdige Anlagen sind im Gelände verstreut, lehmgrubenähnliche Tagebaue mit langen Wasserleitungen und ausgedehnten Rieselfeldern: Zinnminen. Malaysia ist mit einem Anteil von rund 30 Prozent der größte Zinnproduzent der Erde.

Unser Weg führt zur Ostküste Malaysias. Die Experten haben uns zwar gewarnt, denn wegen der Monsunregen sollen die Straßen zeitweilig gesperrt sein. Wir aber lächeln weise, haben wir doch aus Indien genügend Erfahrungen mit dem Wasser. Zweck unseres Abstechers ist es, die Fischer bei ihrer Arbeit zu beobachten. Auf dem Hinweg kommen wir auch programmgemäß flott voran. Die Fischer fahren freilich nicht auf das Südchinesische Meer, denn mit dem Monsun, so sagt man uns, sei nicht zu spaßen. Wenn wir in zwei Monaten wiederkämen, könnten wir gern mit auslaufen. Zwei Monate haben wir natürlich nicht Zeit, denn unsere Visa gelten nur noch 10 Tage, und Singapore steht ja auch noch auf unserem Programm. Also geht es zurück zur Westküste.

Um einen Tag verschieben wir noch den Aufbruch, denn es beginnt gerade etwas zu regnen. Da unser Hotel sowieso wieder sündhaft teuer ist – Kuantan ist so etwas wie ein Kurort –, bleiben wir einfach im Bett liegen. Auch zu den Mahlzeiten stapfen wir nur mißmutig in die anderen Räumlichkeiten, denn wir haben nicht ausgeschlafen. Gestern war nach dem hiesigen Kalender Neujahr, und schon tage- und nächtelang vorher hat man auf Straßen und Plätzen Feuerwerke abgebrannt und Knallfrösche gezündet. Da die Jahreswechsel von zwei anderen, hier ebenfalls noch gültigen Kalendern nur um wenige Tage voneinander differieren, hat das Krachen und Knallen eigentlich schon seit unserer Ankunft in Penang nie ganz aufgehört.

Diesen einen Ruhetag im Zimmer dürfen wir uns also wohl gönnen. Am nächsten Morgen stehen wir dann auch artig auf und treten, als wir mit gewohntem Schwung aus dem Bett springen, in eine Pfütze, die den Fußboden unseres Zimmers bedeckt und in der unsere Schuhe gemütlich gondeln. Trotz des wolkenbruchartigen Regens brechen wir auf. Nach 50 km stoppt uns die erste Straßenunterbrechung; Wassertiefe 40 cm. Also heißt es, Gepäck auf dem Kopf getragen, Mopeds geschoben. Nach 30 Minuten laufen die Motoren wieder. Auf den nächsten 10 km

13 Die Felsentempel von Adjanta

Strecke können wir drei Furten gerade noch mit Schwung passieren. Drei Kilometer weiter stoßen wir auf eine Schlange von 47 wartenden Autos; Wassertiefe maximal 1 Meter, Länge des Sees etwa 1 Kilometer. Zwei Stunden brauchen wir, um zu Fuß das andere Ufer zu erreichen und gegen die Strömung wieder zurückzukommen. Wieder wird das Gepäck getragen, werden die Mopeds geschoben. Das Wasser reicht an den tiefsten Stellen bis zum Tankdeckel. Nach zwei Stunden läuft ein Motor wieder, das andere Moped wird abgeschleppt.

15 Kilometer weiter zwingt uns ein überschwemmtes Straßenstück mit reißender Strömung zur Kapitulation. Auch Geländewagen kommen hier nicht weiter. Also übernachten wir in einem Wohnhaus und wagen am nächsten Morgen mit Erfolg die Weiter„fahrt". Als letztes großes Hindernis durchqueren wir eine Stunde später eine Furt mit 50 cm Wassertiefe. Schlamm und Treibgut an den Ästen der Sträucher verraten, daß das Wasser hier über zwei Meter hoch gestanden haben muß. Deshalb gab es auch gestern keinen Gegenverkehr.

Vor Temerloh ist die Brücke über den Pahangfluß weggerissen. Die Uferwiesen gleichen einem riesigen Parkplatz mit Hunderten von Autos

14

15

und abkochenden Reisenden. Dieses Hindernis können wir aber überwinden, indem wir die Mopeds auf dem Dach eines Fährbootes liegend mit übersetzen lassen. Fotos von dieser Aktion gibt es schon deshalb nicht, weil alle Hände zum Festklammern nötig sind. Außerdem sind die Kameras an den Lederteilen mit Schimmelpilzen besetzt und die Filme im Inneren festgeklebt.

Im Lande der Khmer

Start. Unter der Schubkraft der vieltausendpferdigen Motoren vibrieren Rumpf und Tragflächen der alten DC 6. Letzte Rollbahnstöße und dann fliegen wir. Die kambodschanischen Stewardessen bieten Sekt und französischen Kognak an. Wir lehnen uns zufrieden in die weichen Polster. Die letzten Tage in Singapore hatten reichlich Arbeit und Aufregungen gebracht. Visa für Kambodscha mußten besorgt werden, Post war zu beantworten, Gespräche mit Pressevertretern mußten wir über uns ergehen lassen und die Pflichtfotomotive der Stadt abgrasen.

Es gibt keine Passagierverbindung zu Wasser zwischen Singapore und Kambodscha. Wir mußten uns deshalb erstmalig von unseren treuen Mopeds trennen. Während wir für uns die Flüge buchten, wurden die Mopeds auf ein Frachtschiff verladen, das rund 10 Tage später in der kambodschanischen Hauptstadt Phnom Penh eintreffen wird.

Singapore ist eine interessante Stadt. Kein sündiges Paradies der Seeleute und auch kein architektonisch besonders aufregender Ort, aber ein Zentrum des Welthandels mit farbenfrohem Gesicht und unwahrscheinlich tempogeladenem Leben. Eine Attraktion hatte für uns die andere gejagt, so daß wir kaum Zeit hatten, uns über unsere Zukunft Gedanken zu machen. Und dabei wären solche Gedanken sehr nötig gewesen.

Unseren Abstecher nach Kambodscha haben wir erst während der letzten Monate in unser Programm aufgenommen, und wir wissen nicht, ob unser Generalkonsulat in Phnom Penh überhaupt von unserer Reise Kenntnis genommen hat. Der Landung sehen wir deshalb mit etwas gemischten Gefühlen entgegen.

Aber unsere Bedenken sind völlig grundlos. Ehrenjungfrauen mit Blumensträußen, surrende Kameras des Fernsehfunks Berlin, Diplomaten in dunklen Anzügen und elbzillengroße Dienstwagen mit eingebauter Klimaanlage empfangen uns – fast zuviel Ehre für zwei bärtige Gestalten

14 Kühe haben Vorfahrt. Immer wieder kommt uns diese von allen Einheimischen wohl einzige befolgte Verkehrsregel schmerzhaft zum Bewußtsein, wenn wir wieder einmal umgerannt worden sind

15 Die Frauen und Mädchen sind überall Fremden gegenüber zwar nicht unfreundlich, aber sehr zurückhaltend

16 Kuala Lumpur, die Hauptstadt Malaysias, überrascht uns durch moderne Architektur, kreuzungsfreie Hochstraßen und unerwartet turbulentes Leben auf den Straßen

17 Ab und an müssen wir auch bauen. Glücklicherweise hatten wir die richtigen Ersatzteile bei uns und kamen immer wieder flott

18 Wo durch Hochwasserschäden für Autos oft kein Durchkommen mehr ist, finden wir immer noch einen Ausweg

19 Derartige Hindernisse gehören zum Alltag auf unserem Weg nach Singapore. Bei diesen Wassertiefen können wir sogar noch fahren

16

17

18

19

in offensichtlich nicht mehr ladenneuem Buschhemd und Niethose. Wir stehen vor der Zollabfertigung. Gerade will ein Beamter nach unserem Gepäck greifen, als eine Stimme neben uns sagt: „Mission official." Verwundert schaut der Zöllner auf und murmelt dann eine Entschuldigung. Die Komik dieses Vorfalls, der nur Sekunden gedauert hat, wird erst verständlich, wenn man weiß, daß „mission official" sich sinngemäß mit Dienstreise übersetzen läßt und daß unser Dienstgepäck aus zwei Pappkartons besteht, auf denen Bierreklamen angebracht sind. Unsere anderen Ausrüstungsgegenstände befinden sich in den Packtaschen an den Mopeds, und so sind wir in Ermangelung von Koffern mit leichtestem Luftgepäck angereist.

Nachdem auch unsere Mopeds eingetroffen sind, beginnen die letzten sechs Wochen unseres Mopedtrips.

Angkor, die erst Ende des vergangenen Jahrhunderts wieder aus dem Urwald freigelegte frühere Hauptstadt des Khmer-Reiches mit ihren Türmen und Tempeln, wird für uns zum Höhepunkt unserer Begegnungen mit den alten Kulturen Südostasiens.

Dann heißt es eines Tages, von den Mopeds Abschied zu nehmen. In wenigen Tagen wird in der kambodschanischen Hauptstadt eine Exportausstellung von Erzeugnissen aus der DDR eröffnet. Einige Wochen zuvor waren von Simson die ersten Mopeds und Kleinroller nach Kambodscha geliefert worden, und unsere Fahrzeuge will man nun mit auf der Ausstellung zeigen, denn nichts kann besser die Leistungsfähigkeit der Suhler „Stare" bestätigen als das praktische Beispiel unserer Testreise durch Südostasien.

Auch auf dem Rückweg ist uns Fortuna hold. Wir fliegen auf gut Glück von Phnom Penh nach Bombay und erfahren dort bei unserer Ankunft, daß schon wenige Stunden später ein Schiff der Deutschen Seereederei, die MS „Halle", in Richtung Heimat in See stechen wird. Einen Monat später, am 23. März 1966, treffen wir wieder in Rostock ein.

Während der fünfzig Wochen unserer Reise haben wir insgesamt 75 000 km zurückgelegt.

20 Auf unseren Fahrten durch das Land bieten sich viele reizvolle Fotomotive

21 Von Bombay aus treten wir die Heimreise an

Dipl.-Ing. KNUT BÖTTCHER

Mokick S 50

Eine neue Baureihe aus Suhl

1 Heckansicht des Simson S 50 mit Vierleuchten-Blinkanlage
2 Spaß am Fahren – das wird das neue Simson-Fahrzeug S 50 bestimmt bereiten
3 Simson S 50 – ein graziles, leichtes Motorrad

Tausende und Abertausende von Zweiradfahrzeugen der 50-cm³-Klasse haben den Namen „Simson" in alle Welt getragen. Im letzten Jahrzehnt waren es die Modelle der „Vogel-Serie", von denen Spatz, Star und Schwalbe schon 1964 in die Produktion gingen. Sperber und Habicht ergänzten das Produktionsprogramm, das von einer ganz typischen Konzeption geprägt war.

Nicht Höchstleistung um jeden Preis lautete die Devise, sondern ein Optimum an Gebrauchswerteigenschaften. Deshalb zählen diese Simson-Zweiräder zwar zu jener Fahrzeugkategorie, die man zu

1

2

3

Recht „die flinke" nennt, die Leistungstreiberei fand aber eine vernünftige Begrenzung. Dauerhaftigkeit und Verbrauchsökonomie blieben deshalb ebenso erhalten wie ein erträglicher Geräuschpegel. Immerhin erlaubte die innerhalb dieser Grenzen vollzogene Leistungsentwicklung jedoch ein Vordringen in Fahrleistungsbereiche, die bis dahin allein den stärker motorisierten Motorrädern und Motorrollern vorbehalten waren. Was Wunder, daß diese anspruchslosen und problemfreien Simson-Maschinen mit ihrer durchaus erstaunlichen Leistungsentfaltung ein begeistertes Publikum fanden. Innerhalb der von ihnen geschaffenen 60-km/h-Limitierung bieten sie einen derart hohen kraftfahrzeugtechnischen Gebrauchswert, daß sie wohl über Jahre hinaus noch unverändert produziert werden könnten, ohne eine Bedarfssättigung zu erreichen. Die Verantwortung gegenüber der technischen und auch formgestalterischen Weiterentwicklung brachte die Suhler Fahrzeugbauer zur Neukonstruktion des S 50, das an den guten Traditionen der bisherigen Erzeugnisse anknüpft. Die Realisierung hoher Anforderungen mit dem technisch und ökonomisch Möglichen — diese optimale Synthese gehört zu den starken Seiten der Simson-Techniker. Mit der Modell-Baureihe S 50 stellten sie das erneut unter Beweis.

Formgestaltung

Mehr noch als an den Vorgängermodellen drückt sich an den S-50-Fahrzeugen der sportliche Motorradcharakter aus. Das hat seine Ursachen sowohl in der Gesamtformgebung als auch in der Gestaltung der Details.
Bestimmende Bauteile sind die mit graphischen Elementen geprägten Seitenverkleidungen des zentralen Kastens im Rahmendreieck unter Tank und Sitzbank sowie der Kraftstofftank selbst, der mit eingezogenen Knieanlageflächen und großzügigem Schriftzug besonders gelungen wirkt. Diese in der Seitenansicht großflächigsten Teile werden in fünf Farbvarianten lackiert. Die Farbpalette umfaßt grün, blau, gelb, rot und braun und dürfte sowohl in ihrer Vielgestaltigkeit als auch in der einzelnen farblichen Abstimmung weithin Zustimmung finden.
Der Rahmen ist einheitlich schwarz ausgeführt, und die schmal gehaltenen Kotflügel werden bei allen Farbvarianten in aluminisierter Ausführung montiert.
Der Übergang zur Telegabel für die Vorderradführung ist eines jener Details, die den sportlich-grazilen Charakter der neuen Fahrzeuge unterstreichen. Das fin-

4 Schnitt durch den Motor des S 50

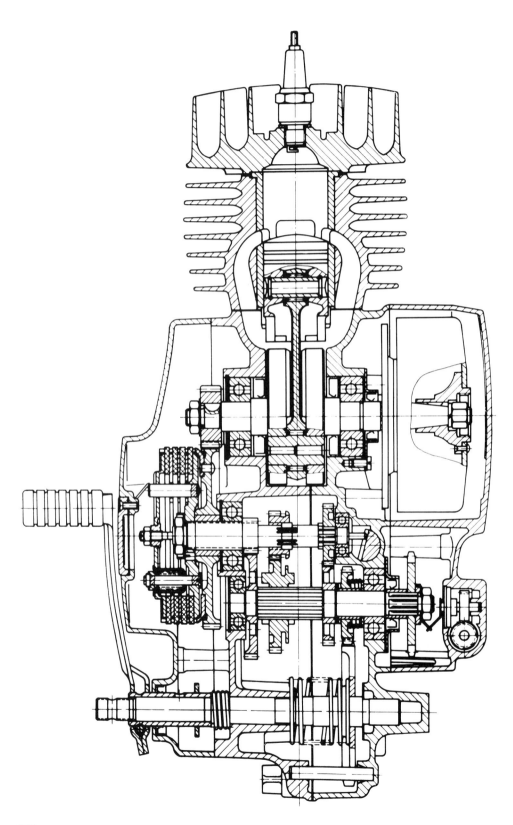

5

det seine Fortsetzung in der separaten Scheinwerfer- und Tachometerbefestigung, dem halbhohen Rohrlenker, dem Schnellaufzug-Gasdrehgriff und nicht zuletzt auch in der Anwendung der modernen Vierleuchten-Blinkanlage. Lob verdient die auf das Notwendigste reduzierte Scheinwerferbefestigung. In mattem Schwarz sind sowohl das Tachometergehäuse als auch die Rückseite des großflächigen Stab-Rückspiegels gehalten.
Wie bisher werden Laufräder der Abmessung 20 × 2,75 verwendet. Auch die neuen Modelle haben serienmäßig einen leichten Gepäckträger. Der wirksame Schmutzabweiser am Hinterrad fehlt ebensowenig wie der bekannte Simson-Schriftzug an der Rückseite der Sitzbank.

Triebwerk
Auffälligste Änderung im Äußeren des Motors ist der Wegfall des Kühlluft-Gebläses. Stattdessen sorgen ein stark verrippter Zylinder und ein Zylinderkopf mit wärmetechnisch optimierter Gestalt für die notwendige Wärmeabfuhr.
Führt der Wegfall des Kühlluft-Gebläses an sich schon zur Reduzierung der Ge-

räuschquellen, wird am neuen Motor durch den Einsatz von Gummiprofilen in den Rippen von Zylinder und Zylinderkopf ein weiteres getan. Sie unterbinden das sogenannte Rippenschwirren.

Eine bedeutende Geräuschsenkung gelang auch durch die Vergrößerung des Ansauggeräuschdämpfers. Sein Volumen stieg auf das Fünffache!

Äußerlich kaum zu bemerken ist eine bedeutende Maßnahme zur Geräusch- und Schwingungsdämpfung: der Übergang zur elastischen Motoraufhängung. Während MZ dieses Prinzip erstmalig bei Motorrädern mit Sekundärkette anwendete, leistet Simson mit diesem Schritt Pionierarbeit auf dem Gebiet der Kleinfahrzeuge, die aufgrund der hohen Motordrehzahlen und der damit verbundenen Schwingungen einer solchen Maßnahme auch dringend bedürfen.

5 Vorderbau des S 50
6 Scheinwerfer und Tachometer sind separat aufgehängt
7 Neue Gehäusegestaltung

Beibehalten wurde das klauengeschaltete Dreiganggetriebe.

Kupplungs- und Lichtmaschinendeckel des Motors erhielten eine neue Form. Für das Kolbenbolzenlager konnte nun ein Nadelkranz eingesetzt werden. Damit wurde eine Hauptvoraussetzung für den Übergang auf das Mischungsverhältnis 1 : 50 (Öl MZ 22 zu VK 88) geschaffen. Abgesehen vom volkswirtschaftlichen Nutzen des geringeren Ölverbrauchs ist das ein tatsächlicher Beitrag zur Verbesserung des Umweltschutzes. Ähnlich wirken sich die konstruktiven Veränderungen am Vergaser aus, bei dem durch verbesserte Abdichtung und Belüftung des Schwimmergehäuses eine verringerte äußere Verschmutzungsneigung durch Öl und Kraftstoff erreicht werden konnte.

Entsprechend den Bedürfnissen der Instandhaltung wurde die Zündanlage konstruktiv verändert. Die Zündung läßt sich nun wesentlich leichter einstellen und kontrollieren.

Kernpunkt der Motorenweiterentwicklung

8 Zylinder und Zylinderkopf mit Gummiprofilen zur Dämpfung des Geräuschs
9 Prinzipdarstellung der elastischen Motoraufhängung. Es bedeuten
a Bewegungsfreiheit des Motors, b elastisches Lager (Topfelement), c Schwingenlagerung
10 Luftführung im Zylinderkopf

8

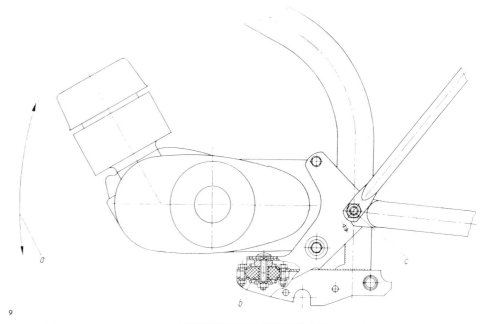
9

war eine erneute Anhebung der Drehmomentenwerte. Die dabei erreichte Leistungssteigerung bietet Reserven für die Erreichung der Höchstgeschwindigkeit von 60 km/h auch unter etwas größeren Fahrwiderständen.

Die für den verbesserten Drehmomentenverlauf notwendigen höheren Mitteldrücke wurden durch Änderungen der Steuerzeiten und durch veränderte Abmessungen des Einlaßschlitzes erreicht.

Bezeichnend für die geleistete Entwicklungsarbeit auf dem Motorengebiet ist die Tatsache, daß neben der Verbesserung der Drehmomenten- und Leistungsparameter gleichzeitig eine spürbare Verringerung des Kraftstoffverbrauchs erreicht werden konnte.

Fahrwerk

Das Rückgrat der neuen S-50-Modelle wird von einem Zentralrohrrahmen gebildet, einem Konstruktionsprinzip, das seine Bewährung bereits unter hartem motorsportlichem Einsatz unter Beweis stellen konnte. Das Triebwerk ist unter dem Zentralrohr ohne Unterzug aufgehängt. Das hintere Rahmenteil mit dem Sitzbankträger aus einer Rohrkonstruktion ist angeschraubt – eine reparaturfreundliche Lösung.

Die neue Vorderradführung – eine Teleskopgabel mit innenliegenden Schrauben-

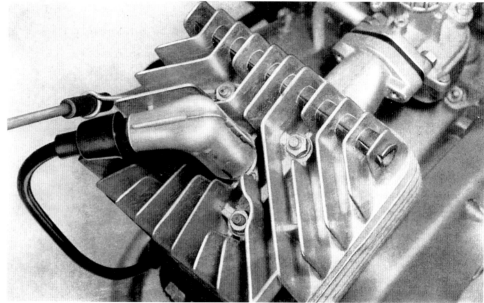
10

federn – sieht nicht nur sportlich aus, mit einem Federweg von 130 mm bietet sie auch günstige Voraussetzungen für Fahrsicherheit und -komfort. Die Federbewegungen erfolgen zwar ungedämpft, es ist jedoch ein hydraulisch wirkender Endanschlag vorhanden. Die Teleskopgabel genügt auch fertigungstechnisch hohen Ansprüchen.

Bei den Hinterradfederbeinen handelt es sich um die bewährten Elemente mit 85 mm Federweg und hydraulischer Schwingungs-

dämpfung. Die Soziusfußrasten bewegen sich beim Federn am neuen Modell leider mit, weil sie auf der Hinterradschwinge montiert sind. Fahrerfußrasten und Auspuffaufhängung lassen sich allerdings aufgrund der Schraubverbindungen zum Rahmen wesentlich günstiger auswechseln als bisher.

Weiterentwicklungsarbeiten sind auch an der Bremsanlage erkennbar. So wurden neue Bremsbeläge mit einem höheren Selbstreinigungseffekt verwendet. Von

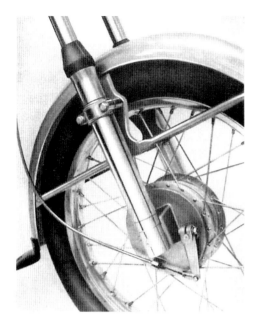

bringung des Vorderradkotflügels an den Telegabelholmen.

Elektrische Anlage

Die 6-V-Anlage arbeitet mit Schwunglichtmagnetzünder und einer 12-Ah-Batterie, die über einen Diodengleichrichter gespeist wird.
Der Anbauscheinwerfer mit 136 mm Lichtaustrittsdurchmesser ist mit einer 15 W/15 W-Biluxlampe ausgestattet. Blinkleuchten und Bremslicht sind jeweils mit 21-W-Lampen ausgerüstet.
Neu für die Simson-Kleinfahrzeuge ist die Verlegung des Zündlichtschalters vom Scheinwerfergehäuse in die Seitenverkleidung des Werkzeugbehälters. Besserer Schutz vor Nässe und Kälte und auch kürzere, gut zugängliche Verbindungsleitungen lassen sich als Vorteile anführen.

Technische Hauptdaten des Simson S 50

Motor	Einzylinder-Zweitakt mit Fahrtwindkühlung
H/B	39,5 mm/40 mm
Hubraum	49,6 cm^3
Verdichtung	9,5
Leistung	3,6 PS bei 5500 U/min
max. Drehmoment	0,51 kpm bei 4800 U/min
Kupplung	Dreischeiben-Lamellenkupplung (Ölbad)
Getriebe	Dreigang, Fußschaltung
Bremstrommeldmr.	125 mm
größte Länge	1890 mm
größte Breite	690 mm
größte Höhe	1180 mm
Radstand	1200 mm
Leermasse	81 kg
zul. Gesamtmasse	230 kg
Höchstgeschw.	60 km/h

11 Telegabel mit Kotflügelbefestigung
12 Bremsbetätigung über Zugstab
13 Unter der linken Verkleidung befinden sich Werkzeug, Batterie und Zündlichtschalter

wesentlicher Bedeutung ist außerdem der Übergang vom Bremsbowdenzug für die Hinterradbremse zu einer Bremszugstange. Diese im Motorradbau praktizierte Bremskraftübertragung schaltet jegliche Elastizitätsverluste aus, die sich bei der Bowdenzugbetätigung nicht vermeiden lassen. Der Schwingungsisolierung wurde große Aufmerksamkeit geschenkt. So ist u. a. der Kraftstofftank in Gummi aufgehängt. Sein Fassungsvermögen beträgt 9,5 l (1,1 l Reserve).
Die Sitzbank hat eine Länge von 620 mm. Die Bestrebungen nach Verringerung der Sitzhöhe kommen darin zum Ausdruck, daß eine Reduzierung um 50 mm gegenüber dem Habicht erreicht werden konnte. Erwähnenswert sind solche konstruktiven Details wie die ausgezeichnet gelöste An-

13

Fahrleistungen

Abgesehen von der Tatsache, daß das neue Fahrwerk sicherlich eine bedeutend bessere Ausnutzung der vom Triebwerk erzeugten Leistung unter allen Fahrbahnbedingungen erlauben wird, tritt eine spürbare Fahrleistungs-Verbesserung durch die beschriebenen motorischen Maßnahmen ein. Der Haupteffekt des angehobenen Drehmomentes äußert sich in bedeutend besserer Beschleunigung. Brauchte man mit dem bisherigen Star aus dem Stand für 100 m die an sich schon geringe Zeit von 11,5 s, so benötigt man jetzt mit dem S 50 nur noch 10,8 s! Mit einem Verbrauchswert von weniger als 2 l/100 km bei 50 km/h kann sich das S 50 international sehr gut sehen lassen, ebenso wie mit der erreichten Geräuschsenkung auf 74 dB(A).
Man kann sicher sein, daß auch diese neue Generation von Zweirädern aus Suhl dem Namen Simson alle Ehre machen wird.

Dipl.-Ing. H. SEYFERT

.... SCHWALBE, SPATZ und STAR

Die Kleinfahrzeuge aus dem VEB Simson Suhl

Mit dem Namen „Simson" verbindet sich für jeden Freund des Motorsports automatisch der Gedanke an Touren- und Sportmotorräder, das robuste Moped und den beliebten Kleinroller. Doch die Produktion von Zweiradfahrzeugen ist nur ein Teil des Fertigungsprogramms des Simson-Werkes, in dem mehr als 4000 Menschen beschäftigt sind.

Auf dem Weltmarkt ist der Name „Simson" in Verbindung mit Präzisionsjagdgewehren bekannt. Sie zählen zur absoluten Spitzenklasse. Zahlreiche Weltmeisterschaftserfolge wurden mit Simson-Gewehren errungen, und so ist es ganz natürlich, daß der größte Teil der Produktion in alle Länder der Erde exportiert wird. Jeder Besucher des Werkes ist in höchstem Maße beeindruckt von der Kunstfertigkeit, mit der die einzelnen Stücke angefertigt werden.

Die Spitzenstellung der Simson-Jagdgewehre hat ihre Wurzel in der 400jährigen Tradition des Suhler Büchsenmacherhandwerks. Selbst heute noch, im Zeitalter der automatisierten maschinellen Produktion, ist unter den Werktätigen der Berufsehrgeiz lebendig, handwerkliche Präzisionsarbeit mit künstlerisch ausgefeilter Gestaltung zu verbinden. Die vererbte Gewöhnung der Simson-Werker an Arbeiten mit hohem Qualitätsgrad kam dem Werk zugute, als es 1950 galt, kurzfristig ein modernes, leistungsfähiges Motorrad zu entwickeln und in die Produktion aufzunehmen. Mit außerordentlicher Zähigkeit arbeiteten sich die Konstrukteure in die neue Materie ein und hatten mit der gewählten Konzeption nachweislich Erfolg. Die Facharbeiter sorgten dafür, daß die ausgereifte, technisch hochstehende Konstruktion an den fertigen Fahrzeugen ungeschmälert zur Geltung kam. Mehr als 200 000 Motorräder des Typs 425 und 425 Sport verließen bis zur Spezialisierung der Produktion auf Fahrzeuge mit 50-cm³-Motoren das Simson-Werk und gewannen ihm eine breite Anhängerschaft.

Im Jahre 1955 wurde durch den VEB Simson ein weiterer entscheidender Schritt zur Motorisierung unserer Bevölkerung auf breitester Ebene getan. In aller Stille wurde in Gemeinschaftsarbeit mit dem VEB Büromaschinenwerk Sömmerda und dem VEB Motorradwerk Zschopau das Moped SR 1 entwickelt. Es war das erste Moped des sozialistischen Lagers und das erste Moped überhaupt, das mit einer Hinterradfederung aufwarten konnte. Der 50-cm³-Zweitaktmotor mit Zweiganggetriebe wurde von einer Arbeitsgemeinschaft im Motorradwerk Zschopau konstruiert und im VEB Büromaschinenwerk Sömmerda gefertigt. Der VEB Simson übernahm die Entwicklung des Fahrgestells und die serienmäßige Fertigung des gesamten Mopeds. Keiner der Ingenieure, die damals an der Entwicklung dieses neuen Fahrzeugs beteiligt waren, hat wohl geahnt, daß damit eine regelrechte Umwälzung auf dem Zweiradsektor eingeleitet wurde.

Das SR 1 wurde sehr bald vom SR 2 abgelöst. Mehr als eine Million Fahrzeuge dieses Typs verließen das Suhler Werk. Zum SR 2 E kam wenig später der Kleinroller KR 50. Mit seiner Vollverkleidung verband dieses Fahrzeug erstmalig die Vorzüge des Mopeds – Wartungsarmut, Sparsamkeit in der Unterhaltung und Fahrerlaubnisfreiheit – mit einem wirksamen Schmutzschutz. Doch der technische Fortschritt auf diesem jüngsten Sektor des Fahrzeugbaues lief mit Siebenmeilenstiefeln. Innerhalb weniger Jahre wurde durch intensive Entwicklungsarbeit in ein-

1 Simson-Doppelflinte Mod. 76 E mit Gold- und Elfenbeineinlage

2 Die neuen Kleinfahrzeuge „Schwalbe", „Star" und „Spatz"

3 Der neue Simson-Dreigangmotor M 53 KHL, Lüfterseite

4 Frontansicht des Motors

zelnen Ländern die Leistung der 50-cm³-Motoren verdoppelt und verdreifacht. Mit diesen Motoren erreichen die Mopeds Fahrleistungen, die bereits in den Bereich der Krafträder hineinragen.

Die richtige Entscheidung des Volkswirtschaftsrates, die Produktion von Motorrädern in der DDR auf das Motorradwerk Zschopau zu konzentrieren, versetzte den VEB Simson in die Lage, sich ausschließlich mit seinen Kleinfahrzeugen zu befassen. Die ersten intensiven Versuche zur Leistungssteigerung des Zweigangmotors zeigten sehr bald die Grenzen seiner Belastbarkeit. In logischer Konsequenz wurde vom VEB Simson der Antrag auf die Entwicklung eines vollkommen neuen Motors gestellt, bei dem die letzten technischen Erkenntnisse auf dem Gebiet des Zweitaktmotorenbaues eingearbeitet werden sollten. Für die Konstrukteure des Simson-Werkes bedeutete das jedoch einen zweiten Neubeginn; die vielfältigen Erfahrungen, die in der zehnjährigen Praxis des Viertaktmotorenbaues gesammelt werden konnten, waren für diese Aufgabe nahezu wertlos geworden.

Doch in sozialistischer Hilfe vermittelten die anderen zweitaktmotorenbauenden Werke der DDR ihre Erfahrungen. Wesentlich erleichtert wurde die Situation dadurch, daß die Versuchsabteilung des Werkes mit einer guten Oszillographiereinrichtung ausgerüstet ist. Mit diesem modernen Meßgerät wurde den Geheimnissen des Ladungswechsels im Zweitaktmotor nachgeforscht. So konnte das Werk Simson sehr schnell eigene Erkenntnisse auf diesem entscheidenden Gebiet gewinnen. Dank des Einsatzes aller Beteiligten produziert der VEB Simson heute einen Motor, der mit seiner Literleistung gemeinsam mit dem Motor der ES 125 an der Spitze aller Zweitaktmotoren steht, die im sozialistischen Lager gebaut werden.

Der Motor ist so konstruiert, daß er genügend wandlungsfähig bleibt. Seine Leistung kann je nach dem Verwendungszweck von 2 bis 4,5 PS variiert werden. Für den Motor wurde von vornherein das Entwicklungsziel gestellt, daß er thermisch unempfindlich, leistungsfähig, sparsam im Kraftstoffverbrauch und wandlungsfähig sein und eine hohe Laufleistung erreichen sollte. Die Konstruktion sollte alle Anforderungen erfüllen, die zur Erteilung des höchsten Gütezeichens der DDR vorausgesetzt werden.

Thermische Standfestigkeit des Motors wurde konstruktiv durch zwei Maßnahmen erzielt. Gegenüber dem alten Graugußzylinder ist die Wärmeableitung von der Kolbenlaufbahn zu den Kühlrippen wesentlich verbessert, weil ein Aluminiumrippenkörper mit eingezogener Schleuder-

5 *Kühlluftführung abgenommen. Blick auf die Verrippung des Zylinderkopfes. Gut sichtbar ist die Leitrippe zur Kerzenkühlung*

6 *Blick auf die Vergaserfilterschale mit Starterklappe*

7 *Der Schalldämpfer des Simson-Motors. Er weist eine einzige Trennstelle auf, die durch Gummiring und Schelle gegen Sickeröl abgedichtet ist.*

8 *Der Schwunglichtmagnetzünder mit 33 W Leistung. Gut sichtbar sind die großen Fenster zur Einstellung des Unterbrecherabstands*

gußlaufbuchse Verwendung findet. Dazu erhält der Zylinder eine Zwangskühlung durch ein Radialgebläse. Das Lüfterrad ist mit dem Rad des Schwunglichtmagnetzünders verschraubt und liefert drehzahlabhängig den Kühlluftstrom für Zylinder und Zylinderkopf. Mit besonderer Sorgfalt achtete man auf eine gute Kühlung der Zündkerze. Eine quergestellte Leitrippe auf dem Zylinderkopf zwingt den Kühlluftstrom, den Zündkerzenkörper zu umspülen und diesem lebenswichtigen Teil somit seine optimale Arbeitstemperatur zu gewährleisten. Für den Motor ist eine Zündkerze mit Wärmewert 280 vorgeschrieben.

Die Forderung nach *Leistungsfähigkeit* des Motors unterteilte sich in zwei Teilforderungen. Einmal galt es, den Motor generell auf die geforderte Leistung zu bringen, zum anderen sollte in der Serienproduktion das Leistungsniveau möglichst gleich bleiben. Letztere Forderung ist keineswegs leichter zu erfüllen als die erste. Für den neuen Simson-Motor wird deshalb einmal der Aluminiumrippenkörper mit seinen Kanälen formgenau im Kokillenguß hergestellt, und zum anderen werden die Schlitze in der Graugußlaufbuchse auf Sondermaschinen und im Kopierverfahren eingefräst, so daß auch von dieser Seite aus ein Höchstmaß an Genauigkeit und Gleichmäßigkeit in der Serienproduktion gewährleistet ist.

Das Simson-Werk liefert den neuen Motor vorerst mit einer Leistung von 3,4 PS. Ausschlaggebend für diese Begrenzung ist nicht das Leistungsvermögen des Motors selbst, sondern der Umstand, daß vom Ministerium des Innern lediglich Fahrzeuge mit einer Höchstgeschwindigkeit von 60 km/h für die Benutzung ohne Fahrerlaubnis freigegeben sind. Mit Rücksicht auf den großen Kreis Jugendlicher, die damit bereits vom 16. Lebensjahr ab diese Fahrzeuge benutzen können, und im Hinblick auf den Anwendungsbereich dieser Fahrzeuge schlechthin wurde diese gesetzliche Höchstgeschwindigkeit bei der Entwicklung der Fahrzeuge zugrunde gelegt.

3,4 PS sind absolut ausreichend, um das Fahrzeug auf die zulässige Höchstgeschwindigkeit zu bringen und auch im Anzugsvermögen noch genügend temperamentvoll zu gestalten.

Besonders intensiv wurde an der Abstimmung der Abgasanlage gearbeitet. Der Laie sieht im Schalldämpfer oft nur ein Bauteil zur Bekämpfung des Lärms. Für den Motoreningenieur ist die Schalldämpfung jedoch

8

erst in zweiter Linie interessant. Er setzt die Abgasanlage vor allem dazu ein, um eine wirksame Nachladung des Zylinders zu erzielen, die sonst nur durch zusätzliche mechanische Ladeeinrichtungen erreichbar ist. Erst wenn die Abgasanlage nach diesem Gesichtspunkt abgestimmt ist, versucht er auch die Forderung nach größtmöglicher Schalldämpfung zu realisieren. Jeder Fahrer eines Fahrzeugs mit Zweitaktmotor muß sich deshalb grundsätzlich darüber im klaren sein, daß jegliche Veränderung an der Auspuffanlage zur Verschlechterung der Motorenkennwerte bzw. der Schalldämpfung führt. Besonderes Augenmerk wurde bei der Entwicklung des Schalldämpfers für den neuen Simson-Motor auf eine gute Dichtheit gegen Sickeröl gelegt. Der Schalldämpfermantel wurde so geschickt ausgelegt, daß er trotz guter Demontierbarkeit lediglich eine einzige Trennstelle besitzt, die durch einen wärmebeständigen Gummiring sicher abgedichtet wird. Damit dürfte einer der wenigen Schalldämpfer geschaffen sein, die im Betrieb nicht den unansehnlichen Schmutz-Öl-Überzug aufweisen, der bisher bei Motorrädern mit Zweitaktmotoren unvermeidlich schien.

Die Ansaugseite des neuen Motors wurde gegenüber dem alten Motor ebenfalls wesentlich verbessert. Der höheren Leistung entsprechend, erhielt der Vergaser einen Durchlaß von 15 mm und eine zusätzliche Filterschale mit eingebauter Starterklappe. Diese Starterklappe garantiert das sichere Anspringen des Motors auch bei winterlichen Temperaturen. Zur Dämpfung des Ansauggeräuschs wurde ein flexibler Gummidämpfer entwickelt, in den ein abgestimmter Kunststoffeinsatz zusammen mit einer Naßfilterpatrone eingeknöpft wird. Der komplette Ansauggeräuschdämpfer wird auf die Filterschale des Vergasers aufgeschoben und dort mit einer Spannschelle befestigt.

Im Interesse einer hohen Laufleistung des Motors werden die beiden Hauptlager der Kurbelwelle vom Getriebe her mit Motorenöl geschmiert. Das linke Kurbelwellenlager ist über den Kupplungsraum dem Schmieröl frei zugänglich, während das beiderseits durch Radialdichtringe abgeschirmte rechte Kurbelwellenlager über eine Zulauf- und eine Ablaufbohrung vom Getrieberaum aus zwangsläufig mit Schmieröl versorgt wird.

Das untere Pleuellager ist als kräftiges, doppelreihiges Rollenlager ohne Käfig ausgeführt und wird vom Ölanteil im Kraftstoff-Luft-Gemisch geschmiert. Das Motorengehäuse ist vertikal längs geteilt und konstruktiv so bemessen, daß je nach dem Verwendungszweck des Motors sowohl ein Zweigang- als auch ein Dreigang- oder Vierganggetriebe zum Einbau gelangen kann. Bei Motoren mit Dreiganggetriebe ist es möglich, vom Lenker aus mit der Hand zu schalten oder auch durch den Fuß über einen Fußschaltautomaten zu schalten. Viergangmotoren werden ausschließlich mit einer Fußschaltung versehen. Für diese Motoren wird im Getriebegehäuse ein Kontaktgeber für die elektrische Leerlauf-Fernanzeige installiert.

Besonders zu erwähnen ist der verbesserte Schwunglichtmagnetzünder des Motors, der nach einer nur geringfügigen Vergrößerung des Polrades nunmehr eine Lichtleistung von 33 Watt erzeugt. Das Polrad selbst hat zwei große Fenster erhalten, durch die die Zugänglichkeit zum Unterbrecher (für Einstellarbeiten) erheblich verbessert wurde. Die erhöhte Lichtleistung wird von zwei Lichtspulen erzeugt, die zusammen mit der Zündspule auf der Grundplatte des Schwunglichtmagnetzünders angebracht sind.

Für die Konstruktion der neuen Kleinfahrzeuge wurde besonderes Gewicht darauf gelegt, daß trotz unterschiedlicher Charakteristika der drei Typen eine möglichst große Anzahl von Teilen und Baugruppen baugleich ist. Das bedeutet, daß die Gestehungskosten für das Einzelteil infolge höherer Fertigungsstückzahlen niedriger sind und daß sich die Ersatzteilhaltung vereinfacht. Beides kommt in der Endkonsequenz den Kunden zugute. Beim Vergleich der Fahrzeuge nach diesem Gesichtspunkt ist festzustellen, daß das Konstrukteurkollektiv unter der sachkundigen Anleitung seines erfahrenen Chefkonstrukteurs Ewald Dähn auch diese Aufgabe hervorragend gelöst hat. Die nachstehende Übersicht vermittelt einen Eindruck, zu welch bemerkenswertem Standardisierungsgrad diese klare Zielstellung geführt hat.

Einheitlich sind:	am Fahrzeug:		
Motor komplett (außer Schaltbetätigung)		SR 4-2	KR 51
Vordergabel komplett	–	SR 4-2	KR 51
Hinterradschwinge	SR 4-1	SR 4-2	KR 51
Federbeine vorn	–	SR 4-2	KR 51
Federbeine hinten	SR 4-1	SR 4-2	KR 51
Laufräder komplett	SR 4-1	SR 4-2	KR 51
Kettenkapselung	SR 4-1	SR 4-2	KR 51
Sitzbank	–	SR 4-2	KR 51
Lenker komplett (bis auf Schaltdrehgriff)	–	SR 4-2	KR 51
Scheinwerfer	–	SR 4-2	KR 51
Rückleuchte	SR 4-1	SR 4-2	KR 51

9 Die moderne Vollverkleidung der „Schwalbe"

Der Kleinroller „Schwalbe"

Das Rückgrat des Kleinrollers „Schwalbe" bildet ein kräftiger Doppelrohrrahmen. Er erlaubt bei hoher Steifigkeit den freien Durchstieg. Damen wissen diesen Umstand ganz besonders zu schätzen. Zwischen den beiden Rahmenrohren sind die Motoraufhängungen eingeschweißt. Eingebaut wird die Dreigangausführung des neuen Simson-Motors mit Handschaltung vom Lenker aus.

Der Kleinroller bietet überdurchschnittlichen Fahrkomfort. Die beiden 16"-Räder mit vergüteten und polierten Leichtmetallfelgen werden in Langschwingen geführt. Beide Schwingen werden von je einem Paar der reibungsgedämpften Federbeine abgestützt, die sich bereits am KR 50 bewährt haben. Sie sind robust aufgebaut und durch ihr Dämpfungsprinzip nahezu wartungsfrei. Die Federbeine für das Vorder- und Hinterrad sind bis auf die Tragfedern identisch. Der unterschiedlichen Lastverteilung entsprechend besitzen die hinteren Federbeine lediglich härtere Federn. Die Fahrerprobung hat zu dem Ergebnis geführt, daß auch bei Zweipersonenbetrieb auf eine Verstelleinrichtung für die Federhärte der hinteren Federbeine verzichtet werden kann, ohne daß dem Fahrzeug hinsichtlich Fahreigenschaften daraus irgendwelche Nachteile erwachsen.

Hervorragend wirken die beiden Bremsen. Gegenüber ausländischen Vergleichsfahrzeugen sind die beiden Vollnabenbremsen mit 125 mm Trommeldurchmesser und 25 mm Bremsbelagbreite sehr reichlich dimensioniert. Jeder Fahrer, der eines der neuen Simson-Kleinfahrzeuge fährt, wird feststellen können, daß sie von den Bremsen her gesehen besonders verkehrssicher sind. Zur Erhöhung der Betriebssicherheit sind die Bremshebel, die Bowdenzugeinhänge usw. in das Innere der Nabe verlegt. Gleichzeitig wird damit die Bremstrommel außen glattflächiger und läßt sich leichter reinigen.

Die Sekundärkette am Kleinroller „Schwalbe" ist – wie bei den anderen neuen Fahrzeugen auch – nach dem bewährten MZ-Patent durch Gummischläuche staubdicht gekapselt. Die Kette erreicht dadurch das Mehrfache der Lebensdauer einer ungekapselten Kette.

Bemerkenswert ist die elektrische Ausstattung des Kleinrollers. Es wurde bereits erwähnt, daß im Schwunglichtmagnetzünder zwei Lichtspulen installiert sind, die bei 6 Volt Betriebsspannung zusammen 33 Watt Lichtleistung erzeugen. Die eine Lichtspule mit 18 Watt Leistung speist ausschließlich die 15/15-Watt-Biluxlampe des Scheinwerfers. Der Scheinwerfer mit einem Lichtaustritt von 136 mm Durchmesser garantiert eine vorbildliche Ausleuchtung der Fahrbahn. Die zweite Lichtspule mit 18 Watt Leistung speist das Stopplicht des Fahrzeugs und über eine Drossel das 5-Watt-Schlußlicht. Die gleiche Spule lädt während des Fahrbetriebs über einen Diodengleichrichter den Bleisammler (4,5 Ah). Die Ladestromstärke für den Bleisammler kann in zwei Stufen (schwach und stark) entsprechend der Belastung durch Stromverbraucher eingestellt werden. Verändert wird die Ladestromstärke durch einfaches Umklemmen der Kabel an der Ladeanlage. Im Zuge der Bestrebung, die Verkehrssicherheit der Fahrzeuge zu erhöhen, erhielt die „Schwalbe" zur Fahrtrichtungsanzeige eine elektrische Blinkanlage. Betätigt werden die beiden Blinkleuchten durch einen Schalter vom rechten Lenkerende aus. Der zugehörige Blinkgeber ist schwingungsgedämpft unter dem Frontschild des Kleinrollers befestigt. Wenn es notwendig ist, den Kleinroller bei Nacht auf unbeleuchteten Straßen zu parken, so kann das

Technische Daten Kleinroller „Schwalbe"

1. Motor

Hersteller, Typ	VEB Simson Suhl, M 53 KHL
Arbeitsverfahren	Zweitakt-Umkehrspülung
Hub	39,5 mm
Bohrung	40 mm
Hubraum	49,6 cm³
Verdichtungsverhältnis	9,5:1
Höchstleistung	3,4 PS bei 6500 U/min
maximales Drehmoment	0,38 kpm bei 6000 U/min
Kühlung	Radialgebläse auf Kurbelwelle
Schmierung	Gemisch 1:33/Kurbelwellenhauptlager von Getriebe
Kraftstoff	VK extra
Vergaser	NKJ 153-5, 15 mm ⌀ Durchlaß
Zündzeitpunkt	1,5 mm vor OT

2. Elektrische Anlage

Zündung, Lichtmaschine	Schwunglichtmagnetzünder 6 V, 33 W mit Ladeanlage
Zündkerze	M 14-280
Batterie	Bleisammler 6 V; 4,5 Ah
Scheinwerfer	15/15 W, 136 mm Lichtaustritt
Blinkanlage	2 Lenkerblinkleuchten je 18 W
Bremslicht	18 W
Parklicht	2 W (auf Lenkermitte)
Tachobeleuchtung	0,6 W

3. Kraftübertragung

Kupplung	4-Scheiben-Lamellenkupplung, in Ölbad laufend
Getriebe	klauengeschaltetes Zahnradgetriebe
Schaltung	Drehgriffschaltung
Anzahl der Gänge	3
Übersetzungen:	
Motor/Getriebe	3,28:1
Getriebe/Hinterrad	2,43:1

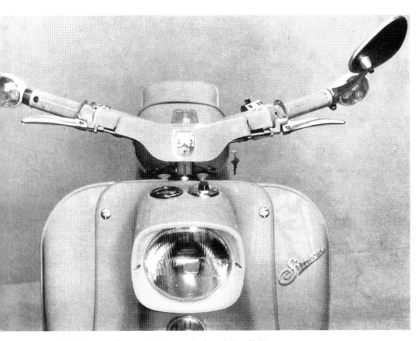

10 Die Scheinwerfer- und Lenkerpartie der „Schwalbe"

1. Gang	4:1
2. Gang	2,11:1
3. Gang	1,39:1
Kraftübertragung	
Motor/Getriebe	mittels schrägverzahnter Zahnräder
Getriebe/Hinterrad	mittels Einfachrollenkette
	$1 \times 12{,}7 \times 5{,}21 \times 114$

4. Fahrwerk

Rahmenbauart	Doppelrohrrahmen
Federung vorn	Langschwinge mit 2 Federbeinen
Federung hinten	Schwinge mit 2 Federbeinen
maximale Einfederung	
vorn	105 mm
hinten	85 mm
Stoßdämpfer vorn und hinten	Reibungsdämpfer im Federbein
Felgengröße	$1{,}5 \text{ A} \times 16\text{-}3$
Bereifung, vorn und hinten	$20 \times 2{,}75$
Bremsen	mechanische Innenbackenbremse
Bremstrommeldurchmesser	125 mm
Bremsbelagbreite	25 mm
wirksame Bremsfläche	je 58 cm²

5. Abmessungen und Massen

Länge über alles	1815 mm
Breite über alles	745 mm
Höhe über alles	1125 mm
Radstand	1190 mm
Leermasse	78 kg (voll getankt)
Masse-Leistung-Verhältnis	22,9 kg/PS
Zulässige Gesamtmasse	230 kg
Kraftstoffbehälterinhalt	6,8 l
davon Reserve	0,8 l
Anzahl der Sitzplätze	2

6. Fahrleistungen

Höchstgeschwindigkeit	60 km/h
Kraftstoffverbrauch	2,6 l/100 km

Fahrzeug durch die Parkleuchte auf der Lenkerverkleidung den polizeilichen Vorschriften entsprechend beleuchtet werden. Dieses Detail ist neu im Zweiradfahrzeugbau.

Die bewährte Verkleidung des KR 50 wurde beim Kleinroller „Schwalbe" im Prinzip beibehalten. Formänderungen ergeben sich zwangsläufig durch die Einführung des neuen Scheinwerfers mit rechteckigem Abdeckring und durch den Aufbau der Doppelsitzbank. Beide Änderungen gereichen der Linienführung des Rollers durchaus zum Vorteil. Die Doppelsitzbank ist aufklappbar. In Ruhestellung wird sie durch ein Sicherheitsschloß verriegelt. Unter ihr liegt der Einfüllstutzen für den 6,8 l fassenden Kraftstoffbehälter. Vor diesem sind in einer Mulde das Bordwerkzeug und der Ersatzschlauch verstaut.

Die Sitzposition im Solobetrieb ist sehr gut. Die Sitzbank ist weich gepolstert, die Bedienungshebel liegen griffsicher, und auch die Füße finden auf den langen Trittbrettern ausreichend Platz. Im Soziusbetrieb geht es naturgemäß etwas eng zu, wenn beide Partner das Normalmaß überschreiten. Doch wenn man den Verwendungszweck eines derartigen Fahrzeugs berücksichtigt, so wird es keineswegs als unzumutbar empfunden. Beeindruckend bleibt in jedem Fall, wie lebendig im Verkehrsfluß das Fahrzeug auch mit Sozia bleibt.

Soweit Umfragen bei Kunden verbindliche Rückschlüsse zulassen, wird der Kleinroller „Schwalbe" eine große Anhängerschaft finden. Von seiten des VEB Simson werden alle Anstrengungen unternommen, um auch durch eine gediegene Farbgebung den Wünschen der Käufer entgegenzukommen.

11 Blick auf den Tachometer und das Zündschloß des Kleinrollers

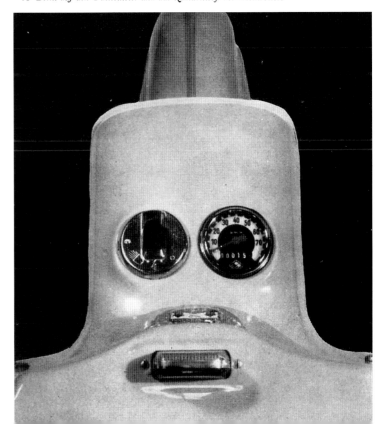

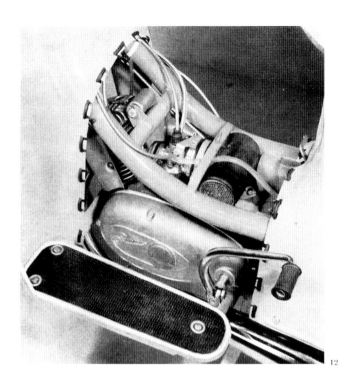

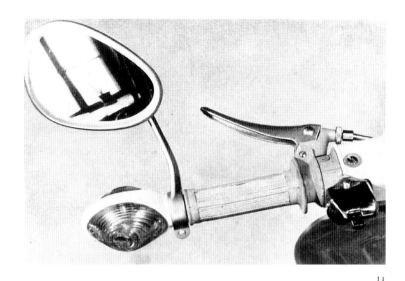

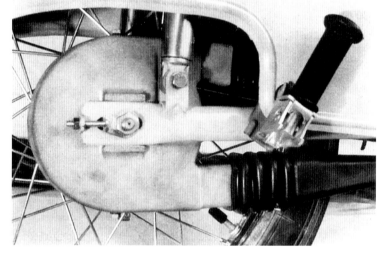

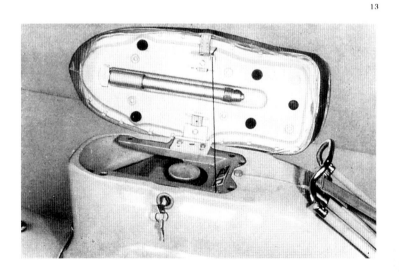

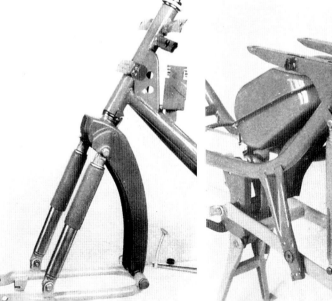

12 Blick auf den Motor des Kleinrollers bei abgenommenem Motortunnel

13 Doppelsitzbank geöffnet, Blick auf den Einfüllstutzen des Kraftstoffbehälters, auf die Luftpumpe und den Raum für die Werkzeugtasche

14 Linkes Lenkerende des Kleinrollers mit Blinkleuchte, Rückblickspiegel und Dreigang-Schalterdrehgriff

15 An allen neuen Simson-Fahrzeugen ist die Kette nach dem bewährten MZ-Patent gekapselt

16 a/b Vorder- und Hinterrahmen des Kleinrollers „Schwalbe"

Das Mokick „Star"

Das Mokick „Star" ist mehr nach der sportlichen Seite hin konzipiert. Das Fahrzeug entspricht dadurch eher der Mentalität junger Menschen als der seriösere Kleinroller und wird auch in diesem Kreise die größte Anhängerschaft finden, zumal für seine Benutzung von der Verkehrspolizei lediglich der Mopedberechtigungsschein gefordert wird.

Das Mokick weist alle Attribute eines ausgewachsenen Motorrades auf, bewahrt aber den Anfänger davor, in Geschwindigkeitsbereiche vorzustoßen, die ihn zwar reizen, die er aber noch nicht zu beherrschen vermag. Es wäre jedoch falsch, dieses quicklebendige Fahrzeug lediglich aus dieser Perspektive betrachten zu wollen und es als eine Art „Motorradembryo" abzutun. Der „Star" ist leicht und für den Fahrer dadurch besonders handlich, startfreudig, dazu sparsam und auch temperamentvoll genug, um im Stadtverkehr zügig mithalten zu können. Das Fahrzeug ist vielseitig verwendbar. Es kann sowohl das Hobby eines Jugendlichen sein wie auch als zuverlässiges Transportmittel für die täglichen Berufsfahrten dienen, wenn dabei nicht ausgesprochen Wert auf Schmutzschutz gelegt wird, den ausschließlich der Kleinroller bietet.

Das Mokick ist für Soziusbetrieb ebenso zugelassen wie der Kleinroller „Schwalbe". Der Motor ist in seinen Kennwerten identisch mit dem des Kleinrollers, leistet also 3,4 PS bei 6500 U/min und besitzt ein Dreiganggetriebe. Allerdings ist hier – dem Charakter des Fahrzeugs entsprechend – eine Fußschaltung eingebaut.

Außer dem Motor besitzt das Mokick weitere mit dem Kleinroller baugleiche Teile, so die komplette Vordergabel mit Laufrad (bis auf eine kleine Abweichung am Steuerrohr), die komplette Hinterradfederung mit Federbeinen, Rad- und Kettenkapselung und nicht zuletzt auch die gesamte Elektrik. Gänzlich anders ist jedoch der Rahmen konstruiert. Es ist eine Kombination zwischen Zentralrohr- und Blechprägerahmen. Das Zentralrohr trägt den Steuerkopf und die beiden Motoraufhängungen. An ihm ist hinten der Sitzträger angesetzt, der aus zwei geprägten und verschweißten Blechhälften besteht. In dem Hohlraum des Sitzträgers sind das Bordwerkzeug, der Ersatzschlauch usw. unterge-

Technische Daten Mokick SR 4-2

1. Motor

Hersteller, Typ	VEB Simson Suhl, M 53 KF
Arbeitsverfahren	Zweitakt-Umkehrspülung
Hub	39,5 mm
Bohrung	40 mm
Hubraum	49,6 cm³
Verdichtungsverhältnis	9,5:1
Höchstleistung	3,4 PS bei 6500 U/min
maximales Drehmoment	0,38 kpm bei 6000 U/min
Kühlung	Radialgebläse auf Kurbelwelle
Schmierung	Gemisch 1:33/Kurbelwellenhauptlager von Getriebe
Kraftstoff	VK extra
Vergaser	NKJ 153-5, 15 mm ⌀ Durchlaß
Zündzeitpunkt	1,5 mm vor OT

2. Elektrische Anlage

Zündung, Lichtmaschine	Schwunglichtmagnetzünder 6 V, 33 W mit Ladeanlage
Zündkerze	M 14-280
Batterie	Bleisammler 6 V; 4,5 Ah
Scheinwerfer	15/15 W, 136 mm Lichtaustritt
Blinkanlage	2 Lenkerblinkleuchten je 18 W
Bremslicht	18 W
Parklicht	2 W (auf Lenkermitte)

3. Kraftübertragung

Kupplung	4-Scheiben-Lamellenkupplung, in Ölbad laufend
Getriebe	klauengeschaltetes Zahnradgetriebe
Schaltung	Fußschaltung
Anzahl der Gänge	3
Übersetzungen	
Motor/Getriebe	3,28:1
Getriebe/Hinterrad	2,43:1
1. Gang	4:1
2. Gang	2,11:1
3. Gang	1,39:1
Kraftübertragung	
Motor/Getriebe	mittels schrägverzahnter Zahnräder
Getriebe/Hinterrad	mittels Einfachrollenkette 1 × 12,7 × 5,21 × 110

4. Fahrwerk

Rahmenbauart	Rohrprägerahmen
Federung vorn	Langschwinge mit zwei Federbeinen
Federung hinten	Schwinge mit zwei Federbeinen
maximale Einfederung	
vorn	105 mm
hinten	85 mm
Stoßdämpfer vorn und hinten	Reibungsdämpfer im Federbein
Felgengröße	1,5 A × 16-3
Bereifung, vorn und hinten	20 × 2,75
Bremsen	mechanische Innenbackenbremse
Bremstrommeldurchmesser	125 mm
Bremsbelagbreite	25 mm
wirksame Bremsfläche	je 58 cm²

5. Abmessungen und Massen

Länge über alles	1880 mm
Breite über alles	715 mm
Höhe über alles	1220 mm
Radstand	1200 mm
Leermasse	75 kg (voll getankt)
Masse-Leistung-Verhältnis	22 kg/PS
zulässige Gesamtmasse	230 kg
Kraftstoffbehälterinhalt	8,5 l
davon Reserve	1,5 l
Anzahl der Sitzplätze	2

6. Fahrleistungen

Beschleunigung	
500 m	39,6 s
0 bis 50 km/h	16,0 s
Höchstgeschwindigkeit	60 km/h
Kraftstoffverbrauch	2,7 l/100 km

bracht. Nach oben wird die Öffnung des Sitzträgers von der aufklappbaren Sitzbank abgedeckt.

Der Kraftstoffbehälter des „Star" faßt 8,5 l. An den Kraftstoffbehälter schließt sich nach vorn das modern geformte Scheinwerfergehäuse an, in das außerdem Tachometer und Zündschloß und im unteren Teil das Signalhorn eingebaut sind. Wie bei den Zschopauer Motorrädern ist der Scheinwerfer feststehend und erleichtert dadurch eine formgestalterisch gute Lösung dieser Partie. Die Motorpartie wird durch zwei Abdeckbleche mit je einer zentralen Befestigungsmutter glattflächig gehalten. In ihrer Formgebung unterstreichen sie die harmonische Linienführung des gesamten Fahrzeugs.

Gesamtansicht des Mopeds „Spatz" 17

Technische Daten Moped SR 4-1

1. **Motor**
   - Hersteller, Typ: VEB Büromaschinenwerk Sömmerda Sö 4-1 P/K
   - Arbeitsverfahren: Zweitakt-Umkehrspülung
   - Hub: 42 mm
   - Bohrung: 38 mm
   - Hubraum: 47,6 cm³
   - Verdichtungsverhältnis: 8,5:1
   - Höchstleistung: 2,0 PS bei 5200 U/min
   - maximales Drehmoment: 0,32 kpm bei 4200 U/min
   - Kühlung: Fahrtwindkühlung
   - Schmierung: Gemisch 1:33
   - Vergaser: NKJ 133, 13 mm Durchlaß
   - Zündzeitpunkt: 2,5 mm vor OT

2. **Elektrische Anlage**
   - Zündung, Lichtmaschine: Schwunglichtmagnetzünder 6 V, 33 W
   - Zündkerze: M 14-240
   - Batterie: Trockenbatterie 6 V (4 Monozellen)
   - Scheinwerfer: 15/15 W, Lichtaustritt 100 mm
   - Bremslicht: 18 W
   - Rücklicht: 5 W

3. **Kraftübertragung**
   - Kupplung: 3-Scheiben-Lamellenkupplung in Ölbad laufend
   - Getriebe: Zahnradgetriebe, klauengeschaltet
   - Schaltung: Drehgriffhandschaltung am Lenker
   - Anzahl der Gänge: 2
   - Übersetzungen
     - Motor/Getriebe: 3,3:1
     - Getriebe/Hinterrad: 2:1
     - 1. Gang: 3,5:1
     - 2. Gang: 2:1
   - Kraftübertragung
     - Motor/Getriebe: mittels Zahnräder
     - Getriebe/Hinterrad: mittels Einfachrollenkette 2×12,7×5,21×112

4. **Fahrwerk**
   - Rahmenbauart: Rohr-Prägerahmen
   - Federung vorn: Kurzschwinge mit Schraubenfedern
   - Federung hinten: Schwinge mit 2 Federbeinen
   - maximale Einfederung
     - vorn: 72 mm
     - hinten: 85 mm
   - Stoßdämpfer hinten: Reibungsdämpfer im Federbein
   - Bereifung vorn und hinten: 20×2,75
   - Felgengröße: 1,5 A×16-3
   - Bremsen: mechanische Innenbackenbremsen
   - Bremstrommeldurchmesser: 125 mm
   - Bremsbelagbreite: 25 mm
   - wirksame Bremsfläche: je 58 cm²

5. **Abmessungen und Massen**
   - Länge über alles: 1850 mm
   - Breite über alles: 690 mm
   - Höhe über alles: 1080 mm
   - Radstand: 1185 mm
   - Leermasse: 65 kg (voll getankt)
   - Masse-Leistung-Verhältnis: 32,5 kg/PS
   - zulässige Gesamtmasse: 170 kg
   - Kraftstoffbehälterinhalt: 8,5 l
     - davon Reserve: 1,5 l
   - Anzahl der Sitzplätze: 1

6. **Fahrleistungen**
   - Beschleunigung
     - 500 mm: 43,2 s
     - 0 bis 40 km/h: 12,0 s
   - Höchstgeschwindigkeit: 50 km/h
   - Kraftstoffverbrauch: 2,0 l/100 km

Das Moped „Spatz"

Das Moped „Spatz" ist das einfachste Modell der neuen SR-4-Reihe. Es ist der Übergangstyp vom alten bewährten SR 2 E zu den SR-4-Modellen mit Dreigang-Motor. Als einziges Fahrzeug dieser Reihe besitzt es noch den Sömmerdaer Zweigangmotor als Antriebsquelle. Die Leistung des Motors beträgt 2 PS bei 5200 U/min. Das Moped ist einsitzig und erreicht eine Höchstgeschwindigkeit von 50 km/h. Es kann wahlweise mit Kickstarter oder dem beim Moped üblichen Pedalantrieb geliefert werden. Den Einbauverhältnissen entsprechend wurden an diesem Motor einige konstruktive Änderungen vorgenommen. So erhielt er einen neuen Elektrikdeckel mit angegossenen Aufnahmen für die beiden Kettenschutzschläuche. Weiter wurde der Zylinderdeckel konstruktiv so verändert, daß die Aufhängepunkte denen für den neuen Simson-Motor gleichen. Nicht zuletzt wurde der 2-PS-Motor auch ansaugseitig verbessert. Der Vergaser erhielt einen Durchlaß von 13 mm. Zusätzlich wurde er mit der Filterschale mit Starteinrichtung und dem gleichen Ansauggeräuschdämpfer versehen, wie er beim neuen Simson-Dreigangmotor verwendet wird.

Viele Teile des Mopeds „Spatz" sind identisch mit denen des Mokicks „Star", so der Rahmen mit Kraftstoffbehälter, die komplette Hinterradfederung mit Federbeinen und Kettenkapselung und die Laufräder. Die Vordergabel stammt dagegen original vom SR 2 E.

Ohne Zweifel stellt das Moped „Spatz" eine solide Weiterentwicklung des SR 2 E dar, indem durch die verbesserte Federung und durch die Vollkapselung der Antriebskette der Gebrauchswert des Mopeds beträchtlich erhöht wird, ohne daß dabei sein Charakter als „Einfachmoped" verlorengegangen ist.

Die Simson-Geländesportmaschine GS 50

Wer das Geschehen im Motorsport über die letzten Jahre aufmerksam verfolgte, konnte Zweifel an seiner Lebensfähigkeit hegen, sofern er nicht die Auffassung vertrat, daß sich der Motorsport im sensationellen Duell einiger weniger Fahrer erschöpft, die leistungsmäßig auf einsamer Höhe stehen. Diese Tendenz, die vom Straßenrennsport ausging, war auch im Geländesport festzustellen. Die Maschinen wurden von Jahr zu Jahr leistungsstärker, die Strecken härter und die Fahrweise immer verwegener, so daß hier kaum noch etwas vom eigentlichen Inhalt des Begriffs „Sport" als männlichem Spiel übrigblieb. Vor wenigen Jahren noch wurden jene ausgelacht, die den Gedanken äußerten, daß hier Fahrzeuge mit 50-cm³-Motoren eine Wende herbeiführen und den Motorsport aus seinem Dilemma herausführen könnten. Wie keine andere Klasse haben sich aber gerade diese Maschinen als geeignet erwiesen, einen größeren Kreis von Sportfreunden in die Wettbewerbe einzubeziehen, als das bisher möglich war. Die Anschaffung und Unterhaltung einer 50-cm³-Geländesportmaschine ist auch dem möglich, der sich nicht ausschließlich dem Motorsport zu opfern gedenkt.

Im VEB Simson wurde die Emanzipation der 50-cm³-Klasse im internationalen Sportgeschehen naturgemäß sehr aufmerksam verfolgt. Nachdem sich die Tendenz klar erkennen ließ, wurde der Sportabteilung des Werkes der Auftrag zur Entwicklung einer eigenen 50-cm³-Geländesportmaschine erteilt. Der Anfang war schwer, doch selbst die größten Optimisten der Sportabteilung sehen heute ihre gewiß nicht kleinen Erwartungen, die sie in dieses Fahrzeug gesetzt hatten, weit übertroffen. Konstruiert wurde die GS-50 vom damaligen Leiter der Sportabteilung Werner Strauch, der das notwendige Wissen und Können besaß, um das Fahrzeug auf Anhieb so leistungsfähig und ohne unnötigen Ballast auch so standfest zu machen, daß es sich bereits bei seinem Debüt durchsetzen konnte. Gebaut wurde die Maschine vom begeisterten Kollektiv seiner Mitarbeiter.

Der Motor der GS 50 baut auf dem neuen 50-cm³-Dreigang-Motor auf. Durch verschiedene Maßnahmen konnte die Leistung des Motors auf 5,5 PS bei 8000 U/min gesteigert werden. Auf eine Gebläsekühlung des Zylinders wurde zugunsten geringer Eigenmasse des Fahrzeugs verzichtet und dafür ein großflächig verrippter Zylinder in Breitwandausführung geschaffen. Um die Pumparbeit des Kolbens zu verbessern, reduzierte man den Kurbelgehäusetotraum durch eine massivere Kurbelwelle auf ein Minimum. Außerdem wurden mit Rücksicht auf die höheren Drehzahlen die Steuerzeiten ansaug- und abgasseitig vergrößert. Das Kraftstoff-Luft-Gemisch saugt der Motor über einen BVF-Vergaser von 17 mm Durchlaß an. Um die Überströmkanäle strömungsgünstig exakt

Technische Daten Simson-Geländesportmaschinen GS 50

1. **Motor**
Arbeitsweise	Zweitakt
Hub	39,5 mm
Bohrung	40 mm
Zylinderinhalt	49,5 cm³
Verdichtungsverhältnis	10,5 : 1
Leistung	5,5 PS bei 8000 U/min
Zylinder	Leichtmetall mit Guß-Laufbuchse
Zylinderkopf	Leichtmetall
Vergaser	BVF 17 mm Durchlaß
Zündanlage	Schwunglichtmagnetzünder

2. **Getriebe**
Kraftübertragung:	
Motor/Getriebe	über Zahnräder
Getriebe/Hinterrad	Rollenkette $^1/_2''$ × 5,2 mm
Anzahl der Gänge	3 Gänge und Vorgelege
Art der Schaltung	Fußschaltung für Getriebe und Lenkerschaltung für Vorgelege

3. **Fahrgestell**
Rahmen	geschweißter Zentralrohrrahmen
Federung vorn und hinten	Schwinge mit ölgedämpften Federbeinen
Bremsen	Innenbackenbremsen
Bremstrommeldurchmesser	125 mm
Räder	Vorder- und Hinterrad 19''
Bereifung	Vorderrad 2,50/2,75 19
	Hinterrad 3,00–19

4. **Abmessungen und Masse**
Gesamtlänge	1850 mm
Lenkerbreite	700 mm
Gesamthöhe	1050 mm
Radstand	1240 mm
Steuerwinkel	65°
Nachlauf	90 mm
Bodenfreiheit	240 mm
Eigenmasse betriebsfertig mit Werkzeug und Kraftstoff	76 kg

bearbeiten zu können, werden sie im Guß aufgebrochen und später am fertigen Zylinder durch aufgeschraubte Deckel mit speziellen profilierten Einsätzen verschlossen.

Das Dreiganggetriebe des Serienmotors wurde beibehalten. Ein kleines Vorgelege, das nachträglich an das Motorgehäuse angesetzt wird, verdoppelt jedoch die Anzahl der Gänge, die dem Fahrer praktisch zur Verfügung stehen. Geschaltet wird das Vorgelege vom Lenker aus durch einen normalen Zweigang-Schaltdrehgriff, wie er am Moped SR 4-1 zu finden ist. Das neu konstruierte Fahrgestell der GS 50 ist in seiner Auslegung den Erfordernissen des Geländesports angepaßt. Vom Serienfahrzeug wurden lediglich die kompletten Bremstrommeln übernommen. Das wiederum ist ein Nachweis für die hohe Qualität der Serienbremsen, die selbst den Anforderungen des harten Geländebetriebes gewachsen sind. Die beiden Langschwingen werden von je einem Paar hydraulisch gedämpfter Federbeine abgestützt, die vom Motorrad entlehnt sind. Diese Federbeine haben sich ausgezeichnet bewährt und trugen ihren Teil dazu bei, daß die Fahreigenschaften der GS 50 selbst nach den Strapazen einer Sechs-Tage-Fahrt einwandfrei bleiben.

Die Nachfrage nach der Simson GS 50 ist nicht nur im Inland groß, auch aus dem Ausland liegen bereits zahlreiche Bestellungen vor. Den gegebenen Möglichkeiten entsprechend wurden von der Sportabteilung des VEB Simson noch im Jahre 1963 25 Fahrzeuge dieses Typs in einer Kleinserie gebaut und den Clubfahrern des ADMV zur Verfügung gestellt. Im Jahre 1964 war es bereits die doppelte Anzahl. Der Werkleitung des VEB Simson ist es ein besonderes Anliegen, in den nächsten Jahren dieses Modell in weit höherer Stückzahl zu fertigen, um damit dem Motorradbreitensport neue Impulse zu geben.

Gesamtansicht Simson GS 50 18

Gesamtansicht des Mokick „Star", Auspuffseite 19

WOLFRAM RIEDEL

Über Stock und Stein
Unterwegs mit einer Simson S 51 «Enduro»

Das Motorrad, so heißt es gelegentlich, sei das Pferd unserer Tage. Einem so pauschalen Vergleich versagt jeder besessene Reiter sicher spontan – und auch verständlicherweise – seine Zustimmung; denn bei aller Tempoüberlegenheit des Zweirades über einen Vierbeiner bleiben Roß und Reiter wesentlich «geländegängiger». Im Gelände können Fahrkünste nicht wettmachen, was dem Pferde angeboren ist.
Trotzdem wünschen Zweiradenthusiasten solche Eigenschaften auch von ihrer Maschine. Im Motorradgeländesport kommen die Aktiven zwar längst auf ihre Kosten, aber bevor eine kletter- und springtaugliche GS am Lenker gepackt werden darf, muß der Fahrer im allgemeinen erst entsprechendes Geschick bewiesen und sich Wettbewerbssporen verdient haben. Käuflich erwerben kann man ausgereifte Geländesport-Spezialmaschinen freilich nicht. Der Zugang zu ihnen führt nur über den aktiven Motorradsport, einen Klub des ADMV der DDR, die GST ...
Weil aber sowieso nicht jeder Zweiradfahrer Leistungssport betreiben möchte, glaubten die Motorradhersteller, für die große Serie den goldenen Mittelweg einschlagen zu müssen. Sie entwickelten und produzieren nun schon seit Jahren geländetaugliche Alltagsmaschinen, die besonders hart im Nehmen sind. Derartig stabile, fürs Fahren über Stock und Stein speziell proportionierte und ausgestattete Motorräder sind die «Enduros» (spanisch = ausdauernd).
Genug der Vorrede. Auch der VEB Fahrzeug- und Jagdwaffenwerk «Ernst Thälmann» in Suhl – Stammbetrieb unseres Zweirad-Kombinats – präsentierte Ende

1 Nicht alle Geländetücken lassen sich so im Fluge überwinden, aber wenn es sein muß (und wenn man es kann!), fliegt die Enduro-Mokick auch

1981 ein Simson-Modell mit der Zusatzbezeichnung «Enduro». Mit ihrem 50 cm³ großen Hubraum gleicht die Maschine einem Pony.

Mehr als ein Mokick

Wer sich auf die Sitzbank einer Simson S 51 Enduro schwingt, weiß natürlich, daß er nur ein Motörchen zur Verfügung hat, und er stößt auch an die Mokick-Fahrleistungsgrenzen. Ein Erwachsener vermag — ohne Schiebewindhilfe und ohne «liegende» Sitzposition — auf Straßen in der Ebene die Höchstgeschwindigkeit von 60 km/h zu erreichen. Unter normalen Bedingungen auf der Straße lassen sich auch kaum Verhaltensunterschiede — im Vergleich zum Mokick — feststellen. Der etwas höhere Lenker verhilft zu einer entspannten Sitzposition, auf der strukturierten Sitzbank sitzen Fahrer und Mitfahrer ein wenig weicher. Anteil am Eindruck vom größeren Sitzkomfort haben aber zweifellos vor allem die von der Zschopauer ETZ 250 stammenden Federbeine mit hydraulischer Dämpfung, deren Federhärte sich zweistufig einstellen läßt: Knebel nach vorn = weich; Knebel nach hinten = hart.

Weil beim Fahren zunächst nichts daran erinnert, kann es Überraschungen mit den Reifen geben. Ihr grobstolliges Profil K 32 mit hohem Selbstreinigungseffekt ergibt zusammen mit regenfeuchtem Straßenpflaster keine ideale Paarung. Bei großer Schräglage (hohe Kurvengeschwindigkeit, enger Radius), jedoch auch bei schroffem Bremsen rutschen die kantigen Stollen der Reifen zwar weniger als vielleicht befürchtet, lassen aber von einem bestimmten Punkt an bei nassem Pflaster und feuchtem Asphalt Labilität spüren. Vorsicht ist also geboten. Wer weiß vorher schon, wann's kritisch wird? Es sind erst einmal Erfahrungen zu sammeln. Stürze gehören ja nicht unbedingt ins Trainingsprogramm! Richtig in ihrem Element sind die groben Profilblöcke der Reifen erwartungsgemäß erst auf lockerem oder blätterbedecktem Waldboden, im Sand oder Schlamm. In gleicher Weise werden die stark profilierten «Pneumant» aus Heidenau mit Schnee fertig — beste Voraussetzungen also dafür, daß sich Enduro-Fahrer Geländetouren durch reizvolle, tiefverschneite Winterlandschaften nicht versagen müssen.

Kufen hat eine Enduro freilich nicht. Die Reifen müssen demzufolge noch griffigen Grund finden. In einer tiefen Schneewehe ist der Traum aus ...

Erstaunlich gut bleibt der Schmutzschutz trotz der im Interesse der Bodenfreiheit und der sportlichen Note knapp ausgefallenen Schutzbleche über Vorderrad und Hinterrad.

Dank der strebenlosen Befestigung des vorderen Kotflügels (laschenartige Halterung an den Telegabelholmen) wird nichts zum Schlammabstreifer, und der Fahrer muß selbst bei zügiger Fahrt über aufgeweichten Boden nicht damit rechnen, daß sich das Vorderrad als Dreckschleuder entpuppt. Dennoch sind die serienmäßig durch Gummifaltenbälge abgedeckten Gleitflächen der Teleskopgabel nicht entbehrlich, überzieht sich doch dieser exponierte Bereich schon bei gewöhnlicher Schönwetterfahrt mit einer feinen Schmutzschicht, die — fehlte die Abdeckung — den Verschleiß der Teleskopgabel beschleunigte und dann dem Dämpferöl allzu leicht den Weg ins Freie bahnte. Mokicks ohne Gummifaltenbälge über den Gabelrohren sind jedenfalls entsprechend benachteiligt, wie die Praxis zeigt. Rundum gerecht wird die Teleskopgabel der Simson-Enduro den speziellen Geländefahrtanforderungen aber nicht. Der Härte der von ihr zu ertragenden Stöße ist sie nicht voll gewachsen, und so kommt es, daß die abrupt tief einfedernde Gabel öfter einmal am Ende ihres 130 mm langen Federwegs anlangt. Von der hydraulischen Wegbegrenzung spürt der Fahrer dann recht wenig. Knallhart gibt die Federung Signal: Bis hierhin und nicht weiter! Dem Fahrer tut's irgendwie weh, wenn er vielleicht selbst den Ausschlag dafür gab und im Augenblick des geländebedingten tiefen Eintauchens der Teleskopgabel obendrein noch die Handbremse benutzte, wozu ja gerade unter schwierigen Bedingungen öfter einmal Veranlassung ist. Damit das Fahrwerk solcher Stauchbeanspruchung standhält, bekam die S 51 anstelle der sonst üblichen Leichtmetallfelgen stabile Stahlfelgen, und den unten offenen Brückenrohrrahmen verstärken zwei Unterzugstreben, die vom Steuerkopf schräg hinunter zum Rahmenteil der Triebwerksaufhängung führen.

Alles rund?

Wohl charakteristischstes und sofort ins Auge fallendes Merkmal der S 51 ist ihre hochgelegene Abgasanlage nach dem Vorbild einer GS-Ausführung. Der in der «ersten Etage» angeordnete Schalldämpfer, den im Beinbereich der Besatzung (Fahrer/Mitfahrer) ein geschwärztes Wärmeschutzgitter abschirmt, verschaffte dem Maschinchen mehr Bodenfreiheit und ein gutes Watvermögen. Etwa bis zu den Fußknöcheln des Fahrers (Füße auf den Rasten!) darf das Wasser schon einmal kurzzeitig reichen, ohne daß es den Motor badet. Betont mit Tempo dürfen knietiefe Wasserlachen freilich nicht durchpflügt werden, damit hochschlagende Wellen den Vergaser(-ansaugstutzen) nicht auf Tauchstation schicken. Erstaunlicherweise bringen kräftige Duschen, selbst wenn sie auch direkt über dem Kerzenstecker niedergehen, den Motor noch nicht einmal ins Stottern. Auf einen Unterwassertest sollten neugierige Enduro-Fahrer aber besser verzichten ...

Irgendeine Störung mitten im Gelände, die zur Fehlersuche oder zu Instandsetzungsarbeiten veranlaßt, läßt eine gar nicht so nebensächliche Unterlassungssünde der Enduro-Väter auffallen: Es fehlt eine Seitenstütze! Der Kippständer findet auf weichem Boden kaum sicheren Halt, wenn nicht gerade Steine oder Wurzeln ihre Dienste anbieten. Eine solche Seitenstütze — gang und gäbe bei richtigen Geländesportmaschinen — wäre gewiß nützlicher und auch wichtiger als der zusätzliche rechte Rückblickspiegel.

Die breit ausladenden hohen Stabrundspiegel können ohnehin nicht durchweg begeistern. So vorteilhaft, ja geradezu unentbehrlich die beiderseitigen Rückblickspiegel mit Großformat und in Augennähe im normalen (Mehrspur-)Straßenverkehr auch sind, so nachteilig werden sie bei Fahrten im Gelände. Abgesehen davon, daß der Fahrer immer dann, wenn er nahe dran ist, Bekanntschaft mit dem Boden zu machen (und dabei braucht es gar nicht mal stürmisch zuzugehen!), die Spiegelgläser mehr in Gefahr sieht als seine Haut, sind Spiegel in dieser Form geradezu hinderlich, wenn herabhängenden Zweigen, Strauchwerk oder auch Baumstämmen blitzschnell ausgewichen werden

2 Gut zu erkennen sind hier die beiden Zugstreben, die den Rahmen versteifen, und die Bodenfreiheit des Maschinchens

muß. Trotz aller Aufmerksamkeit gehen die Spiegel, zumindest ihre Gläser, bei Geländefahrt mit Sicherheit sehr bald in die Brüche. Ein ähnliches Schicksal ist den Blinkleuchten beschieden, wenn sie irgendwo hängenbleiben sollten.

Glücklicherweise hat der Fahrer, wenn er auf der Enduro einigermaßen «zu Hause» ist, die nur 84 kg schwere Maschine sicherer noch als ein normales S 51-Mokick in den Händen, obgleich die Sitzpositionen selbst nahezu identisch sind. Die leicht schräg (nach oben) gestellten Fußrasten unterstützen das Drücken der Maschine, wenn augenblicklich Hindernissen ausgewichen werden muß, und der höhere Lenker läßt gutes Dirigieren zu. Weichere Gummigriffe wären allerdings wünschenswert. Beherztes Zugreifen erweist sich immer dann als ratsam, wenn das Vorderrad in eine markante Spurrinne gerät. Kletterqualitäten grobstolliger Reifen können die Nachteile relativ kleiner Räder ganz offensichtlich nicht ausgleichen. Mitunter braucht man mehrere Meter, um sich aus einer reifenbreiten Längsrinne zu befreien, und solche Versuche gehen nicht ohne Unsicherheiten und Schlenker ab. Das sei all jenen mit auf den Weg gegeben, die ihre Enduro-Premiere in der Annahme starten, Fahrgeschick sei angesichts der schon optisch erkennbaren Geländetauglichkeit fast Nebensache. Der Umgang mit einer Enduro — auch einer solchen mit nur 50 cm^3 Hubraum — will trainiert sein!

Pfeffer in kleinen Dosen
Das führt hin zu einer fast grundsätzlichen Frage: Wie werden 2,7 kW (3,7 PS) mit einem — sagen wir — 85-kg-Fahrer und einer 85-kg-Maschine (zusammen 170 kg) fertig, wenn von der Straße ins Gelände übergewechselt wird? Solange der kleine Zweitakter auf Drehzahlen gehalten wird, hinterläßt er selbst bei Bergauffahrt nicht den Eindruck, als ob er sich besonders quälen müßte. Rutscht die Drehzahl aber durch fahrerisches Ungeschick einmal «in den Keller», hilft Gasgeben allein fast nie oder nicht spontan genug, die Kräfte wieder zu wecken. Gerade im Gelände, wo es in schnellem Wechsel bergauf bergab geht, wo Langsamfahrstellen, steile Anstiege, Schlammlöcher und Wurzelpyramiden oft erst in letztem Moment entdeckt werden,

3 Enduro-Konturen haben ihren eigenen Reiz, wie diese Aufnahme in der Winterlandschaft zeigt

4 Stabil ist der Hinterbau mit den verstellbaren MZ-Federbeinen

5 Der kleine Suhler Zweitakter muß im Gelände Schwerarbeit leisten. Auch die Tellerfederkupplung wird arg strapaziert. Aber das Triebwerk erweist sich als standfest

6 Die Räder mit ihren Stahlfelgen und den grobstolligen «Pneumant»-Reifen K 32 erwekken einen recht robusten Eindruck

7 Anfangs hat man Angst, selbst so flache Wasserlachen zügig zu durchfahren. Nach und nach aber wird man mutiger.

kommt es ja auf unmittelbares Reagieren an. Wenn da nicht Kraft kommt wie gerufen, hängt man unweigerlich fest und darf sich schweißtreibenden Schiebemanövern widmen. Folglich muß der Fahrer einer Mini-Enduro unablässig darauf achten, das beste Drehmoment zur Verfügung zu haben, wenn's darauf ankommt. Solche Motordrehzahlen um 5000 U/min sind meist nur durch blitzschnelles Herunterschalten in den nächstniedrigen Gang zu retten, wenn die Fahrwiderstände jäh anwachsen. Selten reicht einmaliger Gangwechsel aus, und meistens muß man sowieso in den Ersten, wenn es kompliziert wird. Flinkes Kuppeln und Schalten sind dann gefragt. Dabei zeigt sich das Getriebe manchmal zu störrisch. Die Fußspitze muß zweimal oder dreimal auf den Schalthebel tippen, ehe die Schaltwalze ihre Position ausreichend verändert und der gewünschte erste Gang vom Ziehkeilgetriebe angenommen wird. Das kostet Zeit. Wertvoller Schwung geht verloren, das Maschinchen droht mit der Kapitulation vor den gerade zu bewältigenden Schwierigkeiten.

Abgesehen von der Notwendigkeit, mit den relativ bescheidenen Kräften einer 50-cm^3-Enduro haushalten zu müssen, wäre vielleicht ein fünfstufiges Getriebe eine Hilfe. Es böte einfach mehr Reserven. Daß ein solcher Wunsch schneller niedergeschrieben als realisierbar ist, soll beileibe nicht verkannt werden. Schließlich gibt es für die Simson-Enduro Auflagen, die vorrangig Berücksichtigung finden müssen. Schneller als es die StVZO erlaubt, dürfen 50-cm^3-Fahrzeuge nun einmal nicht laufen! Eine Motorcharakteristik und eine Getriebeabstufung, die allen Ansprüchen gleichermaßen genügen, kann es nicht geben. Mit Kompromissen muß sich also ein Enduro Fahrer in dieser Hubraumklasse abfinden.

Grund für die Beliebtheit ist zum Beispiel die Genügsamkeit, die die Kleinen auszeichnet. Genau damit kann auch die Simson-Enduro imponieren. Rund 3 l Kraftstoff (Gemisch 1:50) braucht sie für 100 km Fahrstrecke. Welches gleichermaßen schnelle Fahrzeug kann mit solcher Bescheidenheit noch aufwarten? Und nicht zuletzt sprechen auch Ausstattungsqualitäten für den silbergrauen Geländeflitzer aus Suhl: elektronische Zündanlage, 35-W-Scheinwerferlicht, Vierleuchten-

8 Enduro-Spaß im Schnee. Wenn das Gelände schwierig wird, friert der Fahrer nicht, denn dann braucht der kleine Motor doch ab und zu mal Schiebehilfe. 2,7 kW sind schließlich nur zur Verfügung ...

Blinkanlage, 21-W-Bremslicht mit 122-mm-Lichtaustrittsscheibe, Lichthupe, Standlicht (vorn und hinten), klappbarer Kickstarter — solche Details sind heute international selbst für Maschinen größerer Hubräume durchaus noch nicht Standard. Das ist ein Grund mehr, sich mit der Simson-Enduro anzufreunden.

Fotos: Riedel (4);
Zwingenberger (4)

WOLFRAM RIEDEL

Die Simson-Modellpalette heute

Ein Resümee

Daß es Zeiten gegeben hat, in denen es weder Mokicks noch Kleinroller auf Zweirad»narren« absahen, will man heute gar nicht so recht begreifen. Die Kategorie der 50-cm^3-Maschinchen – sie ist kaum mehr wegzudenken. Und das hat nicht nur einen Grund. Ihre Daseinsberechtigung weisen die Mini-Motorräder zuerst wohl dadurch nach, daß sie trotz der Liliput-Hubräume mittlerweile eine motorische Leistungsfähigkeit erreicht haben, die vielen Einsatzzwecken vollauf genügt. Selbst bei Soziusbetrieb lassen sie sich aus dem Stand heraus bis Tempo 50 erstaunlich gut beschleunigen; sie halten in innerstädtischen Verkehrsströmen glatt mit. Obendrein gehen sie imponierend sparsam mit Kraftstoff um.

Ganz wesentliche Sympathien gewinnen die Fünfziger in unserem Lande dank der großzügigen Festlegung in unserer StVZO, nach der motorisierte Zweiräder mit einem Hubraum bis 50 cm^3 und mit einer erreichbaren Höchstgeschwindigkeit von 60 km/h bereits von Personen gefahren werden dürfen, die ihr 15. Lebensjahr gerade vollendet haben. Zwei Hürden sind allerdings zu nehmen: der erfolgreiche Fahrschulbesuch und die schriftliche Zustimmung der Eltern zu diesem Vorhaben ...

Im Jahre 1986 waren in der DDR etwa zwei Millionen Kleinkrafträder auf Achse. Eine Riesenzahl! Heute werden's kaum weniger sein. Sie stammen fast ausnahmslos aus dem volkseigenen Fahrzeug- und Jagdwaffenwerk «Ernst Thälmann» Suhl. SIMSON – dieser Name hat weltweit einen guten Klang. Immerhin nimmt der Hauptbetrieb des IFA-Kombinats für Zweiradfahrzeuge Kurs auf das fünfmillionste Mini-Zweirad seit Aufnahme der Fertigung im Jahre 1961. Ein großer Teil davon wurde übrigens exportiert.

Noch nie war die Simson-Modellpalette so breit gefächert wie seit dem Produktionsanlauf der Mokickserie S 50 / S 51, einer außerordentlich erfolgreichen Reihe, von der Impulse auch für den Einstieg in die 70er Hubraumklasse, für die Entwicklung robuster Enduro-Varianten, die Übernahme des gebläselosen Triebwerks auch für den fast schon legendären Kleinroller «Schwalbe» und schließlich für die Konzeption eines völlig neuen Simson-Rollers, des SR 50/80, ausgingen.

Seit 1986 macht dieser jüngste Sproß des Simson-Stammbaums Furore bei den Kleinroller-Fans. Und nicht nur bei denen. Er setzte in vielem neue Maßstäbe, ja er wurde sogar so etwas wie eine Zweirad-DDR-Premiere. Einen Elektrostarter wie beim CE-Roller gab's schließlich serienmäßig an einem MZ- oder Simson-Zweirad bis dahin noch nie ... Doch mehr dazu später. Blicken wir zunächst noch einmal kurz zurück. Wie fing alles an in Suhl?

1 Ausgangspunkt für den Modellfächer der 80er Jahre: das Mokick S 51 (im Bild die viergängige Variante mit elektronischer Zündung).

Pedale ade!

Es war 1955, als im damaligen VEB Fahrzeug- und Gerätewerk Simson mit dem Moped SR 1 zum ersten Male ein 50-cm³-Zweirad auf die noch recht großen Räder gestellt wurde. Neben den rassigen Simson-Viertaktmaschinen vom Schlage einer Touren- und Sport-AWO (Simson 425 und 425 S), die in Suhl von 1951 bis 1962 gebaut wurden, nahm sich das frischgebackene Moped ziemlich bescheiden aus. Dem SR 1 folgte das SR 2 (1957 bis 1959) – nun schon mit kleineren Rädern, danach das SR 2 E mit Hinterradfederung und Vollnabenbremsen (1960 bis 1964), der erste einsitzige Kleinroller KR 50 (1959 bis 1964) und schließlich das motorradähnliche Moped Spatz (SR 4-1 P), aus dem sich parallel dazu mit dem SR 4-1 K gewissermaßen der Urtyp des Simson-Mokicks von heute entwickelte. Von nun an – 1966 – hatten die fahrradähnlichen Pedal-Fahrzeuge, die Mopeds, keine rechte Chance mehr bei Simson. Der zwischenzeitliche «Rückfall» in Gestalt eines urwüchsigen Motorfahrrads, des Simson-Mofas, 1971, ging auch prompt daneben. Heute hätte es – zumindest im Stadtverkehr – wahrscheinlich mehr Chancen. Die Begeisterung für das Gefährt hielt sich dann, konzeptionsbedingt, in recht engen Grenzen. Haupthandicap: Als Fahrrad, mit Muskelkraft, war das Suhler Mofa nur mit erheblicher Mühe fortzubewegen. Gerade die wahlweisen «Strampeltugenden» aber sind es ja, die bei einem solchen Zweirad die Originalität ausmachen.

Seither setzt also Simson generell nur noch auf zweisitzige Mokicks, kleinste **Mo**torräder mit **Kick**starter also, auf Kleinroller und «Mokräder» oder – wie sie inzwischen seriös heißen – Kleinkrafträder mit 70er Hubräumen.

Das Dutzend ist voll

Was fällt auf? In den 80er Jahren präsentierte Simson bei sehr weitgehender Standardisierung der Hauptbaugruppen eine Typenvielfalt wie nie zuvor: Mokicks S 51 mit drei und vier Gängen, wahlweise mit Blinkanlage und elektronischer Zündung oder gar mit Sonderlackierung (als Comfort-Modelle), dazu Leichtkrafträder vom Typ S 70 C und den Roller SR 50/80

2 «Historische Konturen»: die «Schwalbe» (KR 51/1-S) in einem frühen Stadium mit Lenkerblinkleuchten und eckiger Heckleuchte. Der Kleinroller wurde auch mit Handschaltung angeboten. Nur bei ihm gab es wahlweise eine automatische (Fliehkraft-) Kupplung.

3 Simson-Mofa 1 ohne Vorderradfederung. Kraftstoffbehälter über dem Hinterrad, viel Kettenlauf ...

4 S 51 Enduro mit verstärktem Mokickrahmen (doppelter Unterzug unterhalb des Tanks) und Stahlfelgen: Kotflügel gekürzt, Auspuff mit Wärmeschutz nach oben.

in nicht weniger als sieben (!) Varianten (SR 50 N, SR 50 B 3, SR 50 B 4, SR 50 bzw. SR 80 in C- und CE-Ausführung).
Sportlicher i-Punkt der Palette sind seit Jahren die Enduro-Maschinen S 51 E und S 70 E bzw. E 2. Mehr als ein Dutzend Simson-Zweiräder – da kommt's zur Qual der Wahl! Fahrleistungen und Krafstoffverbrauch der einzelnen Ausstattungsvarianten in der 50- und 70-cm³-Hubraumklasse liegen günstigerweise so dicht beisammen, daß sie den Interessenten nicht unentschlossen machen können. Auch die Fahreigenschaften haben gewissermaßen gute, allgemeingültige Simson-Familientraditionen. Unterschiede fallen eigentlich nur bei einem Vergleich zwischen den Mokicks oder Mini-Motorrädern und den Rollern ins Gewicht.

Der Technik-Stamm
Rückgrat des Simson-Stammbaums ist seit 1980 das Mokick S 51, der direkte Nachfahre des früheren S 50 (1975 bis 1980). Dieser Weiterentwicklung blieb zwar große Ähnlichkeit mit dem Vorgänger erhalten, aber auf der technischen Seite gab's eine ganze Menge Änderungen, die das Mokick aufwerteten.
Auffallend ist z. B. die großzügigere Verrippung des Zylinders und Zylinderdeckels, die noch mehr thermische Stabilität brachte. Der Motor leistet auch ein wenig mehr – 2,7 kW (3,7 PS) statt vorher 2,6 kW (3,6 PS). Erstmalig kam eine Tellerfederkupplung mit günstigeren Federkräften zum Einsatz. Sie erforderte weniger Handkraft. Dank des platzsparenden Ziehkeilprinzips beim Getriebe wurde es möglich, wahlweise auch vier Gangstufen anzubieten. So konnte mit der vergleichsweise bescheidenen Motorleistung vor allem in bergiger Gegend und bei Soziusbetrieb besser umgegangen werden. Über die Veränderung des Verhältnisses von Bohrung und Hub (S 50: 40/39,5 – S 51: 38/44 mm!) und andere Maßnahmen gelang es zudem, den Verlauf der Drehmomentkurve zu verbessern.
Allein die Aufzählung dieser wenigen Detailänderungen macht deutlich, daß nicht nur neu ist, was man schlechthin sieht.
Das Mokick S 51 machte seinen Weg. Gute Gründe gab es für die Käufer der kompletter ausgestatteten, attraktiveren und natürlich auch deutlich teureren Versionen wie auch für die Interessenten an einem Einfach-Modell. Bei diesem, dem «N»-Typ, ist alles dran, was man notwendigerweise braucht, mehr aber eben nicht. Da befinden sich die Soziusfußrasten beispielsweise an den sich ständig bewegenden Schwingenarmen und nicht an festen Rahmenauslegern, da gibt es keine Batterie (sondern Monozellen für die geforderte Hupe), kein Zündschloß (sondern einen Kurzschlußschalter) und grundsätzlich ein Dreigang-Getriebe.

5 Comfort-Variante des S 51 – Basis in Sachen Ausstattung für das Leichtkraftrad S 70.

Dennoch – die Normalausführung weiß, ihren Preisvorteil auszuspielen.
In der besonderen Gunst gerade jugendlicher Interessenten stehen aber – zumindest theoretisch (weil's Geld dazu nicht ganz reicht) – die besser, d. h. kompletter ausgestatteten Varianten. Viergang-Getriebe, eine leistungsfähige elektrische Anlage mit Scheinwerferlampen von 35/35 W (statt nur 25/25 W) Leistungsaufnahme, elektronische Zündung, klappbarer Kickstarter, Sitzbank mit Steppimitation, Drehzahlmesser, große Rundspiegel, Bremslichtkontakt am Handbremshebel, Gummifaltenbälge an der Teleskopgabel und verstellbare Federbeine – solche Ausstattungszugaben haben ihre Anziehungskraft bei ganz jungen Erststartern. Wer hat die Schönste im ganzen Land?

70er Comfort
Weniger glückliche Karten nahm Simson wohl mit der 70er C-Modellen in die Hand. Exportrezepte müssen im eigenen Lande nicht gleichermaßen Beifall ernten. Da können schon Führerscheinklassen und Preisrelationen zur Hürde werden. Jedenfalls haben es Leichtkrafträder, deren Fahrleistung nicht sehr wesentlich über der normaler Mokicks liegt, schon schwer, einem 150-cm³-Motorrad die Schau zu stehlen. Das um so mehr, wenn sie äußerlich allein am polizeilichen Kennzeichen zu erkennen sind. Denn sie erfordern einen «richtigen» Motorradführerschein und ein Alter (16 Jahre), mit

6 Das kleinste Motorrad der DDR in den 80er Jahren: Simson S 70 C. Mehr als 75 km/h Höchstgeschwindigkeit sind allerdings nicht drin.

7 Blick auf den doppelten Blechprägerahmen bei abgenommenem Seitenteil und Trittbrett. Über die (schwarze) Rohrstrebe – unterhalb des Auspuffkrümmers zu sehen – wird das Triebwerk gummielastisch abgestützt. Dahinter liegt der Elektrostarter.

dem auch auf eine 100 km/h schnelle MZ gestiegen werden darf ...
Ein Leichtkraftrad – so will's der Käufer – muß eben auch anders aussehen als ein Mokick. 20 cm³ mehr Hubraum machen's noch nicht. Ein Wink für die Zukunft, falls Simson auch weiterhin zwischen das Suhler Mokick und das kleine Zschopauer Motorrad noch Trümpfe stecken will, die stechen.
Bisher jedenfalls blieben die 70er aus den Thüringer Bergen im Schatten der 125er und 150er von MZ. Wer mit 16 «weg vom Mokick» wollte, stieg im allgemeinen lieber gleich auf das für ihn mögliche Maximum an Hubraum um, sofern die ängstlichen Eltern mitspielten und finanziell unter die Arme griffen.

Enduro-Spaß
Eine durchaus eigene Note konnten hingegen die Enduro-Varianten von Simson entwickeln – auch die auf der Basis des S 70. Das S 70 E/2 ist mit seinem hochgesetzten Plastkotflügel über dem Vorderrad geländegängiger als das S 51 E. Die 50 Prozent mehr Motorleistung sind bei Querfeldeintouren eine beruhigendere Klettergarantie. Darum blieb das fischsilberne Sport-Mokick S 51 E den Beweis seiner Daseinsberechtigung als «Einsteiger-Enduro» schon für 15jährige nicht schuldig. Sicher haben der hochgelegte Auspuff und der Hochlenker den größten Anteil an der Anziehungskraft der Simson-Enduros, die – wie die 70er Kleinkrafträder generell – auch einen durch zwei Unterzugrohrstreben verstärkten Rahmen bekamen. Dem rauheren Einsatz der Enduros wird mit kräftigeren, verstellbaren (MZ-)Federbeinen, einem 90 mm Federweg hinten, gekürzten Schutzblechen, Gummifaltenbälgen an der Telegabel, Stahlfelgen – und natürlich mit grobstolligen Geländereifen (Pneumant K 32) entsprochen. Alle anderen Details sind identisch mit denen der anspruchsvolleren Mokick-Varianten. Es gibt also z. B. vier Gänge, elektronische Zündung und große Stabspiegel.
Gedacht sind die Enduros von Simson für all jene, die mit dem Fahrzeug häufig auf unbefestigten Straßen und Wegen fahren müssen oder wollen. Die größere Geländegängigkeit (Bodenfreiheit!) der E-Typen kommt ihnen dabei zugute. Den grobstolligen Reifen, die mit Sand, lockerem Boden und Schnee viel besser fertigwerden als Standardreifen, muß man allerdings Tribut zollen: Auf festen, vor allem nassen Fahrbahndecken haften sie deutlich schlechter als die Feinprofilierten von Pneumant. Das verlangt Zurückhaltung bei Kurvenschräglagen und Vorsicht beim Bremsen (größere Sicherheitsabstände!).
Schön, daß Simson mit seinen Enduro-Modellen Angebote auch für den Zweirad-Freizeitsport junger Leute abseits der Straßen macht. Aus Zschopau kamen solche Offerten bislang leider nicht.

Comfort-Spitze
Was bei Pkw-Modellen die «deluxe»-Ausführung, ist bei Simson-Mokicks die C-Variante. Das «C» steht für «Comfort». In attraktiver, auffälliger Weißlackierung wurde das S 51 C an den Serienstart gebracht. Seine komplette Ausstattung, die bis auf den Hubraum, die Leistung und den Rahmenunterzug identisch mit der des Kleinkraftrades S 70 C ist, verschaffte Anklang bei solchen Interessenten, die die Extras gern gleich mitkaufen – etwa die zusätzliche Seitenstütze, den Drehzahlmesser, den zweiten Spiegel (im Großformat), die verstellbare Hinterradfederung. Zum Ausstattungspaket gehören weiter Zylinder und Motorgehäuse ganz in Schwarz, ein größerer (gestalterisch zum Drehzahlmesser passender) Tachometer, Gummifaltenbälge an der Telegabel, die gerippte

8 Federbeinverstellung von Position 2 bis 6 bei den Rollermodellen SR 50/80 C und CE.

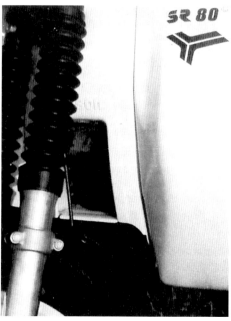

9 Kühllufteintritt für den Zylinder beim SR 80 CE.

10 Cockpit eines SR 80 CE mit Gerätekombination. Das Zündschloß befindet sich links seitlich in der kastenartigen Verkleidung (Sicherheitsschlüssel!).

Sitzbank und ein Bremslichtkontakt auch am Handhebel für die Bremse vorn. Letzterer allerdings sollte künftig Serienstandard und keine «Comfort»-Zugabe sein. Sicherheitsbeiträge solcher Art sind schließlich kein Luxus. Sinngemäß trifft das eigentlich auch auf die Bremsleuchte größeren Durchmessers zu, die das Heck der C-Modelle ziert.

Neue Roller-Richtung

Auch Dauerbrenner verlieren mit der Zeit die Glut. Daß es der Simson-Kleinroller «Schwalbe» dennoch schaffte, seine Position 22 Jahre lang zu behaupten, sollte ihn nicht eitel machen. Schließlich kannte er in seinem langen Rollerleben kaum Konkurrenz, nachdem der Ludwigsfelder «Troll» (150 cm³) und der «Tatran S» (125 cm³) aus der ČSSR nach und nach das Rollerfeld räumten. Trotz seiner bescheidenen 50 Kubik unterm Tunnel wußte der Suhler Zweisitzer fortan seine Rollertrümpfe ganz allein auszuspielen: Schmutzschutz und (einigermaßen) freien Durchstieg für Fahrerinnen im Rock. Auf dem Kindersitz einer «Schwalbe» hatten überdies zahllose Sprößlinge im Vorschulalter ihre ersten Zweiraderlebnisse – hoffentlich nur gute.

Aber ein Einkaufsroller, wie ihn sich so viele «Kurzstreckler» wünschten, war der KR 51 nicht. Es fehlten die «Zutaten». Der Standardtaschenträger mit dem urigen Spannband, der geradezu Simson-Geschichte über Jahrzehnte machte, war und blieb ein Unikum, das allein mit leichtgewichtigen, wohlgeformten Aktentaschen einigermaßen zufriedenstellend auskam, nicht aber mit Handgepäck, wie es nach Einkäufen im allgemeinen anfällt. Improvisation und Einfallsreichtum – selten gänzlich im Sinne der StVO – halfen letztlich immer irgendwie über das Transportproblem hinweg.

Was lange währt, wird gut; so heißt es. Nicht immer behält das Sprichwort recht. Simson aber kann sich darauf berufen. Auf der Leipziger Herbstmesse 1985 gelang es den Suhlern, mit der Präsentation des gelungenen «Schwalbe»-Nachfolgemodells SR 50/80 frühere Lästerzungen davon zu überzeugen, daß gut' Ding eben Weile haben will, in diesem Falle wohl auch haben durfte. Denn was man da auf die Drehscheiben hob, war eine Überraschung ohne Haken und Ösen – eine beispielhaft runde Sache. Mit seiner Konzeption und seinem formgestalterischen Gewand traf er genau, was das Publikum erwartete – und noch viel mehr. Lange gezielt, aber voll ins Schwarze getroffen (daß im Suhler Werk auch Jagdwaffen bester Güte entstehen, darf an dieser Stelle vielleicht in Erinnerung gebracht werden)!

Mit Blick auf die internationale Rollerkonkurrenz dieser Hubraumklasse läßt sich ein konzept-orientiertes Urteil knapp so formulieren: Der SR 50/80 liegt im Trend, ohne sich nachsagen lassen zu müssen, einer von vielen zu sein. Wahrlich, hier ist ein neuer Typ geboren worden. Der Blick auf das Fahrwerk unterstreicht solche Behauptung.

Fahrzeugtypisch sind eigentlich nur die kleinen 12-Zoll-Stahlscheibenräder. Internationale Simson-Konkurrenten rollern teilweise sogar auf 10-Zollern. Doch was ist anders? Simson entschied sich nicht – wie sehr viele andere Produzenten – für einen völlig freien Durchstieg zu Lasten der Fahreigenschaften, sondern hielt hartnäckig und kompromißbereit an dem Vorsatz fest, daß ein Suhler Roller zuerst ein unproblematisches, sicheres und zudem komfortables Fahrwerk haben sollte. Ein Roller mit besten Mokicktugenden nach Art des Hauses gewissermaßen. Und wer das will, der muß sich von der sogenannten Triebsatzschwinge lossagen, die bei Rollern heute sehr im Schwange ist. Dabei springt der Motor auf dem Schwingenarm – bildlich gesehen – mit dem Hinterrad ungefedert um die Wette. Einziger Puffer in Richtung Fahrbahn – die Luft im Reifen.

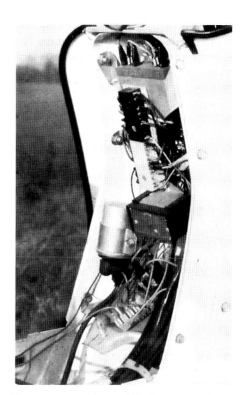

11 Unter der Rahmenabdeckung aus schwarzem Plast sind Zündspule, elektronische Lade- und Blinkanlage und Leitungsverbinder leicht zugänglich untergebracht (SR 80 CE).

Simson entschied sich für Besseres, nämlich für ein Fahrwerk mit solidem, außerordentlich verwindungsteifem Rahmen, mit langen Federwegen. Die Lösung wurde in einem doppelten Blechprägerahmen mit Längsträgern in Form eines liegenden Ypsilons gefunden, der nicht nur entscheidenden Anteil an der Gesamterscheinung des Rollers hat, sondern als gestalterisch-technisches Meisterstück auch erlaubte, das Triebwerk relativ weit unten und – traditionsgemäß – elastisch aufzuhängen und damit den Durchstieg weitgehend zu wahren. Das Konzept gibt auch der «Offenen Bauweise» eine Chance: Der Kraftstofftank hat eine gleichermaßen gestalterische und tragende Funktion, Motor (Zylinder, Vergaser) und Räder liegen verhältnismäßig frei für Wartungs- und Pflegearbeiten. Hier steckt die Rollertechnik nicht abgeblendet und schwer erreichbar unter irgendwelchen Verschalungen und Hauben, sondern zeigt sich, ohne unästhetisch zu wirken.

Ganz in die optisch-gestalterische Nebenrolle einbezogen sind die langhubige Teleskopgabel (eine Mokickanleihe) mit ihrem Federweg von 130 mm und die hinteren Federbeine, die die stabilen Schwingenarme abstützen und einen Federweg von 85 mm sichern. Solcher Federungskomfort eines Kleinrollers braucht keine Konkurrenz zu fürchten. Beim SR 50/80 C und CE – den Spitzenmodellen – lassen sich die Federbeine gar fünffach (!) verstellen und so dem jeweiligen Belastungszustand des Rollers optimal anpassen.

Als Triebwerk kommt der fahrtwindgekühlte Einzylinder-Zweitakter von 49,8 cm³ oder – beim SR 80 – 69,9 cm³ Hubraum zum Einsatz, wie er schon von den Mokicks und Kleinkrafträdern der Reihe S 51 / S 70 bekannt ist. Damit sind auch die Fahrleistungen ziemlich direkt vergleichbar, wenn auch die Übersetzung im dritten und vierten Gang bei den 70er Rollermotoren geringfügig verändert werden mußte, um die versprochene Höchstgeschwindigkeit von 75 km/h trotz des größeren Fahrwiderstandes durch die «bremsende» Rollerverkleidung erreichen zu können.

Wie bei den Mokicks auch, haben die ein-

12 SR 50 B4 – einladend groß die Sitzbank. Die Sozia kann ihre Füße schmutzgeschützt auf die Trittbretter stellen. Bei der «Schwalbe» gab's noch Soziusfußrasten ...

facher ausgestatteten und damit billigeren 50-cm³-Rollermodelle N und B 3 nur ein Dreigang-Getriebe. Es gibt wiederum nur einen Rundtachometer anstelle der formschönen, geschlossenen Gerätekombination, die Tachometer und Kontrolleuchten für Leergangposition (N = Neutral), Blinker und Fernlicht zu einer ansprechenden Einheit zusammenfaßt. Bei der einfacheren N(Normal-)-Ausführung des SR 50 wird auf Ladeanlage, Blinkleuchten und Batterie verzichtet. Das N-Mokick stand hier Pate.

Gerade die Elektrik aber ist es, die bei den übrigen sechs Ausstattungsvarianten eine stufenweise Aufwertung bis hin zum Mustergültigen für eine solche Fahrzeugkategorie erfährt. Die elektronische Lade- und Blinkanlage der Modelle mit Vierleuchten-Blinkanlage und Batterie (6 V / 12 Ah) sichert die Ladung der Batterie in Abhängigkeit von ihrem Ladezustand, sorgt aber auch für klare Blinksignale in exakten Intervallen. Mit elektronischer Zündung ausgerüstet wurden – wieder dem Mokick-Beispiel folgend – die anspruchsvoller ausgestatteten Rollertypen SR 50 / SR 80 C und CE; «C»

steht für «Comfort», das «E» für Elektrostarter.

Und damit sind wir beim Clou des Spitzenmodells: Per Knopfdruck läßt sich bei den CE-Modellen ein kleiner Anlasser in Gang setzen, der den Motor startet. Bei kaltem Motor (und gezogenem Startvergaserhebel) dauert's drei, vier Kurbelwellenumdrehungen, dann läuft er. Ist der Motor bereits warm, genügt buchstäblich ein flüchtiges Antippen der grünen Startertaste neben dem rechten Lenkergriff. Das Ganze funktioniert nur, nachdem die Zündung eingeschaltet und das Getriebe auf Leergangposition gebracht wurde. Allein bei gezogener Kupplung und bereits eingelegtem Gang klappt's also nicht.

Voraussetzung für die Ausstattung des Rollers mit dem Elektrostarter war der Übergang zur 12-V-Bordspannung. Sie zählt zu den CE-Besonderheiten. Wie im mehrmonatigen Test eines SR 80 CE zu erfahren war, verkraften Batterie (12 V / 5,5 Ah) und elektronische Ladeanlage die komfortable Startpraxis tadellos, selbst wenn Großstadtverkehr sehr häufig Blinker (2 × 21 W!) und Bremslicht (21 W) in Aktion sieht. Extremer Kurzstreckeneinsatz mit spärlicher Batterieladung und Außentemperaturen unter dem Gefrierpunkt (kalter Motor!) können allerdings zur Folge haben, daß der Roller manchmal angetreten werden muß. Deshalb gibt's den Kickstarter auch bei den CE-Typen zusätzlich.

Der Anlasser ist übrigens am Lichtmaschinendeckel – also auf der rechten Triebwerksseite – befestigt. Im Prinzip könnten auch andere Motoren der Simson-Baureihe S 51 / S 70 damit nachgerüstet werden (anderer Gehäusedeckel, 12-V-Anlage, Anlaßrelais usw.).

Ein Nebengewinn ergab sich durch die höhere Bordspannung auch für den Scheinwerfer und sämtliche Leuchten am CE-Roller. Sie fallen weit weniger deutlich Übergangswiderständen durch Oxydation und Korrosion an Klemmstellen, Steckfahnen und ähnlichen Kontaktpunkten (Leitungsverbindungen) zum Opfer, wie sie sich mit der Zeit in jeder elektrischen Anlage eines Kfz einstellen. Eine 12-V-Anlage hat ganz einfach größere Reserven; man erkennt's an der stabilen Helligkeit aller Leuchten.

13 Beim SR 50/80 sorgen knapp über den kleinen Rädern angebrachte, weit um die Reifen herumreichende Kotflügel (hinten Plast) dafür, daß der Roller selbst verhältnismäßig sauber bleibt, wenn auf nassen Straßen gefahren wird.

Vom Reiz zu rollern

Ein bißchen Voreingenommenheit geht sicherlich stets mit an Bord, wenn eine Rollerpremiere ansteht. Wie – so die Überlegung – wird man auf so kleinen Rädern über die Runden, wie durch Kurven kommen? Schon nach wenigen Kilometern weiß man's: Die 12-Zoll-Räder sind kein Handicap, wenn alles andere stimmt. Im Gegenteil! Sie tragen mit dazu bei, daß über dem tiefliegenden Schwerpunkt eine Handlichkeit des Rollers erreicht wird, die man wirklich nicht erwartet. Trotz des (bei jedem Roller) fehlenden Knieschlusses (am Tank – wie beim Motorrad) hat der Fahrer eines SR 50/80 nicht das Gefühl, den Roller in Kurvenschräglage oder zu Ausweichmanövern deutlich zwingen zu müssen. Er reagiert feinfühlig, braucht kaum Druck. Wer dennoch viel Sattelkontakt mit der Sitzbank liebt, der hat nur ein Stück weiter nach hinten zu rücken. Sie ist lang genug – außerdem angenehm breit und großzügig abgepolstert. Endlich eine Bank für zwei!

Teleskopgabel und kräftige Hinterradschwinge führen auch die kleinen Stahlscheibenräder (mit angeschraubter Aluminium-Druckgußnabe) so, wie man das von einem robusten Mokickfahrwerk gewöhnt ist. Die Steifigkeit des Blechprägerahmens ergänzt die Fahrwerksqualitäten spürbar. Man merkt's auf holprigem Untergrund bei rascher Fahrt. Der Roller hält unbeirrt Kurs. Natürlich geraten dabei die kleinen Räder in heftige Auf-und-Ab-Bewegung, doch Reifen (3.00–12), Federung und Sitzbankpolster bügeln Unebenheiten für die Rollerbesatzung unerwartet gut glatt. Lediglich unverstellbare Federbeine (SR 50 N, B 3, B 4) und maximal zulässige Belastung (171 kg) bringen bei schwungvoll durchfahrenen Bodenwellen dem Ende des hinteren Federweges nahe. Da hilft nur, das Tempo zu drosseln.

Gewöhnungsbedürftig ist die Fußschaltung. Den schlichten Hebel (keine Wippe!) will man anfangs nicht gern entgegengesetzt zur Fahrtrichtung bewegen (beim Hochschalten). Das geht dem ungeübten Fahrer zunächst irgendwie gegen den Strich. Dieser Rollerschalthebel hat aber den lobenswerten Vorteil, daß er

14 Seitenträger rechts neben dem Hinterrad. Hier läßt sich auch ein mittlerer Koffer unterbringen, und das selbst bei Soziusbetrieb (zulässige Nutzmasse 171 kg).

(Bild 2: Foto Werkbild, Bild 7: Foto Czerny, alle anderen Bilder: Foto Riedel)

dem linken Fahrerfuß viel Trittfläche bietet und obendrein das Oberleder des linken Fahrerschuhs völlig unstrapaziert läßt.

Leichter als ein 16er Mokick-Hinterrad gerät offensichtlich das kleine Rollerrad ins Rutschen, wenn zu heftig auf den Fußbremshebel getreten wird und sich die Fahrbahn nicht allzu griffig zeigt. Möglicherweise hängt das auch mit der konzeptionsbedingten Lastverteilung zugunsten hoher Vorderradlast zusammen. Diese wiederum erlaubt, mit der Vorderradbremse recht beherzt umzugehen, ohne ein rasches Blockieren befürchten zu müssen. Und das bringt Sicherheitsgewinn. In Zahlen ausgedrückt: Aus Tempo 40 heraus ist bei bloßem Einsatz der Hinterradbremse ein Bremsweg von 16 m zu erwarten. Die Vorderradbremse bewältigt eine solche Soloaufgabe bereits nach 11 m (7,50 m mit beiden Bremsen gleichzeitig).

Niemand sieht in einem Roller einen Geländestar. Im losen Sand bringen die kleinen Räder zwangsläufig die Fuhre etwas ins Rudern, auch wenn die Sache komplikationsloser abläuft als vielleicht befürchtet. Das verdankt man sicher dem Umstand, daß man den leichten Roller generell sehr gut im Griff hat, ihn ausbalancieren und um besondere Tücken herumdirigieren kann. Weniger ebene Wege bringen ihn jedenfalls nicht gleich aus der Fassung. Mutigere Exkursionen querfeldein verbietet eher seine begrenzte Bodenfreiheit.

Völlig in seinem Element ist der Neue von Simson als Einkaufs- und Reiseroller – letzteres freilich nur in den Händen solcher Fahrer, die nicht auf Bestzeit bei ihren touristischen Unternehmungen aus sind, die zuerst viel sehen wollen. Und beim Einkaufstrip? Endlich ein praxisgerechter Gepäckhaken für Beutel und Taschen! Und dann die Möglichkeit, auf einem zusätzlich montierten Seitenträger am Heck weiteres Gepäck – notfalls einen mittleren Koffer – sicher zu transportieren! In Aussicht gestellt wurde den Rollerinteressenten sogar, daß die kleinere Variante der neuen Pneumant-Seitenkoffer (26 l Inhalt) am SR 50/80 Platz fände, wenn die speziellen Träger zur Verfügung stehen.

Ein serienmäßiges Ding mit Pfiff schon heute: das Helmschloß an der Gabelbrille. Es ermöglicht, zwei Schutzhelme gesichert am geparkten Roller zurückzulassen. Unter Verschluß kommen die aufgesteckten Helmschnallen oder -ösen automatisch, sobald der Rollerlenker per Steckschloß diebstahlsicher blockiert wurde.

Mini-Rollerspaß hat seine Tempogrenzen. 60 km/h schnell darf der SR 50 sein; dem SR 80 wäre zwar gestattet, kräftiger zuzulegen, aber sein 70-cm³-Motörchen ist nun mal mit 4,1 kW (5,6 PS) alles andere als ein Kraftprotz. Bei 75 km/h geht ihm die Puste aus. Manchem wäre – mit Blick auf die StVO und die zulässige Landstraßengeschwindigkeit – ein zehnprozentiger Tempogewinn sehr willkommen …

Daß man mit knapp 2,5 l Kraftstoff (Gemisch 1:50) 100 Kilometer weit rollen kann, vergrößert das Fahrvergnügen auf angenehme Weise.

Mini-Beispiel

Der neue Simson-Roller hat ganz ohne Zweifel etwas Verführerisches an sich. Da entdecken «Nur-Autofahrer» Reize an ihm, und selbst geborene Motorradfans, die seit Jahr und Tag schwerere Hubraumkaliber bevorzugen, können sich der Anziehungskraft dieses originellen Mini-Scooters nicht entziehen. Eine Bestätigung dafür, wie gut Technikern und Formgestaltern der Wurf gelungen ist. Solche spontanen Sympathien werden aber wohl auch getragen von rundum erfüllten Erwartungen. So komplett ausgerüstet und zeitgemäß gestaltet wünschte man sich eben heute jedes Kraftfahrzeug innerhalb seiner Sparte! Daß es ausgerechnet ein Mini-Roller ist, der beim Publikum so reichlich Pluspunkte sammelt, das möge bei allen Fahrzeugbauern unseres Landes den Ehrgeiz wecken, auch in ihrer ganz speziellen Branche ähnlich Attraktives auf die Räder zu stellen.

«Mit Simson fährt die Sonne mit», heißt es in der Suhler Werbung. Dem ist nicht zu widersprechen. Möge das Hoch anhalten, das mit dem neuen Roller aufzog!

16 Das «Flaggschiff»: der 80 CE mit Comfort-Ausstattung und Elektrostarter.

15 So kann der Schutzhelm mit einer geeigneten Metallöse oder mit dem Klemmverschluß auf den Sicherungsstift (Pfeil) gesteckt und vor Langfingern geschützt werden. Beim Schwenken des Lenkers nach rechts (Sicherung per Steckschloß) deckt die obere Gabelrille den Stift ab.

Teil III

Motorradsport in der DDR

KARL-HEINZ EDLER

Die DDR-Rennmaschinen 1958

Wie die Versuchsabteilung einer Motorradfabrik ist auch die Rennabteilung von Geheimnissen aller Art umwoben. Gern möchte dieser und jener Enthusiast einmal einen Blick ins Allerheiligste werfen und einmal den neuen Motor auf dem Prüfstand aufheulen hören. Versuchs- und Rennabteilung sind im Werksgelände aber meist separat angeordnet, um der Neugier Ungeduldiger einen Riegel vorschieben zu können. Jeder Rennpraktiker kann es verstehen, wenn technisch interessierte Menschen, vom gleichen „Bazillus" wie er selbst angesteckt, möglichst schnell und bald Einblick in die Arbeit der PS-Zauberer haben wollen und schon vor Beginn der Saison die neuen Wettbewerbsfahrzeuge kennenlernen möchten. So begreiflich dieser Wunsch an sich ist, so muß ihm doch die Erfüllung versagt bleiben, denn solange eine neue Rennmaschine nicht das erste Wort gesprochen und gezeigt hat, daß ihre geistigen Väter den richtigen Weg beschritten, solange ist ein Rennmaschinen-Embryo tabu für alle Außenstehenden.

Wie überall in Europa, wo schnelle Motoren unter dem „Seziermesser" liegen, steht auch an den grauen Stahltüren der Rennabteilungen in Suhl und Zschopau in nicht übersehbaren Lettern der lakonische Satz: „Unbefugten ist der Eintritt streng verboten!"

Eine ereignisreiche Sportsaison ist für die Ingenieure und Monteure der Rennabteilungen nun vorüber, und deshalb soll dieser Beitrag etwas von der Arbeit an den Rennmaschinen und von ihren Leistungen erzählen. Was gibt es Neues an den DDR-Rennmaschinen des Baujahres 1958? Zuerst ins Auge fallend sind die neuen Stromform-Teilverkleidungen beider Fabrikate, die gemäß den jetzt gültigen FIM-Bestimmungen gefertigt wurden. Bei MZ wurde die Achtellitermaschine vorwiegend mit einer Vorderrad-Kurzschwinge eingesetzt, um dem „speed wobble" (dem gefährlichen Aufschaukeln der Maschinen in schnellen Kurven) begegnen zu können. Der 125-cm³-Einzylinder-Drehschiebermotor mit Aluminiumzylinder und eingepreßter Schleudergußlaufbüchse leistete etwa 20 PS, was für eine Höchstgeschwindigkeit von 180 km/h reichte. Das Hub-Bohrung-Verhältnis blieb quadratisch (54 × 54 mm). Höchstdrehzahl 11000 U/min, das günstigste Drehmoment lag jedoch bei 9000 U/min. Kurbelgehäuse, Zylinder und Zylinderkopf sind zwecks wirkungsvoller Wärmeableitung stark verrippt. Die Kurbelwelle ist dreifach rollengelagert. Der Abtrieb zum Sechsganggetriebe erfolgt durch eine Duplexkette. Zentraler Kerzensitz. IFA-Flachschieberrennvergaser mit 27 mm Durchmesser. Gesamtgewicht der Maschine 68 kg. Der zehnprozentige Geschwindigkeitsverlust durch die gegenüber der früheren Vollverkleidung ungünstigere Teilverkleidung wurde durch die gesteigerte Motorleistung wieder kompensiert.

1 Die Zweizylinder-Viertelliter-MZ mit der Teilverkleidung
2 Federbein-Schwingrahmen mit kurzem Kotflügel nach FIM-Vorschrift
3 Der Achtelliter-Drehschiebermotor in der 1958er Ausführung

4

Die Zweizylinder-MZ der Viertelliterklasse ähnelt in ihrer Grundkonzeption immer noch dem 125er-Modell. Bekanntlich sind bei der 250er zwei 125-cm³-Motoren mittig verblockt, allerdings erfolgt der Abtrieb zum Getriebe nicht mehr durch Kette, sondern durch Stirnräder. Die Leistung der Zweizylinder beträgt 35 PS, womit die 200-km/h-Grenze überschritten wurde. Die Sechsgang-Ziehkeilgetriebe wurden gegen Klauengetriebe ausgewechselt, außerdem findet jetzt eine außenliegende Trockenlamellenkupplung Verwendung. Weiterhin wurden die Bremsen verbessert. Trotz des 25-Liter-Tanks beträgt das Trockengewicht nur 112 kg. Der Verfasser hat bei einer Versuchsfahrt beide Rennmodelle von MZ ausprobiert und ist von der Leistung dieser Maschinen, die heute wieder als schnellste Rennzweitakter der Welt anzusprechen sind, tief beeindruckt.

Die Suhler Simson-Rennmaschinen kamen in diesem Jahr sowohl in der Einzylinder- als auch in der Zweizylinderausführung an den Start. Die nicht mehr als Querläufer arbeitende 250er Einzylinder-OHC-Simson ist nach wie vor als Quadrathuber (Bohrung-Hub = 68×68 mm) ausgelegt und besitzt Doppelzündung. Der Parallel-Zweizylinder dagegen ist ein ausgesprochener Kurzhubmotor mit 50,5 mm Hub und 56 mm Bohrung. Der Antrieb der zwei obenliegenden Nockenwellen erfolgt wie beim Einzylindermodell durch eine seitlich angeordnete Umlaufkette. Die Vergaseranlage wurde überarbeitet. Der Simson-Twin gibt bei etwa 10000 U/min ebenfalls über 30 PS Motorleistung ab. Bei allen Simson-Werksmaschinen mußte der Kardan- dem Hinterradkettenantrieb weichen. Der Kettenantrieb mit seinen weitreichenden Übersetzungsmöglichkeiten gestattet in Verbindung mit dem neuen Sechsganggetriebe die optimale Ausnutzung der Motorleistung bei allen Streckenverhältnissen. Während die Suhler Doppelnocken-Einzylindermaschine weiterhin mit hinterer Federbeinschwinge und Teleskopvordergabel eingesetzt wird, erhielt das Zweizylindermodell ein neues Vollschwingenfahrwerk mit kurzarmigen Vorderrad-Schwinghebeln und ungekapselten Federelementen. Auch bei den Simson-Viertaktern wurden in Anbetracht der gewachsenen Geschwindigkeiten die Bremsen vergrößert.

Für MZ brachte die Saison 1958 viele Siege bei internationalen Rennen und gute Placierungen bei MWM-Läufen. Simson kam nach dem Hat-Trick von 1953, 1954 und 1955 wieder zu einem Erfolg in der DDR-Meisterschaft. Das abgelaufene Rennjahr hat uns in technischer Beziehung einen großen Schritt vorwärtsgebracht, es hat uns durch unsere Leistungen auch neue Freunde in der Welt des Motors finden lassen. Die Männer in Zschopau und Suhl freuen sich wie alle unsere Motorsportler über die errungenen Erfolge, sind aber mit dem Erreichten noch nicht zufrieden. Es wird weiter gearbeitet. Das Resultat dieser Arbeit werden wir im Jahr 1959 sehen.

4 Der Simson-Twin mit Teilverkleidung, Vorderrad-Kurzschwinge und großer Bremse

5 Der Parallel-Zweizylinder von der Antriebsseite. Trotz seiner Kompaktheit ist das Kurbelgehäuse nicht breit

6 Dieses Bild zeigt die außenliegende Kupplung und die Ölpumpe der Einzylinder-OHC

5

6

B. MANN

MZ-Weltklassefahrer am Start

Wir wissen, daß unsere MZ-Fahrer heute zur internationalen Spitzenklasse im Leistungsprüfungssport gehören. Wir wissen auch, daß sie auf den MZ-Maschinen bei jeder europäischen Geländefahrt zu den gefürchtetsten Konkurrenten zählen. Doch wir sollten das nicht als Selbstverständlichkeit hinnehmen. Wieviel Mühe und wieviel Trainingsfleiß gehören dazu, um dieses fahrerische Können und diese körperliche und geistige Kondition zu erwerben, die unsere Fahrer heute auszeichnen. Welche hohen fachlichen Leistungen mußten von den Zschopauer Werktätigen im Motorradbau vollbracht werden, damit den Fahrern Maschinen in die Hand gegeben werden konnten, die auch die härtesten Wettbewerbe ohne Schwierigkeiten durchstehen! Ein kleiner Rückblick auf das Geländesportjahr 1961 zeigt uns, wie stolz wir auf die Erfolge unserer MZ-Geländefahrer sein können.

Es begann in Suhl bei der Internationalen Zweitage-Mittelgebirgsfahrt am 15. und 16. April 1961. Insgesamt 177 Fahrer aus der UdSSR, der ČSSR, Volkspolen und der DDR gingen an den Start. Die durch starke Regenfälle äußerst schwierig gewordene Strecke ließ nur 58 Fahrer das Ziel erreichen. Für die Zschopauer MZ-Fahrer wurde dieser erste Start in der neuen Saison gleich ein voller Erfolg. Der einundzwanzigjährige Werner Salevsky von der MZ-Werksmannschaft wurde Gesamtsieger in der Einzelwertung und errang zugleich Goldmedaille und Klassensieg in der Klasse bis 250 cm³. Weitere Klassensiege holten die MZ-Fahrer Klaus Halser in der Klasse bis 125 cm³ und Werner Stiegler in der Klasse 175 cm³. Zusätzliche Goldmedaillen für MZ gab es durch Horst Liebe, Horst Lohr und Hans Weber. So war den Zschopauern auch der Sieg in der Fabrikmannschaftswertung vor Simson und CZ nicht zu nehmen.

Am 29. April begab sich die aus den Fahrern Liebe, Stiegler und Salevsky gebildete MZ-Werksmannschaft an den Start der schweren Schwäbischen Geländefahrt in Künzelsau. Wiederum hatte anhaltender Regen die ohnehin sehr harte Strecke noch schwieriger gemacht. Von 182 gestarteten Fahrern erreichten nur 51 das Ziel, und nur neun Goldmedaillen konnten vergeben werden. Die drei Zschopauer waren auch hier wieder vorn zu finden. Salevsky schaffte mit seiner MZ ES 250/G den Klassensieg und erhielt die einzige Goldmedaille bei den 250-cm³-Maschinen. Stiegler errang in der 175-cm³-Klasse eine Goldmedaille und Horst Liebe in der 350-cm³-Klasse eine Silbermedaille, wobei er die Goldmedaille lediglich infolge einer argen Behinderung durch ein Seitenwagengespann unmittelbar vor einer Zeitkontrolle verfehlte. Auch den Sieg in der Fabrikmannschaftswertung holten sich die drei MZ-Fahrer, diesmal vor Hercules und Zündapp.

Der Regen sollte den Geländefahrern auch bei der nächsten Großveranstaltung, der vom 5. bis 8. Mai durchgeführten Internationalen Viertagefahrt der GST bei Arnstadt, treu bleiben. Wiederum wurde es sehr schwer, und von 180 Fahrern gelangten diesmal nur 58 ins Ziel. Für MZ gestaltete sich auch diese überaus harte Prüfung zu einem Triumph. Horst Liebe errang mit seiner MZ ES 300/G den Gesamtsieg in der Einzelwertung und den Klassensieg in der 350-cm³-Klasse. Die weiteren Zschopauer MZ-Fahrer placierten sich wie folgt: In der Klasse bis 125 cm³ gab es für Siegfried Uhlig Klassensieg und Goldmedaille, und auch Klaus Halser erhielt eine „Goldene". Bei den 175-cm³-Maschinen fiel Klassensieg und Goldmedaille an Werner Stiegler, und Günther Kempte schaffte eine Goldmedaille. Schließlich errangen auch Werner Salevsky, Horst Lohr und Hans Weber in der Klasse bis 250 cm³ weitere Goldmedaillen für MZ. Am Sieg der DDR-Nationalmannschaft in der Länderwertung vor der UdSSR und der ČSSR waren drei MZ-Fahrer beteiligt. Der Sieg in der Fabrikwertung gehörte wiederum MZ, und auch in der Klubmannschaftswertung lagen die beiden Teams des MC Zschopau mit ihren MZ-Fahrern vorn.

Horst Liebe war im Mai offensichtlich richtig in Fahrt gekommen. Noch war sein Sieg bei der Viertagefahrt das Tagesgespräch der alten Geländehasen, als er durch einen weiteren großen Erfolg von sich reden machte. Als erster Ausländer gewann er die Internationale Zweitagefahrt in Örebro/Schweden am 20. und 21. Mai, eine der härtesten Leistungsprüfungsfahrten Skandinaviens, bei der es keine Einteilung in Hubraumklassen gibt. Die gesamte nordische Geländefahrerelite mußte zusehen, wie der Kapitän der MZ-Werksmannschaft den vielbegehrten Hyttasvängen-Pokal und den Mai-Pokal nach Zschopau entführte. Seine Freunde Werner Salevsky, Horst Lohr und Werner Stiegler standen ihm nicht viel nach. Sie belegten die Plätze 3, 4 und 7 in einem wirklichen Klassefeld von Fahrern und holten weitere Goldmedaillen für MZ. Der Sieg in der Mannschaftswertung vervollständigte auch hier den MZ-Erfolg.

Mit den Fahrern Liebe, Stiegler, Salevsky und Lohr trat die MZ-Mannschaft dann die Reise zur Internationalen Österreichischen Alpenfahrt an, die am 2. Juni in Velden gestartet wurde. Drei Tage lang kämpften hier 76 der besten Geländefahrer aus Österreich, der ČSSR, Westdeutschland und der DDR um den Sieg. Der junge Werner Salevsky erreichte bei diesem berühmten Wettbewerb den bisherigen Höhepunkt seiner Laufbahn. Souverän meisterte er alle Sonderprüfungen, und als er am dritten Fahrtag bei der letzten Berggeschwindigkeitsprüfung am Wurzenpaß noch einmal mit seiner MZ ES 250/G Tagesbestzeit fuhr, stand fest, daß er den Gesamtsieg errungen hatte. Strahlend konnte er den Alpenpokal und das Edelweiß für den Klassensieg bei den 250-cm³-Maschinen in Empfang nehmen. Neben ihm stand sein Kamerad Werner Stiegler, der seine 175-cm³-MZ-Maschine in ihrer Klasse ebenfalls auf den 1. Platz gebracht hatte und damit das zweite Edelweiß für die Zschopauer Farben gewann. Auch Horst Liebe und Horst Lohr konnten sich mit Goldmedaillen schmücken. Damit war der Sieg bei den Fabrikmannschaften wiederum eine Beute der MZ-Fahrer, die auch am 1. Platz der DDR-Nationalmannschaft hervorragenden Anteil hatten.

Dann rief Isny im Allgäu zur Internationalen ADAC-Dreitagefahrt (vom 19. bis 21. Juni). Außer der MZ-Werksmannschaft waren noch die MZ-Fahrer des Motorsportklubs Zschopau am Start. Kurz und sachlich meldet der Chronist, daß auch Isny ein voller MZ-Erfolg wurde: Werner Salevsky errang Klassensieg und Goldmedaille sowie den Ehrenpreis für die absolut schnellste Zeit aller Klassen bei der Bergprüfung (mit der 250er MZ!). Stiegler holte sich ebenfalls Klassensieg und Goldmedaille in der Klasse bis 175 cm³, und Siegfried Uhlig schaffte den gleichen Erfolg in der 125-cm³-Klasse. Liebe kam mit einer „Goldenen" nach Hause, Hans Weber erhielt eine Silbermedaille und Rolf Uhlig eine Bronzemedaille. Den ersten Platz in der Fabrikwertung belegte MZ vor Kreidler und Zündapp; bei den Klubmannschaften siegte der MC Zschopau, und bei den sogenannten Gaumannschaften hatte die aus vier MZ-Fahrern und zwei Simson-Fahrern gebildete ADMV-Mannschaft die Nase vorn.

Bei der Internationalen Tatra-Fahrt, die vom 13. bis 15. Juli bei Zakopane in der Volksrepublik Polen durchgeführt wurde, konnten die Zschopauer beweisen, daß sie auch eine Fahrt mit ausgesprochenem Trial-Charakter zu meistern wissen. Sie bewährten sich auf dieser durch 17 Stilfahrtprüfungen gekennzeichneten und fast 750 km langen Strecke ausgezeichnet. Salevsky konnte in der 250-cm³-Klasse wieder einen Klassensieg für sich verbuchen, und Liebe, Lohr, Halser und Kempte kehrten mit neuen Goldmedaillen nach Zschopau zurück. Leider brach sich bei dieser Veranstaltung der MZ-Fahrer Werner Stiegler ein Bein. Damit kam einer der besten Zschopauer Fahrer für eine Teilnahme an den folgenden schweren Veranstaltungen dieser Saison nicht mehr in Betracht.

Die nunmehr aus den Fahrern Liebe, Salevsky und Lohr gebildete MZ-Werksmannschaft ging dann am 4. August an den Start der Internationalen Dreitagefahrt in Helsinki/Finnland. Die finnischen Geländeprüfungen sind mit Recht gefürchtet, und auch diesmal hatte der Veranstalter nach einer 200 km langen Nachtfahrt zwei Tagesetappen von je 500 km Länge vorgesehen, die es in sich hatten. Bei einer Schlammdurchfahrt versanken die meisten Maschinen bis zum Sattel im Schlamm! Von 90 gestarteten Fahrern erreichten nur etwa 40 das Ziel. Lediglich sieben Fahrer erhielten Goldmedaillen, darunter alle drei Zschopauer Jungen. Werner Salevsky und Horst Liebe erkämpften sich außerdem einmal mehr in den Klassen bis 250 cm³ bzw. bis 350 cm³ die Klassensiege. Sieger in der Mannschaftswertung? – Natürlich wieder MZ!

Am 12. und 13. August gaben sich dann die Zschopauer MZ-Fahrer ein Rendezvous mit den berühmten tschechoslowakischen Geländeexperten in deren Heimat bei der Internationalen Zweitagefahrt in Strakonice. Insgesamt 162 Fahrer, darunter auch österreichische und belgische Sportfreunde, waren hier am Start. Die deutsche Nationalmannschaft mit den MZ-Fahrern Liebe, Salevsky, Lohr (alle Zschopau), Kley (ASK) und dem Simson-Fahrer Wilke (GST) konnte hier einen eindrucksvollen Sieg über die Mannschaft der ČSSR feiern. Salevsky errang außerdem den Sieg in der Klasse bis 250 cm³ vor Weber (beide MZ ES 250/G). Weitere Goldmedaillen für MZ erhielten Liebe und Rolf Uhlig, während Lohr eine Silbermedaille und Siegfried Uhlig eine Bronzemedaille mit nach Hause brachten.

Die Sportsaison 1961 ist noch nicht beendet. Noch sind einige wichtige Geländeprüfungen zu fahren. Doch wie auch der Ausgang der fälligen Prüfungen sein möge, eins steht fest:

Die MZ-Geländefahrer haben bereits bei den bisher im Jahre 1961 durchgeführten Veranstaltungen bewiesen, daß ihnen der Sprung zur Weltspitze im Leistungsprüfungssport gelungen ist. Vergessen wir dabei nicht, daß an diesen Erfolgen alle am Motorradbau beteiligten Zschopauer ihren Anteil haben. Vergessen wir aber auch nicht jene Männer um Mannschaftsleiter Walter Winkler, die als Monteure und treue Helfer der Fahrer mit dazu beitrugen, daß der Alpenpokal und der Hyttasvängen-Pokal, zahlreiche Mannschafts- und Klassensiege sowie viele Goldmedaillen ihren Weg nach Zschopau gefunden haben.

K.-H. EDLER

Die Entwicklung des Rennzweitakters
Eine historische Studie

In der nunmehr fast 70jährigen Geschichte des Motorsports hat der Zweitaktmotor ein bewegtes Auf und Ab durchgemacht. Nicht nur auf dem Gebiete des Gebrauchskraftfahrzeugs wollten die Schöpfer von Zweitaktmotoren die Zweckmäßigkeit ihrer Konstruktionen anerkannt wissen, auch auf dem Gebiete des Motorrennsports sollte der Zweitakter salonfähig gemacht werden. Diese unablässige Arbeit an der Verbesserung des Zweitaktmotors brachte Erfolge und Niederlagen gegenüber der oft übermächtigen, aber manchmal auch resignierenden Viertakt-Konkurrenz. Vielen Zweitaktkonstrukteuren blieb ein größerer Erfolg durch finanzielle Schwierigkeiten und ungünstige Entwicklungsbedingungen versagt; doch erinnern wir uns der Markennamen Scott, Dunelt, Garelli, Dolf, Vis, Bekamo, Schliha, Villiers, Hirth und Puch, so wissen wir auch, daß manche Motorsportepoche im Zeichen des Rennzweitakters stand.

Aber so sehr auch die Leistungen ausländischer Zweitaktkonstrukteure anzuerkennen sind, so muß doch gesagt werden, daß der Zweitaktmotor seinen Siegeslauf um die Welt vor vier Jahrzehnten von der kleinen sächsischen Industriestadt Zschopau aus antrat. Die Zschopauer Zweitakt-Fanatiker widmeten sich ausschließlich der Konstruktion und dem Bau von Zweitaktmotoren, und diese konzentrierte Arbeit trug ihre Früchte. Leistung und Zuverlässigkeit stiegen im gleichen Maße; der Zweitakter wurde populär beim Sportler und beim Alltagsfahrer. Seit jener Zeit ist der Zweitaktmotor im Serienbau und auch im Rennmaschinenbau nicht mehr wegzudenken.

In der Zeit des wieder erwachenden sportlichen und technischen Interesses nach dem ersten Weltkrieg beteiligte sich DKW bald an Motorradrennen. Obwohl die Anfang der zwanziger Jahre in sportlichen Veranstaltungen eingesetzten Zschopauer Zweitaktschnurrer von 150 cm³ kaum als Rennmaschinen anzusprechen waren, behaupteten sie sich in den kleinen Klassen doch auf Anhieb. Ihre Abstammung vom alten Reichsfahrtmodell konnten die an den Start gebrachten kleinen Maschinen alle nicht verleugnen, waren es doch praktisch Serienmaschinen, die nur in ihrer äußeren Aufmachung und der mehr oder weniger zweckvollen Erleichterung auf den Rennbetrieb abgestimmt waren. Der luftgekühlte Dreikanal-Zweitaktmotor war weit vorn und hochliegend im Rahmen untergebracht, so daß der Zylinderkopf unmittelbar hinter dem Steuerkopf lag. Ein Keilriemen übertrug die Kraft des Motors auf eine Riemenfelge am Hinterrad, die gleichzeitig als Bremsfelge ausgebildet war. Das fahrradähnliche Fahrgestell mit Tretkurbeln war lediglich durch eine mit horizontalen Druckfedern ausgestattete Pendelgabel abgefedert. Ein großes Auspuffrohr sorgte für den „schnellen" Krach.

Es zeigte sich aber bald, daß nach dem ersten Zweitakter-Ansturm die Viertakter wieder an Boden gewonnen hatten. Besonders die englischen, französischen und schweizerischen Fabrikate mit ihren kopfgesteuerten Spezialrennmotoren rückten wieder mehr in den Vordergrund, und das nicht nur im Ausland, sondern auch bei Veranstaltungen in Deutschland. Aber die DKW-Versuchsabteilung ließ in diesem technischen Wettstreit der Systeme nicht locker. Ab 1923 wurden die verbesserten Reichsfahrtmodelle mit einem wassergekühlten Motor versehen, dessen Kühler wie zwei kleine Packtaschen über das obere Rahmenrohr bzw. den Tank gehängt war. Im übrigen waren die verwendeten Motoren immer noch normale Dreikanal-Zweitakter mit Nasenkolben und Kurbelgehäuse-Vorkompression.

Um durch verbesserte Füllung zu höheren Leistungen zu gelangen, versah man 1926 den 175-cm³-Rennmotor mit einer zusätzlichen Ladepumpe, da ja der normale Nasenkolben-Dreikanal-Zweitakter der lediglich durch Vergrößerung der Steuerschlitze erzielbaren Leistungssteigerung bei bestimmten Drehzahlen eine Grenze setzt. Diese erste Ladepumpen-Konstruktion, als ein dem Hauptkolben gegenläufiger Hilfskolben mit großer Bohrung und kleinem Hub ausgebildet, konnte die ursprüngliche Fördermenge der Kurbelgehäusepumpe um etwa zwei Drittel erhöhen. Die Ladepumpe hatte damit ihre Bewährungsprobe an den kleinen Rennmotoren bestanden. Sie wurde in den folgenden Jahren nicht nur im 175-cm³-Motor verwandt, sondern auch in die Viertelliter-motoren der Rennmaschinen übernommen.

Ende der zwanziger Jahre hatte man in Zschopau auch einen Halbliter-Zweizylindermotor konstruiert, der ebenfalls als Nasenkolben-Dreikanal-Zweitakter mit doppeltwirkender Ladepumpe ausgebildet war. Die Leistung dieses 500-cm³-Motors betrug 30 PS (Literleistung also 60 PS). Alle diese Nasenkolben-Ladepumpen-Rennmotoren waren verhältnismäßig schnell und zuverlässig. Anfang der dreißiger Jahre – zum Teil auch schon früher – erkannte man, daß sich der Dreikanal-Zweitakter trotz aller renntechnischen Maßnahmen in der Leistung nicht beliebig hochtreiben ließ, da von einer bestimmten Drehzahlgrenze ab die Füllung infolge des länger geöffneten Auspuffschlitzes rasch absinkt. Soll eine Auf- bzw. Überladung beim Zweitakter vollen Nutzen haben, dann muß bei ihm eine zusätzliche Steuerung der Schlitze und damit ein asymmetrisches Steuerdiagramm verwendet werden.

1933 tauchten die ersten DKW-Doppelkolben-Rennzweitakter in der Viertelliterklasse auf. Der Doppelkolben-U-Motor war nichts Neues, Puch verwendete dieses Prinzip schon seit längerer Zeit für seine Zweitaktmotoren, aber DKW ging einen Schritt weiter und versah das Triebwerk mit angelenkten Pleuelstangen (im Gegensatz zu den einfachen

Puch-Gabelpleueln). Bei diesen ersten DKW-Doppelkolben-Rennzweitaktern wurde eine vornliegende, separate Ladepumpe verwendet. Aus zwei Amal-TT-Vergasern wurde das Frischgas, von den durch Unter- und Überdruck betätigten Membranzungen gesteuert, in das Ladepumpengehäuse hineingesaugt und dann dem vorderen Arbeitszylinder zugedrückt. Diese Maschinen besaßen ferner Wasserkühlung, abnehmbaren Bronze-Zylinderkopf, Spezialrennmagnetzünder, angeblocktes Dreiganggetriebe mit Fußschaltung, große Tanks und Kühler.

Neben der 250-cm³-Maschine mit Membransteuerung wurde in den Jahren 1934 bis 1936 für die 175-cm³-Klasse auch eine 175-cm³-Maschine gleichen Aufbaus eingesetzt. Hatte die Viertelliter-Membranmaschine eine Leistung von 25 PS, so erreichte das 175-cm³-Modell etwa 17 PS. Die Höchstdrehzahl lag bei beiden Typen etwa bei 5500 U/min. Während bei der 175-cm³-Maschine die Membransteuerung weiter beibehalten wurde, verließ man sie bei der Viertellitermaschine nach 1934 wieder, denn sie brachte wohl einen hohen Wirkungsgrad, war aber materialmäßig schwer beherrschbar. Die Membransteuerung stand und fiel damit, daß die Membranzungen stets dicht anlagen, was sie aber nicht immer taten. Auch Brüche der Membranblättchen kamen oft vor. Um diese Schwierigkeiten zu vermeiden, wurde 1935 aus der URe 250 die UL 250 entwickelt, ebenfalls ein wassergekühlter Doppelkolben-Zweitakter. Man ließ das aus zwei Vergasern angesaugte Frischgas durch die Unterkante des Auslaßkolbens (die zwei Amal-TT-Vergaser waren am Auslaßzylinder angeflanscht!) steuern, benutzte also wieder das Kurbelgehäuse als Pumpenraum. Die zur Erhöhung der Kurbelgehäuse-Fördermenge wirkende große Kolbenpumpe war nicht mehr als gegenläufiger Hilfskolben zu den Hauptkolben ausgebildet, sondern war im rechten Winkel dazu – vorn liegend – angeordnet. Die Leistung (21 PS bei 5000 U/min) war zwar nicht mehr so hoch wie beim Membranmotor, dafür gab es aber ein Plus an Zuverlässigkeit.

1936 machte man aber doch wieder eine Anleihe beim Membranmotor, da die UL-Maschinen nicht mehr schnell genug waren und die Membransteuerung materialtechnisch weiter erforscht worden war. Aus der UL 250 ging also die URM 250 hervor. Dieses Modell hatte eine vor dem Motor stehende, getrennt angeordnete Kolbenladepumpe mit eigenem Kurbeltriebwerk und Membran-Einlaßsteuerung. Das Membransystem lag oben auf der Ladepumpe.

Die Tücken des Membranmotors waren jedoch nicht endgültig überwunden. Das Rennjahr 1937 brachte daher als Verbesserung der URM 250 den Typ ULD 250. Der nun schon traditionelle wassergekühlte DKW-Doppelkolben-Zweitaktmotor besaß jetzt an Stelle des Membransystems als Einlaßsteuerung einen Walzendrehschieber, der oberhalb des Pumpengehäuses lag. Bei 5500 U/min gab der Motor etwa 27 bis 28 PS ab, Höchstgeschwindigkeit 170 bis 175 km/h. Ab 1937 wurden dann werkseitig nur noch Maschinen mit Hinterradfederung und Viergang-Fußschaltungsgetrieben eingesetzt. Die 21-Zoll-Vorder- und 20-Zoll-Hinterräder erhielten Leichtmetall-Vollnabenbremsen. Die Wasserkühler bekamen kurze Leitbleche. Trotz gewaltiger Leistungssteigerung waren die Drehschiebermodelle so zuverlässig wie einst die alten Nasenkolben-Maschinen. Damit war die Vorherrschaft des Rennzweitakters in der Viertelliterklasse erneut gesichert. Mit der ULD 250 errangen die Zschopauer in der Vorkriegszeit ihre größten internationalen Erfolge.

1939 hatten die Viertakter allerdings wieder nachgezogen. Die Viertel-

1

liter-Benelli- und -Guzzi-Maschinen mit Kompressor gaben unwahrscheinliche Leistungen ab, besaßen aber noch nicht das Stehvermögen der Drehschieber-DKW. Die Leichtgewichts-Tourist-Trophy 1939 wurde allerdings von einer kompressorlosen OHC-Einzylinder-Benelli gewonnen. Um für alle Fälle gerüstet zu sein, entwickelte man auch in der Zschopauer Rennabteilung neue Kompressormodelle. Bei diesem Viertellitermotor war der Hubraum nochmals unterteilt. Als Zweizylinder-Doppelkolbenaggregat hatte er vier Bohrungen von je 62 cm³ Inhalt. Füllung und Überladung erhielten die zwei U-Zylinder durch einen vor dem Kurbelgehäuse liegenden Rotationskompressor, dem zwei Vergaser aufgesetzt waren. Bei 6000 U/min gab der Motor 35 PS ab. Diese Kompressormaschine war vom Herbst 1938 ab verschiedentlich im Training zu beobachten, zum Renneinsatz kam sie aber vor dem Kriege nicht mehr. Das gleiche Schicksal ereilte die 350- und 500-cm³-Kompressormodelle der Zschopauer US-Baureihe.

Beim Eröffnungsrennen der 1938er Saison, dem Eilenriederrennen in Hannover, trat DKW in der 350-cm³-Klasse mit einer Neukonstruktion an, die sich in jenem Jahr auf Anhieb die Deutsche Meisterschaft und 1939 auch die Europameisterschaft sichern konnte. Dieser 350-cm³-Zweizylinder-Doppelkolben-Zweitakter war eine Reduzierung des UL 500, die beiden Zylinder besaßen also eine gemeinsame, doppeltwirkende Ladepumpe. Die Motorleistung von 34 PS verlieh der Maschine eine Höchstgeschwindigkeit von über 180 km/h.

Die bis Ende 1937 bei Gespannrennen erfolgreich eingesetzten DKW-Maschinen entsprachen im großen und ganzen den 500er-UL- und -URM-Typen, besaßen allerdings größeren Hubraum. Verschiedene Gespanne hatten einen Maschinen- und Seitenwagenrahmen aus einem Stück. Außerdem waren fast alle Gespanne mit Seitenwagenbremsen ausgestattet.

Wie NSU und BMW gab auch DKW vor dem Kriege verschiedene Serien von käuflichen Rennmaschinen für die Privatfahrer heraus. Das

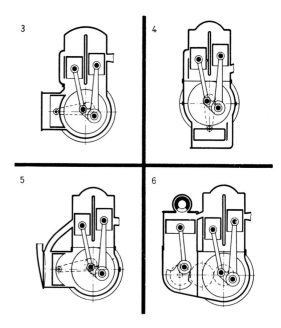

Herzstück der Viertelliter-Privatfahrer-Rennmaschine bildete der zuverlässige Einzylinder-Doppelkolbenmotor vom Typ UL 250, der 20 PS Leistung abgab (Geschwindigkeit 150 bis 155 km/h). Im Frühjahr 1939 erschien außer dem 250-cm³-Modell auch eine 350-cm³-Privatfahrer-Rennmaschine, eine etwas zahmere, aber in der Ausstattung sehr ähnliche Ausgabe der 350er-Werksrennmaschine.

Als 1948/49 der Motorrennsport im Gebiet der Deutschen Demokratischen Republik wieder aufblühte, war auch unsere volkseigene Kraftfahrzeugindustrie sofort mit vertreten. Vor allem das IFA-Motorradwerk Zschopau stellte von Anfang an einige RT-125-Maschinen zur Verfügung, um einerseits den Motorrennsport der kleinsten Klasse zu beleben und andererseits aus den Rennerfahrungen Nutzanwendungen für die Serienproduktion zu ziehen.

Die 1949er Achtellitermaschinen entsprachen weitgehend den normalen RT-Modellen, hatten also den geschlossenen Einrohrrahmen mit Teleskop-Vorder- und -Hinterradfederung. Der Motor war mit den üblichen Mitteln der Zweitakt-Rennfrisur hergerichtet worden: Reduzierung des Totraumes im Kurbelgehäuse, Rennkolben, Verbesserung des Ansaugkanals, größerer Vergaser, höhere Verdichtung. Die ganze Maschine wurde natürlich überall, wo es anging, erleichtert und auf den Renneinsatz abgestimmt.

1950 wurde dann eine reguläre IFA-Rennmannschaft aufgestellt, die die Aufgabe hatte, die in motorischer und fahrgestellmäßiger Hinsicht verbesserten Zschopauer Zweitaktmaschinen bei allen größeren Straßenrennen zu fahren. In Aussehen und Leistung entsprachen dabei die 125-cm³-IFA-Maschinen mit ihrer Allradfederung, der paßrechten Sitzposition und dem robusten Motor immer mehr hochleistungsfähigen Rennmaschinen internationalen Formats. Sie konnten nicht nur viele Siege auf den Rennstrecken der Deutschen Demokratischen Republik erringen, sondern auch bei Veranstaltungen in Westdeutschland hervorragend abschneiden. Der dritte Platz im Endstand der 125-cm³-Klasse

1 Der Urahne aller DKW-Zweitakt-Rennmaschinen: das 150-cm³-Reichsfahrtmodell von 1920.

2 DKW-Privatfahrer-Ladepumpen-Rennmaschine 1935. Die Geradweg-Hinterradfederung und der große Tank wurden erst später eingebaut.

3–6 Prinzipskizzen verschiedener DKW-Rennmotoren: SS-250-cm³-Rennsport. U-Motor, Ladung durch Gehäusepumpe, Überlademöglichkeit vorhanden, Ein- und Auslaßsteuerung durch Arbeitskolben.

UL 500-cm³-Rennmotor. Doppel-U-Motor, Ladung durch Gehäusepumpe und zusätzliche doppelt wirkende Ladepumpe, Überlademöglichkeit vorhanden, Ein- und Auslaßsteuerung durch Arbeitskolben

URe 250-cm³-Rennmotor. U-Motor, Ladung durch besondere Ladepumpe, Überlademöglichkeit vorhanden, Einlaßsteuerung durch Membrane, Überström- und Auslaßsteuerung durch Arbeitskolben.

ULD 250-cm³-Rennmotor. U-Motor, Ladung durch besondere Ladepumpe, Überlademöglichkeit vorhanden, Einlaßsteuerung durch Drehschieber, Überström- und Auslaßsteuerung durch Arbeitskolben.

in der ersten und bisher einzigen gesamtdeutschen Motorrad-Straßenmeisterschaft des Jahres 1950 war ein großer Erfolg für die volkseigene Kraftfahrzeugindustrie der Deutschen Demokratischen Republik. Auch in den folgenden Jahren setzte IFA in der 125er-Klasse die normalen schlitzgesteuerten Maschinen ein. Detailverbesserungen wurden laufend vorgenommen.

1952 konnte Bernhard Petruschke mit seiner ZPH-Maschine, bei deren Motor die Einlaßsteuerung durch einen Flachdrehschieber nach dem Zimmermannschen System geregelt wurde, große Erfolge erringen. Der Luckenwalder Kraftfahrzeugmeister Daniel Zimmermann hatte einen Weg gefunden, die Leistung des Zweitakt-Rennmotors ohne Überladung zu erhöhen. Bekanntlich waren durch FIM-Beschluß seit 1951 Kompressor- und Ladepumpenmotoren im internationalen Rennsport verboten. In uneigennütziger Weise stellte Daniel Zimmermann seine Konstruktion dem damaligen IFA-Werk Zschopau zur Verfügung.

Vom Beginn der Saison 1953 ab waren deshalb die Achtelliter-IFA-Zweitaktrennmaschinen mit dem Zimmermannschen Flachdrehschieber ausgerüstet. Mit dieser leistungsfähigen Motorenkonstruktion konnten die IFA-Fahrer auch in den Jahren 1953 und 1954 beachtliche Erfolge im Gebiet der Deutschen Demokratischen Rebuplik, außerdem aber auch in den Volksdemokratien und in Westdeutschland erringen. Für die DDR-Privatfahrer wurde eine Kleinserie der IFA-Drehschieber-Rennmaschinen aufgelegt, die an die erfolgreichsten Fahrer und an einige Nachwuchskräfte abgegeben wurden. Diese käuflichen Rennmaschinen entsprachen bis auf Details vollkommen den Modellen, die von den Angehörigen des IFA-Werkes – Horst Fügner, Erhard Krumpholz und Siegfried Haase – gefahren wurden.

Die 1954er Ausführung der 125-cm³-IFA-Rennmaschine besaß den Einzylinder-Zweitakt-Drehschiebermotor mit quadratischem Hub/Bohrungsverhältnis von 54 × 54 mm, der für eine Verdichtung von 12:1 ausgelegt war und einen Duralzylinder mit eingezogener Schleudergußbüchse aufwies. Als Zylinderkopf wurde der gut verrippte Leichtmetallkopf der alten NZ 250 verwendet, selbstverständlich waren die Zylinderkopfdome ausgegossen und neu bearbeitet. Das doppel-T-förmige Pleuel aus EGM-45-Material hatte eine Masse von 95 g, und der Kolben (ohne Kolbenbolzen und Kolbenringe) wies 110 g Eigenmasse auf. Die Schwungmassen waren nach außen konisch angeschrägt, um dem seitlich unter dem Zylinder eintretenden Ansaugkanal einen möglichst günstigen Verlauf zu geben. Als Hubzapfen/Pleuel-Lagerung fand ein Elektronkäfig mit zehn 4 × 10-mm-Nadeln Verwendung. Der Flachdrehschieber selbst war und ist eine Scheibe von 125 mm Durchmesser aus 0,4 mm dickem Federbandstahl.

Wie schon in den Jahren vorher waren die IFA-Maschinen mit Magnetzündern ausgerüstet. Der bekannte IFA-Flachschieber-Rennvergaser hatte wahlweise 25,5 oder 27 mm Durchlaß. Nach verschiedenen Versuchen mit Auspuffbirnen war man wieder zur offenen Tüte zurückgekehrt. Die Auspuffrohre hatten eine Gesamtlänge von je 750 mm, die Renntüten erweiterten sich von 40 auf 70 mm Durchmesser. Das Fahrwerk bestand aus einem geschlossenen Einrohrrahmen mit Teleskop-Vorder- und -Hinterradfederung (Federungshub vorn 100 mm, hinten 60 mm). Der durchschnittliche Kraftstoffverbrauch im Rennbetrieb von 7 l/100 km zeigte, daß unsere Zweitakt-Rennmotoren keine übermäßigen „Benzinsäufer" sein müssen.

Zur Belebung der Viertelliterklasse setzte IFA in der Saison 1954 auch eine 250-cm³-Zweizylinder-Zweitaktmaschine ein, die sofort ansprechende Leistungen zeigte. Bei dieser Maschine hatte die Zschopauer Rennabteilung einen Kompromiß geschlossen, indem sie in ein neues, modernes Fahrgestell einen altbewährten Motor hängte. Die Kraftquelle der 250-cm³-IFA bestand aus zwei mittig gekuppelten Einzylinder-Drehschieber-Rennmotoren mit den jeweils gleichen technischen Daten des Einzylinder-Rennmodells. Die Arbeitstakte waren um 180 Grad versetzt. Da die beiden äußeren Kurbelwellenstümpfe für die Anflanschung der Drehschieber und für die Anordnung der Vergaser frei bleiben mußten, wurde die Kraft von der Aggregatmitte auf ein Vorgelege und von hier aus auf das Hinterrad übertragen. Der IKA-Doppelmagnetzünder belieferte mit rund 17000 Funken je Minute die Isola-

7 250er Zweizylinder-Doppelkolben-US-Motor mit vornliegendem Rotationskompressor 1939.

8 IFA-Drehschieber-Rennmaschine von 1954 im teleskopgefederten Fahrgestell.

tor-Zündkerzen. Die Motorleistung betrug 25 PS (1 PS Leistungsverlust durch Vorgelege usw.). Charakteristisch für die Viertelliter-IFA waren ihre vier Auspuffrohre. Das Fahrwerk war als Doppelrohrrahmen mit Doppelschwinge ausgebildet.

Wie die 125-cm³-Rennmaschine wurde auch die Viertellitermaschine während der Saison 1954 mit einer leichten Frontverkleidung eingesetzt, die die Lenkerpartie umschloß. Mit dieser Teilverkleidung erreichte die Zweizylinder-IFA rund 180 km/h Höchstgeschwindigkeit. Damit konnte sie bereits bei ihrem Antrittsbesuch auf dem Sachsenring 1954 schon im Training nicht nur alle DDR-Maschinen, sondern auch viele westdeutsche Rennmotorräder der 250er-Klasse distanzieren. Beim Eilenriederrennen im September 1954 wurde die IFA-Zweizylinder durch Sturz vollkommen zertrümmert. In den Wintermonaten 1954/55 wurde in Zschopau aber tüchtig gearbeitet, so daß im Frühjahr 1955 schon wieder zwei 250er auf den Rädern standen. Mit einer neuen Bugvollverkleidung erreichte die IFA-Zweizylinder etwa 190 km/h.

Nach dem Vorbild der größeren Schwester bekam die Achtelliter-Einzylinder-IFA für die Saison 1955 ebenfalls ein Doppelschwingen-Fahrgestell nach dem Earles-Prinzip – Federhub vorn 130 mm, hinten 100 mm. Um bei diesem großen Federhub bei Schräglage nicht aufzusetzen, wurde die Bodenfreiheit der Maschine durch Höherlegen des Motors etwas vergrößert. Auch die Verkleidung wurde vervollkommnet. Die Höchstgeschwindigkeit des 125-cm³-Modells lag damit bei 160 km/h.

In den Jahren von 1951 bis 1956 waren für die IFA die DKW-Maschinen aus Ingolstadt die einzige Zweitaktkonkurrenz von Bedeutung. Schritt halten konnten die Ingolstädter Konstrukteure mit den Zschopauern auf die Dauer aber nicht. Ihre Achtellitermaschine besaß einen Einkolben-Zweitaktblockmotor mit starker Verrippung des Zylinders und Zylinderkopfes. Trotz ihrer guten Herrichtung und ihrem ansprechenden Äußeren konnte sich diese 125er im Reigen der schnellen Achtelliter-Saugmotormaschinen nicht behaupten. Von 1953 ab wurde sie werkseitig auch nicht mehr eingesetzt.

Die Viertellitermaschine entsprach in ihrer äußeren Aufmachung der

10 1957 besaßen die MZ wie alle internationalen Rennmaschinen große Bugkanzeln mit voller Heckverkleidung.

9 Die 250er Bi-Motor-IFA mit vier Auspuffrohren. 1954/55.

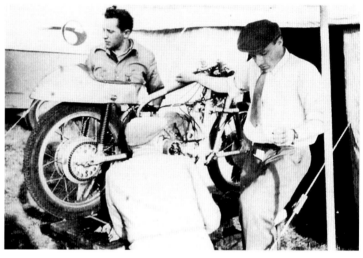

11 Ingenieur Kaaden (rechts) und Chefmechaniker Haase arbeiten am Zweizylinder.

12 Dieses Auspuffrohr mit den vielen Schweißstellen läßt die mühsame Arbeit der Vergaser-Auspuff-Feinabstimmung deutlich werden.

13 Das Ingolstädter DKW-Achtellitermodell mit Horizontalzylinder und Dreizylinder-Kurbelgehäuse. Man erkennt die Abdeckplatten für die oberen Zylinder.

14 Achtelliter-Zweitakt-MV-Agusta mit Einzylinder-Blockmotor von 1952 mit Hinterradschwinge und Trapezvordergabel.

15 1959er Achtelliter-MZ mit ES-Serienvergaser und Vorderrad-Kurzschwinge.

125er, natürlich mit den für die größere Klasse notwendigen stärkeren Abmessungen. Neben dem 250-cm³-Drehschiebermotor wurde verschiedentlich auch ein Motor ohne Drehschieber eingesetzt, der mit zwei Vergasern ausgestattet war und 29 PS leistete.

Einer der interessantesten und eigenwilligsten Rennmotoren jener Jahre war zweifellos der Ingolstädter-Dreizylinder-Zweitakter von 350 cm³. Der Wunsch nach einer gedrungenen, torsionssteifen Kurbelwelle ergab die Anordnung der drei Zylinder: Während die beiden äußeren Zylinder mit je 125 cm³ Hubraum wie beim Viertelliter-Zweizylindermodell mit einer Neigung von 15 Grad dicht nebeneinanderstanden, lag der mittlere Zylinder (100 cm³) waagerecht nach vorn ragend zwischen ihnen. Eine gleichmäßige Zündfolge wurde durch asymmetrische Anordnung der Kurbelwelle erreicht. Um der extrem schnellen Zündfolge des 1952 mit maximal 12000 Touren – also 36000 Zündfunken pro Minute – drehenden Zweitakters gewachsen zu sein, wurde ein Sechszylindermagnet gewählt, der nur mit halber Motordrehzahl lief. Die Motorleistung dürfte 1954 bei ungefähr 40 PS gelegen haben, die Höchstgeschwindigkeit bei 205 km/h.

Gegen Ende der 1955er Saison überraschten die Ingolstädter mit einem neuen Achtellitermodell. Man hatte bei der Entwicklung dieses Prototyps einen Weg beschritten, der allgemein wegen des damit verbundenen Risikos nicht gegangen wird, nämlich aus dem stärkeren Typ einer Baureihe ein reduziertes Modell zu schaffen. An dem bekannten Dreizylindermotor der 350-cm³-DKW wurden die oberen Parallelzylinder abgenommen und die Kurbelgehäuseöffnungen mit Platten abgedeckt. Der vorn liegende Längszylinder wurde von 100 auf 125 cm³ aufgebohrt. Die Motorleistung betrug 16 PS und die Höchstgeschwindigkeit 165 km/h.

Seit 1956 tragen unsere bewährten Zweitakter das Markenzeichen „MZ" (Motorradwerk Zschopau). Von damals bis heute blieb die MZ der schnellste und erfolgreichste Rennzweitakter der Welt. Die technischen Neuerungen für 1956 beschränkten sich in erster Linie auf die moderne Durchbildung des Zylinderkopf-Brennraums und den damit verbesserten Spülvorgang, die Änderung der Auslaßkanal- und Schlitzform sowie verstärkte Lagerung. Jeder Zylinder besaß nun nur noch ein Auspuffrohr. In Berücksichtigung neuester Forschungsergebnisse wurde die offene Tütenform des Auspuffrohrs verlassen und das Rohr als Auspuffbirne ausgebildet. Die Erforschung der Rückstauwirkung und die genaue Abstimmung von Auspuffrohr und Vergaser sind schon immer schwierige Angelegenheiten gewesen, besonders beim Höhertrimmen der Zweitaktmotoren. Die umfangreichen Versuche erfordern außer den technischen Hilfsmitteln eine unendliche Geduld. Durch weitere Drehzahlerhöhung auf 9300 U/min bei einer Verdichtung von 13:1 leistete die 1956er MZ-Achtellitermaschine 15 PS. Das neue Sechsganggetriebe erlaubte zudem eine bessere Ausnutzung der Motorleistung. Die Höchstgeschwindigkeit des Einzylindermodells betrug 165 km/h. Die 250er Zweizylinder wurde 1956 nicht eingesetzt, sondern in der Rennabteilung gründlich überarbeitet.

Die 1956 in aller Ruhe neuentwickelten MZ-Zweizylinder für die Viertelliterklasse wurden zu Beginn der Rennsaison 1957 wiederum mit sofort beachtlichen Erfolgen eingesetzt. Die Parallelmotoren mit um 180 Grad versetztem Kurbelwinkel leisteten bei 9500 U/min rund 32 PS (Höchstgeschwindigkeit 200 km/h). Die Kraft wird vom Motor wie bisher in der Mitte des Zylinderpaares abgenommen. BVF-Rennvergaser mit 27 mm Durchlaß und Batteriezündung sind weitere Kennzeichen. Wie bei den Achtellitermodellen wurden auch hier Doppelschwingen-Fahrwerke mit 19-Zoll-Laufrädern und einer Rundumverkleidung verwendet.

An Stelle der sonst üblichen langen Vorderradschwingen wurden an einigen MZ verschiedentlich neue Kurzschwingen erprobt, um dem berüchtigten „speed-wobles", dem gefährlichen Aufschaukeln von Vorderrad-Langschwingen in schnellen Schlängelkurven, zu begegnen. Ende 1957 und während der Saison 1958 wurden dann vorwiegend Vorderrad-Kurzschwingen eingesetzt. Zu Beginn des Rennjahres 1958 erhielten die MZ-Rennmaschinen beider Klassen außerdem die durch FIM-Beschluß fixierte Teilverkleidung, bei der Vorderrad und Hinterrad der Maschine sowie die Arme und Beine des Fahrers frei bleiben müssen. Die Motorleistung konnte beim Einzylindermodell auf 18 PS und beim Zweizylindermodell auf 34 PS gesteigert werden.

Gegenüber den Vorjahren waren auch die 1959/60er Ausführungen der MZ-Rennmaschinen wiederum nur in Details verbessert worden. Die Motoren wurden jedoch von der bisherigen Zweikanal-Schnürle-Umkehrspülung auf eine Dreikanalspülung umgestellt, wodurch die Füllung oberhalb des Kolbens und die Ausspülung unterhalb des Kolbens intensiviert wurde. Als Vergaser wurde ein BFV-Serienvergaser von 27 mm Weite verwendet, der einen besseren Übergang als der Rennvergaser brachte. Das 125er Aggregat wurde mit 22 PS (bei 10 500 U/min) am Hinterrad gebremst (Höchstgeschwindigkeit 190 km/h). Als Fahrwerk kam wieder der Doppelschwingen-Wiegenrahmen zum Einsatz, wobei die vordere Schwinge wahlweise mit langen oder kurzen Armen ausgerüstet war. Von den bisherigen Leichtmetall-Verkleidungen wurde abgegangen, statt dessen rüstete man die MZ-Rennmaschinen mit Karosserien aus Kunststoff aus.

Auch beim 250er Twin, nach wie vor als Quadrathuber ausgelegt, wurden ES-Serienvergaser verwendet. Die neuen Sechsgang-Klauengetriebe waren absolut funktionssicher. Durch Änderung der Steuerzeiten sowie durch sorgfältigste Abstimmung der Auspuffanlage konnte die Motorleistung auf 41 bis 42 PS bei 10 000 U/min gesteigert werden. Das Doppelschwingen-Fahrwerk wurde beibehalten, die Federbeine wurden jedoch hinsichtlich Federhub und Stoßdämpfung verbessert. Einige Maschinen waren versuchsweise mit Teleskop-Vorderradgabeln ausgerüstet. Die Vorderradbremse wurde auf 220 mm Durchmesser vergrößert und erhielt Belüftungsschlitze. Die Verkleidung war ebenfalls aus Kunststoff. In Irland wurde die MZ-Twin während des Rennens um den Ulster Grand Prix auf einer Teilstrecke mit 208 km/h gestoppt.

Durch andauernde, mühevolle Forschungsarbeit wurde auch 1961 eine weitere Steigerung der Leistungen der Zschopauer Ein- und Zweizylinder erzielt. Um die Kühlung der hochdrehenden Rennzweitakter zu verbessern, wurden die Auslaßschlitze von der Zylinderrückwand nach vorn gelegt, die Zylinder also um 180 Grad gedreht. Die nach vorn austretenden und nunmehr unter dem Motorblock liegenden Auspuffrohre trugen zudem zu einer Verbesserung der Sitzposition der Fahrer bei, ergab sich doch bei nach hinten gerichteten und hochliegenden Auspuffrohren immer eine etwas sperrige Beinhaltung. Ein Nachteil der unter dem Motorblock liegenden Auspuffrohre ist allerdings die zusätzliche Aufheizung des Kurbelgehäuses. Ob Rennzweitakter künftig ohne

16 Der kompakte MZ-Twin mit Klauengetriebe vom Baujahr 1959. Das Foto läßt auch eine Reihe fahrgestellmäßiger Details erkennen.

17 250er MZ mit Teilverkleidung und Teleskop-Vorderradgabel 1960.

18 Das 1961er Zweizylinder-Triebwerk mit freiliegender Trockenkupplung und vornliegenden Auspuffrohren mit Auspuffbirnen unter dem Motorblock.

Flüssigkeitskühlung auskommen können, werden die nächsten Jahre zeigen.

Die Kolben sind nur mit einem Kolbenring armiert. Um die Ringführung zu gewährleisten, sind die Steuerschlitze durch je einen Steg unterbrochen. Die Motoren erhielten außenliegende Trockenkupplungen. Nach wie vor haben die Maschinen Sechsganggetriebe, geben doch die MZ-Rennzweitakter ihre volle Leistung nur in der Drehzahlspanne von 8500 bis 11 000 U/min ab. Sämtliche Zahnräder mit Relativdrehzahlen laufen auf Nadellagern, beide Getriebe sind klauengeschaltet. Die Motorleistung der Einzylindermaschine betrug zur Zeit der Abfassung dieses Artikels 25 PS bei 11 000 U/min, die der Zweizylindermaschine 45 PS bei 10 500 U/min. Bei allen MZ-Werkmaschinen der Viertelliterklasse und bei den meisten Maschinen der Achtelliterklasse wurden 1961 für das Vorderrad Teleskopgabeln verwendet. Sonst sind die Fahrwerke beider Typen unverändert. Die 125er hat mit 18-Liter-Tank etwa 85 kg Eigenmasse, die 250er mit 28-Liter-Tank etwa 125 kg. Während das kleine MZ-Modell der 1961er Ausführung eine Höchstgeschwindigkeit von 200 km/h besaß, erreichte die Viertelliter-Twin 230 km/h. Das sind Werte, die in diesen Klassen bisher von keiner Zweitaktmaschine der Welt erzielt wurden.

Die Erfolge von MZ im letzten Jahrzehnt haben nun mehrere Motorradwerke in Europa und Übersee veranlaßt, neue Hochleistungszweitakter, meist auf der Drehschieberbasis, zu entwickeln und in die Rennen zu schicken. Der Zweitakter hat also auch im Rennsport noch eine Zukunft. Suzuki, Yamaha, EMC, Bultaco, Benelli und Rumi wollen jetzt das Zweitakter-Aufgebot im Motorsport verstärken. In Zschopau werden alle Anstrengungen unternommen, um dieser Konkurrenz auch in den nächsten Jahren gewachsen zu sein. Es ist für alle Zweitakt-Enthusiasten interessant, diesen Wettstreit der Zweitakter unter sich und den Kampf Zweitakter kontra Viertakter aufmerksam zu verfolgen.

Tabelle 1: Übersicht der DKW-Zweitakt-Rennmaschinen-Entwicklung

Typ	Baujahr	Motor-Kennzeichnung
Re 150	1923	Einzylinder-Nasenkolben-Zweitakter mit Kurbelgehäuse-Vorkompression
ARe 175	1925	Einzylinder-Nasenkolben-Zweitakter mit gegenläufigem Hilfskolben
ORe 250	1927	Einzylinder-Nasenkolben-Zweitakter mit gegenläufigem Hilfskolben
PRe 500	1929	Zweizylinder-Nasenkolben-Zweitakter mit gegenläufigem, doppeltwirkendem Hilfskolben
URe 250	1933	Einzylinder-Doppelkolben-Zweitakter mit getrennt angeordneter Ladepumpe. Einlaßsteuerung durch Membrane
URe 175	1934	Einzylinder-Doppelkolben-Zweitakter mit getrennt angeordneter Ladepumpe. Einlaßsteuerung durch Membrane
UL 500	1934	Zweizylinder-Doppelkolben-Zweitakter mit gegenläufigem, doppeltwirkendem Hilfskolben
UL 250	1935	Einzylinder-Doppelkolben-Zweitakter mit im rechten Winkel zu den Hauptkolben angeordnetem Hilfskolben
URM 250	1936	Einzylinder-Doppelkolben-Zweitakter mit getrennt angeordneter Ladepumpe. Einlaßsteuerung durch Membrane
ULD 250	1937	Einzylinder-Doppelkolben-Zweitakter mit getrennt angeordneter Ladepumpe. Einlaßsteuerung durch Walzendrehschieber
URM 500	1937	Zweizylinder-Doppelkolben-Zweitakter mit getrennt angeordneter Ladepumpe. Einlaßsteuerung durch Membrane
UL 350	1938	Zweizylinder-Doppelkolben-Zweitakter mit gegenläufigem, doppeltwirkendem Hilfskolben
US 250	1939	Zweizylinder-Doppelkolben-Zweitakter mit vornliegendem Rotationskompressor
US 350	1939	Zweizylinder-Doppelkolben-Zweitakter mit vornliegendem Rotationskompressor
US 500	1939	Dreizylinder-Doppelkolben-Zweitakter mit vornliegendem Rotationskompressor

Tabelle 2: Vergleichsdaten verschiedener Zweitaktrennmaschinen

Fabrikat	Baujahr	Hubraum cm³	Zylind.-Anzahl u. Anordnung	Drehzahl U/min	Motorleistg. PS	Ges. Masse kg	Höchstgeschw. km/h
IFA	1951	125	Einzylinder, stehend	7000	9,5	70	etwa 140
Agusta	1952	125	Einzylinder, stehend	6500	10	80	etwa 135
DKW	1953	125	Einzylinder, stehend	7000	10	75	etwa 140
DKW	1953	250	Zweizylinder, parallel, stehend	10000	29	80	etwa 185
Adler	1954	250	Zweizylinder, parallel, stehend	8500	27	110	etwa 180
Rumi	1954	125	Zweizylinder, parallel, liegend	9000	11	90	etwa 135
IFA	1954	125	Einzylinder, stehend	8300	13	70	etwa 150
IFA	1955	250	Zweizylinder, parallel, stehend	8300	25	120	etwa 180
Montesa	1956	125	Einzylinder, stehend	8000	15	75	etwa 160
Benelli	1957	125	Einzylinder, stehend	10000	13	85	etwa 145
Bultaco	1961	125	Einzylinder, stehend	10500	20	85	etwa 185
Suzuki	1961	125	Einzylinder, stehend	10000	20	90	etwa 180
Suzuki	1961	250	Zweizylinder, parallel, stehend	10000	39	120	etwa 205
Yamaha	1961	250	Zweizylinder, parallel, stehend	11000	41	125	etwa 210
EMC	1961	125	Einzylinder, stehend	11000	22	85	etwa 190
MZ	1961	125	Einzylinder, stehend	11000	25	85	etwa 200
MZ	1961	250	Zweizylinder parallel, stehend	10500	45	125	etwa 230

K.-H. EDLER

Motorsport-Liliputaner ganz groß

*Die technische Evolution der 50-cm³-Klasse
bringt neue Impulse für den Motorradrennsport*

1 Verfolgungsjagd zwischen Honda- und Suzuki-Fahrern — Sinnbild für den Sport mit 50-cm³-Maschinen: immer gibt es Rudelkämpfe!

Nach einigen Jahren konstruktiven Suchens setzten sich zu Beginn der fünfziger Jahre unseres Jahrhunderts in ganz Europa die Mopeds allgemein als die billigsten und für die Massenmotorisierung geeignetsten Motorfahrzeuge durch. Sie waren, von einigen Ausnahmen abgesehen, mit 50-cm³-Motoren ausgerüstet. Die Bezeichnung Moped entstand aus den Anfangsbuchstaben der Wörter *Mo*tor und *Ped*ale. Das Klassenmerkmal für ein Moped ist also das Vorhandensein von Pedalen. Außerdem muß für die fahrerlaubnisfreie Klasse der Mopeds die Motorleistung so gedrosselt sein, daß die vorgeschriebene Höchstgeschwindigkeit nicht überschritten wird.

Die Italiener, die nach dem zweiten Weltkrieg die 125-cm³-Klasse im Motorradrennsport lebensfähig gemacht haben und schon immer ein Herz für schnelle kleine Fahrzeuge besaßen, brachten in Abkehr von den normalen fahrradähnlichen Mopeds bald serienmäßig richtige 50-cm³-Maschinen mit Fußrasten und Kickstarter heraus. Wenn auch jenseits der Alpen schon vor längerer Zeit einige Wettbewerbe für diese kleinste Motorradgruppe ausgeschrieben wurden, die schon seit mehr als 40 Jahren als Klasse 1 in den internationalen Motorsportgesetzen der FIM verankert ist (75er-Maschinen gehören zur Klasse 2, 100er zur Klasse 3 und 125er zur Klasse 4), so war der Motorsport mit den „Schnurrfixen" doch noch nicht publikumswirksam und technisch bedeutungsvoll.

Erst vor fünf Jahren begann die eigentliche Ära des Motorsports mit 50-cm³-Maschinen. Zwei Gründe waren dafür maßgebend: Erstens die technische und sportliche Stagnation des Motorradsports in den großen Klassen und zweitens das „Privatrennen"-Fieber unter der Moped-Jugend, das besonders in Westeuropa bedrohliche Ausmaße angenommen hatte. Um die Jugend von den verkehrsgefährdenden „Rund-um-den-Marktplatz-Rennen" abzubringen, gab man ihr die Möglichkeit, ihren Bewegungsdrang in geordnete Bahnen zu lenken und ihr Können in sportlichen Wettbewerben zu prüfen. Diese Möglichkeit wurde wahrgenommen – von der begeisterten Jugend, von seriösen Motorsportlern und nicht zuletzt auch von der Industrie. Sowohl im Gelände- als auch im Rennsport begann die 50-cm³-Klasse Fuß zu fassen.

Die ersten Modelle waren recht seltsame Eigenbauten, aber immer mehr mauserten sie sich zu richtigen Motorrädern. Selbstverständlich waren die frisierten Moped-Umbauten für den Straßenverkehr nicht zugelassen. Die Leistungen der 50-cm³-Maschinen stiegen von Jahr zu Jahr beträchtlich an. Liefen die Prototypen der Pionierzeit von 1957/58 zwischen 80 und 90 km/h, so erreichten die Rennmodelle der führenden Fabrikate dieser Klasse im Jahre 1962 bereits Spitzengeschwindigkeiten von 150 km/h.

Natürlich verlief die Entwicklung der 50-cm³-Klasse in den motorsporttreibenden Ländern zum Teil unterschiedlich. Immerhin fand man sich aber bereits 1961 zum Europa-Cup zusammen, für den besondere Wertungsläufe in einigen europäischen Ländern ausgeschrieben wurden. Richtig anerkannt wurde die Klasse 1 aber vor allem durch die von der FIM vorgenommene Einbeziehung in das Weltmeisterschaftsprogramm ab Saisonbeginn 1962. Seit jenem Zeitpunkt ist klar, daß der 50-cm³-Klasse nichts Provisorisches mehr anhaftet, sondern daß sie ein vollwertiger Bestandteil des internationalen Motorradrennsports ist.

Daß bereits im ersten Jahr des Weltmeisterschaftseinsatzes in dieser kleinsten Klasse ein gutes Dutzend Marken zum Kampf antraten, ist ein Beweis für die große Zugkraft, die die eindrucksvollen kleinen Maschinen auf Industrie, Techniker, Rennfahrer und Zuschauer ausüben. Die

Teilnehmerlisten der Fabrikate und Fahrer in der Klasse 1 werden in nächster Zeit noch sprunghaft anwachsen. Damit bahnt sich eine Entwicklung an, die dem Motorradsport neue Impulse und eine neue Prägung verleiht. Riesige Startfelder werden sich in der kleinsten Klasse dem sportlich und technisch interessierten Zuschauer darbieten, dabei wird sich aber aller Voraussicht nach in den nächsten Jahren keine einseitige maschinelle oder fahrerische Überlegenheit bestimmter Konkurrenten ergeben. Alles ist hier noch im Fluß. Der Wettstreit technischer Systeme ist noch voll möglich. Und da die Spitzenleistungen der führenden Fabrikate dieser Klasse heute bereits die 150-km/h-Marke überschritten haben, ist auch in dieser Richtung beim Kampf der Davids für echte Rennatmosphäre gesorgt.

Wie sehr bei den Fünfzigern noch alles am Gären ist, zeigt ein Überblick recht deutlich. Man findet hier Zweitakter mit und ohne Drehschieber neben Viertaktern mit und ohne obenliegende Nockenwellen, Sechsganggetriebe neben Zwölfganggetrieben, Federbettrahmen neben Zentralträgern, Teleskopgabeln neben Earles-Schwingen, Plastikverkleidungen und -tanks neben solchen aus Leichtmetall.

Suzuki, die japanische Weltmeistermaschine von 1962, hat einen Zweitaktmotor, bei dem der Einlaß durch einen an der linken Kurbelgehäuseseite angebrachten Flachdrehschieber nach MZ-Vorbild gesteuert wird. Zylinder und Zylinderkopf haben quadratische Form. Der Verbrennungsraum ist flach und nach hinten verschoben, deshalb sitzt die Zündkerze auch nicht zentral. Das Suzuki-Fahrgestell besteht aus einem Doppelrohr-Wiegerahmen, der in der Steuerkopfgegend mit Verstrebungen und einem hydraulischen Lenkungsdämpfer versehen ist. Die Vorderradbremse ist als Doppelnocke ausgebildet.

Kreidler, die Europameistermaschine von 1961, besitzt zur Einlaßsteuerung zwei Vergaser und Doppeldrehschieber an beiden Seiten des Kurbelgehäuses. Der Zylinderkopf hat eine kreuzförmige Verrippung, die Zündkerze ist mittig angeordnet. Interessant ist bei der Kreidler-Rennmaschine der neuartige Schleifenbrückenrahmen, an dessen unteren Rohren das Triebwerk aufgehängt ist. Die Federbeine der vorderen und hinteren Schwinge sind hydraulisch gedämpft und dreifach verstellbar. Die Hinterradschwinge ist am Drehpunkt durch eingesetzte Blech-

3

4

5

2

2 Mitsuo Itoh überprüft seine 50-cm³-Suzuki. Der Drehschiebereinlaß befindet sich an der linken Motorseite.

3 Das gut verrippte Triebwerk der Suzuki-Weltmeistermaschine. Der rechtsseitige Kasten beherbergt den Zahnradantrieb für Getriebe und Magnet. Die Kupplung ist gegen Fußberührung teilweise abgedeckt.

4 Beim Rennflorett von Kreidler ist der Triebwerksblock am Brückenrahmen aufgehängt.

5 Die grazilen Drillinge von Kreidler (und auch von anderen Marken) kann man mit einem Handtuch zudecken.

profile versteift. Kreidler setzt aber auch Maschinen mit Doppelschleifen-Wiegerahmen und Teleskop-Vordergabel ein. Bemerkenswert sind noch die Bremstrommeln aus Elektronkokillenguß, vorn mit Parallelverankerung.

Der schnellste Viertakter der 50-cm³-Klasse wird von Honda an den Start gebracht. Auf einem wuchtigen Motorblock sitzt ein tief verrippter und um 45° geneigt stehender Zylinder mit einem Viereck-Zylinderkopf. Die vier Ventile werden von zwei obenliegenden Nockenwellen über einen Stirnradantrieb betätigt. Das Fahrwerk entspricht – abgesehen von den Dimensionen – den großen Honda-Modellen, weist also einen offenen Doppelrohrrahmen auf, wobei der Triebwerksblock mittragend ausgebildet ist und der Zylinderkopf an oberen Rahmenauslegern verankert wird. Auch ein OHC-Twin-Modell, dessen hochtouriger Motor 18000 U/min machen soll und das auch das Eröffnungsrennen auf der neu erbauten Suzuka-Rennbahn bei Tokio gewonnen hatte, wurde von Honda im Straßenrennsport eingesetzt. Die Zweizylindermaschine war aber bisher noch nicht so standfest wie der Einzylindertyp.

Die MZ-Modelle dieser Kategorie sind ebenfalls wie ihre größeren Zschopauer Schwestern wahlweise mit luftgekühlten oder mit wassergekühlten Motoren ausgerüstet. Im Aufbau entsprechen die Triebwerke den erfolgreichen Einzylindermaschinen der 125-cm³-Klasse: Vertikalmotor; Gehäuse, Zylinder und Zylinderkopf kräftig verrippt; Drehschiebereinlaß rechtsseitig. Auch das Fahrgestell mit dem Doppelrohr-Wiegerahmen ähnelt den anderen MZ-Typen. Unsere Renningenieure waren in der Entwicklungsarbeit für das jüngste Modell stark gehandikapt, denn infolge der bekannten Visa-Schwierigkeiten konnte die 50er MZ während des ganzen Jahres 1962 bei keinem ausländischen Weltmeisterschaftslauf eingesetzt werden. Der Motor ist gut, denn auch die ausländischen Zweitaktmaschinen verdanken ihre Erfolge dem MZ-Konstruktionsprinzip. Aber an der weiteren Verbesserung des Getriebes muß noch intensiv gearbeitet werden.

Tohatsu, das dritte japanische Motorradwerk von Bedeutung, setzt ein Zweitaktmodell ein. Im Gegensatz zu Suzuki und Yamaha, deren Zweitakter mit Drehschieber-Einlaßsteuerungen ausgerüstet sind, wird beim Tohatsu-Twin der Einlaß kolbengesteuert. Die Auspufföffnungen treten nach vorn aus, die birnenförmigen Auspuffrohre liegen unter dem Triebwerk. Das Fahrgestell lehnt sich an das der 125-cm³-Tohatsu an.

An ihre ruhmreiche Vergangenheit knüpft Mondial wieder mit einem Viertaktmodell an. Die neue 50-cm³-Mondial besitzt einen kompakten OHC-Motor, bei dem die obenliegende Nockenwelle nach alter Mondial-Linie durch Stirnräder angetrieben wird. Die Haarnadelventilfedern sind ungekapselt. Der Triebwerkblock dagegen ist völlig geschlossen und mit einer großen und gut verrippten Ölwanne versehen.

Als weitere Vertreterin der Viertaktbauweise stellt sich die italienische Motom vor. Leichtmetallzylinder und -zylinderkopf des OHV-Motors sitzen auf einem schmalen, aber stark verrippten Kurbelgehäuse, dem eine große Ölwanne angesetzt ist. Die im Zylinderkopf hängenden Ventile werden von der untenliegenden Nockenwelle über Schlepphebel, Stoßstangen und Kipphebel gesteuert. Der gesamte Steuermechanismus mitsamt den Schraubenventilfedern ist in die Verrippung von Zylinder und Zylinderkopf einbezogen. Das Fahrwerk ist sehr eigenwillig und ungewohnt, aber auch sehr leicht. Es besteht aus einem vom Steuerkopf bis zur Hinterradachse durchlaufenden geraden Zentralträger-Preßrahmen, an dessen mittlerem Vertikalausleger der Motor aufgehängt ist.

6 *Tommy Robb auf der verkleideten Honda ist fertig zum Training.*

7 *Blick auf den schrägstehenden OHC-Motor und den Vergaser der 50er-Honda.*

8 *Die 50-cm³-Simson-MZ mit Wasserkühlung.*

Vor dem Rennen

Eine der führenden italienischen Zweitaktmaschinen dieser Klasse ist die Itom. Der schlitzgesteuerte Quadrathub-Einzylindermotor ist mit einem sehr kurzen Auspuffrohr ausgerüstet, die Kerze sitzt im Zylinderkopf zentral. Der Motor-Getriebe-Block ist völlig gekapselt. Interessant ist auch bei der Itom wiederum der (gebogene) Zentralträgerrahmen mit Auslegern für Sitzbank und Federbeinabstützung.

In extremer Leichtbauweise stellt sich auch die spanische Derbi vor. Alles ist puppenstubenhaft klein angelegt: Tank, Fahrersitz, Armaturen, Bremsen. Diese Bautendenz läßt erkennen, daß fehlende Motorleistung durch Leichtbau, geringen Stirnwiderstand und windschlüpfige Verkleidung teilweise ausgeglichen werden soll. Wie Bultaco verwendet auch Derbi einen wohl frisierten, aber doch normalen schlitzgesteuerten Dreikanal-Zweitaktmotor mit quadratischem Hub-Bohrungs-Verhältnis.

Auch bei der jugoslawischen Tomos sind Zylinder und Zylinderkopf aus Leichtmetall. Das Fahrgestell besteht aus einem geschlossenen Einrohrrahmen mit Teleskopgabel und Hinterradschwinge. Bei einigen internationalen Rennen haben die Tomos-Maschinen unter ihren Fahrern gute Plätze belegt, im Weltmeisterschaftskampf waren sie dagegen noch nicht so erfolgreich.

Außer den hier aufgeführten Modellen der bekanntesten Marken werden aber auch weitere Typen von verschiedenen Motorradwerken, wie MV-Agusta, Benelli, Rumi, Terrot, Moto-Parilla, Ducson, Peugeot, EMC und anderen Zweiradfabriken in Europa und Übersee, in die Rennen geschickt. Ebenso sind ständig technisch versierte Privatfahrer mit interessanten Eigenbauten in der kleinsten Klasse vertreten.

Aber nicht nur im Rennsport, auch im Geländesport behaupten die Fünfziger seit einiger Zeit ihren Platz. Zündapp, Kreidler, Zweirad-Union,

9

9 Die Seitenansicht des jüngsten Sprosses unserer volkseigenen Motorradindustrie läßt erkennen, daß es sich bei den Fünfzigern um vollwertige Rennmaschinen handelt.

10 Mannschaftskapitän Gottfried Pohlan vom Simson-Geländesportkollektiv errang für das Suhler Werk bereits in der Erprobungszeit der GS 50 Dutzende von Goldmedaillen.

11 Der luftgekühlte Zweitaktmotor der 50-cm³-Geländesportmaschine von Simson.

Lothar Wonneberger

Das DRITTE RAD am Wagen
Immer wieder aktuell: Seitenwagen

1 Die Entwicklung der Motorräder mit Seitenwagen spiegelt sich am deutlichsten im Renngespann wider. Dieses Gespann aus dem Jahre 1960 weist zwar schon Reifen mit gerader Lauffläche, also spezielle Gespannreifen auf, ist aber noch für die konventionelle Sitzweise gebaut und zudem durch die 19"-Reifen sehr hoch. Nur die geringe Bodenfreiheit des Seitenwagens läßt auf speziellen Renneinsatz schließen.

Kaum einer hat um die Notwendigkeit oder Sinnfälligkeit eines Lkw-Anhängers oder eines Wohnwagens polemisiert und jedermann ist gern bereit, die erforderlichen Zugeständnisse zu machen. Sowohl Außenstehende als auch Besitzer.
Völlig anders ist es beim Motorrad mit Seitenwagen.
Immer wieder hört man in Gesprächen unter Motorradfahrern die Redewendung, daß ein Gespann ein vergewaltigtes Motorrad sei, ein Rennpferd vor dem Ackerwagen, ein Wolf im Hundezwinger und dergleichen. Die Gespannfahrer selbst hingegen rühmen den großen Nutzwert, die Sicherheit unter allen Witterungsbedingungen, die Reisebequemlichkeit für Fahrer und Beifahrer, den großen Stauraum und die dennoch gute Geländegängigkeit.
Das Motorrad mit Seitenwagen nimmt unter den Kraftfahrzeugen ohne Zweifel eine Sonderstellung ein. Zuerst einmal ist es nicht als Zweispurfahrzeug konzipiert, sondern aus einem Einspurfahrzeug entstanden. Diese Tatsache kann jederzeit wieder rückgängig gemacht werden. Im Gegensatz zu allen anderen Mehrspurfahrzeugen ist das Motorrad mit Seitenwagen nicht symmetrisch.
Als das Motorrad vor fast 70 Jahren begann populär zu werden, als die Hubräume zunächst erheblich oberhalb der Halblitergrenze anfingen, durften die ganz großen unter ihnen bei schonender Fahrweise einen Seitenwagen neben sich herziehen. Eine 750er oder 1000er ließ da ihre 3,6 oder 4,7 Pferde munter tänzeln. Das Fuhrwerk mit seinen bis 1,30 m Spurweite forderte vom Fahrer Kraft und volle Konzentration. Man bedenke: Damals waren Hinterrad und Seitenwagenrad mit Passagier- und Gepäcklast noch ungefedert, also starr. Die Vordergabel hatte zwar schon eine kurzhubige Federung. Doch das war mehr frommer Selbstbetrug bei den 40 oder 60 mm Federweg, die das Vorderrad bei einem tiefen Schlagloch nach oben ausweichen konnte. Die weit ausladenden Lenker waren wahrlich kein Zugeständnis an die Note, sondern bittere Notwendigkeit, wenn man die damals hohe Geschwindigkeit von 50 bis 60 km/h betrachtet. Was es hieß, diese Geschwindigkeit mit diesen Fahrzeugen auf diesen Straßen zu fahren, kann nur ermessen, wer in unserer Zeit einmal ein Veteranengespann aus der Zeit vor dem ersten Weltkrieg fuhr.

2 Die Kraftstoffbehälter sind aus Gründen der niedrigen Schwerpunktlage in den Seitenwagen verlegt worden, das Seitenrad wurde auch schon 1960 häufig mit 12" bereift.
3 Der Schweizer Rudolf Kurth baute mit 132 kg das leichteste Fahrzeug der Klasse bis 500 cm³ (einschließlich Solofahrzeuge) überhaupt und zudem das niedrigste Gespann. Der Rahmen ist eine Blechkonstruktion. Scheibenbremsen sind auch bei den Gespannen Trumpf. Außerdem ist es das einzige Gespann, das im Renneinsatz mit einer Seitenradfederung 1972 in Brno an den Start ging.
4 Das Gespann in voller „Größe"
5 Die Rückansicht zeigt die geringe Breite, den riesigen, tiefgelegten Kraftstoffbehälter und die üblichen sehr breiten Reifen des Hinterrades.
6 und 7 Das Gespann mit Helmut Faths Eigenbau-Vierzylinder brachte der bekannte Chris Vincent an den Start. Die Seitenansicht läßt die Fahrerhaltung ahnen.

Die Motorleistungen stiegen, erheblich sogar, die Fahrwerke blieben nahezu unverändert. Lediglich die Vordergabeln bekamen – millimeterweise – etwas Federung zugelegt.
Erst gegen Ende der zwanziger Jahre wurden die Motorräder in der Bauweise spürbar niedriger, nachdem sich im Durchschnitt die Spurweite für Motorräder mit Seitenwagen auf Werte um 1,20 m reduziert hatte.
Für den Seitenwagenpassagier waren nach wie vor die Reifen und irgendeine der vielfältigen federnden Bootsaufhängungen neben mehr oder weniger gut gefederten Sitzen die einzigen komfortspendenden Bauteile. Die gröbsten Fahrbahnstöße schlugen nach wie vor bis zum Fahrer und zum Seitenwagenpassagier durch.
Zu dieser Zeit hatte sich das Gespann längst einen festen Platz im Motorradsport erobert. Zuverlässigkeitsfahrten und Straßenrennen waren dabei die bedeutendsten Einsatzgebiete. In beiden Fällen waren normale Serienmaschinen die Basis der Sportgeräte. Im Zuverlässigkeitssport wurden lediglich geringfügige Veränderungen an den Fahrgestellen durchgeführt und die Rennmaschinen erfuhren zudem (oftmals fragwürdige) Leistungssteigerungen und mußten natürlich um etliche Kilogramm Masse abmagern. Wenn auch die Seitenwagen der Rennmaschinen noch längst nicht zu den heute üblichen flachen Pantoffeln wurden,

so unterschieden sie sich doch von Reiseseitenwagen durch erhebliche Vereinfachungen, Erleichterungen und andere Anpassungen an diesen Verwendungszweck. Zwar hatte sowohl am Seriengespann als auch im Sport das Seitenrad schon längst seinen Platz in Verlängerung der Hinterachse um den Betrag der Voreilung verlassen, indem es 100 bis 200 mm nach vorn wanderte, aber die gesamte übrige Fahrwerksgeometrie war geblieben. Die Spurweiten gingen im Rennsport auf etwa 1,10 m zurück, der Nachlauf des Vorderrades jedoch blieb bei Solobeträgen zwischen 80 und etwa 100 mm.

Die Leistungen der Motoren nahmen zu. Die Leistungen von uralten 750ern waren nunmehr aus 200-cm^3-Motoren zu holen: Mitte der dreißiger Jahre waren das 6 bis 7 PS.

Die Firma Phönix war es, die als erste an ihr 200er Modell auf Wunsch einen Seitenwagen anschloß. Es war ein kleiner, ganz leichter und natürlich wenig komfortabler Seitenwagen — aber, es war das erste Mal, daß die bis dahin für den Gespannbetrieb als völlig ungeeignet gehaltenen Maschinen mit 200 cm^3 Hubvolumen ihre Seitenwagenfähigkeit unter Beweis stellten. Freilich durfte man von dem Gespann keine Wunder erwarten, doch 55 bis 60 km/h waren auch damit möglich.

Wenn auch mit Skepsis, so wurden schließlich doch an noch andere Fabrikate mit 200- und 250-cm^3-Motoren Seitenwagen angebaut. Dennoch hat sich das Gerücht von der Untauglichkeit kleiner Hubräume in diesem Zusammenhang bis in die Nachkriegszeit erhalten, denn als die Simson-Touren-Maschine mit 250 cm^3 Viertaktmotor und immerhin bereits 12 PS mit Seitenwagen angeboten wurde, dauerte es lange, bis man endlich Vertrauen zu diesem Gespann faßte. Dabei laufen noch heute Simson-Touren- und -Sportgespanne und haben während all der Jahre den Äquator mehrfach umrundet.

In den dreißiger Jahren entstanden die ersten gefederten Seitenwagen.

Es gab dazu eine Menge von Lösungen, die sich oftmals nicht recht bewährten. Zusammen mit den bereits erfreulich langhubigen Vordergabeln und vereinzelt schon mit Federungen des Hinterrades wurden die Gespanne für die Mitfahrer erheblich komfortabler und auch sicherer. Der Fahrkomfort der Maschinen selbst wurde stets weiter verbessert. Die Hinter-

7

radschwinge hielt Einzug bei allen Fabrikaten und ermöglichte längere Federwege, die Telegabeln wurden ebenfalls langhubiger oder auch durch optimal langhubige Schwingen ersetzt. Nur der Seitenwagen blieb mit einer wenig ergiebigen Kurzschwinge versehen. Hin und wieder gab es Firmen, die sich bei ihren Seitenwagen mit ordentlichen Federungen versuchten, aber sie konnten, weil sie als Hersteller zu unbedeutend waren, die Gesamtlage nicht beeinflussen.

Die Lebensdauer der Seitenwagenfederungen war zwar unterschiedlich lang, konnte jedoch kaum befriedigen. Bedingt durch zu enge Lagerabstände und ungeeignete Konstruktionen (z. B. Gleitsteine), litt die Straßenlage der Fahrzeuge bei Verschleiß erheblich.

Die Firma Stoye in Leipzig entwickelte für die MZ-ES-Modelle den Elastikseitenwagen, der neben hohem Fahrkomfort durch die Langschwinge auch eine befriedigende Lebensdauer der Lagerung bot. Die Straßenlage war wesentlich besser als die vergleichbarer Konstruktionen, das ungedämpft gefederte Rad neigte jedoch noch immer zu „Eigenmächtigkeiten", und die Bodenhaftung litt darunter. Erst mit Produktionsaufnahme des Stoye-Superelastik-Seitenwagens war auch dieses Problem gelöst. Ein gedämpftes Federbein fing die über die gesamte Seitenwagenbreite gelagerte Seitenradschwinge.

Außerdem wurde einer zwingenden Notwendigkeit Rechnung getragen, die in erster Linie die Verkehrssicherheit günstig beeinflußte: das Seitenrad wurde gebremst. Es gab schon vorher, z. B. bei Steib, gebremste Seitenwagenräder, aber eine so gezielte Abstimmung des Seitenwagens hinsichtlich Federung, Dämpfung und Bremsvermögen auf die Maschine an einem serienmäßig hergestellten Seitenwagen war erstmalig.

Gleich, ob es sich um brave Tourenfahrer oder Fahrer mit sportlichen Ambitionen handelt, das MZ-Gespann wird allen Anforderungen gerecht. Es ist erwiesen, daß mit keinem anderen Gespann dieser Leistungsklasse so hohe Reiseschnitte erzielt werden können wie mit dem MZ-Gespann und selbst Gespanne mit 500 oder mehr cm^3 Hubraum haben auf kurvenreicher Strecke häufig eindeutig das Nachsehen, wie die Praxis bewiesen hat. Einen wesentlichen Einfluß darauf hat auch der Querstabilisator, der die bei langhubigen Federungen sich ergebende starke Querneigung in Kurven erheblich reduziert.

Wieder zurück zum Gebrauchswert des Gespannes! Das Platzangebot eines Solomotorrades ist naturgemäß begrenzt. Das Motorrad mit Seitenwagen hingegen bietet erheblich mehr an Platz für Personen und Gepäck. Erhalten bleibt der Reiz des Fahrens mit unmittelbarem Kontakt zur Natur, zu Wind und zu Regen, zu Sonne und Kälte wie beim Solomotorrad. Hinzu kommt, daß das Gespann auf Grund seiner Stabilität und der direkten Lenkung bei allen Fahrbahnzuständen das sicherste Fahrzeug ist. Mit keinem anderen Fahrzeug lassen sich bei ent-

8 Die Schwinge für das Vorderrad ist beim Gespann ausschließlich zu finden. Hier das Rotax-Gespann.

sprechender Beherrschung solche hohe Reiseschnitte auch bei Straßenglätte erzielen.

Nicht minder schnell verlief im Sport, und ganz speziell im Rennsport, die Entwicklung des Motorrades mit Seitenwagen. Dabei muß jedoch beachtet werden, daß es bis auf geringe Ausnahmen auch von den Werken her keine speziellen Rennmaschinen zu kaufen gab. Alle Maschinen — sowohl Fahrgestelle als auch Motoren — waren recht sportlich ausgelegte Serienfahrzeuge, die erst durch die geschickten Hände der Fahrer und Mechaniker zum reinen Sport-Zweck-Gerät wurden. Übrigens zeichnet sich eine ähnliche Tendenz seit einiger Zeit im Straßenrennsport wieder ab: Nachdem die bekanntesten Firmen auf internationaler Ebene die Produktion von käuflichen Rennmaschinen eingestellt haben, werden sportliche Serienmaschinen wie Yamaha, Kawasaki, Maico und nicht zuletzt auch MZ zu Rennmaschinen veredelt. Die gleiche Situation bestand in den dreißiger Jahren.

Die Motoren waren vorzugsweise Norton, BMW, aber auch AJS und andere Fabrikate, die im Seitenwagenbetrieb eingesetzt wurden. Die Leistungen der Serienmotoren lagen zwischen 24 und 28 PS in der Klasse bis 500 cm^3, die hergerichteten Motoren erbrachten zwischen 30 und etwa 35 PS, wobei exakte Leistungsangaben nicht zu machen sind. Keiner der privaten Bastler hatte, im Gegensatz zu der heute bei uns herrschenden Situation, einen Prüfstand. Aufgeladene Motoren, die jedoch nur seitens der Werke zum Einsatz kamen, konnten mit Leistungen um 50 PS aufwarten. Die Fahrgestelle wurden, mit heutigen Maßstäben gemessen, oftmals wenig sinnvoll geändert. Die wichtigsten Bauteile im Renneinsatz, die Bremse, wurden bis auf Feinarbeiten nicht verändert. Auf den Gedanken, die damals wahrlich nicht besonders guten Bremsen tatsächlich konstruktiv zu überarbeiten, die Durchmesser zu vergrößern, die Backen breiter zu gestalten, kam offensichtlich kein Fahrer und gerade hier wären sichere Reserven für bessere Rundenzeiten vorhanden gewesen. Allerdings ist dabei nicht zu vergessen, daß die Fahrgestelle nur unter Vorbehalt eine restlose Ausnutzung der verbesserten Bremsen gestattet hätten.

Eigenbau-Hinterradfederungen wurden erprobt, Gabeln verstärkt und entgegen herkömmlichen „Sicherheits"-Vorstellungen wurden die Superweiten der Gespanne zugunsten der Verringerung des Luftwiderstandes geringer gehalten. Dennoch war das Fahrverhalten der Gespanne kaum zufriedenstellend, legt man heutige Maßstäbe an. Die Fahrgestelle waren hochbeinig, die Gabeln pendelten in den Kurven und nicht selten war das Ursache zum Ausbrechen des Vorderrades und damit des gesamten Gespannes. Von wenigen Ausnahmen abgesehen fuhr man immer noch, auch im Rennen, Trapezgabeln, die wegen der hohen Seitenkräfte in Kurven zusätzlich abgesteift wurden.

Die Seitenwagen hatten schon längst die bekannte Pantoffelform angenommen; eine kleine Kanzel, ein spartanisch gepolstertes Brett und Haltegriffe für alle Einsatzfälle der „Schmiermaxen", die ständig zwischen Langliegen, Aussitzen und Drüberhängen (über das Hinterrad) wechselten. Bei starrer Seitenradachse und oftmals starrem Hinterrad war das für den Beifahrer eine unvorstellbar harte Arbeit.

Erst in der Nachkriegszeit wurden die Erkenntnisse um die Lenkgeometrie soweit Allgemeingut, daß sich langsam der Nachlauf des Vorderrades von Solowerten auf spezifische Seitenwagen-Größen reduzierte. Dadurch wurden die Lenkkräfte weitgehend verringert und damit war das Pendeln, das „Stempeln", gebannt. Nun liefen auch die Gespanne sauber in den Kurven. Die Werte für den Nachlauf wurden dabei um etwas mehr als die Hälfte reduziert. Bei Schwingenfahrzeugen wurde das konstruktiv bereits berücksichtigt. Maschinen mit Telekabel wurden durch radikale Maßnahmen geändert. Das obere Gabeljoch wurde rechts und links neben dem Auge für den Gabelholm durchgesägt, und, mit nach hinten verschobenen Gabelaugen, stumpf hartgelötet (!). Dennoch hielten die so geänderten Gabeln erstaunlich gut.

Die Rennen der Seitenwagenklasse waren stets ein Knüller im Rennprogramm, auch wenn die erreichten Geschwindigkeiten und Rundenzeiten längst nicht so hoch lagen wie die der Solomaschinen. Der Luftwiderstand eines Gespannes ist wesentlich höher als der einer Solomaschine. So sannen die Fahrer nach Möglichkeiten, dieses Manko zu kompensieren.

Erstmals praktizierte dies erfolgreich der Schweizer Fahrer Rudolf Kurth, der die heute ausschließlich übliche — damals jedoch revolutionierende — Konstruktion des „kneeler" (Knieer) in der Tat umsetzte. Neu ist der „kneeler"-Gedanke allerdings nur für Gespanne. Bereits 1953 setzte Norton unter Ray Amm in Ulster versuchsweise einen Solo-kneeler ein, der auch die schnellste Runde fuhr, dann jedoch ausfiel. Der Gedanke setzte sich bei Solomaschinen aber nicht durch. Im Gegensatz zur bisherigen Konstruktion saß der Fahrer nicht mehr auf der Maschine, sondern er kniete jetzt in extra gebauten

9 Die Zierlichkeit eines Gespannes kann kaum überzeugender zum Ausdruck kommen
10 bis 14 Seitenwagensport ist Kollektivarbeit. Fahrer und Beifahrer müssen sich bedingungslos aufeinander verlassen können. Jede Bewegung ist aufeinander abgestimmt.

Startnummer 15: Venus/Gundel
Startnummer 6: Wegener/Heinrichs
Startnummer 17: Vincent mit Beifahrer
Startnummer 23: Müller/Hoffmann

15 und 16 Gegenden, die mit dem Pkw nicht mehr erreichbar sind, sind mit dem Gespann u n d viel Gepäck immer noch erreichbar, auch wenn der Weg s e h r unwirtlich und wenig einladend, auch wenn der Fahrer selbst seine „PS" mit auf die Straße bringen muß.

Fotos: Autor

15 16

Schalen für die Knie, die Brust ruhte auf einem Lederkissen, denn der Tank hatte seinen Platz längst nicht mehr auf dem oberen Rahmenrohr. Schon bei den herkömmlichen Gespannen hatte man häufig des niedrigen Schwerpunktes wegen, also aus Gründen der Straßenlage, auf dem Rahmenrohr nur einen kleinen Zwischentank, der durch eine Kraftstoffpumpe aus dem Hauptkraftstoffbehälter im Seitenwagen gefüllt wurde. Während vorher bis auf Ausnahmen Motorrad und Seitenwagen trennbar waren, sind Kneeler vorzugsweise untrennbar konstruiert und gebaut. Der Vorteil liegt auf der Hand: Die Konstruktion wird leichter und trotzdem steifer. So hat Rudolf Kurths komplettes Kneeler-Gespann weniger Masse als die Solofahrzeuge der 500er Klasse: Ganze 132 kg.
Statt Rohr für die Fahrgestelle zu verwenden, setzte sich immer mehr eine Kastenkonstruktion aus Blech durch. Die Räder, früher 19", meist 18" und gelegentlich auch 16", wurden im Durchmesser immer weiter reduziert und werden heute fast ausschließlich mit einem Durchmesser von 500 mm gefahren. Während früher für das Vorderrad ein Reifenquerschnitt von 3,50" üblich war und hinten 4" (100 mm) gefahren wurde, sind heute am Hinterrad bei den Spitzenfahrzeugen Reifenbreiten von 155 mm üblich, eine Tendenz, die sich auch im Automobilrennsport durchgesetzt hat.

Diese Kneeler-Bauweise brachte eine ganze Anzahl Vorteile mit sich. Die Bauhöhe konnte von Werten von 850 mm auf Größen um 600 mm reduziert werden. Der Schwerpunkt wurde weiter gesenkt, allerdings wurde auch die Bodenfreiheit so niedrig wie nur irgend möglich gehalten. Bei der Vorderradfederung hat sich statt der Telegabel im Gespann die Langschwinge, gelegentlich auch die Kurzschwinge, durchgesetzt. Zusammen mit der Verwendung der kleinen Radgrößen wurde auch der Nachlauf des Vorderrades nochmals verringert. Während einige Fahrer um diese Zahl ein großes Geheimnis machen, haben andere Werte zwischen 0 und 5 mm angegeben. Das sind Werte, die durchaus glaubhaft erscheinen. Die Rückstellkräfte werden dadurch jedoch so gering, daß das Fahren mit dieser Vorderachsgeometrie unbedingt Gewöhnung erfordert.
In allen Jahrzehnten unseres Jahrhunderts gab es Seitenwagen, die speziell für Lasttransporte gebaut waren. Alle denkbaren Gewerbe arbeiteten damit, Bäcker fuhren Brote und Kuchen aus, Maler und Klempner damit Material an ihre Arbeitsplätze. Und zu allen Zeiten hatte man dagegen Vorbehalte. Die Zweifler waren auch da, als 1966 Stoye zusammen mit MZ den Lastseitenwagen auf den Markt brachte. Erst zögernd, dann aber in stets steigendem Maße fand man Gefallen an dem – wie-

der einmal – neuen Seitenwagen. Ob DEWAG oder Campingfreund, ob Handwerker oder Wochenendparzellen-Bebauer, plötzlich ist das Lastengespann salonfähig geworden und stellt einen selbstverständlichen Anblick in unserem Straßenbild dar.
Die MZ-Testfahrt der beiden Gespanne 1967 in den Kaukasus bewies recht überzeugend die Verwendbarkeit des Lastseitenwagens. Das Lastengespann brachte – besetzt und beladen – 588 kg auf die Waage und bezwang dennoch während der 16 000 km Pfade und Schotterstrecken, Schlamm und Wasser, Steigungen und endlose Non-stop-Jagden ohne Schaden.
Immer wieder mußte sich das Gespann gegen Vorurteile und oftmals subjektiv-böswillige Ansichten durchsetzen. Und immer wieder blieb das Gespann Sieger, obwohl es schon so oft totgesagt wurde. Oder deshalb?
Das Gespann wird auch weiterhin seine Berechtigung behalten. Im persönlichen Gebrauch, im Handwerk und nicht zuletzt auch im Sport. Sicher nicht als 500er Gespann, aber vielleicht mit 250 cm^3 auf seriennaher Basis.

DIETER BAUMANN

Männer und Maschinen

Die MZ-Beteiligung an den Internationalen Sechstagefahrten und Europameisterschaften im Motorradgeländesport

Auftakt im Jahre 1956

Im Auftrag der damaligen Hauptverwaltung Automobil- und Traktorenbau des Ministeriums für Maschinenbau der DDR wurde 1953 im VEB Motorradwerk Zschopau eine Sportabteilung unter der Leitung des damals 34jährigen Ingenieurs Walter Kaaden gegründet. Dieser Sportabteilung, die sich anfangs zunächst nur mit der Entwicklung und dem wettbewerbsmäßigen Einsatz von Rennmaschinen befaßte, wurde im Jahre 1956 eine Geländesportgruppe angegliedert. Damit war der Auftakt für das heute schon fast ein Vierteljahrhundert andauernde offizielle Engagement des Zschopauer Werkes im internationalen Motorradgeländesport gegeben.

Mit der Beteiligung an den großen internationalen Wettbewerben wurde nicht lange gewartet. Es sollten schnell Erfahrungen gesammelt werden, und so ging bereits bei der Internationalen Sechstagefahrt 1956 eine MZ-Fabrikmannschaft an den Start. 2 Silbermedaillen und 1 Ausfall waren das Ergebnis jenes ersten MZ-Auftritts bei den Six Days, und im Hinblick auf die Tatsache, daß von insgesamt 313 Startern aus 18 Ländern immerhin 202 Fahrer das Ziel nicht erreicht hatten, waren die Zschopauer mit diesem Anfang recht zufrieden.

Das Maschinenmaterial jener ersten Jahre der werkseitigen Beteiligung am Motorradgeländesport basierte auf den damaligen Großserienmodellen. Da gab es zunächst die heute schon fast legendäre MZ BK 350 mit Boxermotor und Telegabel-Fahrgestell, die zuletzt eine Leistung von etwa 12,5 kW (17 PS) erreichte. Aber schon bald wurden überwiegend die ES-Modelle mit Vollschwingenfahrwerk eingesetzt. Die ES 175 verfügte zunächst über die Leistung von 7,4 kW (10,0 PS), und die ES 250 wurde mit 9,2 kW (12,5 PS) gemessen. Die Techniker der MZ-Sportabteilung mußten sich mit den gegenüber dem Rennsport doch wesentlich veränderten Forderungen erst einmal vertraut machen. Höhere Motorleistung ist beispielsweise im Geländesport durchaus nicht allein ausschlaggebend, und radikale Drehzahlsteigerungen auf Kosten des im Gelände sehr wichtigen Drehmomentes wären das falsche Rezept gewesen. Trotzdem wurden nach einiger Zeit auch Leistungssteigerungen bei den Gelände-Triebwerken gegenüber den Serienfahrzeugen um etwa 50 % erreicht.

Es ist im Rahmen dieses Beitrages völlig unmöglich, alle jene mit Namen zu nennen, die sich im Verlauf von mehr als 2 Jahrzehnten als Aktive oder als Techniker, Funktionäre und Betreuer um die MZ-Beteiligung am Motorradgeländesport verdient gemacht haben. Wir wollen trotzdem gelegentlich von einigen jener verdienstvollen Männer sprechen, wobei betont werden muß, daß diese Namen nur Beispiele aus einer großen Reihe hier Ungenannter sind.

Zu den Pionieren bei den aktiven Fahrern zu Beginn der offiziellen werkseitigen Teilnahme von MZ am Geländesport zählten u. a. Walter Winkler und Horst Liebe. Beide gehörten jener ersten MZ-Fabrikmannschaft an, die 1956 bei den Six Days startete. Winkler gab bald die aktive Laufbahn auf, wurde später Gruppenleiter Geländesport in der MZ-Sportabteilung und ist seit vielen Jahren Mannschaftsleiter der DDR-Trophy-Mannschaften bei den Sechstagefahrten. Horst Liebe, seit 1970 Direktor für Außen- und Binnenhandel im VEB MZ, zählte von 1956 bis 1962 zu den besten Geländefahrern der DDR und war mehrfach Mitglied der DDR-Trophy-Mannschaft bei den Sechstagefahrten.

Einige Worte zum komplizierten Reglement

Die Internationale Sechstagefahrt wurde 1913 von der britischen Fahrrad-, Motorradhersteller- und Handelsunion ins Leben gerufen. Das Regelwerk der Six Days wurde oft verändert, aber die ursprüngliche Zielstellung, die Zuverlässigkeit der Motorräder und die Geschicklichkeit der Fahrer zu prüfen, blieb im Prinzip bis heute erhalten. Und jener Grundgedanke des Trophy-Mannschaftswettbewerbes bei den Sechstagefahrten, der besagt, daß 6 Fahrer mit 6 Maschinen über 6 Tage ihr fahrerisches Können und die einwandfreie Konstruktion der Motorräder zu beweisen haben, hat bis heute nichts von seiner Faszination verloren.

Nicht zu Unrecht bezeichneten die Motorradsportler oftmals die Six Days als das «Olympia des Motorradgeländesports», denn alljährlich treffen bei dieser Veranstaltung seit Jahrzehnten, nur von den beiden Weltkriegen unterbrochen, die besten Geländefahrer der Welt aufeinander. Die Internationale Sechstagefahrt ist vorrangig ein Mannschaftswettbewerb. Es gibt zwar auch Medaillen für die Einzelfahrerwertung, aber offiziell werden weder Klassensieger noch Gesamt-Einzelsieger registriert.

Im Hauptwettbewerb bewerben sich die aus jeweils 6 Fahrern bestehenden Nationalmannschaften — die sogenannten

Trophy-Mannschaften — um die F.I.M.-Welttrophäe (F.I.M. ist die Abkürzung für «Fédération Internationale Motocycliste», den internationalen Motorradsportverband). Bis zum Beginn der siebziger Jahre durften am Trophy-Wettbewerb nur Mannschaften teilnehmen, deren Motorräder im Bewerber-Land hergestellt waren, so daß also Länder ohne eigene Motorradproduktion überhaupt nicht für den wichtigsten Wettbewerb der Six Days startberechtigt waren. Mit der Streichung dieser Bestimmung aus dem Reglement schuf die F.I.M. eine wesentliche Voraussetzung für das im letzten Jahrzehnt in vielen Ländern enorm angestiegene Interesse an der Sechstagefahrt. Eine weitere, von allen Freunden des Motorradgeländesports freudig begrüßte Entscheidung wurde 1971 wirksam: Von diesem Jahr an gilt der Trophy-Wettbewerb offiziell als Mannschaftsweltmeisterschaft des Geländesports.

Aus 4 Fahrern bestehende Nationalmannschaften, die praktisch einer B-Vertretung ihres Landes gleichzusetzen sind und in der Six-Days-Sprache als «Vasenmannschaften» bezeichnet werden, kämpfen um die «Internationale Silbervase». Wettbewerbe der Fabrik- und Clubteams komplettieren den Mannschaftscharakter der Sechstagefahrt.

Es ist nicht Aufgabe dieses Artikels, die sehr komplizierten und im Laufe der Jahre vielfach geänderten Regeln des Motorradgeländesports und insbesondere der Internationalen Sechstagefahrt näher zu erläutern (vgl. dazu «Motor-Jahr 73», S. 142 ff.). In jüngster Zeit gab es allerdings einige wesentliche Vereinfachungen des Regelwerkes. Für den mit dem Geländesport weniger vertrauten Leser mögen die folgenden Hinweise genügen: An jeder Wettbewerbsmaschine werden vom Veranstalter vor dem Start bestimmte Teile plombiert bzw. speziell markiert, und diese Teile dürfen während des Wettbewerbs nicht gewechselt werden, sonst erfolgt sofortiger Ausschluß des Fahrers. Diese Regelung, die übrigens ab 1979 auf 5 Teile reduziert wurde, dient dem Nachweis der technischen Zuverlässigkeit des betreffenden Fahrzeuges. Gestartet wird nach Hubraumklassen, und jeweils 3 oder auch 2 Fahrer gehen gleichzeitig auf den Kurs, denen dann in Minutenabstand die nächste

1 Horst Liebe zählte von 1956 bis 1962 zu den Spitzenkönnern des DDR-Motorradgeländesports. Er war oftmaliger Gesamt- oder Klassensieger bei großen internationalen Wettbewerben und vertrat mehrfach die DDR als Trophy-Fahrer bei den Six Days. Unser Bild aus dem Jahr 1959 zeigt Horst Liebe auf der 300er MZ ES mit Vollschwingenfahrgestell. — Der spätere MZ-Kundendienstleiter ist seit 1970 Direktor für Außen- und Binnenhandel im VEB MZ

2 Eines der größten Talente, die jemals von der MZ-Sportabteilung hervorgebracht wurden, war der heutige MZ-Kundendienstingenieur Werner Salevsky. In den sechziger Jahren galt er als einer der besten Geländefahrer der Welt. Salevsky gewann u. a. allein dreimal den Alpenpokal, war Europameister 1968 und gehörte mehr als ein Jahrzehnt stets den DDR-Trophymannschaften an. Gemeinsam mit Peter Uhlig war er sechsmal am Gewinn der Welttrophäe beteiligt. Unser Bild: Werner Salevsky bei der Internationalen Viertagefahrt Erfurt 1960 auf MZ ES 250/G

Gruppe folgt. Eine Sechstagefahrt soll heute die Gesamtdistanz von 1500 km nicht überschreiten. Bei Europameisterschaftsläufen, die als Zweitageveranstaltungen ausgerichtet werden, soll die Gesamtstreckenlänge etwa 500 bis 600 km betragen.

Die überwiegend durch unterschiedliches Gelände und nur gelegentlich über normale Straßen führenden Strecken werden in mehrere Abschnitte aufgeteilt, an deren Endpunkten sich jeweils eine Zeitkontrolle befindet. Jeder Fahrer hat die ihm auf einer Zeittabelle vorgegebene Zeit einzuhalten. Für Zeitüber- bzw. -unterschreitungen gibt es Punkte. Die Würze in der Suppe bringen die Sonderprüfungen. Am wichtigsten sind heute die Prüfungen mit Motocross-Charakter auf abgesteckten Strecken im Gelände, aber auch Beschleunigungsprüfungen, Geräuschpegelmessungen usw. gehören zu den üblichen Spezialtests.

Die «Lehrjahre»

Nach diesem kleinen Ausflug, der ein wenig mit dem Sinn und den wichtigsten «Spielregeln» des Motorradgeländesports vertraut machen sollte, wollen wir jetzt jedoch schnell noch einmal zum motorsportlichen Geschehen der fünfziger Jahre zurückkehren. Im Jahre 1957 waren bei der Unwetter-Sechstagefahrt in Spind-

3 Einer der Publikums-Magneten bei der Internationalen Sechstagefahrt 1963 im tschechoslowakischen Riesengebirge waren die «Blauen Steine», die hier von DDR-Trophy-Fahrer Bernd Uhlmann auf der MZ ES 300/G bezwungen werden

Aussee/Österreich. Wenn die DDR-Mannschaft auch am Ende der 6 Tage die höchste Gutpunktzahl aufzuweisen hatte, so half das nichts, zumal nach den damaligen Regeln Strafpunkte nicht durch Gutpunkte egalisiert werden konnten. Unsere Geländefahrer mußten den Griff nach der höchsten Krone ihrer Sportdisziplin noch einmal vertagen, wobei damals niemand ahnen konnte, daß es 3 Jahre dauern würde, bis überhaupt wieder DDR-Fahrer an den Start einer Sechstagefahrt gehen würden.

Politische Machenschaften einschlägiger Kreise verhinderten, wie das in jenen Jahren dem DDR-Sport häufig widerfuhr, die Einreise der DDR-Mannschaften zu den Sechstagefahrten 1961 in England und 1962 in der BRD. Zweimal nacheinander konnten unsere Männer trotz des Protestes der DDR und anderer Landesverbände nicht beim Wettkampf der weltbesten Geländefahrer antreten.

Aber gerade in jenen Jahren, da den DDR-Aktiven der Six-Days-Start verweigert wurde, zeigte sich bei anderen internationalen Geländefahrten, daß MZ zur Weltklasse herangereift war. So errang z. B. MZ-Werkfahrer Werner Salevsky bei den Österreichischen Alpenfahrten 1961 und 1962 als Gesamtsieger zweimal nacheinander den vielbegehrten Alpenpokal.

1963 – der erste Trophy-Sieg

1963 stand endlich einem erneuten Start von DDR-Fahrern bei der Sechstagefahrt nichts mehr im Wege; denn der 38. Six-Days-Jahrgang wurde in der sozialistischen ČSSR mit Start und Ziel in Spindleruv Mlyn im Riesengebirge ausgetragen. Die DDR-Trophymannschaft startete auf 2 Maschinen der Klasse bis 175 cm^3, auf 2 der Klasse bis 250 cm^3 und auf 2 300-cm^3-Maschinen. Die technische Konzeption der Motorräder baute auf Vorhandenem aus der Großserienproduktion auf. Allerdings hatte sich erwiesen, daß die Teleskopgabel in schwerem Gelände gegenüber der bei den ES-Serienmaschinen verwendeten Langschwinge gewisse Vorteile hinsichtlich der Zuverlässigkeit der

leruv Mlyn erneut mehrere MZ-Fahrer aus der DDR dabei, und 1958 gab es bereits eine DDR-Trophymannschaft, gebildet aus 4 MZ- und 2 Simson-Fahrern, und dieses Team erreichte in Garmisch-Partenkirchen immerhin einen 4. Platz. Das Jahr 1959 brachte erneut der von MZ- und Simson-Fahrern gebildeten DDR-Trophy-Mannschaft bei der 34. Internationalen Sechstagefahrt in Gottwaldov/ČSSR einen vielbeachteten 3. Platz, und damit waren eigentlich die Lehrjahre für die DDR-Geländefahrer abgeschlossen.

Meisterhaftes Können – jedoch noch kein meisterlicher Ruhm

Ein Wassertropfen im Vergaser der Maschine des Trophy-Fahrers Erich Kypke brachte Zeitverzögerung und Strafpunkte für die erstmalig nur auf MZ-Motorrädern startende DDR-Trophy-Mannschaft bei der Internationalen Sechstagefahrt 1960 in Bad

4 3 verdienstvolle Männer der MZ-Sportabteilung fiebern beim Abschlußrennen der Internationalen Sechstagefahrt 1963 in der ČSSR dem ersten Trophy-Sieg ihrer Mannschaft entgegen. In höchster Spannung verfolgen sie die letzten Pflichtrunden. Von links: Walter Winkler, Gruppenleiter Geländesport und ständiger Mannschaftsleiter; Erich Bergauer, Konstrukteur in der MZ-Sportabteilung; Obering. Walter Kaaden, Verdienter Techniker des Volkes, seit 1953 Leiter der MZ-Sportabteilung

5 Hans Weber, der unvergessene großartige Geländefahrer und liebenswerte Kamerad vom ASK Vorwärts Leipzig, lenkt hier seine 250-cm³-MZ dem 2. DDR-Trophy-Sieg bei der Internationalen Sechstagefahrt 1964 im Thüringer Wald entgegen. Weber war Mitglied der siegreichen Trophy-Mannschaften von 1963 bis 1967

penzylinder sowie ein Fünfganggetriebe. Die zweijährige Pause beim Six-Days-Einsatz warf Fahrerprobleme auf. Erfahrene Aktive, wie Horst Liebe, hatten ihre sportliche Laufbahn aufgegeben, nur Werner Salevsky und Horst Lohr hatten überhaupt Sechstagefahrt-Erfahrungen. Diese beiden bildeten gemeinsam mit den Sechstagefahrt-Neulingen Günter Baumann, Bernd Uhlmann, Peter Uhlig und Hans Weber die DDR-Trophy-Mannschaft.

Wer dabei war, wird es nicht vergessen: Nachdem beim Abschlußrennen im kleinen Ort Martinice auf einem Straßenkurs von den MZ-Trophy-Fahrern die erforderlichen Pflichtrunden absolviert waren, hielten die DDR-Betreuer am Streckenrand eine große Anzeigetafel hoch, auf der die Worte «Frei Fahrt» und darunter «Herzlicher Glückwunsch» zu lesen waren. Es war geschafft. Die DDR-Nationalmannschaft hatte auf MZ-Motorrädern die höchste Trophäe des internationalen Motorradgeländesports errungen.

MZ-Siege am laufenden Band

Der Erfolg in der ČSSR berechtigte die DDR nach dem damaligen Brauch, die nächste Internationale Sechstagefahrt auszurichten, die mit Start und Ziel nach Erfurt vergeben wurde. Da hier kein Buch über die Sechstagefahrt geschrieben wird, müssen wir uns kurz fassen: Viele tausend DDR-Motorsport-Freunde erlebten im Thüringer Wald das überlegene Können der DDR-Trophy-Fahrer und beim Abschlußrennen auf dem Flugplatz Erfurt-Bindersleben den furiosen Schlußspurt der schnellen MZ-Maschinen, gegen die auch die Engländer mit ihren großvolumigen Motorrädern keine Chance hatten. Erfurt brachte den 2. Trophy-Sieg für MZ.

Für die 1964 zum Einsatz gelangten einzylindrigen MZ-Werkmaschinen galten folgende Nennleistungen:
- 175 cm³ – etwa 13,6 kW (18,5 PS) bei 5500 U/min,
- 250 cm³ – etwa 17 kW (23 PS) bei 5500 U/min,
- 300 cm³ – etwa 18,4 kW (25 PS) bei 5500 U/min.

Der absolut perfekte Erfolg gelang MZ schließlich bei der 40. Internationalen Sechstagefahrt 1965 auf der Isle of Man/

Radführung bringt. Im Hause MZ gab es übrigens in jenen Jahren, insbesondere seitens der für den Absatz Verantwortlichen, des öfteren herbe und durchaus nicht völlig unverständliche Kritik an den Telegabel-Fahrwerken der Sportabteilung; denn schließlich waren alle ES-Modelle der Großserie mit Vollschwingen-Fahrgestellen ausgerüstet, und für die Vollschwinge wurde viel Werbung betrieben. Aus heutiger Sicht war die Sportabteilung jedoch gerade auf diesem Gebiet das Testfeld und der Wegbereiter für die MZ-Großserien-Technik späterer Jahre: Ende der sechziger Jahre wurden bei MZ die ersten ETS-Modelle in Serie produziert, und 1973 verließ die letzte Vollschwingen-ES das Zschopauer Montageband.

Die 1963er Geländemotoren von MZ entstammten im Prinzip der Serie. Sie wurden entsprechend verbessert und erhielten zur besseren Wärmeableitung einen Breitrip-

6 An jenem 22. September 1965, dem dritten Fahrtag der 40. Six Days schienen dichter Nebel in den Bergen und strömender Regen auf der gesamten Strecke dem Wettbewerb ein vorzeitiges Ende zu bereiten. Die Sechstagefahrt drohte im Schlamm zu ersticken. 129 Fahrer schieden an diesem einen Tag aus; bei der Sechstagefahrt 1964 in der DDR gab es an allen 6 Tagen nur insgesamt 62 Ausfälle. Werner Salevsky hat den vorderen Kotflügel verloren. Als «schwarzer Mann» fährt er schlammverkrustet weiter; denn zum Bauen bleibt keine Zeit

7 Die siegreiche DDR-Trophy-Mannschaft 1965 nach ihrem großen Triumph. Von links: Mannschaftsleiter Walter Winkler und die Fahrer Werner Salevsky, Bernd Uhlmann, Hans Weber, Karlheinz Wagner, Horst Lohr, Peter Uhlig

Großbritannien, die als eine der schwersten Veranstaltungen in die Six-Days-Geschichte eingegangen ist. Nach einer mörderischen Schlechtwetterfahrt erreichten in den beiden Hauptwettbewerben um Trophy und Silbervase nur 2 von 29 gestarteten Nationalmannschaften mit allen Fahrern das Ziel: Die DDR-Trophy-Mannschaft auf MZ und die DDR-Vasenmannschaft auf MZ. Etwas mutlos bestätigten die Konkurrenten, daß der MZ-Sieg in der ČSSR wohl doch kein Zufall und der Erfolg von Erfurt nicht nur dem «Heimvorteil» zuzuschreiben waren.

Im harten Kampf mit den nun immer energischer um Anschluß ringenden Rivalen dominierte das MZ-Trophy-Team der DDR schließlich auch bei den Internationalen Sechstagefahrten 1966 in Villingsberg/Schweden und 1967 in Zakopane/VR Polen, wobei jeweils 2 Plätze der DDR-Vasenmannschaften auf MZ den Erfolg komplettierten.

Neue europäische Wettbewerbe ab 1967 im Geländesport

Im Jahre 1967 fanden noch vor der Sechstagefahrt — als Vorstufe für eine geplante Europameisterschaft — 3 Wertungsläufe um einen Europapokal der Geländefahrer statt. MZ beteiligte sich in 3 Hubraumklassen an diesem Wettbewerb und gewann in allen 3 Klassen durch Horst Lohr (175 cm^3), Bernd Uhlmann (250 cm^3) und Karl-Heinz Wagner (350 cm^3) die Europapokale. An der ersten Europameisterschaft beteiligte sich MZ 1968 in 4 Hubraumklassen — bis 175 cm^3, 250 cm^3, 350 cm^3 und 500 cm^3. Der bisherige 300-cm^3-Motor wurde auf 340 cm^3 gebracht, und Motoren mit einem Hubraum über 350 cm^3 wurden in der Klasse bis 500 cm^3 eingesetzt. In den beiden oberen Klassen gelang kein voller Erfolg, aber die fahrerische Klasse eines Peter Uhlig, der mit durchaus nicht überlegenem Maschinenmaterial Europameister der Klasse bis 175 cm^3 wurde, sowie das souveräne Können von Werner Salevsky, der den EM-Titel überlegen bei den 250-cm^3-Maschinen errang, sorgten für einen guten Einstand von MZ in diesem neuen Wettbewerb.

Die Internationale Sechstagefahrt 1968 in San Pellegrino/Italien brachte eine Unterbrechung in der Serie der MZ-Six-Days-Siege. Trophyfahrer Hans Weber kassierte am ersten Fahrtag recht unglücklich 2 Strafpunkte, und sein Mannschaftskamerad Werner Salevsky mußte am fünften Fahrtag wegen Sturz ausscheiden.

1969 ging MZ gut gerüstet in die EM-Läufe. Aber die Wettbewerbe verliefen anders als geahnt. Im Mai 1969 verunglückte beim EM-Lauf in der ČSSR unser guter Kamerad Oberfeldwebel Hans Weber vom ASK Vorwärts Leipzig tödlich. Einer unserer Besten hatte seiner geliebten Sportdisziplin den höchsten Tribut zollen müssen. Die DDR-Delegation reiste in tiefer Trauer um den toten Freund vorzeitig nach Hause.

Später, beim EM-Lauf in Italien, sah sich

unsere Equipe wegen politischer Diskriminierungsversuche erneut gezwungen, die Teilnahme am Wettbewerb abzubrechen. Trotzdem war nach Abschluß der EM-Läufe Fred Willamowski ganz eindeutig nach dem Reglement Europameister, aber auf dem Herbstkongreß der F.I.M. wurde ihm der Titel aus unverständlichen Gründen nicht bestätigt, und ein BRD-Fahrer wurde zum Europameister erklärt.

Der 6. Trophy-Sieg und Probleme der siebziger Jahre

Bei der 44. Internationalen Sechstagefahrt vom 15. bis 20. September 1969 in Garmisch-Partenkirchen/BRD gelang dem MZ-Trophy-Team noch einmal der ganz große Triumph: Zum 6. Mal wurde die DDR-Nationalmannschaft Gewinner der Welttrophäe. Ein Jahrzehnt großartiger MZ-Erfolge im Motorradgeländesport ging zu Ende.

Die siebziger Jahre bescherten auf den ersten Blick der Marke MZ nicht jene Fülle von Spitzenerfolgen im Geländesport, mit denen die Jahre zuvor angefüllt waren. Zunächst wurde allerdings Fred Willamowski vom ASK Vorwärts Leipzig 1970 Europameister in der Klasse über 350 cm³. Dem Six-Days-Debakel von 1970 in Spanien, bei dem 4 Trophy-Maschinen ausfielen – davon 3 wegen Unterbrecherschaden – folgte der erneute Europameistertitel in der Klasse über 350 cm³ von Fred Willamowski im Jahre 1971. Kurz vor der Abreise zu den Six Days 1971 auf der Isle of Man verunglückte einer der Größten des DDR-Geländesports, Oberleutnant Peter Uhlig vom ASK Vorwärts Leipzig, bei einem Verkehrsunfall in der Nähe von Zschopau tödlich. Er war seit 1963 Mitglied unserer Trophy-Mannschaft gewesen und war auch für England als Trophy-Mann benannt.

Trotzdem gelang es der DDR-Trophy-Mannschaft auf MZ, die verständlicherweise noch stark unter dem Eindruck des großen Verlustes stand, bei dieser ersten offiziellen Mannschaftsweltmeisterschaft auf der Isle of Man einen ehrenvollen 3. Platz zu belegen.

Mit Beginn der siebziger Jahre zog sich die Gesellschaft für Sport und Technik, die über lange Jahre für Breitenarbeit im DDR-Geländesport mitgesorgt hatte, von der Teilnahme an den internationalen Geländewettbewerben zurück. Der Allgemeine Deutsche Motorsport-Verband der DDR orientierte sich bald ebenfalls nicht mehr auf die Teilnahme von Clubfahrern an EM und Six Days. So blieben vorerst für die Teilnahme an den großen internationalen Wettkämpfen nur die Fahrer des Armeesportclubs und der beiden Motorradwerke in Zschopau und Suhl als Vertretung der DDR übrig. Zweifellos gab es für diese Entscheidungen vernünftige Begründungen, die hier auch nicht zur Diskussion stehen. Aber genau zum gleichen Zeitpunkt traten in der Fahrerspitze der DDR, die fast ein Jahrzehnt den internationalen Geländesport beherrscht hatte – 6 Trophy-Siege! – Generationsprobleme auf. Die Männer der «Siegergeneration» beendeten einer nach dem anderen ihre aktive Laufbahn, und um den Nachwuchs für die Nationalmannschaften war es nun schlecht bestellt.

In den folgenden Jahren gelang in der Europameisterschaft kein voller Erfolg, d. h. nach Fred Willamowskis Titelgewinn von 1971 wurde vorerst von den MZ-Fahrern kein neuer Europameister gestellt.

8 Beim Abschlußrennen auf dem Motodrom von Karlskoga/Schweden im Jahre 1966 zeigten die MZ-Fahrer der DDR-Trophy-Mannschaft – hier Peter Uhlig auf MZ ETS 175 (Start-Nr. 193) noch einmal ihr Können und die Leistungsfähigkeit ihrer Maschinen. Sie errangen hier den 4. Trophy-Sieg in ununterbrochener Folge

9 Mit der 360-cm³-MZ war Fred Willamowski bester Fahrer aller Klassen bei der Internationalen Sechstagefahrt 1969 im Raum Garmisch-Partenkirchen/BRD. Mit dieser Glanzleistung bewies er überzeugend, wer in diesem Jahr Chef in der Klasse bis 500 cm³ war

10 Er war jahrelang der große Mann in der Klasse bis 175 cm³: Peter Uhlig vom ASK Vorwärts Leipzig, hier auf einem Schlamm-Abschnitt bei der Sechstagefahrt 1969. In der Erinnerung seiner vielen Freunde lebt der vorbildliche Sportler als ein Mann weiter, dessen Kämpferherz beispielgebend für den Geländesport der DDR war

Zwar waren die Männer auf den Zschopauer Maschinen stets unter den Besten ihrer Hubraumklassen zu finden, aber die europäischen Titelträger wurden in diesen Klassen meist von ČSSR-Fahrern oder den italienischen Geländeassen gestellt. Mit der neueingeführten Art der Sonderprüfungen im Motocross-Stil kam MZ zunächst nicht ganz zurecht.

1972 war Frank Schubert in den EM-Läufen bester MZ-Fahrer und wurde erneut Vizeeuropameister der Klasse bis 250 cm³. Bei der 47. Internationalen Sechstagefahrt vom 11. bis 16. September 1972 im Raum von Spindleruv Mlyn/ČSSR errang die sehr tapfer kämpfende MZ-Trophy-Mannschaft der DDR hinter der einheimischen ČSSR den 2. Platz und wurde damit Vizeweltmeister. Die Vasenmannschaft B der DDR auf MZ belegte den 3. Platz unter 26 Vasenteams.

Fred Willamowski beendete die EM 1973 als Vizeeuropameister der Klasse über 350 cm³, und dann folgte das Öl-Spektakel bei den Six Days 73 in den USA, als wegen Lieferung falschen Öls seitens einer amerikanischen Firma bei den MZ-Maschinen festgebrannte Kolbenringe auftraten, und die DDR-Delegationsleitung sich deshalb gezwungen sah, die Mannschaft unter Protest vom Wettbewerb zurückzuziehen.

Im Jahre 1974 wurde Frank Schubert (MZ 250) zum 3. Mal Vizeeuropameister.

Das Trophy-Team der DDR auf MZ belegte dann bei den Six Days in Camerino/Italien nur einen enttäuschenden 6. Platz, weil 2 Fahrer vorzeitig wegen Verletzung bzw. Krankheit ausscheiden mußten.

Ungeahnte Probleme brachte das Sportjahr 1975 für MZ. Der Armeesportclub hatte sich vom Geländesport zurückgezogen, und damit blieb es künftig allein den Sportabteilungen in Suhl und Zschopau vor-

11 Anfang der siebziger Jahre übernahm Frank Schubert in der MZ-Sportabteilung nach und nach die Funktion des «Fahrers Nr. 1». Im Jahre 1971, aus dem unser Foto stammt, wurde er erstmalig Vizeeuropameister

behalten, die DDR bei Europameisterschaften und Sechstagefahrten zu vertreten. Über viele Jahre hatten die Fahrer des ASK Vorwärts Leipzig neben den Werkfahrern des VEB MZ am Start der großen internationalen Wettbewerbe gestanden. Die Namen von Günter Baumann, Fred Willamowski, Peter Uhlig, Hans Weber, Klaus Halser und Klaus Teuchert sowie des ASK-Trainers Werner Rosenbrock waren untrennbar mit dem sportlichen Ruhm von MZ auf den Geländepisten verbunden. Diese Ära war nun vorüber, und es war schon sehr wertvoll für MZ, daß die ehemaligen ASK-Fahrer Manfred Jäger und Uwe Köthe ihre aktive Laufbahn als nunmehrige MZ-Werkfahrer fortsetzten.

Zwei 3. Plätze am Ende der EM 1975 durch Jäger (über 350 cm³) und Köthe (bis 350 cm³) waren damals die besten EM-Plätze für MZ.

Wegen akuten Fahrermangels konnte erstmalig seit 1961/62 für die 50. Internationale Sechstagefahrt 1975 auf der Isle of Man keine Trophy-Mannschaft benannt werden. Die aus je 2 MZ- bzw. Simson-Fahrern gebildete Vasenmannschaft platzte schnell wegen des verletzungsbedingten Ausfalls von Schneidewind (Simson), und so war der von der MZ-Werkmannschaft gewonnene Goldene Fabrikmannschaftsschild die Ehrenrettung für die DDR-Vertretung bei dieser Sechstagefahrt. Neue Erfolge:
— 1976 Six Days-Bronze gemeinsam mit Simson,
— 1977 Vizeweltmeister in der ČSSR,
— 1978 Manfred Jäger Europameister und MZ-Trophy-Mannschaft erneut Vizeweltmeister in Schweden.

Bester MZ-Fahrer in der Europameisterschaft 1976 war Frank Schubert mit einem 3. Platz in der Endabrechnung aller Läufe. Für die Internationale Sechstagefahrt bei Zeltweg/Österreich wurden je eine DDR-Trophy- und Silbervasenmannschaft benannt, die jeweils zur Hälfte aus MZ- bzw. Simson-Fahrern gebildet waren. Unter jeweils 15 Trophy- bzw. Vasenmannschaften wurden die DDR-Teams 3. im Trophy-Wettbewerb und 6. im Wettkampf um die Silbervase.

Als Vizeeuropameister der Klasse bis 500 cm³ beendete Manfred Jäger die EM-Läufe 1977, und alle anderen MZ-Fahrer erreichten ebenfalls vordere

12 Auch 1974 machte Frank Schubert große Sprünge und wurde zum 3. Mal Vizeeuropameister in der Klasse bis 250 cm³

EM-Plätze. Eine geschlossene Mannschaftsleistung der nunmehr wieder ausschließlich aus MZ-Fahrern gebildeten DDR-Trophy-Mannschaft mit Jäger, Schubert, Sturm, Köthe, Fabke und Meusel brachte bei der 52. Internationalen Sechstagefahrt in Považska Bystrica/ČSSR den Beweis dafür, daß MZ eindeutig wieder zur Weltspitze im Geländesport zählt. Hinter dem glücklichen Weltmeister ČSSR wurde die DDR mit haushohem Punktabstand Vizeweltmeister vor der BRD.

Mit neuem Maschinenmaterial trat MZ zu den EM-Läufen 1978 an, und diesmal gelang endlich auch wieder ein voller Erfolg: Manfred Jäger erreichte den Höhepunkt seiner bisherigen Laufbahn und holte für MZ den Europameistertitel in der Klasse über 500 cm³.

Gehandikapt durch den verletzungsbedingten Ausfall von Ulrich Fabke – und trotzdem voller Optimismus – trat die MZ-Trophy-Mannschaft der DDR zur 53. Internationalen Sechstagefahrt vom 4. bis 9. September 1978 in Schweden an. Der erst 18jährige Jens Scheffler lieferte einen ausgezeichneten Einstand im Trophy-Team und wurde gemeinsam mit Manfred Jäger, Frank Schubert, Jürgen Meusel, Harald Sturm und Uwe Köthe hinter der wiederum siegreichen ČSSR Vizeweltmeister vor Großbritannien unter insgesamt 16 Trophy-Mannschaften.

In technischer Hinsicht bestimmt MZ heute wieder den Weltstand im Motorradgeländesport mit. Diese Feststellung konnte schon 1978 getroffen werden und gilt erst recht für die weiterentwickelten Maschinen der Saison 1979, die in 4 Hubraumklassen – bis 250, 350, 500 und über 500 cm³ – eingesetzt wurden. Diese neue Generation der MZ-Geländesportmotorräder ist bei Erhalt der Zuverlässigkeit kompromißlos auf Leichtbau ausgelegt. Auffällig ist die Fahrgestell-Konstruktion mit dem verwindungssteifen Doppelschleifen-Rahmen, langhubiger ölhydraulisch gedämpfter Teleskopgabel und nadelgelagerter Schwinge mit stark angeschrägten Gasdruckstoßdämpfern. Die Federwege betragen vorn und hinten 250 mm. Die Motorleistung liegt bei allen Modellen um etwa 30 kW – (25,7 kW bei 250 cm³; 29,4 kW bei 350/360 cm³; 33 kW bei 505 cm³). Die 250-cm³-Ausführung verfügt 1979 über ein Sechsganggetriebe. Für die Hubräume ab 360 cm³ wird der kompaktere Zahnradsatz des bewährten Fünfganggetriebes eingesetzt. Wesentlichen Einfluß auf die Motorenentwicklung hat die vom Reglement vorgeschriebene Einhaltung des Geräuschpegels von 100 dB (A). – Mehrfach experimentiert wurde bei MZ u. a. mit unterschiedlichen Zylinderkopfvarianten.

In der EM 1979 wurden mit diesem Maschinenmaterial die Fahrer Manfred Jäger (über 500 cm³) und Harald Sturm (bis 350 cm³) Vizeeuropameister und Frank Schubert Dritter (bis 250 cm³). Alle anderen MZ-Fahrer erreichten ebenfalls gute Placierungen.

Dieser Bericht war nicht mehr als ein Versuch, – der Versuch, die Bilanz des fast ein Vierteljahrhundert andauernden MZ-Geländesporteinsatzes zu ziehen. Die Berichterstattung beschränkt sich auf die MZ-Beteiligung an Sechstagefahrten und an den europäischen Titelwettbewerben. Alle anderen MZ-Starts bei internationalen Geländesportveranstaltungen, bei DDR-Meisterschaftsläufen usw. blieben unberücksichtigt. Die Vielzahl der Gesamt-

13 Typische Szene aus einer der heute üblichen Motocross-Prüfungen, hier beim Abschluß der Six Days 1976 in Österreich. Vorn mit Start-Nr. 327 Manfred Jäger mit der großen MZ (Klasse bis 500 cm³)

siege, Klassensiege und Medaillen blieb ungenannt. Die Ergebnisbilanz von 6 Trophy-Siegen, einem Gewinn der Silbervase bei Sechstagefahrten, von 3 Europapokalen und 5 Europameistertiteln, 13 Vizeeuropameistern und 13mal EM-Bronze ist ohnehin stolz genug. Mit zahlreichen hohen staatlichen Auszeichnungen für die MZ-Sportabteilung und ihre Mitarbeiter wurden diese Leistungen gewürdigt.

Die MZ-Erfolge im internationalen Motorradgeländesport waren stets ein überzeugender Beweis für die Leistungsfähigkeit der volkseigenen Zweiradindustrie der DDR. MZ wird auch künftig dem Geländesport treu bleiben, weil sich der harte Geländeeinsatz als Prüffeld für die Serientechnik von morgen bewährt hat. Die Vielzahl der Erfolge von MZ in dieser technischen Sportdisziplin hat in der Vergangenheit wesentlich dazu beigetragen, das Ansehen der Marke MZ bei den Motorradfreunden in aller Welt zu erhöhen und wirkte sich stets fördernd auf den Export der MZ-Serienmotorräder aus.

Seit 1978 stellte MZ — nach mehrjähriger Pause — auch wieder neue, modifizierte Kleinserien-Geländemaschinen für die Motorsportclubs der DDR bereit. Damit wurden erste technische Voraussetzungen zur Entwicklung junger Fahrer geschaffen. Es geht also weiter im Motorradgeländesport der DDR. Unsere volkseigene Zweiradindustrie hat große Zielstellungen für die achtziger Jahre. Neue MZ-Siege im Motorradgeländesport werden dabei zweifellos eingeplant.

Fotos: Fuhr (1–5, 11, 12)
Autor

14 Ein junger Mann macht von sich reden: Der zwanzigjährige Harald Sturm auf der 250er MZ zeigte als Trophy-Fahrer bei der Sechstagefahrt 1976 in Österreich viel Mut und fahrerisches Können

15 1978 war Frank Schubert von der Viertelliter-Klasse in die Klasse bis 350 cm³ übergewechselt. Der Routinier wurde auf Anhieb 3. in der Europameisterschaft und zählte wiederum zu den Fahrern unserer Trophy-Mannschaft, die in Schweden (unser Foto) zum 3. Mal Vizeweltmeister wurde

Teil IV

Motorradfahren in der DDR

G. SALZMANN

Unterwegs mit »TROLL 1«

Spricht man vom Motorroller, so muß man wohl kaum groß erläutern, was das ist. Diese Fahrzeuggattung ist heute von unseren Straßen nicht mehr fortzudenken, und es gibt eine große Zahl von Zweiradfanatikern, die auf ihren Roller schwören und ihn nie gegen ein Motorrad tauschen würden. Dabei begann die Produktion derartiger Einspurfahrzeuge erst nach dem zweiten Weltkrieg. Zwar hat es früher schon das 1921 in Zschopau gebaute „Lomos"-Sesselrad und kurz davor auch einen anderen Roller gegeben, aber diese beiden Fahrzeuge vermochten sich nicht durchzusetzen. Die Gründe dafür sollen an dieser Stelle nicht untersucht werden.

Es steht jedoch fest, daß sowohl die motorisierte Vergrößerung eines Kinderrollers wie auch das in Zschopau offensichtlich vom Motorrad abgeleitete „Sesselrad" in den Fahreigenschaften keinesfalls den damaligen Motorrädern nahekommen konnten. Wer aber schon sein Geld für ein motorisiertes Gefährt ausgibt, will dann auch mit seinen ebenfalls motorisierten Mitbürgern mithalten. Da beides mit den Urahnen unserer heutigen Roller offensichtlich nicht möglich war, verschwanden sie bald, ohne stärkere Erinnerungen zu hinterlassen.

Nach 1945 aber war die Situation ganz anders. Die fertigungstechnischen Voraussetzungen wie auch der Geschmack des Publikums hatten eine gewisse Wandlung erfahren. Jetzt waren weiter auch die Frauen daran interessiert, geeignete Motorfahrzeuge in die Hand zu bekommen. Es wäre müßig, alle Gründe zu nennen, die für die Entwicklung eines Motorrollers sprachen. Jedenfalls steht fest, daß zu dem Zeitpunkt, als ein geschäftstüchtiger Italiener mit den ersten billig, aber gekonnt aus bewährten Konstruktionselementen zusammengebauten Rollern auf dem Markt erschien, eine große Schar von Fahrzeuginteressenten danach griff.

Der Motorroller bietet sehr viel von dem, was man beim herkömmlichen Motorrad vermißt. Ein Motorrad zeigt jedem, der es etwas näher betrachtet, schon von außen eine Fülle von „Technik". Da liegen Motorgehäuse, Zylinder, Vergaser und Kette so frei, daß es nicht vieler Überlegungen bedarf, um die damit verbundenen Schmutzquellen und -stellen zu erkennen. Hinzu kommt, daß es für Frauen keinesfalls sehr bequem ist, ein Gefährt nur rittlings sitzend benutzen zu können.

Ein Roller ist hingegen ganz anders aufgebaut. Die „Technik" ist bei ihm durch die Karosserie verdeckt, und schon ist die Gefahr, Ölflecken in die Kleidung zu bekommen, weitgehend gebannt. Er bietet einen freien Durchstieg mit einem geschlossenen Trittboden, und damit braucht eine Fahrerin nicht auf Rock und Absatzschuhe zu verzichten. Das Wichtigste ist aber wohl, daß ein moderner Motorroller einen weitgehenden Schmutz- und Spritzschutz bietet, wie ihn kein Motorrad aufzuweisen hat. Damit entfällt für den Rollerfahrer das leidige Tragen von Gummihosen und hohen Schuhen, und er kann, falls ihm nicht gerade das Wetter einen Strich durch die Rechnung macht, im handelsüblichen Straßenanzug sein Gefährt besteigen.

Das ist wahrscheinlich auch der Vorteil des Rollers, denn die Mehrzahl der Kraftfahrer benutzt ihr Fahrzeug als Verkehrsmittel und nicht als Sportgerät. Viele Fahrzeugbesitzer wollen meist nur schnell irgendwohin – zur Arbeitsstelle, zum Einkauf, zum Badestrand, werden aber kaum selbst Leistungsprüfungen im Motorsport bestreiten. Der Motorroller ist also für viele das gegebene Fahrzeug, und es ist gut, daß wir in unserer Republik diese Fahrzeugart überall in ausreichendem Maße angeboten bekommen.

Dieses Angebot ist nun im Jahre 1963 durch eine Neuschöpfung der Ingenieure und Arbeiter des VEB Industriewerke Ludwigsfelde erfreulich bereichert worden. Nachdem in den vergangenen Jahren, ausgehend von der Grundkonzeption des Motorrollers „Pitty", die Weiterentwicklung über den „Wiesel" zum „Berlin" führte, haben die Ludwigsfelder zu

1

Ehren des VI. Parteitages der SED bei ihrer Neuentwicklung „Troll 1" mit der Serienproduktion begonnen.

Die Bezeichnung „Troll" ist nicht nur ein recht gut klingender Name, sondern zugleich die Abkürzung von „**T**ouren-**Ro**ller-**L**udwigsfelde". Geht man davon aus, daß sich hinter der Typbezeichnung „SR-59" des Rollers „Berlin" die Einstufung als „**S**tadt-**R**oller" verbarg, so kann man von vornherein bei dem neuen Gefährt ein stärkeres Triebwerk, also höhere Leistung, erwarten.

Der „Troll" überrascht zunächst durch eine völlig neue Linienführung. Hier ist man endlich von der bisher obligatorisch gedrungenen Karosserieform abgegangen und hat sich nach dem Beispiel der Autoindustrie an die „Trapezform" herangewagt. Was dabei herauskam, kann zwar beim Roller nie eine ausgesprochene Zweckform sein, es entspricht jedoch weitgehend unserem modernen Geschmack, sieht also nett aus und hat zumindest nicht mehr „Schmutzecken" als die bisherige Form. „Troll 1" ist also vom Äußeren her ein moderner Roller; und er ist es auch „innerlich".

Das Triebwerk des „Troll" ist ein Einzylinder-Zweitaktmotor, der bei einer Zylinderbohrung von 56 mm und einem Kolbenhub von 58 mm einen Hubraum von 143 cm^3 besitzt. Ähnlich wie beim 125er Triebwerk des ehemaligen „Wiesel" eine Gemeinsamkeit mit dem MZ-Motorradmotor bestand, ist auch hier eine weitgehende Standardisierung mit dem Triebwerk der neuen ES 150 vorhanden. Auch der Motor des „Troll" läuft in Zschopau vom Band, und damit ist in diesem Betrieb eine ökonomische Großserienproduktion gewährleistet. Selbstverständlich ist auch der neue Rollermotor wie die bisherigen mit einer zwangsweisen Luftkühlung durch ein Axialgebläse versehen. Damit ist dieses Triebwerk in bezug auf die Kühlung von der Fahrgeschwindigkeit unabhängig, und stundenlanges Bergsteigen macht ihm nichts aus.

Die Höchstleistung des „Troll"-Motors von 9,5 PS bei 5500 U/min wird bei einer Verdichtung von 8,75:1 bis 9,0:1 erreicht. Das maximale Drehmoment von 1,25 kpm wird bei 4000 U/min wirksam und erstreckt sich damit über den Hauptfahrbereich. Die Motorleistung wird über eine im Ölbad laufende Mehrscheiben-Kupplung auf das fußgeschaltete Vierganggetriebe übertragen. Zur Primärkraftübertragung ist eine Hülsenkette vorhanden, die gemeinsam mit der Kupplung im Ölbad läuft. Der Kupplungsraum besitzt eine Verbindung zum Getriebe-Schmierraum. Beim Getriebe stehen die auf der Getriebehauptwelle und der Vorgelegewelle sitzenden vier Zahnradpaare ständig im Eingriff und werden deshalb durch Klauenkupplungen wahlweise miteinander verbunden. Nun war ja die Rollerfußschaltung, wie sie vom „Wiesel" und „Berlin" her bekannt ist, wirklich nicht der „letzte Schrei". Wahrscheinlich hat man das auch in Ludwigsfelde festgestellt, denn man ist wieder zur Schaltwippe zurückgekehrt, die in ähnlicher Art einst beim „Pitty" vorhanden war. Obwohl eigentlich auch beim „Berlin" kaum Schaltschwierigkeiten festzustellen sind, erscheint die neue Wippe besser, weil sie geradezu narrensicher ist.

Zur Sekundärkraftübertragung auf das Hinterrad ist nach bester MZ-Tradition eine in Gummi-Schutzschläuchen laufende Rollenkette eingesetzt. Diese patentierte Vorrichtung ist völlig staub- und öldicht, es gibt kein Klappern wie bei den üblichen Kettenkästen, und die Kette ist gegen vorzeitigen Verschleiß weitgehend geschützt.

Auch beim „Troll" erhielt der Vergaser einen wirksamen Ansauggeräuschdämpfer, der viel von den häßlichen Nebengeräuschen schluckt. Das, was sonst nicht so leicht geschluckt wird, ist das Auspuffgeräusch. Man war da bereits beim „Berlin" durch Verwendung des ES-Auspufftopfes ein gutes Stück vorangekommen. Die neue Abgasanlage ist aber noch wirkungsvoller und hat zudem den Vorteil, daß endlich das schräg unter Trittbrett und Hinterhaube hervorlaufende störende „Ofenrohr" verschwunden ist.

Beim eigentlichen Fahrwerk ist zunächst der neue Rahmen zu erwähnen, der aus Stahlblechprofilen zusammengeschweißt ist. Rückwärtig schließt

1 Hier zeigt sich der „Troll 1" von seiner besten Seite. Deutlich sind der neue Auspufftopf und der veränderte Fußbremshebel zu erkennen.

2 Die ES-Federbeine und der Scheinwerfer mit asymmetrischem Abblendlicht geben dem „Troll" das Gepräge.

3 Die vordere Langschwinge trägt erheblich zu den verbesserten Federungseigenschaften bei.

4 An der Rückseite des Spritzblechs befindet sich ein Werkzeugfach, das nicht nur Werkzeug, Ersatzschlauch und Lenkschloß aufnimmt, sondern noch viel Platz für Kleinigkeiten läßt.

5 Scheinwerfereinheit und Preßschalenlenker sind sehr formschön. Der ungefähr in Bildmitte erkennbare Hebel dient zur Fernbedienung des Vergaser-Luftschiebers.

6 Nach Abnehmen der Seitenklappen sind links die hintere Langschwinge, Vergaser und Kühlgebläse zu erreichen. Interessant ist auch die neue Flachbatterie.

7 Von rechts kommt man an Kupplung, Reglerschalter, Ansauggeräuschdämpfer und die in Schutzschläuchen laufende Sekundärkette heran.

8 Die Heckpartie wird durch ein großes Rücklicht und die inzwischen überflüssig gewordene Heckflosse gekennzeichnet.

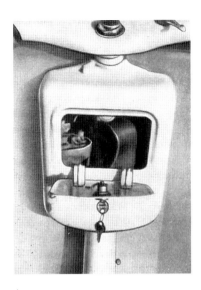

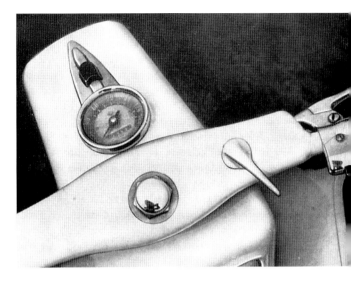

sich ein Leichtmetall-Haubenträger an, der zugleich die obere Halterung für die hinteren Federbeine bildet. Einziger geringfügiger Nachteil dieser Konstruktion: Die Anschlußschrauben zur Befestigung der Haube liegen so dicht an der Sitzbank, daß das Reserverad dort nur mit einer zusätzlichen Halterung befestigt werden kann.

Übrigens – Federbeine, das ist etwas Neues in unserem Rollerbau. Nachdem schon 1962 der tschechoslowakische Motorroller „Cezeta" zu einer derartigen Federung überging und dazu die Jawa-Federbeine verwendet wurden, war es naheliegend, sich bei unserer Neuschöpfung der „ES-Beine" zu bedienen. Was dabei herauskam, ist in Verbindung mit der am Rahmen gelagerten Langschwinge eine komfortable Federung. Man hat jetzt hinten einen Federweg von 100 mm zur Verfügung und besitzt zudem eine Hart-Weich-Einstellung, mit der das Fahrzeug den unterschiedlichen Belastungen bei Solo- und Soziusbetrieb besser angepaßt werden kann.

Auch am Vorderrad ist eine Langschwinge mit gleichartigen Federungs-Dämpfungs-Elementen vorhanden. Sie ist an einem Schwingenträger nach Art der ES-Motorradtypen gelagert, der zugleich die Form des Vorderradschutzbleches bestimmt. Diese Vorderradhaube liegt jetzt zwischen den Federbeinen, was vielleicht nicht jedermanns Geschmack trifft, aber deren gute Zugänglichkeit gewährleistet. Da die vordere Schwinge einen Federweg von 130 mm aufweist, kann man das Fahrwerk als gut gefedert bezeichnen.

Eine andere nicht minder wichtige Seite des Fahrwerks bilden die Räder selbst. Hierbei ist man vernünftigerweise im Industriewerk Ludwigsfelde bei der bisherigen Reifengröße 3,50–12 geblieben, obwohl viele „Ausländer" eine kleinere Bereifung aufzuweisen haben. Die relativ großen Räder haben aber wesentlich bessere Fahreigenschaften, werden auch mit ungünstigerem Gelände fertig und kommen Motorradrädern in bezug auf Bodenhaftung und Kurvenstabilität recht nahe. Die Räder haben Steckachsen und besitzen großflächige Bremstrommeln, die bei einem Durchmesser von 160 mm und einer Bremsbelagbreite von 24 mm zuverlässige Bremswirkung garantieren.

Der neue Fußbremshebel, der über Bowdenzug auf die Hinterradbremse wirkt, machte nicht nur vom Aussehen einen vertrauenerweckenderen Eindruck als sein Vorgänger, sondern er liegt auch fußgerechter.

Es wurde bereits darauf hingewiesen, daß die Karosserie des „Troll" gegenüber seinen Vorgängern erheblich umgestaltet wurde. Man ist endlich von der einteiligen Hinterhaube abgekommen, die bisher bei Reparaturen am Motor oder Vergaser abgenommen werden mußte. Dieses Abnehmen und vor allem das Wiederaufsetzen war wohl den meisten Fahrern ein Greuel und konnte vom „schwachen Geschlecht" kaum bewältigt werden. Jetzt besteht die Haube eigentlich nur noch aus einem Sitzbankträger. Beidseitig sind große Seitenblenden angebracht, die durch einen zentralen Bajonettverschluß zuverlässig gehalten werden und leicht abzunehmen sind. Nimmt man beide Seitenteile ab, dann gibt es kaum noch eine Stelle vom Trieb- und Fahrwerk, die nicht zu erreichen wäre. Ein Aggregat wie den Vergaser einmal beim Fahren zu überprüfen, ist erst jetzt möglich. Schließlich bedeutet das Abnehmen der Seitenklappen keinerlei Sitzbehinderung, während man früher beim „Berlin" nach Abnahme der Haube höchstens noch provisorisch auf dem Kraftstofftank sitzen konnte.

Zum Sitzen ist übrigens jetzt wieder eine Sitzbank aufgebaut. Vielleicht gefällt das manchem Rollerfahrer nicht, denn die früheren Einzelsitze boten wirklich alle Bequemlichkeit. Dennoch ist auch die Bank selbst für solche Leute völlig ausreichend, die von der Natur nicht reichlich mit eigenen Polstermassen versehen wurden. Deshalb kann man den Ludwigsfeldern ob ihrer Rückkehr zur Sitzbank nicht gram sein, denn schließlich kam es ihnen in erster Linie darauf an, Bauhöhe einzusparen. Ganz ist das zwar nicht gelungen, denn man sitzt doch höher als bei den bisherigen Rollern.

Das, was einen Roller hauptsächlich vom Motorrad unterscheidet, ist weniger die Motorverkleidung als vielmehr Bodenplatte und Spritzblech. Beide sind beim „Troll" wohlproportioniert und gewährleisten damit einen weitgehenden Schutz gegen Nässe und Staub. An die Rückseite des recht hochgezogenen Spritzbleches ist jetzt sogar ein verschließ-

6

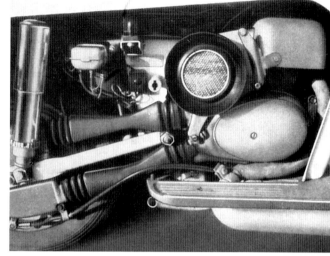
7

8

barer Kasten montiert, der außer Werkzeug und Ersatzschlauch allen „Krimskram" aufnimmt, den man nun einmal mitführt und meist nicht recht verstauen kann. Dafür ist allerdings das bisher gewohnte kleine „Instrumentenbrett" verschwunden, das durch das neue Scheinwerfergehäuse hinfällig wurde. Dieses Gehäuse stellt nämlich ebenfalls eine standardisierte Baugruppe zur ES 125/150 dar und ist deshalb serienmäßig mit Tachometer und Zündschloß versehen.

Der Scheinwerfer besitzt einen Lichtaustritt von 136 mm und erstmalig im internationalen Rollerbau asymmetrisches Abblendlicht. Außerdem kann eine eingebaute Lichthupe mit dem Bedienungsknopf an der Unterseite des Abblendschalters betätigt werden. Jeder Kraftfahrer wird diese Vorrichtung begrüßen, da sie geräuschlos und viel wirkungsvoller als ein Signalhorn ist, das natürlich außerdem vorhanden ist.

Als Gegenstück zu dem links liegenden Abblendschalter weist der formschöne Preßschalenlenker rechts einen gleichartigen Schalter zur Bedienung der an den Lenkerenden angebrachten Fahrtrichtungsanzeiger auf. Über den Anbringungsort dieser Blinker wurde viel diskutiert. Erfahrungen bestätigen jedoch die Zweckmäßigkeit der Lösung. Wenn man ferner berücksichtigt, daß die Blinker neuerdings auch im Ausland vielfach dort montiert werden und daß sie sich bei uns als Standardanlage für alle Zweiradfahrzeuge durchgesetzt haben, dann gibt es wohl kaum noch einen echten Ablehnungsgrund. Was dagegen abzulehnen wäre, ist der eigentümliche Heckstummel, der sich über dem Kennzeichen hervorhebt und ursprünglich zur Aufnahme der hinteren Blinker gedacht war. Man sollte im Interesse der Verbraucher bald eine Möglichkeit finden, den jetzt unnötigen Heckzierat aus der Welt zu schaffen.

Insgesamt wirklich erfreulich ist das Fahrverhalten, das die Konstrukteure des VEB Industriewerke Ludwigsfelde dem „Troll" anerzogen haben. Unter den Rädern des „Troll" verlieren Waschbrettstrecken ihren anstrengenden Charakter. Da gibt es kein Springen und kein Wegsetzen des Hinterrades, man wiegt sich förmlich über alle Unebenheiten. Probefahrten beweisen, daß man diesem Roller auch wirklich schlechte Staßen anbieten kann.

9

10

9 Bei der Montage der Rahmen wurden durch dieses im Betrieb entwickelte Montagekarussell zwei Kollegen für andere Aufgaben frei.

10 Seit dem VI. Parteitag der SED hat die Serienproduktion des „Troll 1" begonnen. Alle 3,5 min verläßt heute ein Fahrzeug das Band der Endmontage vom VEB Industriewerke Ludwigsfelde.

Die Seitenwindempfindlichkeit des „Troll" liegt in normalen Grenzen. Er reagiert auf Seitenböen nicht anders als durchschnittliche Zweiradfahrzeuge und ist deshalb trotz seiner etwas höheren Schwerpunktlage auch in solchen Situationen risikolos zu fahren.

Verständlicherweise ist man in Ludwigsfelde trotz des leistungsstärkeren Motors nicht den Weg zur Erhöhung der Höchstgeschwindigkeit gegangen, sondern war vielmehr an einer Verbesserung der Beschleunigung interessiert. Das ist im Interesse der Verkehrssicherheit auch die bessere Lösung, denn jede Reserve in der Beschleunigung trägt dazu bei, schwierige Verkehrssituationen gefahrloser zu meistern. Es sollen an dieser Stelle auch nicht die Höchstwerte in den einzelnen Gängen untersucht werden, sondern nur zwei Zahlen genannt werden, die die Ausführungen unterstreichen.

Es wurden erreicht: 0 bis 60 km/h in 12 s und 0 bis 80 km/h in 22 s. Dabei muß berücksichtigt werden, daß diese Angaben Höchstwerte darstellen, denn die 60 km/h können praktisch schon beim Ausfahren des dritten Ganges erreicht werden. Die Höchstgeschwindigkeit lag in Solofahrt bei 90 km/h, während mit Sozius je nach Belastung 75 bis 85 km/h erreichbar sind.

Natürlich ist die höhere Motorleistung auch im Kraftstoffverbrauch bemerkbar. Bei normalen Fernfahrten reicht im Durchschnitt eine Tankfüllung (12 *l*) für 350 km Fahrstrecke; das entspricht einem durchschnittlichen Kraftstoffverbrauch von 3,5 bis 4,0 *l*/100 km. Als Normverbrauch werden vom Werk 3,55 *l*/100 km angegeben, was im wesentlichen mit den Kontrollmessungen übereinstimmt. Doch was sollen diese mehr theoretischen Erörterungen? In der Praxis wird sich jeder Fahrer selbst die für seinen Roller und bei seinem Fahrvermögen zu erreichenden Werte ermitteln.

Es ist also am besten, wenn Sie Ihre eigenen Erfahrungen mit dem „Troll" machen, der Ihnen bestimmt ein treuer Begleiter sein wird.

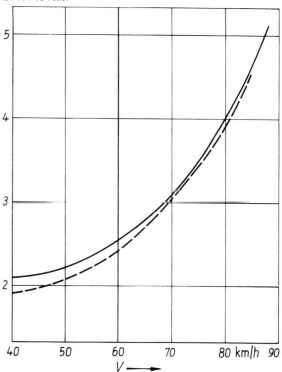

LOTHAR WONNEBERGER

Erholung auf 2 bis 3 Rädern
Mit dem Motorrad in den Urlaub

Vor 2 Jahrzehnten war ein Urlaub mit dem Motorrad etwas Besonderes, man beneidete die Motorradurlauber um ihre Unabhängigkeit von Fahrplan und langen Anreisefußmärschen.

Heute hat, so will es oftmals scheinen, das Auto dem Motorrad den Rang abgelaufen. Die weise Beschränkung des Gepäcks, die man aus Mangel an Transportraum auf dem Motorrad sich aufzuerlegen gezwungen war, ist mit dem Auto hinfällig geworden. Im Auto und häufig noch im mitgeführten Lastenanhänger sieht man vielfach luxuriöse Ausrüstungen sich türmen.

Ist damit jedoch der Urlaub per Motorrad wirklich zur reinen Notlösung geworden? So ist es keinesfalls; es verhält sich vergleichsweise so wie mit dem Bergsteiger, der für eine Bergbezwingung einen ganzen Tag aufwendet, am Ende abgekämpft, aber tief zufrieden Gipfelrast hält, während ein anderer mit der Seilbahn in wenigen Minuten an das gleiche Ziel gelangt, ehe er wieder per Seilbahn zurückfährt.

Tatsache ist, daß Einschränkung keinesfalls entgangenes Erlebnis bedeutet. Unter diesem Gesichtspunkt wollen wir mit dem Motorrad in den Urlaub fahren.

Das Fahrzeug
Geeignet ist jedes Motorfahrzeug, gleich ob Moped, Solomotorrad oder Seitenwagengespann. Nur Einrichtung und Ausrüstung sind anders, und die Möglichkeiten schwanken zwangsweise mit. Man muß sich nach den Möglichkeiten eines Fahrzeuges richten und sich unbedingt hüten, das Fahrzeug und sich selbst zu überfordern. Nicht etwa nur der Polizei wegen, sondern in erster Linie wegen der Urlaubsfreude, die man sich durch unsachgemäß verstaute Ladung, durch Überladung – sowohl volumenmäßig als auch hinsichtlich der Masse und durch zu lang bemessene Strecken und damit Tagesetappen – stark beeinträchtigen kann.

Man darf getrost in 3 Fahrzeugkategorien einteilen. Da sind zunächst einmal die Fünfziger. Man kann sie – fast – alle gleichsetzen in bezug auf die möglichen Grenzen. Solomotorräder zwischen 125 und 350 cm³ unterscheiden sich auf der Urlaubsfahrt nicht so gravierend, daß man weiter differenzieren müßte. Die persönlichen Grenzen der einzelnen Fahrer schwanken weit mehr als die möglichen Fahrleistungen zwischen den kleinen und den großen Motorrädern.

Bleibt als 3. Kategorie die der Motorräder mit Seitenwagen. Je nach gewähltem Urlaubsziel und den Straßengegebenheiten lassen sich mit einem 250er Gespann Reiseschnitte erzielen, die zwischen 45 und 55 km/h auch auf großen Strecken liegen. Das ist nicht viel weniger, als mit einem Solomotorrad einschließlich Urlaubsgepäck auf Landstraßen zu realisieren ist. Mit den Fünfzigern zuletzt darf man mit einem Reiseschnitt von 25 km/h bis zu 40 km/h rechnen, wenn man über ausreichend Sitzfleisch verfügt und die Tagesetappen nicht zu reichlich wählt.

Reisedurchschnittsgeschwindigkeiten in km/h:

Fahrtstrecke	50-cm³-Fahrzeug	Solomotorrad	Gespann
Autobahn	40 bis 45	70 bis 90	60 bis 75
Landstraße	30 bis 40	55 bis 70	50 bis 60
bei mehr als 8 Std.	25 bis 35	45 bis 60	45 bis 55

Die Fahrtstrecken
sollte man gut einteilen. Es ist wenig sinnvoll, durch Kilometerfressen Urlaubszeit gewinnen zu wollen. Nur wer – einschließlich der eventuellen Sozia – ausgesprochene Freude an Langstreckenfahrten hat, darf längere Fahrzeiten als 8 bis maximal 10 Fahrstunden für einen Tag einplanen. Ist das Urlaubsziel weiter entfernt und an einem Tag nicht zu erreichen, vielleicht gar erst nach 3 oder 4 Tagen, dann sollte man für die tägliche Fahrzeit nicht mehr als 6 bis 8 Stunden einplanen. Liegen an einer Tagesetappe Sehenswürdigkeiten, die anzuschauen man sich vorgenommen hat, sollte man in jedem Falle wenigstens einen Teil der dazu erforderlichen Zeit von der Tagesfahrzeit absetzen. Denken Sie stets daran, daß Sie Urlaub haben und nicht nur Ihr Nervenkostüm schlechthin restaurieren wollen, sondern daß Sie sich auch Erlebnisse schaffen und schöne Erinnerungen speichern möchten. Unter Zeitdruck läßt sich das nicht verwirklichen.

Urlaub wo und wie?
Es liegt naturgemäß ein großer Unterschied darin, ob man den Urlaub in einem festen Quartier verbringt oder ob man sein Ferienheim mit sich führt. Im ersten Falle spart man nicht nur 10 bis 20 kg Gepäck ein, sondern auch eine Menge Platz, die sich für anderes Gepäck nutzen läßt. Eine für ein Zweirad beträchtliche Menge an Gepäckstücken will befördert werden, aber es soll weder etwas fehlen noch etwas spazierengefahren werden. Entscheidend ist auch, ob man per Zelt auf einem schon vorab bekannten Zeltplatz oder zumindest an einem vorher festgelegten Ort Ferien hält, oder aber ob man täglich oder etappenweise seine Zelthärings-Wurzeln an neuer Stelle schlägt.

Im letzten Falle ist spartanische Beschränkung unumgänglich, was aber keinesfalls heißen muß, daß der Urlaub deshalb ärmlich ausfällt. Das Erlebnis eines Urlaubs ist häufig genug umgekehrt proportional der Menge des mitgeschleppten Interieurs.

Kennt man sein festes Urlaubsziel, kann man alle nicht auf der Fahrt benötigten Dinge der Bahn oder der Post zum Transport anvertrauen und sie abholen, sobald man selbst sein Urlaubsziel erreicht hat. Hier muß man allerdings rechtzeitig an das Absenden denken, denn in der Urlaubssaison sind Post- und Expreßwege teilweise verschlungen, und schon mancher Urlaub hat beträchtlich an Reiz verloren, weil vorausgeschickte Ausrüstungsgegenstände erst gegen Ende des Urlaubs eintrafen. Dennoch ist dieser Weg bei rechtzeitiger Aufgabe unbedingt zu empfehlen, denn er läßt die Fahrt zu einer

---

1 Die »Soloausrüstung« für einen Motorradurlaub ist nicht umfangreich. Ein Rucksack mit einem Schlafsack und dem Aluminiumgeschirr sowie dem »Barthelkocher« und wenigen anderen leichten Dingen wie einer leeren Flasche (für Benzin zum Kochen) ist auch von einer zierlichen Sozia zu tragen

2 Zuerst wird das Zelt abgeschnallt und aufgebaut, erst danach folgt das andere Gepäck ins Zelt nach

3 ... auch wenn man mit einem leichten Bergzelt durchaus einmal in reizvoller Gegend die Genehmigung erhält, in einem Garten hinterm Haus – statt auf dem überlaufenen Zeltplatz – kampieren zu dürfen. Aber Ruhe und Ordnung sind hier, genau wie auf dem Zeltplatz, oberstes Urlaubsgebot

4 Es muß keinesfalls immer großes Mobiliar sein, auch ganz unmittelbar am Tische Mutter Grüns schmeckt es, wenn man sich hinreichend aktiv erholt hat

ungetrübteren Freude werden, als wenn man mit überladenem Fuhrwerk reist. Das waren grundsätzliche Erörterungen, kommen wir nun zu den Einzelheiten.

Was und wie mitnehmen?
Hat man sich sein Gepäck zuerst einmal notiert und beginnt mit dem Zusammentragen aus den Schränken des Haushalts, so wird man bald die Hände über dem Kopf zusammenschlagen, wenn man den wachsenden Haufen betrachtet. Also wird man sortieren müssen. In diesem Zusammenhang sei an die Vorbereitungen zur Kaukasus-Testfahrt mit 2 MZ-Gespannen erinnert, für die mehr als ein Dutzend Packproben erforderlich waren, um die gesamte Ausrüstung nach ständigen Abmagerungskuren zu verstauen und zwar so, daß man nicht erst das gesamte Gepäck ausräumen muß, um an eine belanglose Kleinigkeit zu gelangen. Und da zeigt sich ein weiteres Problem. Es kommt nicht nur darauf an, alles Gepäck unterzubringen, sondern es so zu ordnen, daß häufig benötigte Dinge obenauf liegen und mit wenigen Handgriffen zu erreichen sind.

Wer allein oder zu zweit per Zelt in den Urlaub reist und eine Solomaschine zur Verfügung hat, der wähle ein kleines Hauszelt. Auf einen Schlafsack wird man schwerlich verzichten können (bzw. auf 2), auch wenn sie bei zwar wenig Masse viel Raum beanspruchen. Man kann aber unter Vorbehalt auf die nicht so platzaufwendigen, aber schweren Luftmatratzen verzichten, wenn man sich unter das Zelt ein Polster aus Schilf, Tannennadeln, Stroh o. ä. legt.

Für einen »Täglich-woanders-Urlaub« ist ein kleines und sehr leichtes Bergzelt von 3 bis 5 kg die optimale Lösung, zumal diese Bergzelte mit Abstand am schnellsten aufzubauen sind. Für einen stationären Urlaub hingegen sind die zwar etwas schwereren, aber auch geräumigeren Hauszelte für 2 bis 3 Personen geeigneter, da sie doch mehr Platz für verschiedene Gerätschaften, also Abstellfläche, bieten. Dafür muß man sich aber mit 6 bis 10 kg belasten, bisweilen auch mit etwas mehr.

Die 3- bis 4-Mann-Hauszelte sind bereits für eine Solomaschine zu schwer und zu groß, während sie im Gespann durchaus zu transportieren sind. Sie bieten in jedem Falle mehr Geräumigkeit.

Von großer Bedeutung ist die Mitnahme von

5 Der Tankrucksack nimmt vielerlei Kleinkram auf, der schnell zur Hand sein soll

Wechselkleidung. Unterwäsche und warme Oberbekleidung zum Wechseln, Socken und Schuhe zum Austausch sind das erforderliche Minimum an Kleidung, bei 2 Personen auf einem Solofahrzeug aber auch gleichzeitig das Maximum, wenn man Waschutensilien, Handtücher usw. mit berücksichtigt. Bleibt schließlich noch Eß- und Kochgerät. So bequem Spiritus in der Handhabung sein mag, er ist unökonomisch in doppelter Hinsicht. Erstens ist die Versorgung nicht immer gewährleistet, und zweitens ist der Heizwert erheblich geringer als der des Benzins. Auch die Kocher sind nicht so handlich wie der kleine »Primus«-Kocher für rund 10,– M. Die geringe Anheizzeit kann man getrost in Kauf nehmen, denn dann geht das Kochen wirklich sehr schnell. 2 ineinander passende Leichtmetalltöpfe mit Deckeln, die sich gleichzeitig als Teller verwenden lassen, und 2 Tassen oder Becher vervollständigen auch diese Kleinausrüstung. Eßbesteck gehört natürlich dazu. Als Wasserbehälter ist auf dem Motorrad ein Wassersack das geeignetste Gerät, denn er beansprucht kaum Platz. Mit diesen Utensilien wären Bekleidung und Ausrüstung zum Verpflegen weitgehend abgesichert. Was aber in jedem Falle noch mit zum Bordgepäck gehört, ist etwas Minimalverpflegung. Einige Plastebeutel unterschiedlicher Größe zum Unterbringen von Lebensmitteln »vor Ort« am Zelt belasten uns nicht auf der Fahrt, helfen aber, Ordnung und Sauberkeit zu halten. Die vielfältig im Handel angebotenen Picknick-Koffer sehen sicher einladend aus, sind aber hinsichtlich Raumausnutzung für den Transport auf dem Motorrad, auch auf dem Gespann, denkbar ungünstig. Selbst wenn man den toten Raum mit Socken, Waschzeug oder anderem füllt, bleibt die formbedingte Unzweckmäßigkeit erhalten. Und schließlich ist ein so schön anzusehender Koffer nicht eben für einen Transport auf dem Motorrad geschaffen.

Besser ist dann in jedem Fall, sich einen nicht zu großen, aber ausreichenden Koffer zu kaufen, der (außer Zelt und Schlafsack) fast alles aufnimmt. Er sollte nicht aus Stoff oder Leder bestehen. Ein solider Fiberkoffer ist da die beste Lösung. Ein billiger Pappkoffer, den man alle 2 Jahre erneuert, wäre fast noch günstiger, ist aber kaum noch zu haben.

Gepäck

50-cm³-Fahrzeug
(mit einer Person besetzt, bei 2 Personen ist außer Handgepäck keine Möglichkeit der Zuladung gegeben)

Persönlicher Bedarf	**Ausrüstung**
Bergzelt, Schlafsack, Unterwäsche, Schuhe, Oberbekleidung, Waschsachen und persönlicher Bedarf, Badekleidung	Benzinkocher, 2 Alu-Töpfe, Trinkgefäß, kleine Kerzenlaterne, Streichhölzer/Feuerzeug, Fotoapparat

Solomotorrad
wie bei 50-cm³-Fahrzeug; zusätzlich möglich:
Luftmatratze,
Bademantel,
statt Bergzelt
2- bis 3-Mann-Zelt

Gespann
Zusätzlich möglich:
statt 2- bis 3-Mann-Zelt
ein 3- bis 4-Mann-Zelt,
leichter, kleiner Klapp- oder Rolltisch,
kleiner Klapphocker

Und nun kommt die wichtigste Frage:

Wie und wo unterbringen?
Der erste Gedanke wird zweifellos dem Heck-Gepäckträger gelten, doch dieser Gedanke ist – leider – falsch. Fahrsicherheit und Fahrverhalten werden in starkem Maße von der Achslastverteilung beeinflußt. Die mit Abstand beste Möglichkeit der Unterbringung bieten die Seitengepäckträger neben der Hinterachse. Nun wäre es allerdings unklug, das Gepäck einfach auf den Gepäckträger zu schnallen, denn es würde unweigerlich Schaden nehmen. Es ist wichtig, die Last statt auf die dünnen Rohre des Trägers auf eine große Fläche zu verteilen. Zu diesem Zweck werden je Gepäckträger zwei Bretter unten und an die Seitenwand gestellt und mit aufgenagelten Leisten gegen Verrutschen gesichert. Erst dann wird das Gepäck aufgesetzt. Sowohl Koffer als auch Zelt usw. wickelt man zum Schutz gegen Regen und Staub in eine Plastfolie ein. Die Befestigung mit Lederriemen war für Jahrzehnte die einzige Möglichkeit, Gepäck sicher zu halten. Es war keine Ideallösung, denn das Gepäck ruckelt sich ein, und die Riemen werden locker. Ein Festspannen mit Gummiseilen hingegen verhindert die Lockerung absolut. Die Gummiseile von Expandern sind wie geschaffen dazu, und die Anschaffung zahlt sich für Jahre aus. Ein mit 3 Gummischnüren festgezurrter Koffer hält auch einmal eine Fahrt auf unwegsamem Pfad sicher aus. Für Zelt, Schlafsack und anderes Weichgepäck gilt das in noch stärkerem Maße.

Wenn man, und das ist insbesondere bei einer Zweipersonenfahrt der Fall, mit den Seitengepäckträgern nicht auskommt, so kann man auf dem Heckgepäckträger noch leichteres Gepäck unterbringen. Die Schlafsäcke z. B. bieten sich dafür an. Auch ein leichter Rucksack läßt sich zur Not noch auf dem Heckträger unterbringen, doch muß er starr befestigt sein, wenn er nicht schaukeln soll. Überhaupt Rucksack: Auch ein Rucksack kann eine gute Alternative zur Gepäckunterbringung sein, wenn... man ohne Sozia fährt.

2 Sorten Rucksäcke sind zu unterscheiden: Da sind einmal die »weichen« Rucksäcke, die den Vorteil haben, daß man sie zusammenlegen und auch einmal in einem Beutel mitnehmen kann. Traggestellrucksäcke hingegen tragen sich auch über größere Strecken weit angenehmer, sitzen sicherer auf dem Rücken und wackeln nicht so leicht hin und her. Dazu haben viele Traggestellrucksäcke noch einen zusätzlichen Riemen, mit dem man sie von den unteren Ecken aus vor dem Bauch festschnallen kann. Als Fahrer einen Rucksack vor der Brust zu tragen, ist nicht zu befürworten, denn er behindert doch mehr oder weniger.

Eine gute Möglichkeit, Gepäck unterzubringen, ist der Tankrucksack in seinen verschiedenen Ausführungsformen. Man hat dort in jedem Falle Dinge schnell zur Hand, die man unterwegs braucht, ohne umständlich viel kramen zu müssen. So sind dort z. B. der Fotoapparat, die Reservehandschuhe, eine Regenhaut oder ein Gummimantel, unterzubringen. Gegebenenfalls auch Halbschuhe, wenn man sich unterwegs eine Ausstellung anschauen oder eine gepflegte Gaststätte aufsuchen und nicht in

6 Ein Brett mit einer Leiste gegen Verrutschen darunter gehört unter den Koffer auf den Gepäckträger wie auch seitlich an den Gepäckträger, will man den Koffer schonen

7

8

Gummistiefeln eintreten möchte. Im Tankrucksack findet ferner obenauf eine Karte Platz, der Kerzenschlüssel, eine Ersatzkerze und ein Reserveschlauch, zuunterst vielleicht noch etwas zusätzliches Werkzeug und einige kleine Ersatzteile. Auch das Verbandszeug ist dort am ehesten greifbar.

Soweit bei der Solomaschine. Bei Gespannen mit dem größeren Platzangebot ist man leicht geneigt, alle freien Ecken irgendwie vollzustopfen. Da bietet sich einem zunächst der Platz im Fußraum des Seitenwagens an und ... verleitet zu den ersten Packfehlern, die sich böse auswirken können. Dort findet man fälschlicherweise häufig einen beliebten Platz für das Zelt beispielsweise oder für anderes eng gepacktes, aber schweres Gepäck, und das kann übel ausgehen. Ein vorn zu schwer belasteter Seitenwagen neigt in Linkskurven dazu, vorn wegzutauchen, das Hinterrad der Maschine hebt ab und das Gespann wird manövrierunfähig. Auch wenn man gemessenen Rades zu fahren gewöhnt ist; es kann eine Verkehrssituation auftreten, die zu einer schnellen Reaktion zwingt, und dann ist der Ärger da. Es ist nichts dagegen einzuwenden, wenn man z. B. die Schlafsäcke im Fußraum verstaut, wenn der Passagier das erschwerte Einsteigen in Kauf nimmt. Auch die Luftmatratzen lassen sich, teils als Sitzfläche, teils als Rückenlehne, unterbringen, aber mehr Gepäck sollte es außerhalb des Kofferraumes nicht sein, wenn man das Fahrverhalten nicht beeinträchtigen will. Im Kofferraum hingegen kann man getrost allerlei Gewichtiges unterbringen, wenn man nicht zu viele Kilogramm *auf* dem Kofferraum festschnallt. Mit einem Koffer Wäsche und Bekleidung obenauf ist dann der Seitenwagen hinreichend bepackt.

Während bei der Solomaschine der Heckgepäckträger nicht die ideale Lösung darstellt, darf man beim Gespann getrost die zulässige Masse des Gepäckträgers ausnützen. Auch ein linksseitiger Seitengepäckträger kann sich lohnen. Weit mehr als bei der Solomaschine besteht bei dem mit 3 Personen besetzten Gespann allerdings die Gefahr des Überladens, während man mit nur 2 Personen kaum so viel braucht, wie man unterbringen kann. Fest steht in jedem Falle, daß man die zulässige Gesamtmasse der Maschine nicht überschreiten darf und soll.

Werkzeug und Ersatzteile

sollte man auf der Urlaubsreise nicht vergessen. Solange man im Inland bleibt, ist dieses Problem noch nicht so groß. Für alle in der DDR verkauften Motorräder gibt es Werkstätten, und man wird irgendwie doch weiterkommen. Es sei denn, der Schaden ist umfangreicher, aber dann kann man ihn am Straßenrand auch nicht beheben. Dennoch sollte man ein Mindestmaß an Werkzeug und Ersatzmaterial bei sich führen. Für Fachunkundige reicht in jedem Falle das Bordwerkzeug aus, sofern es in gutem Zustand ist. Lediglich einen ordentlichen Schraubenzieher sollte man hinzufügen. Einen Gehäusedeckel muß man auch am Straßenrand notfalls abschrauben können, was bei den MZ-Maschinen beispielsweise mit den Bordwerkzeugschraubenziehern kaum möglich ist.

Wer sich im Falle eines Schadens weiter in das Innenleben seines Fahrzeuges wagt, wird nicht um ein paar weitere Schlüssel herumkommen. Dabei muß man stets die Forderung stellen: Das Beste für unterwegs, weil – in freier Wildbahn – ein unbrauchbares Werkzeug am wenigsten zu ersetzen ist. Es darf kein Schlüssel fehlen, doch man sollte sich auch nicht mit einer kompletten Werkstattausrüstung belasten, wenn man selbst nicht ausreichend damit umgehen kann und im Einzugsbereich von Vertragswerkstätten bleibt.

Werkzeuge:

Schlüsselsatz der am Fahrzeug üblichen Größen in guter Qualität
1 Schraubenzieher für Elektrik
1 Schraubenzieher für Gehäuseschrauben
Reifenmontierhebel
Speichennippelschlüssel.

Schwieriger ist es, ein *angemessenes* Sortiment an Ersatzteilen zusammenzustellen. Als Mindestauswahl sollten neben den vorgeschriebenen Ersatzglühlampen ein Unterbrecher, ein Kerzenstecker mit Kabel, eine Zündkerze, eine Kette, ein Reserveschlauch

7 Expandergummis halten sowohl den Koffer sicher fest als auch...

8 ...Weichgepäck wie Schlafsacke, selbst ohne zusätzlichen Gepäckträger, hinter der Sitzbank

9. Mit Leichtmetallgeschirr ist das Masselimit nicht so schnell erreicht, und man kocht sehr schnell damit

Fotos: Autor

(bei unterschiedlichen Reifengrößen wenigstens für das Hinterrad) vorhanden sein. Seilzüge verlegen erfahrene Fahrer gleich doppelt und brauchen sie im Schadensfalle nur einzuhängen. Daß dabei die Enden gegen Schmutz und Nässe geschützt sein müssen, versteht sich. Plastefolie und Klebeband verrichten das zuverlässig. Was über dieses Maß hinaus noch mitgeführt wird, muß jeder selbst entscheiden. Wer Bremsbacken, Radlager und ähnliche Dinge mitschleppt, beweist nur, daß seine Fahrtvorbereitung ungenügend war. Diese Dinge und viele andere müssen bereits vor Urlaubsantritt geprüft und gegebenenfalls ersetzt werden. Hingegen sind einige Speichen mit Nippeln nicht immer ein Luxus, wenn auch Speichenschäden heute zu den Seltenheiten gehören, selbst bei Gespannen.

Ersatzteile:

Unterbrecher
Kerzenstecker und -kabel
Reserveschlauch
diverse Schrauben und Normteile
Ventileinsätze
2 m Litze
Isolierband

Zündkerzen
Seilzüge
Glühlampen
Sicherungen
Antriebskette, vielleicht auch Primärkette

beim Gespann eventuell Speichen mit Nippeln.

Wer aber z. B. mit einer MZ in die ČSSR reist, findet dort keine Möglichkeit der Ersatzteilbeschaffung, außer vielleicht ein paar Schrauben und Muttern, die jedoch in den gängigen Größen sowieso zur Fahrzeugausrüstung gehören.

Man sollte das berücksichtigen. Allerdings darf man nicht vergessen, daß unsere Motorräder heute eine solche Zuverlässigkeit erreicht haben, daß bei ordentlicher Vorbereitung und Durchsicht kaum etwas passieren kann. Im äußersten Notfall bleibt immer noch die Möglichkeit, das Fahrzeug per Bahn auf die Heimreise zu schicken.

Die Bekleidung

ist leider bei sehr vielen Motorradfahrern ein Stiefkind. Zu sorglos fahren oftmals Jugendliche bei Sonnenschein los, leicht und luftig bekleidet, um noch am gleichen Tage vom Regen bis auf die Haut durchweicht zu werden. Ein Urlaub mit nasser Kleidung unter einer Brücke verliert viel von seinem Reiz. Man kann unbestritten das Motorradfahren bei jeder Witterung wirklich genießen, und auch eine längere Regenfahrt bleibt erträglich, doch muß man hinsichtlich der Kleidung so versorgt sein, daß der Körper (außer dem Gesicht) tatsächlich trocken bleibt. Das ist freilich nicht ganz leicht und auch nicht ganz billig. Es ist aber heute doch zu realisieren. Für die Füße sind nach wie vor ein Paar – möglichst dünne – Gummistiefel das Beste. Ein Motorrad-Gummimantel ist zum Überziehen die günstigste Lösung. Ist er nicht im Angebot, Jacke und Hose sowohl im Geländelook als auch (in schönen leuchtenden Farben) als Segleranzug sind Möglichkeiten, auch auf langen Strecken völlig trocken zu bleiben. Ein Schal oder ein Handtuch verhindern auf lange Zeit das Eindringen des Regenwassers am Hals. Über den Schutzhelm zu debattieren, wäre Platzverschwendung.

9

Ohne Handschuhe fährt kein vernünftiger Mensch Motorrad. Es müssen keine dick gefütterten sein, ein dünnes Webfutter ist ausreichend. Bei Regenwetter versteckt man die Hände mit den Handschuhen in einem Plastebeutel und bleibt dadurch auch an den Händen wirklich trocken und warm.

Letztlich gehört eine Motorradbrille unbedingt zur Ausrüstung. In jedem Falle lohnt sich die Ausgabe um 20,– M für eine Brille mit *Sicherheitsgläsern*.

Leider findet man auch heute noch Fahrer, die in hochsommerlicher Spazierkleidung auf dem Motorrad sitzen. Das ist selbst bei wärmstem Wetter sträflicher Leichtsinn. Auch wenn man von einem Ausrutscher und den damit verbundenen »Bastschäden« absieht, führt der Fahrtwind noch bei 30 °C im Schatten zu gefährlichen Unterkühlungen der Knie, der Hände und Arme und des ganzen Körpers. Kurze Hosen und ein dünnes kurzärmeliges Hemd sind unter keinen Umständen ausreichende Motorradbekleidung. Zumindest eine derbe Hose und eine auch im Sitzen die Nieren bedeckende Jacke, ein leichter Schal und Kniestrümpfe, dazu Helm und Handschuhe sollte man anziehen.

Damit endet die Reihe von Hinweisen, die einen Urlaub mit dem Motorrad zu einem schönen Erlebnis werden lassen können. Bleibt nur auf halbwegs freundliches Wetter zu hoffen.

Ing. RUDOLF SANDER

Individualitäten am Motorrad
Sinn und Unsinn der „persönlichen Note"

Mit dem ersten Grün des Frühlings sind sie wieder da, auf Straßen, Wegen und anderswo. 3 Mio motorisierte Zweiräder in unserer Republik. Tendenz — steigend.
Die Zeit, als das Motorrad oftmals zum «Auto des kleinen Mannes» abgestempelt wurde, gehört längst der Vergangenheit an. Und mehr noch, das Motorrad ist nicht nur wieder «salonfähig», sondern es ist inzwischen auch technisch ausgereifter. Wie in kaum einem anderen Zweig des Fahrzeugbaus ließen sich hier auf der Grundlage kontinuierlicher Forschungsarbeit neueste technische und technologische Erkenntnisse innerhalb kurzer Zeit in die Fertigung umsetzen. Besonderen Anteil daran haben, neben den im RGW-Bereich und darüber hinaus geschätzten MZ-Motorrädern, vor allem die Kleinkrafträder des VEB Fahrzeug- und Jagdwaffenwerk Simson Suhl. 50-cm^3-Fahrzeuge erfreuen sich ständig wachsender Beliebtheit, etwa 1,5 Mio Kleinkrafträder auf unseren Straßen sind dafür eindrucksvoller Beweis. Das ist nicht nur hierzulande so. Der weltgrößte Motorradproduzent, der japanische Honda-Konzern, produziert den überwiegenden Anteil in der 50-cm^3-Klasse. Die internationale Zweiradpalette umfaßt gegenwärtig Fahrzeuge der Hubraumklasse von 50 bis 1300 cm^3, die Motorleistungen reichen von wenigen Kilowatt (kW) bis über 74 kW (100 PS).
Motorräder werden in der Hauptsache von Jugendlichen im Alter zwischen 18 und 25 Jahren gefahren. Doch auch ältere Zweiradfahrer, von denen einige dem Motorrad einst skeptisch gegenüberstanden, kommen oft nicht mehr davon los. Es sind nicht wenige, die damit liebäugeln, neben dem Pkw ein Motorrad oder Kleinkraftrad als Zweitfahrzeug zu besitzen. Freude an der Technik und Freude am Fahren sind die Hauptmotive.

Die Maschinen der modernen Großserienfertigung bieten den Vorteil technischer Reife. Sie haben hohen Gebrauchswert, sind einfach zu handhaben, komfortabel gefedert, sportlich zu fahren und bedürfen nur eines geringen Aufwandes an Kontrolle, Wartung und Instandhaltung.
Doch Kraftfahrzeugen aus der Großserie (und nicht nur denen) geht es ähnlich wie manchem Konfektionsanzug — es gibt ihrer zu viele, die gleich aussehen. Und so ist es nicht verwunderlich, wenn die Zahl derer ständig zunimmt, die am anerkannt guten Serienprodukt mit mehr oder weniger Geschick, Geschmack und persönlichem Engagement «schöpferisch» tätig werden. Eigene Vorstellungen, gesammelte Erfahrungen oder beeindruckende Konstruktionslösungen fremder Vorbilder führen dann zu Veränderungen am Fahrzeug, die von der vernünftigen Gebrauchswerterhöhung über strittige stilistische Variationen bis hin zu Betriebs- und Verkehrssicherheit gefährdenden technischen Basteleien reichen.
Erlaubt ist jedoch nur, was den Erfordernissen des heutigen Straßenverkehrs, der Verkehrssicherheit und der StVZO entspricht. Da wurden vernünftige Grenzen festgelegt, die es einzuhalten gilt. Bei Nichtbeachtung, sei es aus Unkenntnis oder gar vorsätzlich, kann das sehr schnell dazu führen, daß das Fahrzeug bei der nächsten Verkehrskontrolle aus dem Verkehr genommen wird. Seiner Verantwortung im öffentlichen Straßenverkehr sollte sich jeder Kraftfahrer bewußt sein und im Interesse der eigenen und der Sicherheit anderer Veränderungen an seinem Fahrzeug nur nach entsprechender Information und mit Sachkenntnis vornehmen.

Startbedingungen
Jeder fängt mal klein an. Bei der Motorisierung beginnt das meist mit 50 cm^3 Hubraum; das ist gut so, denn Technik will beherrscht sein. Kleinkrafträder mit der auf 60 km/h begrenzten Höchstgeschwindigkeit bieten ideale Voraussetzungen für das Heranführen der Jugendlichen an den Straßenverkehr. Mokicks sind wendig und zuverlässig, billig in der Unterhaltung und universell in den Einsatzmöglichkeiten.
Zweifellos ist es von ausschlaggebender Bedeutung, ob Motor- oder Kleinkrafträder im Alltagsbetrieb auf kurzen Strecken, für Ausflugfahrten an Wochenenden, für große Urlaubstouren oder für sportliche Zwecke eingesetzt werden sollen. Entsprechend sind auch die Wünsche und Ansprüche der Zweiradfahrer an Ausstattung der Fahrzeuge und Zubehör, folglich auch die Vorstellungen über An- und Umbauten. Welche Möglichkeiten bieten sich?

Der erste Weg
Er sollte zunächst ins Motorradspezialgeschäft führen, um zu sehen, was man dort an nützlichem Zubehör erwerben kann. Zum Motorradfahren gehören selbstverständlich zuerst Helm, Brille, Handschuhe, wetterfeste Kleidung und solides Schuhwerk. Und das gilt nicht nur für Motorradfahrer und Sozia, sondern auch für Kleinkraftradbesitzer. Der Handel ist darum bemüht, das derzeitig im Angebot befindliche Zubehör, das verschiedenen Ansprüchen in bezug auf Material-

1 Styling mit Phantasie – aber deshalb noch kein phantastisches Styling

qualität, Gebrauchseigenschaften, Farben und Preisklassen gerecht wird, kontinuierlich zu erweitern.

Sehr nützlich und gefragt für den nachträglichen Anbau am Fahrzeug sind Seitengepäckträger und abschließbare, speziell fürs Motorrad angepaßte Seitenkoffer oder Packtaschen. Zusätzliche Sicherheit bringt der Anbau eines rechten Seitenspiegels, der nachträgliche Einbau einer Vierleuchten-Blinkanlage bei älteren Fahrzeugtypen. Praktisch sind klappbare Seitenständer. Auf der Wunschliste vieler Motorradfahrer stehen regendichte und trotzdem kleidsame Anzüge, die auch «boulevardtauglich» sind, Handschuhe mit wasserfester Oberseite, Stiefel mit weichem Schaftleder und anvulkanisierter Sohle, Nierenschutzgürtel, Unterziehanzüge, um nur einige Beispiele zu nennen. Hier bietet sich der Zubehörindustrie noch ein reiches Betätigungsfeld. Kapazitäten, die gegenwärtig z. T. gebunden sind durch die Herstellung oft völlig nutzloser Pkw-Zubehörartikel, sollten so rationell wie möglich dafür eingesetzt werden. Viele Kleinkraftrad- und Motorradbesitzer, die ihr Fahrzeug ganzjährig benutzen, oder auch die, denen es einfach zuviel ist, nach jedem kleinen Regenschauer die Hose zur Reinigung bringen zu müssen, kaufen und montieren Beinschutzbleche. Als Behelf und wirksamer Windschutz gilt die Knieschutzdecke, die ebenfalls im Handel erhältlich ist. Typengeprüfte Kindersitze sind auch im Angebot. Bei entsprechend der Anleitung ausgeführter Montage ist eine Vorstellung des Fahrzeugs bei der VP-Zulassungsstelle nicht erforderlich. Gleiches gilt für alle typgeprüften Teile, die einer genehmigten Bauart entsprechen, z. B. für den Anbau einer Anhängezugvorrichtung oder einer Vierleuchten-Blinkanlage, beim Anbau von Zusatzscheinwerfern (Nebel- oder Suchscheinwerfer), Rück- und Bremsleuchten, Rückstrahlern und Spiegeln. Für Fahrten auf schlechten Fahrbahnen und im Gelände besonders geeignet sind sogenannte Hochlenker, die ein exaktes Führen der Maschine erleichtern. MZ bietet bereits ab Werk wahlweise Hoch- bzw. Flachlenker, an Simsonfahrzeugen dürfen ebenfalls typgeprüfte Rohrlenker mit einer Mindestwanddicke von 2 mm montiert werden.

Schaueffekt

Sie machen den «Möchtegerns» der Pkw-Veredler echte Konkurrenz, die «Edelbastler» in der Zweiradbranche. Beim Auto dominiert der Rallye-Stil. Und wenn die Fahrer schon nicht ganz so gut mit dem vierrädrigen Untersatz umzugehen verstehen wie gute Rallyepiloten, so werden zumindest alle Anstrengungen unternommen, wenigstens durch das Aussehen der zurechtgetrimmten Autos die eigene fahrerische Perfektion beweisen zu wollen.

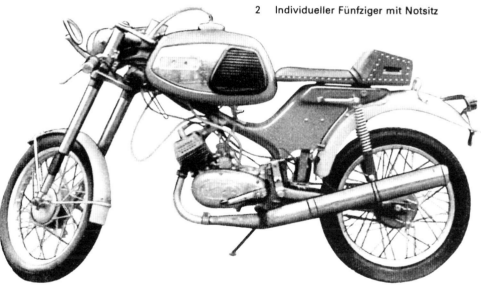

2 Individueller Fünfziger mit Notsitz

Zweiradfahrer dagegen sehen ihre Vorbilder vor allem im Straßenrennsport oder holen sich Anregungen für Veränderungen an ihren Maschinen aus dem Geländesport. Da im Herbst bzw. zu Beginn der Winterperiode die meisten Motorradbesitzer ihre Fahrzeuge zum Winterschlaf «einmotten», bietet sich für Bastler beste Gelegenheit, diese Zeit zu aktiven Vorbereitungen auf die kommende Saison zu nutzen.

Da wird demontiert und gebogen, geschweißt und gesägt, gebohrt und gestrichen, da wird selbst unmöglich Erscheinendes möglich gemacht – und herauskommt dann am Ende ein «ganz heißer Ofen, der einfetzt». Im ungünstigen Falle geschieht es auch im wahren Sinne des Wortes. Dann nämlich, wenn die allzu forsche Fahrweise zum Ausritt führte, plötzlich allzuviel Scharfkantiges im Wege ist oder sich ganze Baugruppen selbständig machen, weil sie «nach Art des Hauses» montiert worden waren. Man kann nur hoffen, daß diese «Helden der Landstraße» mit ihren schnellen Hirschen gestellt werden, ehe sie sich und andere in Gefahr bringen.

Feuerstuhlromantik

Meist hört man sie bereits, ehe man sie samt ihren Exquisitrennern bewundern kann, die Fünfziger mit der individuellen Note. Vorn 2 Zusatzscheinwerfer, von denen bereits einer (wäre er angeschlossen) die elektrische Anlage des Kleinkraftrades hoffnungslos überforderte. Das serienmäßige Signalhorn wird durch 2 Zweiklangfanfaren ergänzt, wovon jede einzelne die Batterie wie ein Halogenscheinwerfer (55 W Leistungsaufnahme) belasten würde. Sie sind aber nicht angeschlossen und sehen halt nur poppig aus. Als einfache, aber wirkungsvolle Ersatzverständigungsmöglichkeit mit der Umwelt ist eine Handhupe montiert. Zusätzlicher Lärm kann mit Hilfe einer Fahrradklingel erzeugt werden.

Der Serienlenker wurde durch einen Hochlenker ersetzt, an dem 2 Rückspiegel befestigt sind. Das wäre an sich als Sicherheitsbeitrag zu begrüßen, wenn diese nicht an viel zu langem dünnem Schweißdraht befestigt wären und auf Grund der durch Fahrbahnunebenheiten hervorgerufenen Schwingungen keine einwandfreie Sicht nach hinten ermöglichen. Selbstverständlich darf ein wehender Fuchsschwanz an der Rückspiegelhalterung nicht fehlen. Ein Blick aufs Cockpit Marke Eigenbau läßt keinen Zweifel mehr daran offen, daß es sich um eine Hochleistungsmaschine handeln muß. Verschiedenfarbige Kontrollampen, Schalter und Hebelchen, Drehzahlmesser, Temperaturanzeiger, ja selbst Bremsdruckmesser vom Pkw sind zu bestaunen. Das meiste davon funktioniert zwar nicht, kann gar nicht funktionieren, «macht aber toll was her».

Wer es bisher noch nicht wußte, der kann

3 Kleine Retuschen mit großer Wirkung

sich am Tankaufkleber «Hab den Tiger im Tank» davon überzeugen, daß in einem 10-l-Kraftstoffbehälter selbst große Tiere Platz zu finden scheinen.

Anreiz zur Veränderung bietet die Vorderradpartie, die besonders sportlich wirkt, wenn vom Orginal-Schwingträger das Schutzblech entfernt und durch einen schmalen Sportkotflügel (vorn leicht angespitzt oder gerade abgesägt) ersetzt wird. Besonders attraktive Überschläge werden möglich, wenn der nicht am Schutzblech befestigte vordere Haltebügel sich während der Fahrt lockert und schlagartig das Vorderrad blockiert. Aber wozu hat man denn eine kleine Puppe als Talismann fest auf dem Schutzblech montiert, anknüpfend an die Tradition der Gallionsfiguren bei Schiffen früherer Zeiten.

4 Auch so kann eine Sitzbank aussehen

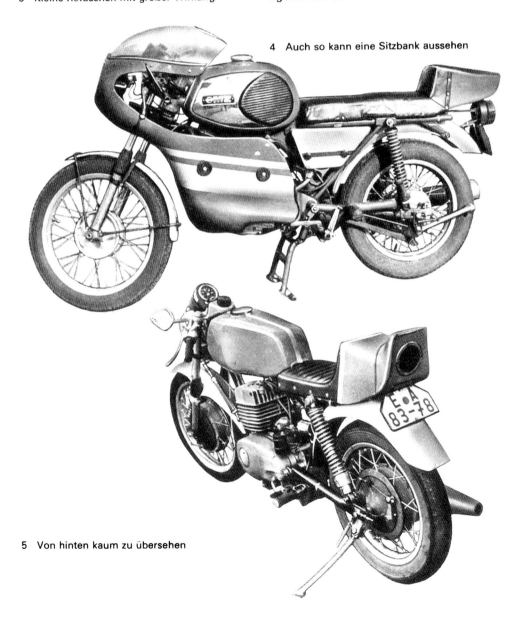

5 Von hinten kaum zu übersehen

Die Entwicklung der Motorrad-Sitzbank im Laufe der Jahre bis zur heutigen bequemen Zweipersonenausführung kann man nur neidvoll zur Kenntnis nehmen. Während mancher Zweiradfahrer anno dazumal noch auf dem Einzelsitz im Hochparterre dahinfederte und seine Sozia im ersten Stockwerk den Anschluß suchte, ließen unsere Mopeds und ersten Mokicks, als Einsitzer konzipiert, auch keine Tuchfühlung mit dem Partner während der Fahrt zu. Wie anders doch heute, wenn die jetzt serienmäßige Doppelsitzbank zwecks sportlicher Wertsteigerung wieder etwas verkürzt und mit einem sogenannten Rennhöcker (der eigentlich bei Rennmaschinen den Anpreßdruck des Hinterrades bei hohen Geschwindigkeiten erhöhen soll) ausgestattet wird und der Fahrer, von seiner Sozia engumschlungen, enteilt. Man kann nur noch auf die Schnelle am Fahrzeugheck 2 Rückleuchten, mehrere Rückstrahler und 1 Nebelschlußleuchte regi-

9

10

6 Der Tank verrät es: Yamaha-Verschnitt oder besser 150-cm³-Racing-Team-MZ

7 Cockpit mit Edelhölzern und -pelzen

8 Teilverkleidung an einer TS 250

9 und 10 Sportverkleidungen an MZ und Jawa

11 MZ TS 150 mit Hochlenker und 2 zusätzlichen Signalhörnern; nützlich der rechte Seitenspiegel und der Seitengepäckträger

12 Es werde Licht! Mit 2 Zusatzscheinwerfern an einer MZ TS 250

13 Simson S 50 B mit «zurechtgemachter» Frontpartie, statt Drehzahlmesser zweiter Tachometer

Fotos: Autor

11

12

13

14 Windschutzscheibe und Lenker-Stulpen als Witterungsschutz an einer «Schwalbe», dazu vorschriftsmäßig montierter Kindersitz

strieren, dann verhallt das Geknatter des «ausgeräumten», bis zur Sitzbank hochgezogenen Auspuffs in der Ferne.

Frisuren-Tick
Serienmaschinen sind in ihrer Konzeption ausgelegt auf eine hohe Grenznutzungsdauer bei gleichzeitiger Optimierung zwischen Leistung und Wirtschaftlichkeit. Motorcharakteristik und Getriebe werden so aufeinander abgestimmt, daß auf eine hohe Maximalgeschwindigkeit zugunsten guter Beschleunigungswerte verzichtet wird. Ansaug- und Abgassysteme werden durch das Herstellerwerk individuell jedem Motorentyp angepaßt. Auspuffbasteleien bringen deshalb fast in jedem Falle Leistungseinbußen, einen erhöhten Kraftstoffverbrauch und durch schlechtere Abgaszusammensetzung größere Umweltverschmutzung mit sich; ganz abgesehen davon, daß die Geräuschbelästigung in unzumutbarer Weise zunimmt. Es ist deshalb weder ratsam noch erfolgversprechend, Leistungssteigerungen an motorisierten Zweirädern ohne genaue Sachkenntnis und für den Alltagsgebrauch, für den ja Großserienprodukte nun einmal gedacht sind, vornehmen zu wollen.

Das Wissen um die Leistungserhöhung der Motoren durch Heraufsetzen der Verdichtung soll sogar einige «Spezialisten» auf die wahnwitzige Idee gebracht haben, auf die Kolben Metallplatten aufzuschweißen oder Material vom Zylinderdeckel abzufeilen. Zerstörte Motoren und nicht selten ein Unfall durch Kolbenklemmer waren die unliebsamen Folgen solcher Maßnahmen. Schweißarbeiten, die hohes fachliches Wissen, einwandfreie Geräte und bestes Material voraussetzen, sind bei eventuell notwendigen Reparaturen bzw. Umbauten von spezialisierten Schweißbetrieben ausführen zu lassen. Getriebeveränderungen, z. B. Umrüstung von serienmäßigem Dreigang- auf Vierganggetriebe, sind nicht statthaft. Erlaubt und empfohlen wird dagegen eine Änderung der Sekundärübersetzung zugunsten besserer Steigfähigkeit des Fahrzeugs (z. B. bei Anhängerbetrieb). Jegliche Fahrwerksveränderungen sind aus Gründen der Sicherheit zu unterlassen.
MZ und Simson haben in Zusammenarbeit mit der Kraftfahrzeugtechnischen Anstalt Dresden und der Verkehrspolizei Unterlagen erarbeitet, die zulässige Veränderungen an diesen Fahrzeugen aufführen.

Verkleidung nach Maß
Sportverkleidungen werden von vielen Zweiradfahrern bevorzugt und in letzter Zeit immer häufiger angebaut (z. T. selbst an Kleinkrafträdern). Die gesetzlichen Bestimmungen verbieten den Anbau von Verkleidungen nicht, besagen jedoch, daß das Fahrzeugäußere keine hervorstehenden scharfkantigen Teile aufweisen darf, die zu Verletzungen führen könnten. Die Verkleidungen (man unterscheidet in Teilverkleidungen am Lenker und Vollverkleidungen) müssen so befestigt werden, daß sicheres und leichtes Lenken möglich bleibt und der volle Lenkereinschlag gewährleistet ist. Sportverkleidungen haben den Nachteil, daß der Scheinwerfer fest in die Konstruktion einbezogen werden muß (bei Vollverkleidung) und somit die Fahrbahn bei Kurvenfahrt nachts schlechter ausgeleuchtet wird. Verkleidungen beeinflussen maßgeblich die Formgebung des Fahrzeugs und bieten darüber hinaus den Vorteil des weitgehenden Schutzes vor Witterungseinflüssen sowie bei guten Konstruktionslösungen einer nachweisbaren Kraftstoffeinsparung. Den Motorradfahrern bieten sich individuelle Gestaltungsmöglichkeiten für Formen und Farbkompositionen.

Grünes Licht für Zweiradzukunft
Die Entwicklung unserer Zweiradindustrie wird in bewährter Weise kontinuierlich auf der Grundlage neuester Erkenntnisse aus Wissenschaft und Technik weitergeführt. Während in westlichen Ländern mit Manipulationen und Werberummel das Motorrad zum Statussymbol für Männlichkeit und Freiheit, das Motorradfahren zur Weltanschauung erhoben wird, vollzieht sich in unserer Zweiradindustrie eine planmäßige Forschungs- und Entwicklungsarbeit, deren Ziel es ist, die ständig steigenden Bedürfnisse der Bevölkerung nach hochwertigen Zweiradfahrzeugen mit hohem Gebrauchswert immer besser zu befriedigen. Der weitere Ausbau des Zubehörangebots und die nützlichen Ideen und Konstruktionen vieler Motorradenthusiasten werden ihren Teil dazu beitragen.

Doz. Dr. GÜNTER FISCHER,

Jugendlicher Schwung im Straßenverkehr

1 Unübersehbar: Zweiradfahrzeuge bestimmen in den wärmeren Jahreszeiten das Bild unserer Straßen. Über drei Millionen Mokicks, Mopeds und Motorräder unterschiedlicher Leistungsstärke werden überwiegend von Jugendlichen gefahren

Wenn der Winter allmählich zu Ende geht, wenn die Sonne die Luft und den Boden wieder wärmt, dann verändert sich hierzulande das Bild auf den Straßen. Da holt so mancher seinen PKW, den er während der kalten Jahreszeit «eingemottet» hatte, aus der Garage. Deutlicher wirkt sich das langsam wärmer werdende Wetter aber noch in anderer Hinsicht aus: Es wird lebhafter auf den Straßen. Nach und nach nimmt die Anzahl der am Straßenverkehr teilnehmenden Zweiradfahrzeuge zu. ETS, ETZ und TS sind nun wieder auf den Straßen zu sehen und bestimmen den Verkehrsstrom mit. Insgesamt gibt es in der Deutschen Demokratischen Republik schon rund 3 Mill. motorisierte Zweiräder. Davon ist mehr als die Hälfte Kleinkrafträder. Diese Tatsache ist insofern wichtig, als die meisten Benutzer von Krafträdern Jugendliche im Alter zwischen 15 und 18 Jahren sind. Für die älteren Jugendlichen allerdings stehen dann doch wohl die «richtigen Motorräder» zur Diskussion und werden von ihnen vielfach angestrebt.

Sie alle gehören zu den Verkehrsteilnehmern, die mehr oder weniger leistungsstarke Fahrzeuge besitzen, die sowohl über sichere Kenntnisse vom richtigen Verhalten im Straßenverkehr als auch über bestimmte menschliche Qualitäten verfügen müssen, die einmünden in die Forderung nach Rücksichtnahme und Einordnung in die Gemeinschaft.

Unter den Motorisierten nimmt die große Gruppe der Zweiradfahrer eine gewisse Sonderstellung ein, eben weil sie ihre Maschinen nur auf zwei oder, wenn es sich um Gespanne handelt, auf drei Rädern bewegen. Zudem ist der Zweiradfahrer weniger geschützt als der Fahrer eines Kraftwagens. Die Zweiradfahrer sind den Unbilden des Wetters unmittelbar ausgesetzt, sie erleiden bei Unfällen die schwersten Schäden.

Wenn auch das Zweiradfahrzeug allgemein von Personen aller Altersgruppen benutzt wird, so bevorzugen doch überwiegend Jugendliche die Mokicks, Motorroller oder Motorräder. Das kommt auch im Anteil an den Unfällen mit motorisierten Zweiradfahrzeugen zum Ausdruck! Von allen Verkehrsunfällen mit tödlichem Ausgang entfallen alljährlich etwa 70% auf jugendliche Fahrer oder Beifahrer.

Nachweisbar ist zum großen Teil eigenes Verschulden die Ursache solcher Unfälle: zu hohe Geschwindigkeit, Nichtbeachten der Vorfahrt, Nichteinhalten der rechten Fahrbahnseite, falsches Überholen und – nicht an letzter Stelle der Ursachen – das Fahren unter Alkoholeinfluß. Gewiß, diese Unfallursachen treten in dieser oder jener Form auch bei älteren motorisierten Zweiradfahrern und auch bei Fahrern von PKWs und LKWs auf. Doch ist hier zu fragen, ob nicht doch die Unbekümmertheit eines jungen Menschen Einfluß auf das Verhalten im Straßenverkehr haben könnte?

Jeder Leser wird mir recht geben: Es gibt Unterschiede im Verhalten, im Auftreten und in der Verarbeitung äußerer Einflüsse, wenn man Menschen verschiedener Altersstufen miteinander vergleicht. Ebenso wie innerhalb des Kindesalters erhebliche Unterschiede beispielsweise zwischen dem 6jährigen und dem 12jährigen Kinde bestehen, so tritt gleiches auch im Jugendalter auf: Der 15jährige ist in seiner psychischen Entwicklung deutlich anders als der – sagen wir mal – 18jährige. Diese Unterschiede dürfen nicht außer acht gelassen werden, wenn vom Jugendlichen gesprochen wird. Hinzu kommt ja noch, daß in diesem Beitrag nicht das vom Gesetzgeber vorgegebene Alter des Jugendlichen (14 bis 18), sondern das Alter bis zum 25. Lebensjahr betrachtet wird. Wenn auch die über 18jährigen mit dem Abschluß der Lehre und der Aufnahme eines Berufes vollwer-

2 Unfälle mit Zweiradfahrzeugen haben meist schwere gesundheitliche Folgen, weil die Besatzung ungeschützt dem Unfall ausgesetzt ist. Zweiradfahrer sind drei- bis viermal mehr gefährdet als PKW-Insassen

3 Das Zweiradfahrzeug ist ein Balancefahrzeug. Besonders beim Befahren von Kurven werden hohe Anforderungen an die Fahrkunst gestellt. Jeder 3. Verkehrsunfall von Motorrädern ereignete sich in Kurven

tige Mitglieder unserer Gesellschaft geworden sind, so ist der 19-, 20- oder 21jährige nicht unbedingt in seiner körperlichen, geistigen und sittlichen Entwicklung schon soweit, daß er sozusagen «automatisch» das gleiche Verantwortungsbewußtsein hat wie ein Älterer.

Welche Besonderheiten der Jugendlichen können genannt werden, die so oder so ihr Verhalten als Verkehrsteilnehmer beeinflussen? Allgemein ist das Jugendalter die Zeit, in der sich der Heranwachsende in neuer Weise, auf neuem Niveau bewußt und selbständig mit den gesellschaftlichen Verhaltensweisen auseinandersetzt. Er lernt neue Normen kennen und ist in der Lage, nach ihnen zu leben. Er nimmt bewußt am gesellschaftlichen Leben teil und wächst tiefer in die Gemeinschaft hinein. Der Jugendliche hat nunmehr die Voraussetzungen, in entsprechend spezifischer Weise die gesellschaftlichen Bedingungen widerzuspiegeln. Diese Voraussetzungen ermöglichen ihm auch, als motorisierter Verkehrsteilnehmer am Straßenverkehr bewußt teilzunehmen. Die körperliche und seelische Entwicklung leitet auch eine neue soziale Stellung des Jugendlichen ein, die in der Psychologie als «Zwischenstellung» bezeichnet wird. Diese soziale Position läßt sich kurz dadurch erklären, daß die Jugendlichen zwar keine Kinder mehr sind, aber auch noch keine Erwachsenen, die ihre damit verbundenen Rechte und Pflichten kennen. Gleichzeitig mit der sozialen Situation des Heranwachsenden gehen auch bekanntlich biologische und geistige Veränderungen einher.

Biologische Veränderungen spielen in der

4 Auf eine richtige Bekleidung kommt es an. Zum Schutzhelm gehört eine auffällige Kleidung, die eine leichtere Wahrnehmung durch andere ermöglicht. Die Motorradkombination schützt bei Stürzen und vor Unterkühlungen bei Wetterwechsel und vor Fahrtwind

5 Dieser Zweiradfahrer ist zu leicht bekleidet. Gesundheitliche Spätfolgen sind hier nicht ausgeschlossen: (Rheuma, Nierenerkrankungen). Das Schuhwerk ist nicht fest genug. In Gefahrensituationen können derartige Schuhe (Sandalen) ein schnelles Reagieren behindern

6 Jugendliche finden sich gern und häufig in Gruppen zusammen, um gemeinsam einem Ziel zuzustreben. Ein derartiges «Rudelfahren» behindert den Straßenverkehr und ist gefährlich. Dieses ungeordnete Fahren verleitet schnell zum Wettfahren «aus Spaß»

7 So ist es richtig! Bei Gruppenfahrten ist konsequente Disziplin gefordert und notwendig. Jeder trägt für jeden die Verantwortung mit. Unsinniges Überholen und Wettfahren gefährden Beteiligte und ebenso Unbeteiligte

genannten Entwicklungsphase im Verhalten der Jugendlichen eine beachtliche Rolle. Sie sind die Ursachen für eine Vielzahl psychischer Eigenheiten junger Menschen. Bei der Betrachtung dieser Besonderheit darf nicht unbeachtet bleiben, daß der Mensch ein «Ensemble gesellschaftlicher Verhältnisse» (Marx) ist und in erster Linie von gesellschaftshistorischen Bedingungen abhängt. Das bedeutet aber, daß durch die gezielte Einflußnahme der gesamten gesellschaftlichen Öffentlichkeit, angefangen vom Elternhaus über die Volksbildungseinrichtungen bis hin zu den gesellschaftlichen Organisationen, bestimmte biologisch bedingte psychische Besonderheiten berücksichtigt werden können. Die 15jährigen haben eine bestimmte geistige Entwicklungsstufe erreicht, so daß sie die genannte «soziale Zwischenstellung» dank ihrer biologischen Reife zu beherrschen vermögen. Es kann von ihnen erwartet werden, daß sie sich sowohl das notwendige Wissen und Können für die Teilnahme am motorisierten Straßenverkehr erwerben als auch, daß sie die mit der Übergabe eines Führerscheins verbundene Einordnungs- und Unterordnungspflicht einhalten.
Zu den psychischen Eigenarten, die das Fahren eines Kleinkraftrades oder eines schon leistungsstärkeren Motorrades beeinflussen können, gehört die Tendenz der Selbstüberschätzung. Der Heranwachsende erkennt die «neuen Kräfte», er erkennt sich als Persönlichkeit und erwartet von seinen Mitmenschen, besonders von den Erwachsenen, gebührende Anerkennung. Glaubt er aber, diese Anerkennung nicht zu finden, versucht er, diese (auch unbewußt) durch «forsches» Auftreten zu erringen. Er demonstriert Sicherheit und Überlegenheit. In dieser Entwicklungsphase können durchaus solche Verhaltensweisen auftreten, die das Einordnen des Jugendlichen in den Straßenverkehr erschweren: Bedingt durch die körperlichen Veränderungen zeigt sich eine Art «Zerrissenheit». Es macht sich eine gewisse Unruhe bemerkbar, die zu einem zeitweilig heftigen Tätigkeits- bzw. Aktivierungsdrang und Erlebnishunger führen kann. Der Jugendliche liebt eben Tollkühnheit und vermag die Gefahr nicht zu erkennen. Wenn die Umwelt ihm keine «spannenden» Erlebnisse bietet, sucht derjenige Jugendliche, der über einen «fahrbaren Untersatz» verfügt, sie z. B. durch zu schnelles Fahren zu erreichen.
Hinzu kommt noch das Geltungsstreben! Der Jugendliche möchte seine von ihm mehr oder weniger erkannte soziale Zwischenstellung durch besondere Leistungen aufheben, d. h., er will durch entsprechendes Auftreten seinen «persönlichen Wert» zeigen. Das kann er natürlich durch gute Leistungen in der Schule, durch seine Arbeit im Betrieb und durch seine gesellschaftlichen Aktivitäten in unserem Lande. Es gibt aber auch Jugendliche, die einen leichteren Weg zur Selbstbestätigung suchen. Besitzen sie einen motorisierten «Untersatz», glauben sie, diese «Gleichberechtigung» in einer entsprechenden Fahrweise zeigen zu müssen. Dieses «Imponiergehabe» äußert sich dann in Verhaltensweisen, die sie selbst und andere in Gefahr bringen können. In der Umgangssprache wird diese Verhaltensweise mit den Begriffen Leichtsinn, Übermut und Gedankenlosigkeit bezeichnet.
Hier muß allerdings betont werden, daß sich – berechnet auf die Anzahl der jugendlichen Verkehrsteilnehmer am Straßenverkehr – ihr überwiegender Teil diszipliniert und rücksichtsvoll verhält. Diese jugendlichen Kraftfahrer sind sich ihrer Rolle in unserer Gesellschaft durchaus bewußt! Und dennoch ist es notwendig, sowohl den Jugendlichen selbst als auch den älteren Kraftfahrer auf diese oder

jene Besonderheit im Verhalten eben der Jugendlichen hinzuweisen, weil der Anteil der von Jugendlichen verursachten Verkehrsunfälle von Jahr zu Jahr eher steigt als abnimmt. Besonders bedenklich ist dabei, daß der überwiegende Anteil der Jugendlichen, die an einem Verkehrsunfall beteiligt waren, es mit ihrem eigenen Kleinkraftrad oder Motorrad waren! Es sind Jahr für Jahr fast 90%, die als Unfallverursacher in Betracht kommen! Dabei fällt auf, daß $1/3$ als Führer eines Kleinkraftrades und etwa $1/5$ als Führer eines Kraftrades an einem Unfall beteiligt waren. Darum soll noch auf einige Besonderheiten des Zweiradfahrens und auf die sich daraus ableitenden Anforderungen an den jungen Zweiradfahrer eingegangen werden:

Das Zweiradfahrzeug ist ein Balancefahrzeug, wie allgemein bekannt ist. Daher muß der Fahrer die physikalischen Gesetze kennen, um auch bei geringer Geschwindigkeit und unterschiedlicher Belastung durch Gepäck oder Beifahrer die Balance halten zu können. Etwa ab 15 bis 20 km/h halten die rotierenden Räder die Maschine senkrecht. Wenn hingegen bei einer relativ hohen Geschwindigkeit schnell reagiert werden muß, hat der Zweiradfahrer die einflußnehmenden physikalischen Gesetze unbedingt zu beherrschen.

Welche Rolle die Balance spielt, wird beim Langsamfahren spürbar. Durch aktives Lenken (pendeln mit dem Lenker) bemüht sich der Fahrer eines Einspur-Fahrzeuges, das Gleichgewicht zu halten. Er verlagert nämlich dabei den Gesamtschwerpunkt von Motorrad und Fahrer, wobei allerdings noch die mögliche Belastung durch Beifahrer und Gepäck hinzukommt. Durch Beifahrer und Gepäck besonders belastete Zweiradmaschinen lassen sich erheblich schwerer ausbalancieren als «normal» belastete. Ein besonderer Feind der Balancemaschine ist die unangemessene Geschwindigkeit! Die Kreiselkräfte der rotierenden Räder können bei hoher Geschwindigkeit mit ihrer stabilisierenden Wirkung der notwendigen sekundenschnellen Reaktion entgegenwirken. Stürze, besonders in Kurven, sind dann bei nicht genügender Beherrschung der Maschine die Folge! Es ist deshalb kein Zufall, daß die motorisierten Zweiradfahrer mit geringer Fahrpraxis an Unfällen den höchsten Anteil haben.

Das Zweiradfahrzeug verführt auch durch seine Ähnlichkeit mit einem Fahrrad manchen Heranwachsenden dazu, daß dieser seine Fähigkeiten für die Beherrschung des Kraftrades überschätzt. Hier würde das Geltungsbedürfnis sehr gefahrvoll sein.

Durchaus nicht selten kommt es auch zu gefährlichen Wettkämpfen zwischen Zweiradfahrern, zumal wenn mehrere Jugendliche in einem Pulk auf der Straße fahren: man überholt sich wechselseitig, bedrängt «aus Spaß» den anderen usw. Das sind aber schon keine «Späße» mehr, sondern Straftaten. Natürlich ist eine gemeinsame Fahrt mit Freunden ein schönes Erlebnis. Es sollte aber immer beachtet werden, daß auch bei Gruppenfahrten die Disziplin nicht verletzt werden darf. Wenn gemeinsame große Fahrten unternommen werden, sollte die Reihenfolge der Fahrer festgelegt werden, die jeder auch einzuhalten hat. Man muß mögliche Komplikationen oder Gefahren kennen und vorher entsprechende Verhaltensweisen festlegen, die verbindlich für alle sind. Wer fährt wie lange als erster und wer als letzter? Es hat sich übrigens als günstig erwiesen, wenn die noch

8 Dieser Motorradfahrer ist während des Überholvorganges der PKWs «rasant» in die «Lücke» gesprungen, um zügig alle drei Fahrzeuge zu überholen. Die Trabantfahrer haben ihn u. U. nicht bemerkt. Sie ordnen sich nach dem Überholen rechts ein: Gefahr für den Motorradfahrer! Hier hilft nur noch risikovolles Bremsen

9 Kurvenreiche Strecke! Wer hier seine Maschine nicht beherrscht, kann u. U. die Balance in der Kurve nicht halten. Das direkte Übersetzungsverhältnis der Lenkung (1:1) kann schon durch einen kleinen Fehler bei hoher Geschwindigkeit das Fahrzeug augenblickschnell von der Fahrbahn abbringen

10 In der Urlaubszeit häufig auf den Fernverkehrsstraßen anzutreffen: ein überladenes Zweiradfahrzeug. Eine derart beladene Maschine reagiert anders als eine weniger belastete. Die Kreiselkräfte der rotierenden Räder mit ihrer stabilisierenden Wirkung können bei hoher Geschwindigkeit und großer Belastung durch Fahrer, Sozius und Gepäck einer sekundenschnellen Reaktion entgegenwirken

Unerfahrenen in die Mitte genommen werden. Auf ihren eventuell noch nicht entwickelten und den konkreten Bedingungen noch nicht genügend angepaßten Fahrstil muß von den anderen Pulkfahrern eingegangen werden.

Es kann allerdings auch bei jungen Menschen, die schon länger im Besitz eines Zweiradfahrzeuges sind, festgestellt werden, daß der Fahrstil verbesserungswürdig ist. Hier muß bei den Jugendlichen die Erkenntnis reifen, daß der eigene Fahrstil der ständigen Selbstkritik (oder auch den kritischen Hinweisen der Freunde) unterworfen werden muß. Natürlich hat sich ein bestimmter Fahrstil als Gewohnheit schon herausgebildet und, wenn man ihn lange genug praktiziert hat, verfestigt. Es muß aber auch erkannt werden, daß ein Fahrstil veränderbar ist. Wer allerdings annimmt, daß zum guten Fahrstil ausschließlich Können gehört, der irrt. Zum guten Fahrstil gehören Können und Charakter! Das Erkennen der eigenen Fehler, die Einsicht in die Notwendigkeit, einen verkehrssicheren Fahrstil zu beherrschen, ist der Weg zu ihm.

Der wirkliche Könner demonstriert dieses durch seinen sicherheitsbetonten, wirtschaftlichen und zügigen Fahrstil. Im Fahrstil des motorisierten Zweiradfahrers – übrigens nicht nur bei ihm, sondern auch bei den PKW-Fahrern – erkennt man die persönliche Haltung und die Einstellung zu sich und seiner Umwelt. Auch hier gilt: Zeige nur, wie du fährst, und ich sage dir, wer du bist! Im Fahrstil spiegeln sich auch die psychische Ausgeglichenheit oder – im ungünstigen Falle – die Zerrissenheit des Fahrers wider. Ärger, Kummer oder gar Wut können einen großen Einfluß auf den Fahrstil eines Zweiradfahrers haben. Er reagiert seine Gefühle in seinem Fahrstil ab und gefährdet sich und andere.

Verkehrspsychologen haben vier Gruppen klassifizieren können: die «Gleiter», die «Pilotierer», die «Kraftentfalter» und die «Rücksichtslosen».

Die Fahrstile, die positiv im Sinne der Verkehrssicherheit wirken, sind das «Gleiten» und das «Pilotieren».

Unter Gleiten kann man ein Streben nach störungsfreier Fahrt verstehen. Ein solcher Fahrer hat die Übersicht, er fährt in seiner psychischen Haltung und in seinem Tempo gleichmäßig und ausgeglichen.

Ähnlich bewegen sich die Motorradfahrer, die «pilotieren». Sie beherrschen ihre Maschine gut und sind mit ihrer Maschine verwachsen; sie können mit leichtem Druck deren Lage verändern. In ihrer Fahrweise lassen sie sich nicht von psychischen Erregungen beeinflussen.

Die beiden anderen Gruppen von motorisierten Zweiradfahrern werden im Grunde mit der ihnen übertragenen Ge-

11 Wenn auch nur ein Glas Bier getrunken wird, wird der Gleichgewichtssinn des Zweiradfahrers beeinflußt. Für das Beherrschen eines Balancefahrzeuges kann diese Beeinträchtigung lebensgefährlich sein

12 So lässig darf eine Fahrtrichtungsänderung nicht angegeben werden. Eine rechtzeitige und deutliche Anzeige ist auch die Pflicht jedes Zweiradfahrers. Dieser ältere Fahrer gibt kein gutes Beispiel

13 Enger Kurvenradius und hohes Fahrtempo sind ein Unfallrisiko! Jede Kurve birgt Gefahren in sich. Eine überzogene Schräglage kann bei einem notwendig gewordenen Bremsen das Hinterrad oder das Vorderrad zum Rutschen bringen. Schwere Unfälle sind die Folgen. Deshalb besonders in den Kurven: Sichtweg muß dem Anhalteweg entsprechen

walt über eine mehr oder weniger starke Maschine nicht fertig. Sie spielen mit den Kräften des Fahrzeuges, berauschen sich an ihrer «Macht» über Motorkräfte und an der Geschwindigkeit, die sie aus der Maschine herausholen können. Die «Kraftentfalter» überschätzen in der Regel sich und insbesondere ihre Möglichkeiten, mit dem Motorrad bei sehr schneller Fahrt unter jeder Bedingung fertigzuwerden. Dieser Gruppe von Zweiradfahrern kommt eine weitere sehr nahe, bzw. sie ist in ihrem Verhalten nicht von jener zu trennen. Solche Motorradfahrer bestehen auf ihr vermeintliches eigenes Recht auf der Straße. Sie nehmen bestimmte Rechte für sich in Anspruch, ohne auf die konkrete Verkehrssituation Rücksicht zu nehmen. Sie suchen ihre angemaßten «Rechte» gegen andere durchzusetzen.

An dieser Stelle ist es auch notwendig, darauf hinzuweisen, daß die Zweiradfahrzeuge in der Wahrnehmung der PKW- und LKW-Fahrer anders widergespiegelt werden als Vierradfahrzeuge. Hier können folgenschwere Irrtümer entstehen. Es kommt durchaus nicht selten vor, daß die Entfernung zwischen dem eigenen Fahrzeug und dem des Motorrades unterschätzt wird. Das ist eine Ursache dafür, daß Zweiradfahrzeugen u. U. die Vorfahrt nicht gewährt wird. Das Fahrzeug, dem die Vorfahrt eingeräumt werden muß, wird als weiter entfernt eingeschätzt, als es tatsächlich ist. Dazu kommt noch, daß Krafträder allgemein schneller fahren und anfahren können als ein Vierradfahrzeug. Das ist auch eine Ursache dafür, daß Fußgänger häufiger in ein Motorrad laufen als in ein Auto. Das Auto wird als gefährlich erkannt, das Motorrad weniger, wobei gleichzeitig auch die Fußgänger die Entfernung und die Geschwindigkeit unterschätzen. So ist das Zweiradfahrzeug schneller heran als vom Fußgänger oder PKW-Fahrer vermutet. Als PKW-Fahrer kann mancher aus eigener Erfahrung berichten, daß man während der Fahrt durch das plötzliche Auftauchen eines Zweirades neben dem Fahrzeug überrascht, wenn nicht gar erschrocken war.

Für den Motorradfahrer gilt es, bei seinen Fahrmanövern von der psychischen Situation des Kraftwagenfahrers auszugehen und dessen besondere Situation, bezogen auf sein Motorrad, mit in seine Fahrweise einzubeziehen. Das kann er, indem er sich deutlich bemerkbar macht: durch auffällige Kleidung (Warn- oder Schockfarben), durch das Betätigen der Lichthupe. Dennoch sollte der Motorradfahrer erkennen, daß er eventuell von dem PKW-Fahrer durch den Rückspiegel nicht wahrgenommen wurde. Der Fahrzeugführer kann ja nicht unablässig in die Rückspiegel sehen. Er tut das von Zeit zu Zeit: Eben war noch nichts von einem herannahenden Fahrzeug (Motorrad) zu sehen, plötzlich taucht es neben ihm auf, vielleicht gerade in dem Moment, in dem er selbst zum Überholen ansetzen will. So mancher PKW-Fahrer geriet durch das Auftauchen eines Motorrades neben ihm zu einer Schreckreaktion, mit der der Motorradfahrer rechnen muß. Für ihn steht die Forderung, sich auf diesen möglichen Überraschungseffekt einzustellen.

Übrigens kann ein derartiger Schreck bei dem überraschten PKW-Fahrer zu Reaktionen führen, die für die Sicherheit auf der Straße gefährlich sein können. Wenn zu diesem wahrnehmungs-psychologisch bedingten Effekt noch ein risikovolles und risikobereites Verhalten des Motorradfahrers kommt, der ohne Verantwortungsbewußtsein und leichtsinnig bewußt eine derartige Situation provoziert, gefährdet er sich selbst und andere Verkehrsteilnehmer. Es kann ihm nur geraten werden, vorausschauend zu fahren und mögliche Reaktionen bei den anderen Verkehrsteilnehmern auf sein «plötzliches» Auftauchen vorauszusehen und sich entsprechend bemerkbar zu machen.

Und für die Zweiradfahrer noch ein Gedanke: Das Moped oder das Motorrad verführt besonders in den ländlichen Gegenden unserer Republik dazu, zur Diskothek zu fahren. Dagegen ist ja nichts einzuwenden, aber entgegen allen vorher gefaßten Grundsätzen wird doch von manchem Fahrer Alkohol in dieser oder jener Konzentration zu sich genommen. Obwohl seit Jahr und Tag unsere Öffentlichkeit auf die unbedingte Notwendigkeit des Einhaltens des § 7, Abs. 2 StVO hinweist, nämlich bei Antritt und während der Fahrt nicht unter Einwirkung von Alkohol stehen zu dürfen, ist der Anteil der von Zweiradfahrern verursachten Verkehrsunfälle unter Alkoholeinwirkung hoch: jeder 7. Unfall! Deshalb soll hier auf die Wirkung von Alkohol eindringlich hingewiesen werden. Die sich unmerklich einschleichende Enthemmung, besonders das Nachlassen der Selbstkontrolle und kritischen Bewußtseinskontrolle lassen das Selbstwertgefühl steigen. Die «Freude» an der Gefahr, die Herabsetzung der Urteilsfähigkeit, das Nicht-Erkennen von Gefahren lassen den Fahrer rücksichtslos fahren. Besonders hebt der Alkoholgenuß die im nüchternen Zustand durchaus zu erkennende Differenz zwischen dem subjektiven Wollen und Wünschen und den objektiv vorhandenen Fahrfertigkeiten und dem Können auf. So mancher macht sich damit bei seinen Freunden und Bekannten durch sein angeberisches Auftreten lächerlich. Wenn diese Differenz aber durch den Alkohol bei einem Fahrer eines Zweirades aufgehoben ist, dann ist das gesellschaftlich gefährlich. Ein schon leicht angetrunkener Fahrer hat Probleme mit seinem Zweiradfahrzeug, weil er die Balance nicht wie gewohnt halten kann. Schon ein leichtes Verändern der Lenkung bei einer Geschwindigkeit von 70 bis 80 km/h kann zum Schleudern oder gegen einen Baum oder in einen Straßengraben führen. Bei Gleichgewichtsstörungen aber ist das sehr leicht der Fall! Dazu kommt, daß Entfernungen, Bewegungen und Größenverhältnisse falsch eingeschätzt werden, weil der Alkohol auch auf das Seh- und Hörvermögen wirkt. Die Verringerung der Fahrtwindempfindlichkeit beeinflußt ungünstig das Erlebnis der Geschwindigkeit: sie wird unterschätzt. Wenn auch die Wirkung des Alkohols von der Blutalkoholkonzentration abhängt, so ist eindeutig erwiesen, daß schon der Genuß von 1 bis 2 Glas Bier diese geschilderten Wirkungen hervorrufen kann.

Wenn auch die Anzahl derjenigen Jugendlichen, die sich egoistisch, verantwortungslos oder sogar gewissenlos über das unbedingte Alkoholverbot für Kraftfahrer hinwegsetzen und dabei auch geistige und soziale Unreife für alle sichtbar demonstrieren, kleiner ist als die Anzahl derjenigen, die verantwortungsbewußt am Straßenverkehr teilnehmen, so muß doch eben gerade an die disziplinierten Jugendlichen appelliert werden, sich unduldsam gegenüber Verkehrsteilnehmern zu verhalten, die verantwortungslos unter Alkoholeinfluß fahren und unschuldige Menschen gefährden. Es ist in jeder Beziehung besser, zu der großen Gruppe verantwortungsbewußter Verkehrsteilnehmer zu gehören!

Fotos: Zwingenberger (15)

14 Das Fahren eines Gespannes unterscheidet sich erheblich von dem Fahren einer Solomaschine. Beim Umsteigen auf ein Gespann müssen unbedingt neue Fahrfertigkeiten geübt und angeeignet werden. Jede Selbstüberschätzung wäre gefährlich. Ein Gespann reagiert bei allen Fahreigenschaften anders als eine Solomaschine

15 Schutzhelm, Visier oder Schutzbrille, zu jeder Jahreszeit entsprechende Handschuhe, feste Schuhe (keine Sandalen) und wind- und regendichte Überbekleidung gehören nicht nur zur zweckmäßigen und notwendigen Ausrüstung der Fahrer mehr oder weniger leistungsstarker Motorräder, sondern auch zur Ausrüstung von Kleinkraftradfahrern

Kult-Motorräder – gehegt und gepflegt

Matthias Gerst
Harley-Davidson Motorräder
Allein beim Anblick dieser amerikanischen Superlativ-Motorräder schlägt einem Harley-Fan das Herz höher. Doch auch in seiner Werbung versteht es Harley-Davidson seit 90 Jahren meisterhaft, die Gefühle seiner Kunden anzusprechen. Die schönsten Kataloge, Prospekte und Broschüren aus dieser Zeit stellt dieser Band zusammen.
124 Seiten, 206 Bilder, davon 186 in Farbe
Bestell-Nr. 87174   **DM 49,80**

Carl Hertweck
Besser machen
Der Nachdruck des legendären Ratgebers von 1959: Schlossertips für schnellere Föxe, Mäxe, BMWs und Horex. Jeder, der an Veteranen schraubt, wird noch heute großen Nutzen an diesem Buch haben.
358 Seiten, 398 Bilder, 95 Zeichnungen
Bestell-Nr. 87134
DM 29,80

Michael Pfeiffer
Motorrad-Reparaturen leicht gemacht
Auf dieses Handbuch haben viele Biker gewartet. Hier gibt's fundierte Tips und starke Kniffe zur Wartung eines Motorrads. Dazu jede Menge Ratschläge zu Bekleidung und Sicherheit, zum Fahren und Zubehör. Ein üppig illustrierter Leitfaden, der das Material ebenso schont wie den Geldbeutel.
160 Seiten, 350 Farbbilder
Bestell-Nr. 01885   **DM 19,80**

Halwart Schrader
Die schönsten deutschen Motorräder
Der Jubiläumsband der Schrader-Motor-Chronik zum 10ten Geburtstag. Die schönsten Inserate, Kataloge, Poster, Postkarten und Handzettel aus neun Jahrzehnten Werbung rund ums Motorrad. Die Klassiker von BMW und DKW über Horex und NSU bis Simson und Zündapp zeigen sich hier von ihren besten Seiten.
176 Seiten, 240 Bilder
Bestell-Nr. 87161   **DM 19,80**

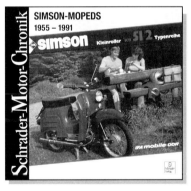

Frank Rönicke
Schwalbe & Co.
Nicht nur die Freunde von Simson, Schwalbe & Co. kommen hier auf ihre Kosten. Das Buch ist auch ein Beitrag zur Motorradgeschichte Ostdeutschlands, die heute immer noch manchen weißen Fleck aufweist.
96 Seiten, 117 Bilder, davon 9 in Farbe
Bestell-Nr. 87173   **DM 19,80**

Andy Schwietzer
MZ, IFA, Simson, AWO, EMW Motorräder 1945-1994
Neben der bekannten Marke »MZ« gab es auch etliche andere, die im Westen nur wenig bekannt waren. Hier ist die umfassende Dokumentation über alle in der ehemaligen DDR gebauten Zweiräder.
96 Seiten, 150 Bilder
Bestell-Nr. 87122   **DM 19,80**

IHRE VERLAGE FÜR MOTORRAD-BÜCHER
Postfach 10 37 43 · 70032 Stuttgart
Telefon (0711) 21 80 65
Telefax (0711) 21 80 70

Stand Juli 1998
Änderungen in Preis und Lieferfähigkeit vorbehalten

Echt Klassik

Alles über Motorrad-Klassiker auf zwei Rädern, über Firmen-, Modell- und Markengeschichten, Praxistips zur Reparatur und Restaurierung.

MOTORRAD CLASSIC gibt es alle 2 Monate am Kiosk oder fordern Sie Ihr kostenloses Probeheft an unter Telefon 0711/182-1729 oder per Fax 0711/182-1343